한국목간학회총서 31

木簡과 文字 연구

31

| 한국목간학회 엮음 |

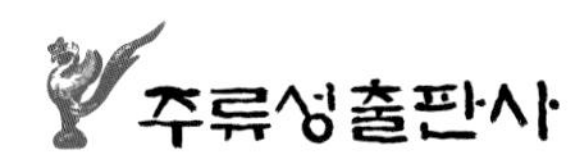

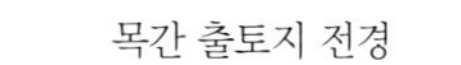

목간 출토지 전경

양주 대모산성 출토 목간
(재)기호문화유산연구원

목간 전면, 상하면

신년휘호
(2024.1.19.)

木簡과 文字

第32號

| 차 례 |

특집: 동아시아 고대의 주술과 문자

논문

신출토 문자자료

휘보

부록

특집: 동아시아 고대의 주술과 문자

특 집

동아시아에서 본 한국 목간과 제사 유적

-경산 소월리유적을 중심으로-

이성시[*]

하시모토 시게루 譯[**]

〈국문초록〉

이 글은 경산 소월리유적에서 출토된 신라 목간 및 공반 유물을 검토하여 그 제사유적으로서의 성격을 검토한 것이다.

경산 소월리유적 수혈 107호에서 출토된 장대한 목간은 원래 소월리 부근에 둑을 만들어 논을 개발한 지역의 畓(논)을 중심으로 경작지의 면적을 조사하였을 때의 기록 목간이었다. 그 목간을 논 개발에 관련된 벽사 제사를 거행할 때 제구로 사용하는 비의 자루로 재이용한 것이었다.

6세기로 추정되는 신라 목간 외에도 수혈에서는 인면토기 및 도끼와 시루가 출토되었으며, 이들 역시 벽사 제사에서 제구로 사용되었을 것으로 추측된다. 특히 인면토기는 중국 한나라 때의 화상석에 보이는 도상이나 일본의 인면묵서토기 등의 지견을 바탕으로 하면서 한국의 민속학적 검토를 통해 신라시대부터 확인되는 귀신을 형상화한 것으로 추측할 수 있다.

목간에는 제구로 2차 이용되었을 때 '堤'·'柱'·'四'자가 습서처럼 가필었는데, 이들 모두 벽사의 제사 행위에 관련된 상징적인 문자이며, '堤'는 논 개발에 관련하여 제사 대상을 상징하는 문자였던 것으로 추측된다.

* 와세다대학교 명예교수

** 경북대학교 인문학술원 HK연구교수

또한 '柱'는 목간에 기록된 '堤'를 기점으로 '田'의 위, 아래의 위치 관계가 표시되어 있거나 '谷門'이라는 경계 지역이 표시되어 있으므로 그 장소에서의 제사행위와 관련된 것으로 추정된다. '四'에 대해서는 방위 내지는 제사공간을 표기한 것으로 추측하고 싶다.

경산 소월리유적 수혈 107호에서 출토된 유물을 통해 제사 성격은 논 개발에 따른 벽사 제사로 보는 것에 의심의 여지가 없다. 아울러 유물 중 가장 주목할 만한 것은 투각인면옹기형토기에 그려진 인면은 한반도에서 귀신이 형상화된 것으로 보아야 하며, 가장 오래된 유물자료로 주목해야 한다.

▶ 핵심어: 소월리 유적, 제사 유적, 신라 목간, 수전 개발, 인면 토기, 辟邪 제사, 귀신

I. 머리말

한국 목간의 본격적인 연구는 20년 정도에 불과하다. 하지만, 지금까지의 한국 목간 연구는 사용된 개시 시기가 비슷한 일본열도 출토 목간과의 비교 연구를 통해, 아직 1,000점도 안 되지만 한국목간은 용도, 문서형식, 종류 등에서 일본 목간과 유사한 점이 많다는 것이 확인되었다. 따라서 양자 영향 관계에 대해서는 양국 연구자가 주목해 왔다.

이 글에서 검토할 주술이나 제사 관계 한국 목간에 대해서 역시 일본열도 출토 목간과의 비교를 통해 그 성격이 밝혀졌다.[1] 출토 목간을 통해 밝혀진 제사유적으로 부여 능산리사지유적, 창녕 화왕산성 연지유적, 경주 전인용사지 유적 등이 있고 최근에는 궁예시대의 제사목간이 출토된 양주 대모산성 유적이 주목되고 있다.

여기서 검토하는 경산 소월리 출토 목간과 그 출토 유적도 그러한 구체적인 사례이다. 이미 종합적인 검토를 경북대학교 인문학술원HK사업단이 실시하였고,[2] 그 성과를 참조하면서 중국대륙이나 일본열도의 여러 자료를 원용하는 것을 통해 경산 소월리유적 및 출토 목간의 성격에 대해 私見을 제시하고 싶다.[3]

---

1) 지금까지 한국 목간과 제사 유적에 관해서 주목되는 연구는 다음과 같다. 김재홍, 2009, 「창녕 화왕산성 龍池 출토 木簡과 祭儀」, 『木簡과 文字』 4號; 이재환, 2011, 「傳仁容寺址 출토 '龍王' 목간과 우물·연못에서의 제사의식」, 『木簡과 文字』 7號; 이재환, 2013, 「한국 고대 '呪術木簡'의 연구 동향과 展望 -'呪術木簡'을 찾아서-」, 『木簡과 文字』 10號; 尹善泰, 2004, 「扶餘 陵山里 出土 百済木簡의 再検討」, 『東國史學』 第40輯; 平川 南, 2006, 「道祖神の源流 - 古代の道の祭祀と陽物木製品から」, 『国立歴史民俗博物館研究報告』 133; 李炳鎬, 2008, 「扶餘 陵山里 出土 木簡의 性格」, 『木簡과 文字』 創刊號; 三上喜孝, 2013, 「「龍王」銘木簡と古代東アジア世界 - 日韓出土木簡研究の新展開」, 『日本古代の文字と地方社会』, 吉川弘文館.

2) 윤재석 편저, 2022, 『경산 소월리 목간의 종합적 검토(경북대학교 인문학술원 HK+사업단 연구총서 02)』, 주류성.

3) 지금까지의 소월리유적 및 출토 목간 연구에 관해서는 히라카와 미나미 씨를 주보고로 하는 경북대학교 강연을 위해 준비된 李美蘭, 「慶山·所月里木簡研究の現況と課題」(2023년 11월)에 많이 의거하였다. 이미란 씨에게 감사한다.

II. 소월리유적 출토 제사 관계 유물

2019년 8월 발굴 조사로 경주에서 서북서 37㎞에 위치한 경산 소월리(경산시 와촌면 소월리 산60-1번지)에서 신라시대 유적이 발견되었다. 유적은 남서에서 북동으로 이어지는 동북쪽 구릉부 2-Ⅰ구역과 서남쪽 충적지2-Ⅱ구역으로 나뉜다. 이글의 고찰대상은 후자이며 2-Ⅱ구역(해발79~89m)에서 삼국시대~통일신라 고상건물지 25동, 수혈 82기, 토기가마 1기, 주혈 800여 기 등이 확인되어 이 지역에서 제사유적으로 추정되는 유구가 발견되었다.

수혈 107호는 고상건물지 사이의 비교적 넓은 공간 중간부에서 발견되어 그 수혈은 지름 1.6m, 깊이 1.8m이고 거의 수직으로 팠다고 한다. 수혈 표토에서 약 30㎝ 밑에서 6세기대의 개, 완, 고배 편, 인화문토기 편 등이, 그리고 약 80㎝ 깊이에서는 투각인면문 옹형토기(이하 '인면토기') 1점, 시루 1점, 목간 1점, 자귀로 추정되는 목재, 싸리 다발, 돌도끼 등이 출토되었고 최하층에서는 토기 1점, 목재 2점이 출토되었다.

이 수혈유구에서 출토된 유물 가운데 가장 주목된 것이 6세기에 사용되었다고 추정되는 신라 목간이다. 이 수혈유구의 성격에 대해서는 이미 주보돈 씨나 히라카와 미나미(平川南) 씨를 비롯한 많은 논자가 유구 주변의 지형(臺地와 樹枝狀 골짜기)에 바탕하여 골짜기 물을 이용한 논 개발에 관한 제사 유적이라는 지적이 있고 그 제사의 구체적인 성격은 아직 잘 알기 어려우나 제사와 관련되는 유구로 보는 것에는 이론이 없다.[4]

중요한 것은 출토된 신라 목간을 통해 6세기 신라 논 개발의 양상과 그 개발에 관련되는 제사의 모습에 처음으로 주목된 점이다. 특히 주목되는 것이 일본열도의 사례를 참조하는 것을 통해 지금까지 알 수 없었던 신라의 논 개발과 그에 관한 제사 실태가 동아시아의 관점에서 해명되어 가고 있는 점이다. 히라카와 씨는 일찍이 "소월리 목간은 바로 한국사의 새로운 문을 여는 것과 동시에 고대 일본 연구에도 획기적인 발견이며 동아시아 규모로 주목해야 하는 유적이다"라고 지적하였다.[5]

경산 소월리유적에서 출토된 다각주 신라 목간은 지금까지 한국에서 출토된 목간 중에서 최장(길이 74.2㎝, 최대 직경 4.3㎝, 최소 직경 2.8㎝)이며 5면에 걸쳐 '田' '畓' '結' '負' '堤' '某谷' 등 98자가 확인되었다.[6] 목간의 기재 양식은 다음 절에서 다시 말하듯이 기본적으로 '지명+경작지 종류(田, 畓)+면적'이다. 이들 묵서 내용을 통해 공반된 유물이 대체로 6세기로 추정되므로 이 시기 신라의 벼 경작에 관한 지견을 비약적으로 높였다.

---

4) 주보돈, 2022, 「경산 소월리 출토 목간과 금호강(琴湖江)」, 『경산 소월리 목간의 종합적 검토(경북대학교 인문학술원 HK+사업단 연구총서 02)』, 윤재석 편저, 주류성; 平川 南, 2022, 「고대인의 개발과 죽음에 대한 두려움, 기원 - 고대 한국과 일본의 출토자료와 道教 사상에서 -」, 『경산 소월리 목간의 종합적 검토(경북대학교 인문학술원 HK+사업단 연구총서 02)』, 윤재석 편저, 주류성.

5) 2021년 4월 23일 경북대학교 인문학술원HK사업단 제3회국제학술대회 『경산 소월리목간의 종합적검토』.

6) 전경효, 2022, 「경산 소월리 목간의 기초적 검토」, 『경산 소월리 목간의 종합적 검토(경북대학교 인문학술원 HK+사업단 연구총서 02)』, 윤재석 편저, 주류성.

그런데 소월리 수혈유구가 제사유적으로서의 특징을 보여주는 출토 유물로 중시되고 있는 것은 인면토기, 싸리 다발, 자귀, 시루 등이 공반유물로 수혈 유구에서 출토된 사실이다. 이들 중에서도 수혈 107호가 제사유구로 특정되는데 특히 주목된 것이 항아리 형태 토기 3면에 사람의 눈, 코, 입, 귀를 투각한 인면토기(높이 28.4㎝, 구경 17.7㎝)이다. 이 인면을 造形한 이형 토기는 소월리유적을 祭禮와 관련시킬 중요한 계기가 되었다. 그 제례나 제사 성격에 대해서는 논자마다 견해 차이가 있더라도 제사와 관련된 유적으로 보는 공통된 근거가 되고 있다.

이에 더해 수혈107호가 제사와 관련된 유구임을 인면 토기 이외에도 다른 출토 유물의 고찰을 통해 더 깊이 검토한 것이 이동주 씨이다.[7] 그에 따르면 목간이나 인면토기가 출토된 층위에서 출토된 싸리 다발을 비로 보고 일본의 평성경터 유구에서 출토된 2가지 비나 정창원에 소장된 궁정 제사에서 사용된 것으로 추정되는 子日目利箒과 관련되는 것을 지적하면서 싸리 다발이 제사와 관련된다고 추정하였다.

이동주 씨는 또 인면토기 하층에서 출토된 자귀에 주목하였다. 즉, 자귀는 원래 목재를 가공하는 도끼의 일종인데 그 주위에서 출토된 돌도끼를 자귀에 부착된 유물로 추정하여 이것이 실용을 위한 것이 아니라 의장용의 도구로 보았다.

이러한 이동주 씨 추정의 근거가 된 것이 1985년 4월에 중국 河南省 方城縣 楊集鄉의 漢代 분묘에서 발견된 畫像石이다. 이 화상석에는 '胡奴門'이라고 새겨져 있고 '擁彗掮鉞胡奴門'상이라고 명명되었듯이 왼손에 도끼를 들어 어깨에 메고 오른손에 비를 드는 도상이다.[8]

이동주 씨는 이 화상석에 보이는 '胡人' 즉 서역인 얼굴의 인물이 오른손에 도끼를 드는 한편 왼손에 비를 거꾸로 든 화상을 참조하여 수혈 107호에서 출토된 비를 辟邪 행위의 표상으로 본 것이다. 즉, 비는 의례에서 벽사 행위와 관련되어 비로 邪穢를 쫓아내거나 깨끗이 쓰는 상징적인 행위를 연출한 것이라고 지적하였다.

이러한 의논을 전개하면서 이동주 씨가 주목한 것이 수혈 107호에서 출토된 장대한 목간과 싸리 다발의 관계이다. 즉, 비에 상당하는 싸리 다발과 목간은 원래 연결되었고 목간이 비의 자루에 상당하는 것으로 추정하였다. 요컨대 목간과 싸리 다발은 같은 층에서 나란히 확인되었고 이것들은 원래 목간 상단부가 싸리 다발 내부로 삽입된 상태였다고 추정하여 출토 목간은 빗자루 역할을 한 것으로 본 것이다.

발굴 애초에는 목간과 싸리 다발이 연결되어 있다는 추정도 있었지만, 목간에 글자가 검출된 것이나 양자 사이에 2~3㎝의 점토층이 있으므로 별개 유물로 생각되었다.[9] 따라서 그 후의 연구에서 많은 연구자는 목간이 서사된 시점의 용도와 수혈 107호 싸리 다발과는 각각 용도를 달리한 유물이 같은 층에 매납된 것으로 보았다.

---

7) 이동주, 2022, 「경산 소월리 출토 목간과 유구의 성격」, 『경산 소월리 목간의 종합적 검토(경북대학교 인문학술원 HK+사업단 연구총서 02)』, 윤재석 편저, 주류성.

8) 劉玉生, 1987, 「淺談"胡奴門"漢畫像石」, 『漢代畫像石研究』, 北京: 文物出版社.

9) 남태광, 2022, 「경산 소월리 목간의 형태」, 『경산 소월리 목간의 종합적 검토(경북대학교 인문학술원 HK+사업단 연구총서 02)』, 윤재석 편저, 주류성.

하지만 상술했듯이 수혈 107호 유구를 제사 유적으로 볼 수 있는 인면토기와 더불어 장대한 목간은 싸리 다발과 연결되어 빗자루로 二次利用된 개연성이 매우 크다. 이 비와 더불어 자귀를 의례용 祭具로 본 점은 한대 화상석에 그려져 있는 것과 일치하여 목간과 같은 층위에서 출토된 자귀를 제사에 관련된 유물로 본 이동주 씨의 지적은 卓見이라고 해야 한다.

왜냐하면 이미 졸고에서도 지적하였듯이,[10] 한반도에서도 자귀는 비와 함께 邪鬼를 쫓아내는 제기로 사용된 사례가 문헌사료에도 보이기 때문이다. 즉, 『三國遺事』 卷 4, 진표전간조에 따르면,

> 『舍利佛問經』에 부처가 長者의 아들 邠若多羅에게 일러 말하였다. “너는 일곱 낮 일곱 밤 너의 앞선 죄를 참회하여 모두 깨끗하게 하여라.” 반야다라가 가르침을 받들어 밤낮으로 정성을 다하니 5일 밤에 이르러 그 방 안에서 여러 물건이 내렸는데 수건, 幞頭, 拂箒, 칼·송곳·도끼 등과 같은 것이 그 눈앞에 떨어졌다. 반야다라는 기뻐서 부처에게 물으니, 부처가 말하였다. “이는 塵을 벗어나는 상이다. 쪼개고 털어내는 물건들이다.”[11]

여기에는 속세의 진을 벗어나고 쪼개고 털어내는 도구로 비, 칼 등과 함께 도끼가 있다. 또 이들 의례의 유래는 『사리불문경』이라고 하는데 속세의 진을 털어내는 도구로 비와 함께 도끼가 있는 점은 무시할 수 없다. 따라서 비와 자귀가 모두 사귀를 쫓는 도구라고 보는 것은 충분히 가능하다.[12] 이미 이동주 씨가 지적하듯이 한대 화상석에 ‘胡奴’가 도끼와 거꾸로 한 비를 들고 있는 화상이 있는 것으로 도끼와 비는 사귀를 쫓는 제의에서 사용하는 제구로 같이 사용하였다고 봐야 할 것이다.

이상으로 수혈 107호는 인면토기, 싸리 다발과 목간을 연결한 비, 자귀 등이 제구로 매납된 유구로 볼 수 있다.

III. 소월리 출토 목간을 통해 본 논 개발

소월리유적 수혈 107호에서 출토된 목간은 길이 74.2㎝, 직경 2.8~4.3㎝ 단면 원형이고 중간이 뒤틀었다. 발견 당초에는 完形이라는 견해가 있었지만, 목간 상단이 파손되었고 이는 자연 파손이 아니라 인위적

---

10) 이성시, 2023, 「한국목간연구의 지평 -聖語制(hieroglossia)로 본 한국 목간」, 『木簡과 文字』 30號.

11) 『三國遺事』, 卷 4, 眞表傳簡條, “如舍利仏問教, 仏告長子邠若多羅曰, 「汝可七日七夜, 悔汝先罪, 皆使清浄, 多羅奉教, 日夜懇惻, 至第七夕, 其室中, 雨種種物, 若巾若帊若拂箒若刀錐斧等, 堕其目前」, 多羅歓喜, 問於仏, 「佛言, 是離塵之相, 割拂之者也」.”

12) 『삼국유사』 해당 기사는 불교에 관한 의례이며 그 때문에 거기서 사용된 ‘도끼’를 벽사 도구와 관련된다고 보는 것을 의심할 여지도 있다. 하지만, 예를 들어 『삼국유사』 密本摧邪條를 참조하면 거기에는 金谷寺 법사 밀본이 최사의 신통력으로 김양도에 들린 大鬼·小鬼를 최멸한 것으로 인해 뒤에 양도가 불교를 믿었다는 것이 그려져 있다. 여기서 신라에서 巫佛이 習合한 모습을 볼 수 있을 것이다.

가공 흔적이라는 지적이 있다.

5면에 걸쳐 쓰인 글자는 이미 자문회의를 거쳐 전경효 씨를 통해 집약된 판독문에 공개되었다. 논자에 따라 조금씩 판독문이 다른데 여기서는 하시모토 시게루 씨 판독문[13]을 제사하고 논의하겠다.

A面 · ⊏ ⊐卌負 甘末谷畓七(?)□堤上一結 仇弥谷三結 堤下卌負
五負

B面 ·⊏ ⊐□□□□乃□□畓卌負谷門弥珎上田三半 下只□□下田七負內利田□負 仇利谷次□ □
□□

C面 ·下只尸谷畓二結北□□□負

D面 · ⊏ ⊐□柱 柱□

E面 · 畓十三結卌負 得□□□三結卌負 □堤 堤堤 四四 四四

목간에는 5면에 걸쳐 '田'·'畓'·'結'·'負'·'堤'·'某谷' 등 글자가 있다. 그 기재 양식은 '지명+경작지 종류(田, 畓)+면적'으로 되어 있다.

지명의 특징은 '甘末谷畓' '仇弥谷' '谷門弥珎' '仇利谷' '下只尸谷' 등 말미에 '谷'자가 있다. 신라 행정단위로서의 '谷'은 주보돈 씨가 지적하듯이 명활산성비(551년)에 '烏大谷'이 있어 이는 종래 '谷'자를 붙인 지명으로 신라 유일한 사례라고 생각되어 왔다. 이 비에서 6세기 신라에서는 군 밑의 행정단위로 '谷'이 있었다는 것이 인정된다.[14] 하지만 여기서는 행정구획으로서의 '谷'을 인정하면서도 목간에 보이는 谷은 자연 지형에 기반한 지명으로 보고자 한다.

출토 목간에 보이는 '谷'을 붙인 지명과 관련해서 유적 주변 경관에 유의하면 수혈 유구는 환성산 동쪽 산록 표고 80m 대지에 있어 골짜기를 흐르는 내는 동쪽 淸通川으로 흐르고 주변에 골짜기 줄기 지형이 있다. 이들 사실로 목간에 기록된 '某谷' 지명(甘末谷, 仇弥谷, 乃谷, 仇利谷, 下只尸谷, 谷門弥珎)은 목간에 보이는 '畓'과 관련되는 지형으로 추측된다.

주지하듯이 '田'은 원래 밭을 뜻한다. 신라에서는 6세기에 『삼국사기』 신라본기나 영천청제비(536), 大邱戊戌塢作碑(578) 같은 출토 문자 자료를 통해 신라 국가가 주도한 수리시설(堤, 塢) 축조를 통해 논 개발이 적극적으로 진행되었다는 지적이 있다.[15] 戊戌塢作碑에는 축조에 참여한 인명에 외위가 명기되는 것으로도 제나 오를 축조하는 데 있어서 국가가 介在한 것을 부정할 수 없다. 그러한 신라가 적극적으로 개재하여 개발한 논이 '畓'으로 명명되었고, 그러한 논이 국가에 파악된 것이다. 골짜기 지명과 논을 뜻하는 '畓'자를

13) 하시모토 시게루, 2022, 「경산 소월리 목간의 성격에 대한 기초적 검토 - 신라 촌락문서와의 비교 및 형태적 특징을 중심으로 -」, 『木簡과 文字』 29號.

14) 주보돈, 2022, 앞의 논문.

15) 위와 같음.

쓰고 '堤'자가 산견되는 출토 목간의 내용은 이미 많이 지적되었듯이 목간이 출토된 지역에서 논의 작물로서의 벼의 수확, 관리와 관련될 것이다. 즉, 목간은 일차적으로는 논밭의 면적에 관한 문서 작성을 위하여 그 집계에 사용되어 문서로 기록된 후에는 폐기된 것으로 추정된다.

출토 목간이 일차 이용되었을 때는 위와 같은 성격을 가졌던 것으로 가정할 때, 이들 표기 방법에 있어 관심을 끄는 것은, 모 谷의 토지 면적을 기록할 때 토지 위치 관계를 명시한 점이다. 즉, A면에는 甘末谷의 '畓'은 '堤上'이라고 하고 仇弥谷에는 '堤下'라고 하듯이 堤를 기점으로 하여 토지(畓)의 소재를 기록한 것으로 보인다. 즉, 목간에 기록된 '畓'은 제와의 관계를 강조하고 있다고 할 수 있다.

또한 B면에는 '谷門弥珎'이라는 지명 다음에 '上田'·'下田'이라고 하였는데, '谷門'을 '谷의 입구'로 보면 '谷門'을 기점으로 '田'의 위치 관계가 제시되고 있다고 해석된다. 이미 지적되었듯이 '上田'·'下田'을 수확량으로 규정하는 것은 고려 문종 이후이므로 '堤上'·'堤下' 표기를 참조하면 목간에 기록된 '上田'·'下田'은 위치 관계를 보여주는 것으로 볼 수 있다. 아무튼 '上田'·'下田'은 골짜기 입구 부근에 위치하지 않았을까?

또한 E면 하단부에 '堤'자가 연속해서 있는데 이들 '堤'자는 D면의 '柱'자나 E면의 '四'자처럼 別筆의 습서라는 설이 유력하다. 이들 별필 글자 성격에 관해서는 다음 절에서 검토하기로 하고 '堤'자 별필 습서(加筆)는 5면에 걸쳐 기록된 某谷이라는 지명이나 '堤'와의 위치 관계를 보여주거나 '谷門'을 기점으로 밭의 위치를 제시하듯이 이차적 이용에서도 소월리유적 부근의 골짜기 논밭에 관한 경관과 밀접한 관계가 있는 글자라고 할 수 있다.

Ⅳ. 출토 목간의 재이용과 제사

출토 목간은 제사를 지냈다고 추정되는 출토지 부근의 경작지 조사 기록으로 사용된 뒤에 싸리 다발과 연결해서 빗자루로 재이용되어 祭具로 사용되었다고 추정된다. 이를 목간의 二次的 이용으로 본다.

그런데 상술했듯이 출토 목간 D면에는 '柱' E면에는 '堤' '四'를 복수 썼는데 이들은 많은 논자가 별필의 습서로 추정하였다.

이용현 씨는 별필의 가필로 보는 입장에서 그것이 기록된 과정으로 용도 변화를 3단계로 나눠서 추정하였다. 먼저 제1단계에서는 토지 결부수를 조사한 문서로 사용되고, 제2단계에서는 이들 기록을 훼손하지 않은 채 D면과 E면 하부에 가필하고, 제3단계는 서사 기능을 다하여 제의 도구로 활용되었다고 봤다. 그리고 습서는 제의 중에 주물과 기원 내용을 추가하는 것을 통해 나타났을 가능성이 있어 제2단계와 제3단계가 동시였거나 순서가 앞뒤였을 가능성도 있다고 지적하였다.[16]

하시모토 시게루 씨도 목간 하단 홈에 주목하여 목간은 문서로 사용된 후에 홈을 파서 재활용된 제2단

16) 이용현, 2022, 「경산 소월리 유적 출토 人面透刻土器와 목간의 기능 - 목간의 기능과 농경의례 -」, 『경산 소월리 목간의 종합적 검토(경북대학교 인문학술원 HK+사업단 연구총서 02)』, 윤재석 편저, 주류성.

계의 것으로 보았다. 그때 홈을 판 후에 낫으로 E면을 깎았다는 남태광 씨의 지적[17]을 고려하여 습서는 홈을 판 후에 쓴 것이라고 지적하였다.[18]

이들 지적에 따르면 목간이 문서로 사용되고 매납까지의 순서는 ①기록간으로 이용, ②하단에 홈을 파서 비로 재이용, ③D, E면에 가필, ④제의(또는 ③제의, ④습서), ⑤수혈에 매납이라는 순서를 거친 것이 된다.

그런데 목간 하단 홈에 대해서는 애초 물품 부찰로 사용되었다거나 끈으로 허리에 매달기 위한 것이라는 견해도 있었다.[19] 그러나 상술했듯이 빗자루와 전혀 다른 용도로 목간이 재이용되었다고 보고, 매납 당시와 큰 변화가 없었다고 하면, 출토 상황 사진으로는 홈을 판 목간 하단부는 빗자루의 선단 부분에 해당하게 된다. 즉, 실용한 비를 상정하면 글자는 거꾸로 기록되었던 것이 되지만, 화상석에 그려졌듯이 제의에 비를 이용할 때에는 거꾸로 하는 것에 제사의 의미가 있었다고 하므로, 그러한 제사에 사용되었다면 목간의 글자는 문서로 사용되었을 때 기재대로 가시화된 것이 된다.

요컨대 홈이 목간 하단부에 있는 것은, 빗자루로서 홈이 있는 쪽을 상단으로 하는 비를 제사에서 사용하는 목적으로 하였기 때문이 아닐까? 다시 말하면 의식용 비로 이용하기 위해서는 비를 거꾸로 사용하게 되므로 그러한 이용법을 염두에 두고 이차적 이용을 목적으로 홈을 판 것으로 이해된다. 즉, 이러한 홈을 자루 하단부에 파는 것으로 하단부에 가필한 글자와 함께 목간으로서의 일차 이용과는 다른 의미가 있게 하기 위한 가공으로 해석된다.[20]

그러한 제사를 목적으로 하여 기록간으로서의 목간이 빗자루로 이차적으로 이용되었다고 하면, 목간의 일차적 용도로 기록된 내용은 이차적으로 이용될 때 일차적 용도와 전혀 무관한 이용법이라고 할 수 없게 된다. 이미 주보돈 씨나 히라카와 씨가 지적하였듯이 수혈 107호 유구나 출토 유물이 논 개발과 관련된 제사에 관한 것이라고 하면 제구로 재이용된 목간은 그 서기 내용이 제사 대상으로 하는 지역의 논 개발과 밀접한 관계를 가지고 사용되었기 때문이다.

만약 그러한 이해가 타당하다면 D, E면 별필의 습서로 생각된 '堤' '四' '柱'는 제사와 관련되어 가필된 것이 아닐까. 그렇다면 그들 글자는 이용현 씨가 지적하듯이 제사 과정과 관련시켜야 할 것이다.

V. 논 개발에 따른 제사

소월리유적 수혈 107호 유구를 제사유적으로 보는 데 참조된 것이 일본 고대의 사례이다.[21] 히라카와

---

17) 남태광, 2022, 앞의 논문.

18) 하시모토 시게루, 2022, 앞의 논문.

19) 손환일, 2020, 「「경산소월리출토목간」의 내용과 서체」, 『韓國古代史探究』 第34輯.

20) 이차적인 이용을 목적으로 홈을 판 이유에 대해서는 어디까지나 추측이지만 다음과 같이 생각한다. 즉, 비는 보통 보관할 때 다발 부분을 땅에 방치하면 다발이 벌어져 비로서의 기능이 저하하기 때문에 매달아 두는 것이다. 그러한 비의 실용 사례에 따라 비의 상단이 되는 부분에 끈을 매다는 기능을 가지는 홈을 파서 자루의 상하 위치관계를 제시하려고 한 것이 아닐까.

미나미 씨는 『常陸風土記』 行方郡条에 보이는 다음과 같은 내용을 제시하였다. 즉, 당해지 골짜기 논 개발에 箭筈麻多知(야하즈노마타치)는 골짜기의 신('야토노카미'=뱀 신. 일본어 '야토/야쓰'는 골짜기 저습지를 뜻한다)에 대해 산에 올라가는 입구에 표식 나무를 경계 도랑에 세워 입구까지는 자기 땅으로, 위는 신의 땅으로 하고 더 이상 개발하지 않을 것을 말하고 社를 세워 그 신을 모시는 것을 약속했다는 것이다. 이러한 설화로 소월리 인면토기란 '夜刀神(야토노카미(蛇)'같은 골짜기 신을 모시기 위해 만들었고 이 땅에 안치된 것이 아닐까라고 히라카와 씨는 추측하였다.

또 고고학적인 자료로 소월리와 비슷한 지형인 시모우사(下総. 下総國 印旛郡 村上鄕, 현재 千葉縣 八千代市 村上) 대지 위의 토갱에서 인면토기 출토 사례가 있으므로 이를 신성한 골짜기 개발을 鎭魂하는 도교에 바탕한 作法이고 제사 후에 토갱에 인면토기를 봉한 것이 아닐까라고 지적하였다.[22] 이러한 도교와의 깊은 관련이 있는 방증으로 인면의 조형을 중국 甘肅省 敦煌石窟 莫高窟 17窟에서 발견된 고문서군 중 『敦煌掇瑣』 부록에 구하여 거기에 그려진 인면상이야말로 인면토기의 유래라고 추측하였다.[23]

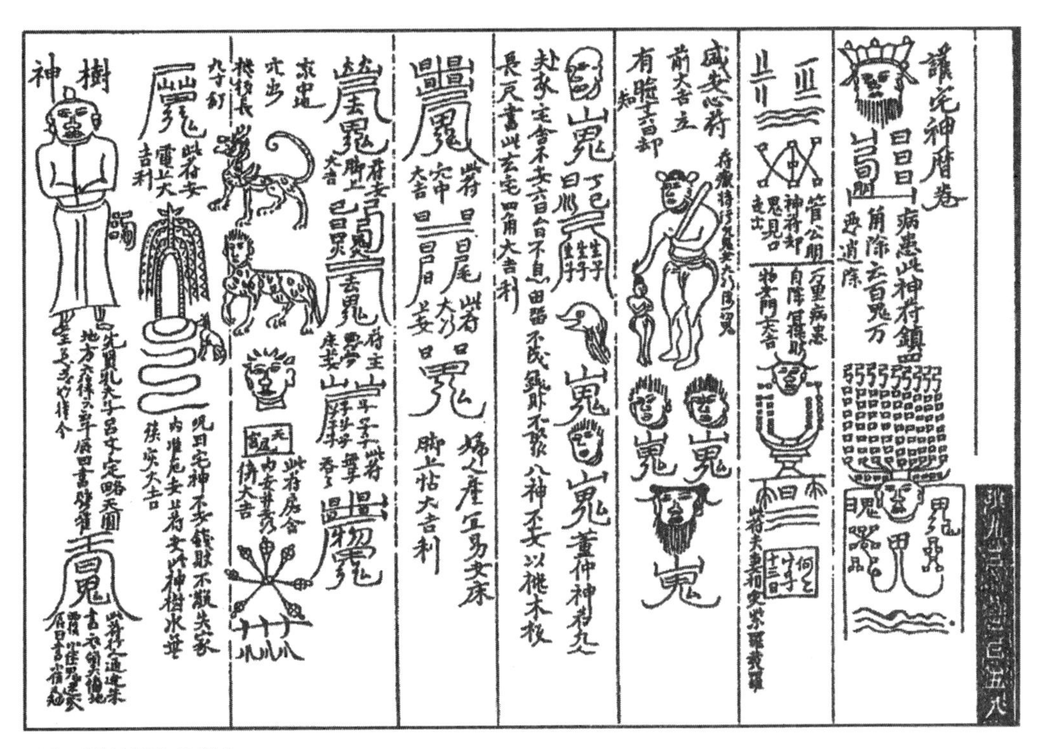

그림 1. 『敦煌掇瑣』의 錄文

21) 주보돈 씨도 『日本書紀』 仁徳紀에 수록된 일화를 참조하였다(주보돈, 2022, 앞의 논문).

22) 平川 南, 2022, 앞의 논문.

23) 위와 같음.

한편 한반도와의 관계에 관해서 고대 일본에서는 미개한 땅으로 생각된 東國(특히 관동지방)에 한반도에서 도래한 사람을 집중적으로 이주시켰고. 그들은 지역의 유력자와 연계하여 골짜기 논 개발의 기술과 인면토기 제사 또 압도적인 문자문화를 전개하였다고 지적하였다. 같은 시기 일본 도성의 하천에 흘리는 인면토기 제사와는 전혀 다르게 東國에서는 '신라식'이라고 할 수 있는 것으로 인면묵서토기를 대지 위에 봉하였다는 추측이다.

미카미 요시타카(三上喜孝) 씨도 일본의 수천 점에 이르는 인면묵서토기의 사례를 도성이나 관아에서 출토된 것과 취락에서 출토된 사례로 나누어 소개하여 후자의 취락에서 출토된 사례에 대해서는 특히 동일본에 많다는 점에 주목하였다. 특히 지바현에서는 대지 위에 전개하는 9세기대 일반 취락의 수혈주거지에서 출토되어 대부분이 杯形 토기라는 기종인 점이 도성이나 지방관아과 다른 특징이라고 한다.[24]

그중에서도 특히 다른 중요한 특징으로 지적된 것이 토기에 인면을 그리는 것과 같이 지명이나 인명을 쓴 사례가 많다는 점이다. 이들은 도성이나 지방 관아에서 출토되는 인면묵서토기와는 다른 특징이다. 그 일례로 지바현 上谷遺跡에서는 인면묵서와 함께 아래와 같이 기록된다고 한다.

> 「下総國印旛郡村神鄉 丈部廣刀自咩 召代進上 延暦十年十月廿二日」
> (下総國 印旛郡 村神鄉에 사는 丈部廣刀自咩가 저승으로 소환되는 대신에 이 그릇 음식을 진상한다. 延暦10年(791) 10월 22일)

이로 인해 이 인면묵서토기가 제사에 사용된 것만이 아니라 그 행위 주체와 시기, 제사 대상까지 알 수 있다.

이처럼 히라카와 씨와 미카미 씨를 통해 소월리 제사 유적과 일본 제사 유적의 관련성이 추구되었는데 인면토기와 인면묵서토기 유물만으로는 같은 시대 논 개발에 관한 제사가 고대 한국과 일본에서 같았는지에 대해 신중하게 될 수밖에 없다. 예를 들어 일본 사례에 따르면 농경제사에서 인면토기 등을 하천에 흘리는 예도 있는 한편 소월리유적에서는 인면토기, 비, 도끼 등 사기를 쫓는 제사에 사용되었다고 추정되는 제구는 매장되었다. 거기에는 사기를 쫓는 뜻이 있었다고 해도 제사 방법에 차이가 있었다는 것이 된다.

그래서 고대 일본의 제사 관련 문헌 자료나 고고학 자료, 그리고 고대 중국의 부록 같은 자료를 가능한 한 한반도 사례와 대응시키고 싶다.

지금까지 이글에서는 선행 연구에 따라 논 개발에 관한 제사 또는 벽사라고 하였지만 한반도의 전통 신앙의 문맥으로 말하면 鬼神信仰일 것이다. 이 귀신신앙에 대해서는 무라야마 지준(村山智順)이 조선총독부의 위촉을 받은 민간신앙의 조사연구 성과가 있어 이글에 관한 점을 참조해 본다. 물론 무라야마의 성과를 정리한 조사보고(朝鮮総督府 編, 『朝鮮の鬼神』)는 역사적인 고찰을 일부 포함하되 그 대부분은 조사 당시의 민간신앙이다. 하지만 당시의 민속신앙이라고 해도 여기서는 오랜 습속을 계승한 면도 있었을 가능성을 중

---

24) 三上喜孝, 2013, 앞의 논문.

시하고 싶다.

먼저 가장 주목되는 것이 귀신 발생에 대한 무라야마의 다음 기술이다.

> 본래 존대한다고 생각되는 것이 山川, 湖沼, 山澤, 川邊, 林間, 岩間 등 음기가 많아 사람이 무서워할 만한 곳에 있는 귀신이며 이 귀신의 유래는 알 수 없지만 이러한 곳에는 귀신이 있다고 한다.[25)]

소월리유적이 논 개발과 관련된다고 지적되었는데 그 장소는 바로 한반도 민간신앙에서는 귀신이 발생하는 곳이라고 생각되었다고 할 수 있다.

또한 무라야마는 귀신 관념의 구체적인 유래를 『三国遺事』 紀異篇 桃花女·鼻荊郎条에 구하여 "신라시대 귀신 신앙은 귀신을 불가사의한 힘을 가진 존재로 보았는데 그 성격은 거의 사람과 흡사하고 사람과 귀신 세계에는 서로 교섭할 수 있고 귀신이 사람에게 利害를 줄 수 있고 사람 또한 귀신에게 제약을 줄 수 있다고 생각되었다"라고 해석하였다.[26)]

또한 경상북도 경주는 가장 오래된 민간신앙을 다분히 유지한다고 하여 경주지방에서 민간에 믿어진 신이나 산천, 호소에도 수호신이 있는 것을 지적하여 "평소 이런 곳에 신이 있는 것을 모르고, 또는 이를 알아도 이를 무시하고 이에 대한 성의가 없으면 반드시 과를 준다"라고 소개하였다.[27)] 또 이 지역의 '祀神과 禳鬼'로서는 공물로 대추(棗), 밤(栗), 감(柿), 건명태(乾明太), 백반, 떡, 술, 물 같은 食膳을 올리고 제문을 읽거나 구두로 주문을 읊는다고 소개하였다.[28)] 이 사례는 미카미 씨가 지적하는 上谷遺跡 출토 인면묵서토기에 쓰인 문언과 부합한다고 볼 수도 있다.

역시 경주지방의 사례로 病災를 약기하는 邪鬼를 封詰하여 그 위력을 발휘 못 하게 하는 '封縛法' 속에 병에 결렸을 때는 그 대신에 扮装人形을 만들고 기도하여 강에 흘리는 미신에 언급하였다.[29)] 이 封縛을 통한 '退鬼法'에서 기물을 게시하는 것으로 악귀를 예방할 수 있다는 생각으로 독을 매달아 항아리를 엎드리거나 神繩을 치거나 해서 '防鬼法'을 하였다는 지적도 있다.[30)] 수혈 107호에서는 인면토기와 같이 항아리가 출토

---

25) 朝鮮総督府 編, 1972, 『朝鮮の鬼神』, 国書刊行会(復刻版), p.108, "本来存在すると考えられて居るのは、山川、湖沼、山澤、川邊、林間、岩間等、概して陰氣に充ち、人をして恐怖の感を惹き起さしむべき處に居る鬼神であつて、この鬼神の由来は不明であるが、とにかくかかる處には鬼神が居るとい云うのである。".

26) 위의 책, p.5, "新羅時代に於ける鬼神信仰では、鬼を一種不思議力のある存在として認めて居たが、その性情殆ど人間に酷似し、人間と鬼との世界にはお互いに交渉し得べく、鬼が人に利害を与うると共に人も亦鬼に制約を与へ得るものと考えられていた。".

27) 위의 책, p.205, "平素これらの箇所に神あるを知らず、またこれを知るもこれを軽視し、これに対して誠意を欠くときには必ず禍を与えられている。".

28) 위의 책, p.209.

29) 위의 책, p.296.

30) 위의 책, p.302.

되었는데 이들 사례를 통해서 악귀를 예방할 수 있는 제구로 항아리가 있다는 점은 수혈에 항아리가 매납된 것과의 관련성을 추구할 수 있는 가능성이 있다.[31]

그런데 무라야마의 조사에서 가장 관심을 끄는 것은 귀신의 殃禍를 막아서 물리치는 방법으로서의 '呪符法'으로 부록 사례가 소개되고 있는 것이다.[32] 그중에는 히라카와씨가 소개한 『敦煌掇瑣』의 부록과 유사한 3점도 볼 수 있다. 모두 수염이 있는 인면인 것, 또 '鬼'자를 형상화한 부록을 볼 수 있다.[33]

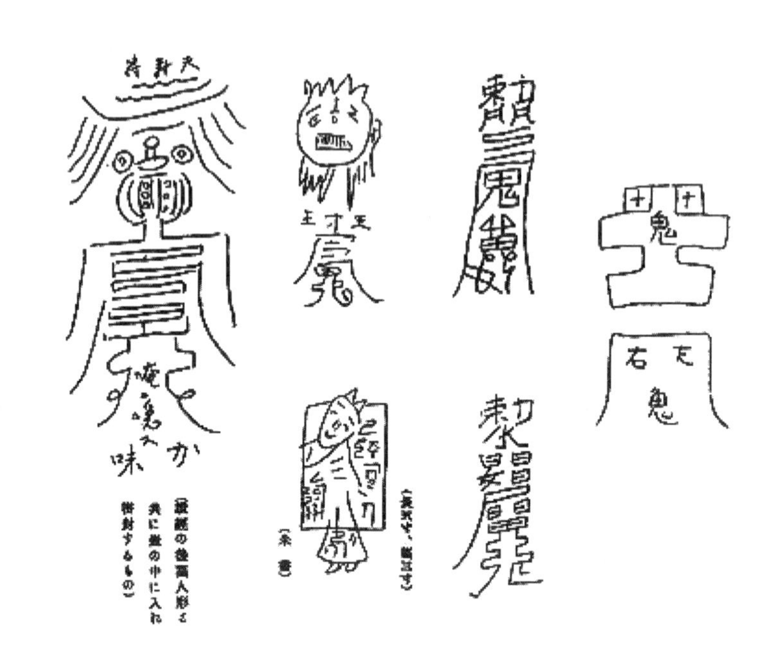

그림 2. 『朝鮮の鬼神』의 呪符法

이러한 무라야마가 『朝鮮の鬼神』에서 소개한 사례는 반드시 고대 자료로 직접 이용할 수 없지만 소월리유적 성격을 파악하는 데 일본 고대 사례를 참조하는 것이 결코 비약이 아니라는 것을 뜻한다.

31) 시루를 거꾸로 해서 벽사의 상징으로 하는 사례로 한국중앙연구원 향토문화전자대전에 의하면 호식총과 시루에 대해 다음과 같이 보고된다. "[형태]三陟을 비롯한 江原道 山岳地域 에서는 호식장(虎食葬)이란 独特한 葬礼風俗이 있다. 호환(虎患)을 당한 시신을 사건 現場 '호식터'에서 바로 火葬해 재로 만든 뒤 상자에 넣어 虎食터에 安置한다. 그 위에 돌무덤을 쌓고 甑를 엎어 구멍에 물레용 쇠가락을 꽂아둔다. 地域에 따라 식칼을 쓰기도 하고 甑의 9개 구멍에 전부 가락을 꽂기도 한다. 재로 만드는 것은 그 자체로 鬼神을 없앤단 意味이며 돌무더기는 서낭堂의 돌무더기처럼 부정을 누르고 터부를 알리는 標識이다. 그 위의 甑는 鉄甕城을 뜻함과 동시에 말 그대로 안에 든 것을 쪄 죽인단 뜻이 있다. 그리고 甑에 난 구멍은 하늘을 의미하니 여기 꽂힌 쇠가락은 벼락을 상징한다. 특히 쇠가락은 물레의 附属品이기에 倀鬼가 물레 돌 듯 永遠히 甑안을 맴돌라는 二重呪術의 意味가 있다. 이런 무덤을 虎食塚이라 하며 벌초는 커녕 사람이 얼씬도 해선 안되는 金癘(五疫)의 象徵이 된다. 옛 사람들이 얼마나 虎患에 시달렸는지, 그로 인한 恐怖가 어느 정도였는지를 엿볼 수 있는 風習이다. 虎가 사람을 물고 가서 먹는 곳을 호식터 또는 호남(虎覽)이라고 하는데 다른 곳에 비해三陟을 비롯한 太白山地域에는 虎食塚의 分布도가 높은 地域으로 그 유지(遺址)가 아직까지 남아 있다."

그리고 2004, 『全訳漢辞海』, 三省堂에는 '倀鬼'에 대해 다음과 같이 해설되고 있다. "호랑이에게 물린 사람의 영혼(귀)이 호랑이의 앞잡이가 되어버린 것. 호랑이가 먹을 것을 찾아 가면 앞장서고, 중간에 함정이 있으면 길을 우회한다고 한다."

32) 朝鮮総督府 編, 1972, 앞의 책, pp.334-393.

33) 현재까지 전해지는 한국에서의 귀자 부록에 관해서는 다음 논문 참조. 이종규, 2017, 「벽사부적(辟邪符籍) 의미와 색채상징 분석」, 『일러스트레이션 포럼』 53.

상술했듯이 히라카와, 미카미 양씨는 소월리출토 인면묵서토기와 고대 일본의 인면묵서토기를 연결시키면서 고대 일본에서는 8~9세기 유적을 중심으로 일본 열도 전체에서 수천 점에 이르는 인문묵서토기와의 관련성에 유의하였다. 특히 소월리 유구에 보이는 제사 성격에 관해서는 공통적으로 인면 형상에 주목하여 도교에 연원이 있다는 점을 강조하였는데 히라카와 씨가 지적한 일본 인면묵서토기와 유사하다고 한 『敦煌掇瑣』의 부록이 한반도에서 계승된 점을 무시할 수 없다. 소월리유적 출토 인면 토기도 도교와의 관계를 검토해야 할 것이다.

생각건대 인면토기와 함께 목간과 연결된 싸리 다발을 비로 보고 또 자귀와 같이 의례에서 사용된 제구라고 본 것은 한대 화상석에 의거한 것이다. 그 화상석에는 '胡奴門'이라는 명문이 있어 단순히 서역인으로 보고 왔으나 設楽博己 씨는 그 그림을 벽사 행위라는 것을 인정하고 화상석에 그려진 '胡奴'란 주변민족의 무서운 힘을 빌려 문을 지키게 한 意匠으로 해석하였다.[34] 실제로 화상석의 '胡奴'는 수염이 있고 문신을 한 형상이다.

'胡人'에 대해서는 일본열도에서 출토된 인면묵서토기 얼굴과 닮은 사례로 東大寺 正倉院에 남아 있는 '布作面'이 있고 胡人을 그렸다고 하고 당시 역병이 해외에서 들어온다는 생각이 있었기에 胡人을 疫神으로 간주하여 인면묵서토기의 주제로 하였다는 설이 있다. 이들 점에 유의하여 인면묵서토기에 그려진 얼굴은 관념상으로 그려진 역신 얼굴이 기호적으로 그려진 것이라는 미카미 씨의 지적이 주목된다.[35]

왜냐하면 한대 화상석은 수염이 있는 호인이 왼손에 도끼를 들고 오른손에 거꾸로 한 비를 든 도상이었다. 만약 위와 같이 호인이 역신으로 간주하여 인면묵서토기의 주제가 되었다면 소월리유적 수혈 107호에서 출토된 목간을 자루로 재이용한 비나 자귀와 함께 인면토기는 세트로 한대 화상석 도상과 완전히 일치하게 된다. 따라서 출토 유물로 보는 한 소월리유적 제사 성격은 고대 중국에 연원을 구할 수 있지 않을까?

Ⅵ. 맺음말

이상 경산 소월리유적에서 출토된 신라 목간 및 공반 유물을 검토하여 그 제사유적으로서의 성격을 검토하였다.

수혈 107호에서 출토된 장대한 목간은 원래 소월리 부근에 堤를 만들고 논 개발한 지역의 畓(논)을 주심으로 한 경작지 면적을 조사할 때의 기록목간이었다. 그 목간을 논 개발과 관련해서 벽사 제사를 거행할 때 제구로 사용할 빗자루로 재이용한 것이었다.

6세기로 추정되는 신라 목간 이외에도 수혈에서는 인면토기 및 자귀나 시루가 출토되었는데 이들도 벽사 제사에서 제구로 사용되었다고 추측된다. 특히 인면토기는 중국 한대 화상석에 보이는 도상이나 일본의

34) 設楽博己, 2021, 『顔の考古学 - 異形の精神史』, 吉川弘文館, 2021.

35) 三上喜孝, 2013, 앞의 논문, p.105.

인면묵서토기 등의 지견을 바탕으로 하고 또 한국 민속학적인 검토를 가하고 이 인면토기는 신라시대부터 확인되는 귀신을 형상화한 것으로 추측하였다.

제구로 2차 이용되었을 때 '堤'·'柱'·'四'라는 글자가 습서처럼 가필된 점이 그들은 다 벽사 제사 행위에 관한 상징적인 글자가 아니었을까. 다시 지적할 필요 없이 '堤'는 논 개발과 관련되어 제사 대상을 상징하는 글자였다고 추측된다.

또 '柱'는 『常陸風土記』 行方郡条의 箭筈麻多知가 했다고 하는 제사 행위에 "산에 올라가는 입구에 표식의 나무를 경계 도랑에 세웠다"라고 하는 사례가 보이므로 목간에 기록된 '堤'를 기점으로 '田'의 위아래 위치 관계가 제시되거나 '谷門'이라는 경계지역이 있으므로 이들 지역에서의 제사행위와 관련될지도 모르겠다. 혹은 '柱'에는 '竿'의 뜻도 있다고 하니[36] 목간을 재이용하여 빗자루로 사용한 것을 상징적으로 쓴 것이라는 해석도 가능하다. '四'에 대해서는 상상할 수밖에 없지만 일단 방위나 제사공간을 표기한 것으로 추측해 본다.

이상 이 글은 경산 소월리유적 수혈107호에서 출토된 유물을 통해 제사 성격에 대해 검토하였다. 출토유물 분석을 통해 거기서 거행된 제사는 논 개발에 따른 벽사 제사로 보는 것은 의심의 여지가 없다. 또한, 유물 가운데 가장 주목해야 할 것은 투각인면문 옹형토기에 그려진 '인면'이 한반도에서 귀신이 형상화된 것으로 봐야 하며 최고의 유물자료로 주목해야 할 것을 강조하고 싶다.

투고일: 2024.06.04. 심사개시일: 2024.06.04. 심사완료일: 2024.06.10.

36) 白川静, 1984, 『字統』, 平凡社, p.595.

참고문헌

윤재석 편저, 2022, 『경산 소월리 목간의 종합적 검토(경북대학교 인문학술원 HK+사업단 연구총서 02)』, 주류성.

白川静, 1984, 『字統』, 平凡社.
朝鮮総督府 編, 1972, 『朝鮮の鬼神』, 国書刊行会(復刻版).

김재홍, 2009, 「창녕 화왕산성 龍池 출토 木簡과 祭儀」, 『木簡과 文字』 4號.
남태광, 2022, 「경산 소월리 목간의 형태」, 『경산 소월리 목간의 종합적 검토(경북대학교 인문학술원 HK+사업단 연구총서 02)』, 윤재석 편저, 주류성.
손환일, 2020, 「「경산소월리출토목간」의 내용과 서체」, 『韓國古代史探究』 第34輯.
尹善泰, 2004, 「扶餘 陵山里 出土 百済木簡의 再検討」, 『東國史學』 第40輯.
이동주, 2022, 「경산 소월리 출토 목간과 유구의 성격」, 『경산 소월리 목간의 종합적 검토(경북대학교 인문학술원 HK+사업단 연구총서 02)』, 윤재석 편저, 주류성.
李炳鎬, 2008, 「扶餘 陵山里 出土 木簡의 性格」, 『木簡과 文字』 創刊號.
이성시, 2023, 「한국목간연구의 지평 -聖語制(hieroglossia)로 본 한국 목간」, 『木簡과 文字』 30號.
이용현, 2022, 「경산 소월리 유적 출토 人面透刻土器와 목간의 기능 - 목간의 기능과 농경의례 -」, 『경산 소월리 목간의 종합적 검토(경북대학교 인문학술원 HK+사업단 연구총서 02)』, 윤재석 편저, 주류성.
이재환, 2011, 「傳仁容寺址 출토 '龍王' 목간과 우물·연못에서의 제사의식」, 『木簡과 文字』 7號.
이재환, 2013, 「한국 고대 '呪術木簡'의 연구 동향과 展望 -'呪術木簡'을 찾아서-」, 『木簡과 文字』 10號.
이종규, 2017, 「벽사부적(辟邪符籍) 의미와 색채상징 분석」, 『일러스트레이션 포럼』 53.
전경효, 2022, 「경산 소월리 목간의 기초적 검토」, 『경산 소월리 목간의 종합적 검토(경북대학교 인문학술원 HK+사업단 연구총서 02)』, 윤재석 편저, 주류성.
주보돈, 2022, 「경산 소월리 출토 목간과 금호강(琴湖江)」, 『경산 소월리 목간의 종합적 검토(경북대학교 인문학술원 HK+사업단 연구총서 02)』, 윤재석 편저, 주류성.

劉玉生, 1987, 「淺談"胡奴門"漢畫像石」, 『漢代畫像石研究』, 北京: 文物出版社.

三上喜孝, 2013, 「「龍王」銘木簡と古代東アジア世界 - 日韓出土木簡研究の新展開」, 『日本古代の文字と地方社会』, 吉川弘文館.
設楽博己, 2021, 『顔の考古学 - 異形の精神史』, 吉川弘文館, 2021.

平川 南, 2006,「道祖神の源流 - 古代の道の祭祀と陽物木製品から」,『国立歴史民俗博物館研究報告』 133.
平川 南, 2022,「고대인의 개발과 죽음에 대한 두려움, 기원 - 고대 한국과 일본의 출토자료와 道教 사상에서 -」,『경산 소월리 목간의 종합적 검토(경북대학교 인문학술원 HK+사업단 연구총서 02)』, 윤재석 편저, 주류성.
하시모토 시게루, 2022,「경산 소월리 목간의 성격에 대한 기초적 검토 - 신라 촌락문서와의 비교 및 형태적 특징을 중심으로 -」,『木簡과 文字』 29號.

〈Abstract〉

Wooden Documents and Ritual Sites of Korea Seen from East Asian Perspective:
Focusing on Gyeongsan Sowolri Site

Lee, Sungsi

This article examines the characteristics of wooden documents and associated materials excavated from Gyeongsan Sowolri Site as ritual site.

The Long wooden document excavated from Pit No. 107 of Sowolri Site was originally a investigation record of the area of cultivated land near Sowolri centered on the paddy fields which were developed by building embankments. It was reused as the shaft of a broom for the ritual to ward off evil related to paddy field development.

In addition to the wooden document of 6th-century Silla Dynasty, human face earthenmware, an axe and a steamer were excavated from the pit. They also presumed to be used as ritual equipments for the ritual to ward off evil. By examining the relief sculpture of Han Dynasty, ink-painted human face pots of Japan and folklore of Korea, it can be assumed that the human face earthenware symbolizes evil spirit(鬼神).

When the wooden document was reused, the letters such as '堤'·'杜'·'四' were added as writing practice. They are the symbolic letters related to the ritual to ward off evil. In particular, '堤' shows that the ritual was for the paddy field development. '杜' is thought to indicate the positional relationship of being above or below '田' or to be related to the ritual in the border area called '谷門'. '四' may indicate four directions or ritual space.

Based on the relics excavated from Pit No. 107 of Gyeongsan Sowilri Site, there is no doubt that the ritual was to ward off evil for paddy field develepment. The most notable thing among the relics it the human face earthenware, which is the oldest relics described evil spirit(鬼神) in Korean Peninsula.

▶ Key words: Sowolri site, ritual sites, wooden documents of Silla Dynasty, paddy field development, human face earthenware, ritual to ward off evil, evil spirit(鬼神)

특 집

新羅 저수시설 출토 呪術木簡의 성격*

金在弘**

〈국문초록〉

이 글은 신라 목간의 내용뿐 아니라 출토된 유적의 고고 환경을 함께 분석함으로써 유적의 성격이 목간의 내용과 부합한다는 사실을 밝혔다. 이를 통해 저수시설 출토 목간이 시기성을 가지며, 신라사의 전개와 관련되었다는 사실을 검토하였다.

신라 목간은 왕경의 궁궐, 관아, 사찰 등지에서 나왔으며, 지방에서는 산성에서 주로 출토되었다. 목간은 연지, 우물, 저습지 등 고고 환경에서 발견되었으며, 물과 관련된 환경에서 출토되었다. 연지의 형태는 원형(부정형, 타원형), 방형, 장방형이다.

연지와 우물에서 출토된 유물은 주술적인 성격의 물품이 많은데, 물이 가진 주술성과 관련된다. 용도별로 나누면, 무기와 마구, 농구, 자물쇠와 열쇠, 茶具, 악기 등 농경의례와 관련된 도구이다. 신라 저수시설에서 출토된 목간은 통일기를 경계로 다른 성격의 목간이 출토되었다. 6~7세기대 문서 및 하찰 목간은 연지의 초축 연대와 일치하며, 산성이 가진 행정 거점과 물류 창고의 성격을 잘 반영하고 있다. 8~9세기에는 용왕명 목간이나 주술목간이 출토되며, 물과 관련된 제의를 보여주고 있다.

목간에 보이는 시기성과 성격의 차이는 신라사의 전개와 짝을 이루고 있다. 신라사에서 5세기는 홍수가 빈번한 시기였으며, 산성이 홍수를 조절하는 기능을 가지고 있었다. 산성은 행정 거점과 물류 창고로서의

* 이 논문은 2024년 5월 11일(토) 한국목간학회 제3회 한·중·일 목간연구 국제학술대회-동아시아 고대의 주술과 문자-에서 발표한 「한국 고대 산성 집수지 출토 주술 목간의 성격」을 체제에 맞게 수정하여 보완한 것이다.

** 국민대학교 한국역사학과 교수

역할을 수행하였고, 하찰목간이 연지에서 주로 발견되었다. 8~9세기에는 가뭄이 빈번한 시기로서 산성의 연지에서 기우제 등 제의를 지내면서 주술목간을 주로 사용하였다.

▶ **핵심어: 주술목간, 하찰목간, 산성, 연지, 우물**

I. 머리말

신라 목간은 공간적으로 왕경인 경주와 군현이 소재하는 지방에서 출토되고 있으며, 시간적으로 6~10세기에 걸쳐 나타나고 있다. 신라 목간은 현재 23개 유적에서 모두 410점이 소개되고 있으나, 왕경 목간 114점, 지방 목간 296점의 수량이다. 왕경 목간은 월성해자에서 38점, 월지에서 66점이 출토되어 편중성을 보여주고 있다. 지방 목간도 함안 성산산성에서 253점이나 출토되었으므로, 다른 지방 목간은 43점으로 수량이 줄어들게 된다.[1] 태봉 목간인 양주 대모산성 목간은 신라 목간에서 제외하였다. 여타 지방 목간 중에도 묵흔은 확인되나 판독이 어려운 목간이 많아 지방 목간의 실상을 파악하기는 어려운 측면이 있다.

신라 목간의 연구는 목간의 수량과 내용을 기준으로 월성, 월지, 성산산성에서 출토된 목간을 중심으로 진행되어 왔다. 상기 3개 유적의 목간을 기준으로 신라 목간의 분류가 이루어지고[2] 문서목간과 하찰목간의 형식과 내용이 자리를 잡아가고 있다. 신라 목간이 전국적인 범위에서 출토되고 있으나, 정작 연구는 특정한 유적 출토 목간을 중심으로 이루어졌다는 한계를 가지고 있다.

신라 목간은 대부분 문서 행정에 사용된 문서목간이나 물품의 수취와 보관에 사용된 하찰목간으로 구분되며, 이외 주술, 습서, 경전 등 특수한 목적의 목간으로 나눌 수 있다. 왕경의 월성과 월지, 지방의 성산산성에서 출토된 문서와 하찰 목간을 사용하여 연구가 진행되면서 신라 지방 지배와 물자 수송이라는 주제가 상당량을 차지하고 있다.

신라 목간의 연구 범위를 확장하기 위해서는 목간의 내용을 분석하는 연구 방식에서 벗어나 목간의 형식과 유적의 성격을 시야에 넣어야 한다. 이 경우에 목간이 출토된 고고 환경을 주목하여야 한다.[3] 목간이 출토된 유적은 연지,[4] 우물, 수혈 등이며,[5] 연지와 우물은 물과 관련을 가지고 있다. 또한 도성이나 산성 내

1) 신라 목간의 수량과 내용 분류는 국립가야문화재연구소, 2017, 『한국의 고대목간Ⅱ』; 윤재석 편저, 2022, 『한국 목간 총람』, 경북대 인문학술원 HK+사업단 자료총서 01, 주류성; 오택현·이재환, 2023, 「백제·신라 목간의 집계와 범례의 제안」, 『목간과 문자』 30, 한국목간학회를 참조하여 파악하였다.

2) 김재홍, 2022a, 「한국 고대 목간의 분류 방안」, 『목간과 문자』 28, 한국목간학회.

3) 김재홍, 2017, 「고대 목간, 동아시아의 문자 정보 시스템」, 『내일을 여는 역사』 67, 민족문제연구소; 김재홍, 2019, 「함안 성산산성과 출토목간의 연대」, 『목간과 문자』 22, 한국목간학회.

4) 한국 고대 산성에서 물을 모으는 집수시설이나 저수시설은 집수정, 저수지, 지당, 연지, 연못, 원지 등으로 호칭하고 있어 혼란을 주고 있다. 이 글에서는 연지라는 현재에도 주로 사용하는 용어로 개념화하였다.

5) 정의도, 2007, 「제장으로서 산성 연구」, 『문물연구』 1, 동아시아문물연구학술재단; 차순철, 2013, 「신라 도성 내 의례공간과 변

연지에서 출토된 목간,[6] 와당[7] 등 출토품을 중심으로 제의와 관련된 연구가 진행되기도 하였다. 모두 주술성에 주목하여 연구를 진행하였으나, 유적의 성격과 시기성에 대한 구체적인 분석은 이제 시작 단계이다.

이 시점에 목간이 출토된 유적의 고고 환경을 분석하고, 유구인 연지나 우물의 조성 연대를 검토할 필요가 있다. 또한 저수시설과 목간의 관련성을 분석하여 목간의 시기성과 성격을 밝히고자 한다. 목간의 내용과 고고 환경의 분석을 통해 신라사에서 출토 목간이 시기별로 역사성과 특성을 가지고 있다는 점을 부각시키고자 한다.

II. 신라 저수시설 출토 목간의 고고 환경

1. 목간과 출토 유적의 성격

신라 목간은 고대 국가의 특성상 왕경인 경주를 중심으로 발견되고 있으나 지방에서도 꾸준히 발견되고 있다. 王京의 목간은 경주의 월지, 월성해자, 전인용사지, 국립경주박물관 미술관부지, 국립경주박물관 남측부지, 황룡사 남측도로, 전황복사지, 황남동376번지 등지에서 출토되었다. 지방의 목간은 서울 아차산성, 하남 이성산성, 인천 계양산성, 안성 죽주산성, 익산 미륵사지, 장수 침령산성, 남원 아막성, 대구 팔거산성, 경산 소월리 유적, 창녕 화왕산성, 함안 성산산성, 김해 양동산성·봉황대, 부산 배산성, 양주 대모산성(태봉)[8] 등지에서 나왔다. 목간은 전국적인 범위에 걸쳐 발굴조사를 통해 얻어져 출토 상황을 알 수 있는 자료로 의미가 있다.

왕경에서 목간이 출토된 유적은 출토지의 기능을 기준으로 몇 가지로 분류할 수 있다. 월지, 월성해자, 국립경주박물관 미술관부지·남측부지 등지는 궁궐이나 부속 관아에 해당한다. 황남동376번지는 관아와 관련된 건물지 주변 수혈에서 출토되었다. 황룡사 남측도로, 전인용사지, 전황복사지 등지에서 목간은 사찰과 관련된 시설에서 발견되었다. 목간 출토지의 기능은 대부분 궁궐이나 관아, 사찰과 관련된 시설로 국가와 관련성을 엿볼 수 있다.

화-하천 및 분묘제사와 호마를 중심으로-」, 『선사와 고대』 39, 한국고대학회; 백종오, 2020, 「한국고대 산성의 집수시설과 용도-한강유역 석축 집수지를 중심으로-」, 『목간과 문자』 25, 한국목간학회.

6) 김재홍, 2009, 「창녕 화왕산성 龍池 출토 목간과 제의」, 『목간과 문자』 4, 한국목간학회; 김창석, 2010, 「창녕 화왕산성 연지 출토 목간의 내용과 용도」, 『목간과 문자』 5, 한국목간학회; 이재환, 2011, 「전인용사지 출토 '龍王' 목간과 우물·연못에서의 제사의식」, 『목간과 문자』 7, 한국목간학회; 이재환, 2013, 「한국 고대 '주술목간'의 연구 동향과 전망-주술목간을 찾아서-」, 『목간과 문자』 10, 한국목간학회.

7) 백종오, 2015, 「한일 고대 집수유구 출토유물의 의례성 연구-산성 출토 와당을 중심으로-」, 『선사와 고대』 46, 한국고대학회.

8) 양주 대모산성에서 발견된 정개삼년(916)명 목간은 내용상 태봉의 목간이지만, 시기적으로 신라 통일기에 해당한다.

표 1. 신라 왕경 목간 출토 유적의 성격과 시기

연번	유적명	유적의 성격	목간	시기	비고
1	월성해자	궁성의 해자	문서 목간, 다면(원주형) 목간, 습서목간	6~7세기	
2	월지	원지(연지)	문서, 하찰목간	8세기	
3	황남동376번지	건물지 내 수혈	문서(장부)목간	8세기	
4	전인용사지	우물	용왕명 목간	9세기	
5	국립경주박물관 미술관부지	우물	용왕명 목간	9세기	
6	국립경주박물관 남측부지	우물	목간(묵흔)	9세기	
7	황룡사 남측도로	도로측구(배수로)	목간(묵흔)	7세기 후반?	
8	전황복사지	원지(연지)	스님 명적 관련 목간	8~9세기	

목간이 출토된 지점의 성격도 목간을 이해하는 데 필요하다(표 1). 月城垓子는 월성 성벽을 동-북-서로 둘러싼 방어 시설이자 원지이며, 물로 채워져 있었다. 목간은 1호 해자인 연못형(수혈) 해자에서 출토되었다. 월성해자에는 평상시에도 물이 차 있었다는 측면에서 원지의 기능을 하였다. 월성해자에서 출토된 목간은 형태상으로 다면목간, 원주형목간, 사면목간 등이며, 6~7세기 신라 중고기의 목간으로 추정된다. 그 내용은 문서목간이며, 중앙 관아 사이에 보내는 문서, 지방에서 중앙으로 보내는 문서로 구성되어 있다. 月池는 신라 통일기 궁궐에 부속된 정원의 원지로 동남쪽의 입수구를 통해 들어온 물이 북서쪽 출수구로 빠져 나가 발천으로 연결된다. 단순한 집수지라기 보다 궁궐의 행사와 의례를 시행하는 공간이자, 궁전 일상이 이루어지던 생활 공간이었다. 출토된 목간은 문서목간과 하찰목간이며, 8세기 궁정생활과 관련된 내용이 주류를 이룬다. 목간이 출토된 월지에서는 용왕에게 제사를 지내는 과정에서 사용한 용왕명 토기 등이 출토되었다. 물을 저수한 원지인 월지에서 제의가 이루어졌다는 점에서 신성한 물과 관련을 가지고 있다. 또한 월지에서는 '熊川州湯井'이라는 명문이 새겨진 칠기 원저완이 출토되었는데,[9] 웅천주의 탕정에서 거행된 제의와 관련된 의기로 볼 수 있다. 이 명문칠기는 웅천주 탕정군에서 진상한 것으로 월지의 제의에도 사용하였다고 추정된다. 낭산 동편의 사찰인 전황복사지의 목간도 연지에서 발견되었다. 연지는 3차에 걸쳐 수축이 이루어졌는데, 1차는 8세기, 2차는 9세기경 조성된 것으로 추정된다. 월성해자, 월지, 전황복사지의 목간은 모두 원지(연지)에 해당하는 유적에서 발견되었다.

전인용사지의 목간은 우물에서 출토되었으며, 신라 통일기의 목간으로 판단된다.[10] 목간이 상층부에서

9) 문화공보부 문화재관리국, 1978, 『안압지발굴조사보고서』, pp.246-247.

10) 용왕명 목간이 출토된 전인용사지 우물은 보고서에서 8세기 사찰이 조영되기 이전의 유구로 판단하고 있으나(국립경주문화재연구소, 2013, 『전인용사지 발굴조사보고서 I · II』), 용왕명 목간은 8세기~10세기대의 유물과 함께 발견되어 신라 통일기로 편년할 수 있다.

출토된 것으로 보아 9세기 이후의 연대를 추정할 수 있다. 목간은 칼모양(도자형)으로 깎았으며, 용왕에게 제사를 지내는 과정에서 사용한 주술목간으로 판단된다. 국립경주박물관 미술관부지와 남측부지의 목간도 우물에서 발견되었다. 미술관부지 우물에서 출토된 목간은 龍王銘 목간으로 주술과 관련지을 수 있다. 궁궐과 사찰에 속한 우물과 연지는 물을 가두거나 퍼 올리는 시설이다. 황룡사 남측도로의 목간은 물이 흐르는 배수로인 동서도로 측구에서 출토되었다. 배수로에서 출토된 신라 통일기의 명문기와를 근거로 배수로의 폐기 시점과 목간의 연대를 7세기 후반으로 보고 있다. 황남동376번지의 목간은 관영 공방 내의 1호 수혈에서 활석제 인장과 함께 출토되었는데, 창고 관련 시설이거나 폐기하는 장소였다. 창고에 곡물을 수납하면서 사용한 문서(장부)목간으로 추정된다. 신라 왕경에서 출토된 목간은 원지(연지, 해자), 우물, 배수로, 수혈[11] 등에서 발견되었으며, 물을 저장하거나 흘려보내는 시설과 관련을 가지고 있다.

신라 왕경에서 목간이 출토된 유적은 대부분 궁궐과 사찰이지만, 유구의 성격은 원지, 우물 등 물을 저장하거나 흘려보내는 시설과 관련을 가지고 있다. 신라 당대 연지와 우물의 관계는 목간에서 확인할 수 있다. 양주 대모산성에서 출토된 태봉의 주술목간에는 '大井', '大龍' 등의 묵서가 확인된다. 고대인은 산성의 집수지(연지)를 큰 우물인 대정으로 인식하였고 여기에 대룡이 머물렀던 거처로 인식하였다. 신라인도 집수지인 연지를 우물로 인식하였다.[12]

표 2. 신라 지방 목간 출토 유적의 성격

연번	유적명	유구의 성격	목간	시기	비고
1	서울 아차산성	장방형 연지	장방형 다면목간	8세기 이후	
2	하남 이성산성	타원형 연지 장방형 연지 장방형 연지	A지구 1차 무진년명목간 A지구 2차 주술목간 C지구 의식용목간	6~7세기 8~9세기 8~9세기	
3	인천 계양산성	원형(다각형) 연지	논어 목간(공야장)	신라 통일기	
4	안성 죽주산성	장방형 S6 연지	목간(묵흔)	6세기 후반~7세기 전반	
5	익산 미륵사지	장방형 서편 연지	사면 목간	신라 통일기	
6	장수 침령산성	원형 연지	문서목간(道使村), 하찰목간, 인형	7세기	
7	남원 아막성	장방형 연지	목간(묵흔)	6~7세기	
8	대구 팔거산성	장방형 목곽+타원형 석축 연지	하찰목간, 임술년(602), 병인명(606) 목간	6~7세기	
9	경산 소월리 유적	저습지 주변 수혈	문서 목간	6~7세기	

11) 물론 수혈은 물과 직접적인 관련이 없으나 구덩이에 폐기하였다는 점에서 물에 고인 환경과 관련지을 수 있다.

12) 이동주, 2024, 「고대 연못 제사 유물로 본 주술적 사유」, 『목간에 반영된 고대 동아시아의 사상과 정신세계』, 경북대 인문학술원 HK+ 제6회 국제학술대회, p.216.

연번	유적명	유구의 성격	목간	시기	비고
10	창녕 화왕산성	방형 연지	용왕명 인형목간, 양물형 목간, 주술목간	9세기 전반~10세기 전반	
11	함안 성산산성	부엽층	하찰목간, 문서목간	6세기 후반~7세기 전반	
12	김해 양동산성	장방형 연지	계묘년(583)명목간, 하찰목간	6세기 후반~7세기 초반	
13	김해 봉황동	저습지의 수혈	논어(공야장) 목간	6세기 후반~7세기 초반	
14	부산 배산성	원형 연지	문서(장부)목간, 을해년(735) 목간	6~7세기	
참고	양주 대모산성	원형 연지	주술목간, 정개삼년(916)명 목간	10세기	태봉

신라 지방에서도 목간의 출토 사례가 증가하고 있으며, 전국적인 범위에서 확인되고 있다(표 2). 유적을 기능별로 보면, 서울 아차산성, 하남 이성산성, 인천 계양산성, 안성 죽주산성, 장수 침령산성, 남원 아막성, 대구 팔거산성, 창녕 화왕산성, 함안 성산산성, 김해 양동산성, 부산 배산성 등 山城이 주류를 이룬다.

서울 아차산성에서는 장방형(사다리꼴) 연지에서 장방형 다면목간이 발견되었는데, 묵흔만 확인되며 보고서에서는 함께 출토된 명문기와로 보아 8세기대의 목간으로 보고 있다. 하남 이성산성에서는 여러 연지에서 다른 용도의 목간이 출토되었는데, A지구 1차 타원형 연지에서는 무진년(608년)명 문서목간, A지구 2차 장방형 연지에서는 주술목간, C지구 장방형 연지에서는 의식의 행사를 거행할 때 사용한 목간이 출토되었다. 문서목간은 6~7세기 산성을 축조할 시점의 것이며, 주술과 儀式用목간은 8~9세기의 수축 시의 목간으로 추정된다. 인천 계양산성의 원형(다각형) 연지에서는 5면에 논어 공야장이 기록된 목간이 발견되었다. 보고서에서는 4~5세기 백제의 논어 목간으로 보고 있으나[13] 산성의 축조 방식과 연지의 형태로 보아 신라 통일기의 목간으로 추정된다.

안성 죽주산성의 장방형 S6 연지에서 이형의 목제품에 묵서된 목간과 자로 추정되는 나무에 묵서된 목간이 출토되었다.[14] 연지의 장방형 형태와 출토 유물로 보아 신라 목간으로 추정된다. 장수 침령산성은 원형 연지에서 원형의 목간이 발견되었는데,[15] 목간에 보이는 '…道使村…'이라는 명문으로 보아 통일기 이전 7세기 무렵의 목간으로 추정된다. 장수 침령산성은 6세기 후반~7세기 전반에 축조된 신라의 산성으로 고려 초기까지 사용된 것으로 보인다. 원형 연지는 7세기경 초축되었으며, 이후 시기까지 계속하여 사용되었

13) 선문대 고고연구소, 2008, 『계양산성발굴조사보고서』.

14) 강형웅, 2011, 「안성 죽주산성 신라시대 집수시설 발굴 문자자료」, 『목간과 문자』 8, 한국목간학회.

15) 군산대박물관, 2019, 『장수 침령산성II』, 군산대박물관 학술총서 69; 조명일, 2021, 「장수 침령산성·남원 아막성 출토 목간자료 소개」, 한국목간학회 정기발표회 자료집.

다. 남원 아막성의 장방형 연지에서 묵흔이 있는 원주형 목간이 출토되었다.[16]

대구 팔거산성의 장방형 목곽+다원형 석축 연지(그림 1)에서 신라 6~7세기경의 하찰목간이 발견되었다.[17] 목간 중에는 임술년과 병인년이라는 간지가 보이는데, 각각 602년과 606년으로 추정된다. 창녕 화왕산성의 방형 연지(그림 2)에서는 용왕명 인형목간, 양물형목간, 주술목간이 출토되었는데, 함께 출토된 토기의 연대가 9세기 전반~10세기 전반이므로 9세기대의 목간으로 추정된다. 함안 성산산성의 목간은 6세기 후반~7세기 전반에 해당하며, 문서목간도 있으나 하찰목간이 대부분이다. 김해 양동산성의 장방형 연지에서는 6세기 후반~7세기 초반으로 편년되는 토기와 함께 목간이 출토되었다. 목간은 세장방형의 홈형 하찰목간이다. 이중에 계묘년명 목간은 583년으로 추정되며, 피와 보리를 담은 용기에 딸린 하찰목간으로 추정된다.[18] 연지에서는 보존상태가 좋은 철촉, 철부 등 금속품과 바가지, 국자, 소쿠리 등 생활목기 및 짚신이 출토되었다.

그림 1. 대구 팔거산성 연지

그림 2. 창녕 화왕산성 연지(龍池)

김해 봉황동 유적에서는 저습지의 수혈에서 논어 목간이 출토되었는데, 함께 출토된 토기로 보아 6세기 후반~7세기 초반으로 편년하였다. 부산 배산성의 원형 연지에서 목간이 발견되었는데, 2호 원형 연지에서 을해년(735)명 목간이 출토되었다.[19] 보고서에는 Ⅷ층 내부에서 신라 통일기 기와 및 도질토기가 출토되었다고 하였으므로 목간에 보이는 을해년은 735년으로 추정된다.[20] 목간의 내용도 일본 도다이지(東大寺) 쇼

16) 조명일, 2021, 앞의 논문.

17) 하시모토 시게루, 2023, 「대구 팔거산성 목간의 재검토-신라의 지방지배와 하찰목간-」, 『동서인문』 22, 경북대 인문학술원.

18) 이수훈, 2020, 「김해 양동산성 출토 목간의 검토」, 『역사와 세계』 58, 효원사학회.

19) 이수훈, 2018, 「부산 배산성지 출토 목간의 검토」, 『역사와 세계』 54, 효원사학회; 이용현, 2018, 「배산성지 출토 목간과 신라 사회」, 『부산 금석문 역사를 새겨 남기다』, 부산시립박물관; 박남수, 2019, 「新羅內省毛接文書('좌파리가반부속문서')와 신라 내성의 馬政」, 『신라문화』 54, 동국대 신라문화연구소.

소인(正倉院)에 있는 신라 사하리가반문서와 내용이 유사하여 8세기대 목간으로 보인다. 창고에 수납한 곡물을 기록한 장부목간으로 추정된다.

산성에서 목간이 출토된 지점은 대부분 집수지인 蓮池이며, 연지의 형태는 원형(부정형, 타원형), 방형, 장방형이다. 圓形계 연지에서 발견된 목간은 이성산성 A지구 1차 연지의 무진년명 목간, 계양산성의 논어 목간, 죽주산성의 묵흔이 있는 목간, 침령산성의 문서목간(…道使村…), 팔거산성의 하찰목간, 배산성의 장부목간, 대모산성의 주술목간(태봉) 등이다. 이성산성 A지구 1차 연지는 타원형, 계양산성 연지는 부정형의 원형계, 팔거산성 연지는 타원형 석축+장방형 목곽의 형태이다. 침령산성, 배산성, 대모산성 연지는 계단이 있는 원형으로 형태가 정연하다. 부정형 원형계 연지에서 계단상 원형으로 발전하는 방향성이 간취되며,[21] 계단상 원형은 후삼국기의 늦은 시기까지 사용되었다고 추정된다. 이 중에서 이성산성의 무진년명 목간, 침령산성의 문서목간(…道使村…), 팔거산성의 하찰목간 등은 신라 삼국기의 목간이다. 죽주산성의 묵흔이 있는 목간은 문자를 읽기 어려우나 연지 형태와 출토 유물로 보아 신라 삼국기에 조성된 연지에서 발견된 목간으로 추정된다. 계양산성의 논어 목간, 배산성의 장부목간은 현재 연대의 논란이 있으나 신라 통일기의 목간으로 추정된다.

方形 연지에서 발견된 목간은 화왕산성의 용왕명 인형목간, 양물형목간, 주술목간 등이 있으며, 함께 출토된 유물로 보아 9세기대의 목간으로 추정된다. 長方形 연지에서 출토된 목간은 아차산성의 다면목간, 이성산성 A지구 2차 연지(그림 3)의 주술목간·C지구 의식용목간, 죽주산성의 묵흔이 있는 목간, 미륵사지의 사면 목간, 아막성의 묵흔이 있는 목간, 양동산성의 하찰목간 등이 있다. 양동산성의 하찰목간은 계묘년(583)명 목간이 포함되어 있으며, 신라 삼국기의 꼬리표목간으로 추정된다. 이외 나머지 목간은 모두 신라 통일기에 제작된 목간으로 보인다. 장방형 연지는 신라 통일기에

그림 3. 하남 이성산성 A지구 2차 장방형 연지

20) 하시모토 시게루, 2021, 「부산 배산성 목간의 기초적 검토-좌파리가반 부속문서와의 비교를 중심으로-」, 『신라사학보』 52, 신라사학회, p.461.

21) 김윤아, 2007, 「고대 산성의 집수시설에 대한 연구」, 한양대 석사학위논문; 오승연, 2009, 「고대 산성의 수자원관리방식 연구-신라·백제 산성 집수지의 양식과 기능-」, 『고대의 목간 그리고 산성』, 국립가야문화재연구소·국립부여박물관; 전혁기, 2017, 「고대 성곽 집수시설의 성격과 변천」, 한신대 석사학위논문.

정형화되어 조영된 것으로 보이며, 이성산성 A지구 2차 장방형 연지가 전형적인 형태이다.

신라 산성에서는 삼국기 하찰 및 문서 목간이 원형 연지에서 주로 발견되었으며, 신라 통일기 주술목간이 방형과 장방형 연지에서 주로 출토되었다. 신라 산성은 5세기 후반에 조성되기 시작하여 수축과 증축을 거치면서 나말여초시기까지 지속적으로 사용되었다. 신라의 산성은 통일기 이전과 이후가 다른 방식으로 축성되고 있다.[22] 신라 통일기 이전의 산성은 편암계 판석, 내탁부의 조성, 외벽 면석의 바른층쌓기, 외벽 기저부의 기단보축 등을 특징으로 한다. 또한 성문을 현문식으로 조성하고 있으며, 체성벽을 관통하는 수구는 단면 사다리꼴 모양이다. 신라 통일기의 산성은 화강암을 방형이나 장방형으로 다듬어 들여쌓기 방식으로 체성벽을 축조하고 있으며, 아랫돌은 긴 장방형의 지대석을 사용하고 있다. 체성벽은 (장)방형 옥수수 알 모양으로 다듬은 화강암을 品자형으로 쌓았으며, 외벽을 쐐기형(사각추형) 돌로 쌓고 내부를 흙이나 돌로 채우는 편축식이다. 신라 산성은 삼국기에 1차 축성을 한 이후 통일기에 2~3차례 수축을 하면서 재사용하는 경우도 있다. 목간이 출토된 산성은 대부분 6~7세기 삼국기에 초축한 산성이지만, 신라 통일기에 수축하거나 새로이 성벽을 쌓기도 하였다. 목간은 6~7세기와 8~9세기라는 두 시기의 연대를 보여주고 있다.

신라 산성은 산의 계곡을 막거나 산등성이를 연결하여 축조하였으므로 계곡에서 흘러 내려오는 물을 저장하여 체성벽을 통해 흘려보내야 하는 구조이다. 돌로 된 체성벽이 흐르는 물로 인해 붕괴되는 위험을 막기 위해 남문이나 동문에는 연지 등 저수시설을 설치하였다. 신라 산성의 저수시설로는 대략 3가지 종류가 확인되는데, 평면 형태가 원형(타원형, 부정형), 방형, 장방형 등이 있다.[23] 평면 형태가 원형인 연지는 3~4단의 계단식이며, 삼국시대 출현하여 신라 통일기까지 사용하였다고 추정된다. 방형과 장방형 연지도 통일 이전에 발생하였으나 장방형 연지는 주로 신라 통일기에 축조되었다.

신라 산성에서 (타)원형 연지와 장방형 연지의 관계는 하남 이성산성에서 잘 보인다. 이성산성 A지구 1차 연지는 타원형이며, 608년으로 추정되는 무진명 목간이 출토되었다. A지구 2차 연지는 장방형으로 신라 통일기 주술목간이 출토되었다. C지구 연지는 장방형으로 의식용 목간이 출토되었다. 보고서에서는 고구려 목간으로 추정하였으나, '褥薩'로 판독한 글자 중에서 薩은 판독이 어렵다. 褥은 요나 깔개를 뜻하는 문자이므로 신라 통일기 의례에서 사용한 깔개나 방석으로 추정된다. 따라서 산성 내 연지는 발생순으로 원형, 방형에서 장방형으로 축조되는 과정을 거쳤으나, 축조 이후 계속하여 사용한 것으로 보인다. 목간도 삼국기에는 문서나 하찰 목간이 출토되었으며, 통일기에는 주술목간과 의식용목간이 발견되어 차이를 보이고 있다.

함안 성산산성에서는 저습지의 부엽층에서 목간이 집중적으로 발견되었다. 산성의 연지 외에 목간이 발견된 지점은 성산산성과 마찬가지로 저습지와 관련을 가지고 있다. 경산 소월리 유적은 저습지로 형성된

---

22) 박종익, 1994, 「고대산성의 축조기법에 대한 연구」, 『영남고고학』 15, 영남고고학회, pp.139-142; 심광주, 2013, 「계양산성의 축조방식과 축성시기」, 『인천 계양산성의 역사적 가치와 활용』, 겨레문화재연구원·성곽학회, pp.68-69; 김재홍, 2018, 「신라의 거제도 군현 편제 과정」, 『한국학논총』 50, 국민대 한국학연구소, pp.5-6.

23) 정인태, 2008, 「삼국~통일신라시대 산성 集水池에 관한 연구」, 동아대 석사학위논문, p.46.

지형이며, 봉황동 유적도 저습지와 관련된 지점이다. 소월리 유적 출토 목간은 이 지역의 전답을 기록한 것으로 사용 용도를 다한 후에 수혈의 제의에 재사용하였다고 추정된다. 함께 출토된 토기의 연대로 보아 목간은 6세기 후반~7세기 전반에 작성되었다고 추정된다.[24] 익산 미륵사지 서편 연지에서 사면 목간 2점이 발견되었는데, 그중 1점에서는 4면에 묵서가 있지만 한 면은 반대 방향으로 글자를 쓴 것이 특징적이다. 발굴조사 보고서에서는 백제의 목간으로 보았으나,[25] 서편 연지의 조성 시기로 보아 신라 통일기의 목간으로 추정된다.

목간의 고고 환경은 기본적으로 집수지인 연지, 저습지의 수혈 및 부엽층과 관련을 가지고 있다. 목간은 물과 관련된 환경에서 출토되었다. 특히 지방에서는 산성에서 집중적으로 목간이 출토되었다.

2. 저수시설 출토 주술품

1) 주술용 무기와 마구

신라 산성 저수시설에서 출토된 무기는 철제 대도, 철모, 철도자, 철촉 등이 있으며, 나무로 만든 대도 등도 출토되었다. 철제 무기는 일반적으로 산성에 주둔한 군대가 사용한 무기였을 가능성이 높으나 그 형태가 특이하거나 연지, 수혈 등에서 출토된 경우에 주술과 관련하여 해석할 수 있다.

창녕 화왕산성에서 출토된 무기류 중에서 특이한 형태의 철제 대도가 있다(그림 4). 철제 대도 2구가 출토되었는데, 하나는 길이가 107.7㎝이고, 다른 하나는 81.9㎝이다. 2점 모두 봉부 앞 10~15㎝가량은 양날을 가진 검의 형태이고 그 아래는 칼 등과 날이 구분되는 도의 형태를 띤다. 일반적인 대도와는 달리 전체적인 형태가 刀이지만, 날 끝부분이 양

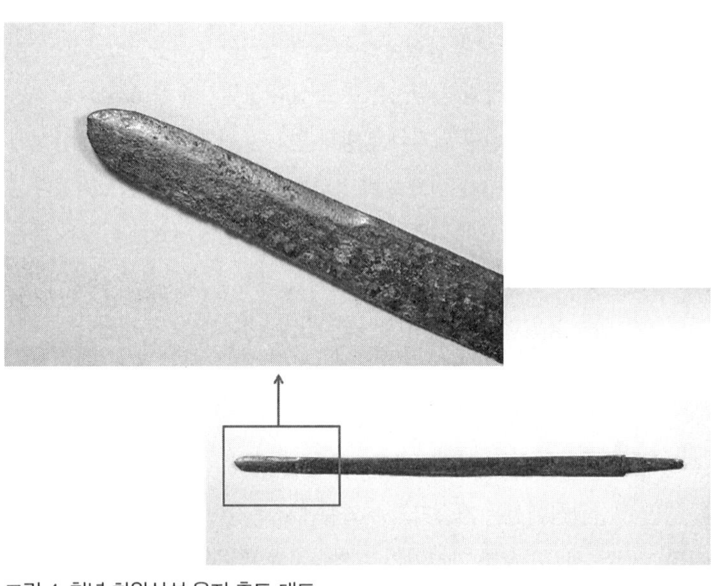

그림 4. 창녕 화왕산성 용지 출토 대도

24) 김재홍, 2021, 「금호강 유역 신라 소월리 목간의 '堤'와 수리비의 '塢'·'堤'」, 『동서인문』 16, 경북대 인문학술원, pp.164-165.
25) 국립부여문화재연구소, 1996, 『미륵사발굴조사보고서Ⅱ』.

날을 가진 劍이라는 점에서 특징적이다. 대도의 전면에는 붉은 칠이 칠해져 있다. 손잡이의 유기물질과 연결되는 부분에는 연결하였던 구멍이 두 개씩 나 있다. 칼 손잡이와 칼집이 확인되지 않은 것으로 보아 나무 등 유기질이었을 것으로 추정된다. 함께 출토된 철제 도자는 U자상으로 구부려져 있어 의도적으로 구부려 투기한 것으로 보인다.

양날을 가졌으나 전체적으로 도의 형태를 가진 예는 광양 마로산성 V-2호 수혈유구에서도 보인다. 수혈유구에서는 철제 표비 등의 마구, 쇠모루와 집게 등의 단야구, 쇠톱, 도자, 철겸 등의 농공구, 자물쇠, 철제 허리띠장식 등이 함께 출토되었다. 대도는 3구가 출토되었는데, 2구는 刀이고 1구는 날이 劍의 형태를 띤 도이다. 이러한 형태는 일본 도다이지 쇼소인(正倉院)의 8세기대 장식대도에서도 보이는 것으로 한일관계사의 측면에서 접근할 필요가 있다.[26]

철모 중에서 戟과 형태가 닮은 것이 마로산성 2호 석축 연지에서 출토되었다.[27] 기부 직기형 철모의 가운데에 극의 가지창과 같은 것이 짧게 돌출되어 있는데, 날 끝이 봉부가 아닌 기부를 향하도록 꺾이어 있다. 봉부 단면은 두터운 능형에, 가지 부분은 방형을 하고 있다. 투겁 끝에는 나무자루를 고정시키기 위한 못 구멍이 나 있으며, 전체 길이가 28.3㎝이다.

鉞에 해당하는 무기도 출토되었다. 날부분의 만곡도가 약하고 측면이 직각을 이루며 자루 착장부가 직선으로 돌출된 것으로 신부가 넓고 큰 형태이다.[28] 서울 호암산성의 신라 통일기 연지에서 자루에 끼워진 凹형 철기가 출토되었다(그림 5). 이것은 가로 방향으로 나무자루가 끼워져 도끼와 같이 사용되었으므로 斧鉞로 판단된다. 부월은 왕으로부터 군사권을 위임받은 상징물이므로 연지에 넣은 행위는 의례와 관련하여 해석할 수 있다.

그림 5. 서울 호암산성 연지 출토 부월

유적의 성격과 관련하여 주목되는 유물이 재갈과 호등이다. 재갈과 호등은 관아나 군대에서 사용하는 말을 제어하는 도구이지만 연지나 수혈에 넣는 농경의례에서는 말의 대용품으로 파악할 수 있다. 창녕 화왕산성 연지에서는 기우제를 지내면서 말 대신에 재갈을 제물로 사용하고 있다.[29] 이것은 모두 말을 잘 제

26) 김재홍, 2011, 「무기」, 『통일신라고고학개론』, 진인진, pp.160-161.

27) 성정용, 2006, 「광양 마로산성 출토 철기의 특징과 성격」, 『한국성곽학보』 10, 한국성곽학회; 순천대박물관, 2009, 『광양 마로산성Ⅱ』.

28) 김길식, 2013, 「양주 대모산성 출토 금속유물의 성격과 그 위상」, 『양주 대모산성의 재조명』, 한림대출판부.

어하기 위해 사용하는 마구로서 말과 관련이 있는 유물이다. 이로 보아 마구를 연지에 투기한 것은 말을 대신하여 넣었다고 볼 수 있다. 말은 수신인 용과 밀접한 관련이 있다. 일본에서는 기우제를 지낼 때에 水神에 대한 제물로서 소와 말을 사용하고 있다. 이로 보아 말은 수신인 용왕에게 제물로 바쳐진 존재로 볼 수 있다. 이러한 마구를 통하여 말이 기우제와 관련이 있다는 사실을 추출할 수 있다. 실용적인 무기 및 마구가 기우제 등 제의에 사용되었을 가능성이 있다. 이것은 함께 발견된 '龍王'명 인형목간의 내용으로 보아도 논증할 수 있다. 경주 월지에서도 재갈이 출토되었으며, 충주의 충주산성 동문 남쪽 연지에서도[30] 발견되었다. 말의 대용품으로 이천 설봉산성에서는 철제 마(馬)도 수혈에 묻고 있다.

2) 농경 도구

신라 산성의 연지와 우물에서는 농경과 관련된 도구가 다수 출토되었는데, 쇠로 만든 농구나 농경 관련 도구는 연지에서 행해진 농경의례와 관련을 가지고 있다. 출토 유적은 연지와 수혈로 나뉘어진다. 연지에서 출토된 예는 하남 이성산성 A지구 1차 연지(철부, 철겸, 철제 따비), 하남 이성산성 A지구 2차 연지(철부, 쇠스랑, 삽), 청원 양성산성 원형 연지(철제 따비, 주조괭이), 대전 계족산성 2차 연지(철겸), 여수 고락산성 연지 1·3호(철부), 여수 고락산성 구상유구 1호(철부), 문경 고모산성 신라 통일기 석축 방형 연지(보습), 대구 시지지구 19G-3호 구(철부, 철겸), 대구 시지지구 20G-2호 구(철겸), 경주 월지(쇠스랑, 호미, 철부, 철겸), 국립경주박물관 미술관부지 우물(쇠스랑), 김해 양동산성(철부) 등지이다. 고모산성 신라 통일기 석축 방형 연지에서는 신라 통일기의 보습과 더불어 관료가 착용한 허리띠장식, 다례도구인 다연 등이 함께 출토되었다. 또한 연지에서는 '沙伐史 上'명 청동합이 발견되었다. 연지의 연대는 주름무늬병을 보아 9세기대에 조성되었다고 추정된다.

수혈에서 출토된 예는 서울 아차산성 A지구 성 내부 수혈(보습, 쇠스랑, 주조괭이, 철겸),[31] 장수 삼봉리 산성 수혈(쇠스랑), 광양 마로산성 V-2호 수혈(철겸) 등이 있다. 장수 삼봉리 산성 내 남쪽 사면부에서는 쇠스랑이 茶硏·鐵鼎 및 고리·화살촉 등의 철기가 일괄로 출토되었다. 쇠스랑을 산성 내 수혈에 의도적으로 묻은 것으로 보아 제의와 관련된 유구라고 추정된다.

철제 농구가 출토된 유구는 산성 내 연지나 수혈이 대부분이다. 철제 농구가 출토된 유적은 산성, 건물지 등이지만 구체적인 유구는 연지나 수혈이다. 철제 농구의 종류도 보습·따비·삽 등 갈이 농구, 쇠스랑 등 삶는 농구, 호미 등 김매는 농구, 철겸 등 걷이 농구 등이다. 실용적인 농구이지만 다른 제의 용품과 함께 연지나 수혈에 넣는 행위를 통하여 농경의례로 사용되고 있다. 신라 통일기 연지와 수혈은 산성 내부의 성벽이나 건물지 주변에서 발견되었는데, 철제 농구와 더불어 당식 허리띠장식, 철제 인장, 자물쇠·열쇠, 벼루, 청

---

29) 김재홍, 2009, 앞의 논문, pp.115-116.

30) 백종오, 2008, 「충주산성의 현황 및 특성」, 『한반도 중부내륙 옛 산성군 UNESCO 세계문화유산 등재 학술대회』, 한국성곽학회.

31) 서울대박물관, 2000, 『아차산성-시굴조사보고서-』; 임효재·윤상덕, 2002, 「아차산성의 축조연대에 대하여」, 『청계사학』 6·7, 청계사학회.

동 용기, 재갈 등의 유물이 출토되었다. 신라 통일기 철제 농구가 출토되는 유적은 국가 관련 시설로 추정되며,[32] 이것은 당시 관아에서 관료가[33] 사용하던 물품과 관련을 가지고 있었다. 산성 연지와 수혈에서 출토된 유물은 산성이 가진 행정치소로서의 역할을 엿볼 수 있다.

자물쇠와 열쇠는 건물이나 창고 등의 문을 잠그고 여는 기능을 가진 도구로서 창고를 상징하고 있다.[34] 자물쇠와 열쇠는 왕경유적(자물쇠5, 열쇠10), 완도 청해진(자물쇠2, 열쇠1), 용인 언남리(자물쇠5, 열쇠1), 부여 부소산성(자물쇠3), 광양 마로산성(자물쇠1, 열쇠2), 이천 설봉산성(자물쇠1, 열쇠1)·설성산성(자물쇠1), 포천 반월산성(자물쇠2, 열쇠2), 함안 성산산성(열쇠1), 창녕 화왕산성(자물쇠1, 열쇠1) 등지에서 주로 출토된다. 이 가운데 왕경과 지방의 산성에서 출토되는 빈도가 높으며, 출토 정황으로 보아 관아와 사원, 성문 등 대형 건축물의 시건장치로 추정하기도 한다.[35] 그러나 화왕산성 자물쇠와 열쇠는 신라 통일기 연지에서 주술목간 등과 함께 출토되었으며, 산성 출토 자물쇠와 열쇠도 산성 내 건물지 주변의 수혈에서 인위적으로 묻힌 채 발견되었다. 이것은 연지에 단순 폐기하였다고 해석할 수 있으나, 모두 투기하거나 매납하는 과정에서 일정한 의도성을 읽을 수 있다.

창녕 화왕산성 연지에서 출토된 자물쇠와 열쇠는 주칠이 되어 있어 단순히 시건장치로만 해석하기 보다는 붉은 칠이 가지는 주술성과 연결하여 농경의례와 관련지을 수 있다. 신라 통일기에 행해진 농경의례는 연지나 부정형의 수혈에 철제 농구와 더불어 관아의 상징물을 넣고 있다. 연지에서 출토되는 농구의 사례로 보아 연지에서도 농경의례가 거행된 것을 알 수 있다. 농경의례가 거행된 산성의 연지와 수혈로 보아 농경의례를 주재한 계층은 군현 단위의 지방관으로 추정된다. 통일신라시대에 농경의례는 지방관이 주재하는 것으로 보아 국가와 관련을 가지고 있다.[36]

3) 제의용구인 다연, 악기

창녕 화왕산성 연지에서 거행된 기우제는 용왕을 위한 제의로서 북, 청동방울, 쇠방울 등의 악기가 사용되었다. 당시 기우제에서 연주된 악기를 전부 파악하기는 곤란하지만 방울과 북이 중요한 악기로 다루어졌음을 알 수 있다. 고대 중국에서는 농경의례를 논에서 지낼 때에 琴을 타고 북을 쳐서 토지의 신을 맞이하고 있다.[37] 악기는 의례 과정에서 신을 부르는 도구였다. 화왕산성에서 출토된 북과 방울은 현재에도 굿을

---

32) 김재홍, 2003, 「신라 통일기 전제왕권의 강화와 촌락지배」, 『신라문화』 22, 동국대 신라문화연구소, pp.118-121; 권오영, 2008, 「고대의 裸耕」, 『고고학』 7-2, 중부고고학회, p.36; 송윤정, 2009, 「통일신라시대 철제 우경구의 특징과 발전양상」, 『한국고고학보』 72, 한국고고학회, p.226.

33) 이한상, 1991, 「7세기 전반의 신라 대금구에 대한 인식」, 『고대연구』 7, 고대연구회; 홍보식, 2003, 『신라후기 고분문화 연구』, 춘추각; 山本孝文, 2004, 「한반도 당식과대와 그 역사적 의의」, 『영남고고학』 34, 영남고고학회.

34) 김재홍, 2009, 앞의 논문.

35) 이형원, 2005, 「삼국~고려시대 열쇠·자물쇠의 변천과 성격」, 『백제연구』 41, 충남대 백제연구소.

36) 김재홍, 2016, 「고려시대 철제 농구와 농경의례」, 『한국중세사연구』 46, 한국중세사학회, pp.331-332.

37) 『詩經』 「甫田」.

하는 무당들이 즐겨 사용하는 악기의 하나이므로 제의에서 오래전부터 사용하였음을 알 수 있다.

고대 제의에 사용된 대표적인 타악기로는 하남 이성산성 C지구 장방형 연지에서 발견된 腰鼓(그림 6)와[38] 창녕 화왕산성 방형 연지에서 출토된 북(그림 7)이 있다. 모두 연지에서 출토되고 다른 유물과 종합적으로 검토할 때에 기우제 등 제의를 거행할 때 연주하였던 악기로 추정된다. 이성산성의 요고는 신라 통일기 범종이나 사리기 등에도 보이는 악기로서 한국 고대의 대표적인 타악기이다. 이성산성은 신라가 한강유역을 점령한 6세기 중후반에 축성한 성으로 통일기까지 지속적으로 사용되었다. 요고는 신라 통일기의 연지에서 출토된 것으로 다른 유물의 예로 보아 기우제 등 제의 때에 연주한 것으로 추정된다.[39]

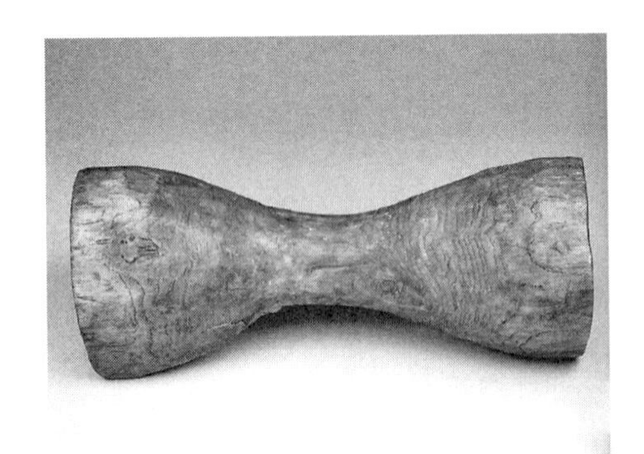

그림 6. 하남 이성산성 요고

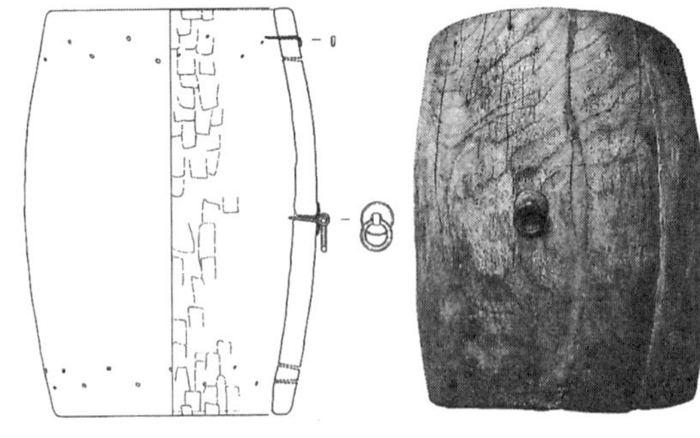

그림 7. 창녕 화왕산성 북

악기와 더불어 산성의 연지에서는 제례를 드릴 때 사용한 다례 용구가 출토되었다. 창녕 화왕산성 연지에서는 철제 초두, 철제 다연, 청동 다합 등이 출토되었는데, 신라 통일기 당시의 다례 방식을 반영하고 있다. 당나라의 영향을 받아 신라 통일기에는 전다법이 보급되어 있었다. 煎茶法은[40] 다연으로 갈은 차를 초두나 쇠솥에 직접 끓여 다완에 따라 마시는 방식이며, 화왕산성의 초두, 쇠솥, 다연, 다합 등은 전다법에 사용한 도구였다. 화왕산성에서 발견된 초두는 경주 사정동, 광양 마로산성, 포천 반월산성, 서울 아차산성 등지에서도 출토되었으며, 손잡이가 없는 형태는 용인 언남리 유적, 장도 청해진 유적의 출토품이 있다.

茶碾은 창녕 화왕산성 내 연지, 문경 고모산성 신라 통일기 석축 방형 연지(저수시설 2), 장수 삼봉리 산성 내 수혈 등지에서 출토되었다. 화왕산성과 고모산성의 다연은 연지에서 제의를 거행한 후에 투기한 것으로 보인다. 다연은 연받침이 상판의 평면형태가 타원형이고 상면에 꽃잎을 형상화한 장식이 가미되었다. 또한 다리의 단면형태는 '∧'형에 연잎 형태의 구멍이 뚫려 있으며, 외면에 종방향의 요철이 있다. 다연과 세트를 이루는 갈쇠는 포천 반월산성에서 출토되었다. 3개의 다연은 9세기 중반~10세기 전반을 전후한 나

38) 한양대박물관, 2006, 『이성산성』, 이성산성발굴 20주년 기념 특별전, p.46; 하남역사박물관, 2018, 『요고』, pp.96-99.
39) 김재홍, 2022b, 「고대의 악기, 의례의 장에 울려퍼지는 소리」, 『고대의 악기, 신을 부르는 소리』, 복천박물관, pp.134-136.
40) 서미숙, 2002, 「唐代 茶具에 관한 연구」, 성균관대 석사학위논문, pp.17-18.

말여초시기에 제작된 것으로 판단된다.[41)]

신라 산성의 저수시설에서 목간과 함께 출토된 주술 도구를 가장 잘 보여주는 예가 창녕 화왕산성의 연지이다. 화왕산성의 방형 연지는 신라 통일기 연지로서 다양한 종류의 금속 유물이 출토되었다. 철기는 솥, 초두, 茶硏, 가위, 자물쇠와 열쇠, 농구, 철탁, 작두, 재갈과 호등, 찰갑 등이다. 청동기는 대접(완), 접시, 茶盒, 방울, 호 등이 있다. 나무로는 인형목간, 주술목간, 나무 북 등이 있다. 화왕산성에서 출토된 제의품을 포함하여 신라 통일기 연지에서 출토된 유물을 용도별로 나누면, 차 문화를 반영하는 쇠솥·초두·다연·다합, 시건 장치인 자물쇠와 열쇠, 악기로 추정되는 철탁·동령·나무북, 특이한 형태의 대도, 마구인 재갈과 호등, 보습·쇠스랑 등의 농구 등이 있다. 이러한 출토품은 실용적인 용구이기도 하지만, 연지에 투기 및 봉헌하는 순간에 새로운 용도를 가지게 된다. 특히 화왕산성 연지에서 출토된 대도, 등자, 자물쇠와 열쇠 등에는 붉은 칠이 칠해져 있어 특별한 용도로 전환되었음을 알 수 있다. 화왕산성 연지 출토품이 연지라는 물을 저수하는 용도와 관련하여 해석되어야 하는 연유이다. 이를 포함하여 목간 출토 저수시설에서 출토된 유물은 특별한 용도와 관련되어 있으며, 내용으로 보아 農耕儀禮와 관련지을 수 있다.

III. 저수시설 출토 주술목간의 성격

1. 출토 목간의 주술성

신라 목간은 일반적으로 하찰목간, 문서목간으로 나뉘며, 용도에 따라 주술목간, 습서목간, 경전목간 등으로 세분하기도 한다. 신라 목간은 물과 관련된 고고 환경에서 주로 출토되지만 일정한 시기성을 보이고 있다. 목간의 시기성은 하남 이성산성에서 가장 잘 보이고 있다. 이성산성 A지구에는 크게 두 차례에 걸쳐 연지의 조성이 이루어졌다. 1차 연지는 6~7세기에 타원형으로 초축이 이루어졌고 2차 연지는 8~9세기에 장방형으로 수축되었다. 또한 C지구 장방형 연지는 8~9세기에 조성된 연지이다. 각각의 연지에서 출토된 목간은 각 시기 연지에서 이루어진 행위를 잘 보여준다.

A지구 1차 타원형 연지에서 출토된 목간에는 '戊辰年'이라는 간지가 있으며, '道使'와 '村主'가 보이는 것으로 보아 608년에 만든 문서목간으로 추정된다. 그 내용은 남한성도사가 수성도사에게 보낸 문서로 보인다. 그러나 신라 통일기에 수축된 2차 장방형 연지에서는 나무인형과 더불어 항아리에 밀폐된 목간이 출토되었다. 목간의 묵서는 읽기 어려우나 항아리에 밀봉된 상태로 출토되었다는 점에서 주술목간으로 추정된다.[42)] 특히 가슴에 구멍이 나 있는 나무인형은 창녕 화왕산성 연지 출토 인형목간의 형태와 연관하여 주술과 연결 지을 수 있다. 2차 연지가 8~9세기 신라 통일기에 조성된 것으로 보아 이 시점에 주술이 이루어지고 이때 사용한 목간임을 알 수 있다. C지구 장방형 연지에서 출토된 목간은 보고서에서 고구려 목간으로

41) 군산대 가야문화연구소, 2021, 『장수 삼봉리 산성』, pp.185-186.

42) 김재홍, 2009, 앞의 논문.

보고 있으나, 함께 출토된 유물과 연관하여 이해하면 8~9세기 신라 통일기에 이성산성에 이루어진 행사에서 사용한 물품이나 그 과정을 기록한 목간으로 추정된다. 문자를 판독하기는 어려우나 보고서에서 褥薩로 추정한 글자 중에서 褥은 요나 깔개를 뜻하는 문자이므로 신라 통일기 의례시 행사에서 사용한 깔개나 방석으로 추정된다. 그 의례의 내용은 파악하기 어려우나 연지에서 행해진 의례와 관련지을 수 있다. 이를 통해 추정하면, 신라 산성의 연지에서 출토된 목간은 6~7세기 삼국 통일 이전에는 행정적인 문서목간이 사용되었으며, 8~9세기 신라 통일기에는 주술과 관련된 목간과 人形이 출토되고 있다.

산성 집수지인 연지는 삼국시대부터 조성되기 시작하여 신라 통일기에도 수축을 하면서 사용한 예가 있으며, 신라 통일기에 새로이 조성한 경우도 있다. 연지의 조성 연대와 관련없이 출토 목간은 시기성을 반영하고 있다. 내용을 파악할 수 있는 목간 중에서 장수 침령산성 원형 연지에서는 6~7세기 도사명 문서목간이 출토되었는데, 원형 연지는 7세기대 초축하여 신라 통일기까지 사용되었다고 추정된다. 대구 팔거산성에서는 산성으로 운반한 곡물에 달린 하찰목간이 발견되었는데, 임술년(602)과 병인년(606)의 기년 목간으로 보아 7세기의 목간으로 추정된다. 함안 성산산성에서도 저습지의 부엽층에서 6~7세기 하찰목간과 문서목간이 출토되었다. 김해 양동산성의 장방형 연지에서 계묘년(583)명 목간이 출토되었는데, 내용으로 보아 하찰목간으로 보인다. 부산 배산성에서도 목간이 출토되었는데, 보고서에서는 6~7세기 장부목간이라고 보고하였다. 그러나 장부목간은 8세기에도 출토되므로 신라 통일기의 장부목간으로 볼 수 있다. 신라 통일기에 하찰목간, 문서목간, 장부목간이 계속하여 사용된 예이지만, 이것을 연지에 투기하는 행위는 줄어든 것을 알 수 있다.

지방 산성의 저수시설에서 출토된 목간 중에는 6~7세기대 문서 및 하찰 목간이 있으며, 연지의 초축 연대와 일치하고 있다. 이것은 6~7세기 산성의 연지가 실생활 공간으로 기능하였으며, 사용을 마친 문서목간이나 하찰목간을 투기 및 폐기한 것으로 판단된다. 전형적인 양식의 하찰목간이 함안 성산산성에서 다수 발견되었다. 하찰목간 중에 한 예는 "古陁一古利村末那沙見 /日糸利稗石"이며, "古陁(郡, 현재 안동), 一古利村(촌명), 末那(자연취락)에 사는 沙見·日糸利(인명)가 납부한 세금인 피(稗, 곡물) 한 섬"이라는 의미이다. 현재 경상북도와 충청북도에 걸쳐있는 上州에서 수취한 물품을 함안 성산산성으로 운반한 후에 폐기한 목간으로 추정된다. 신라 중고기에 낙동강과 남강을 따라 물품을 운송하고 보관, 관리하는 시스템을 잘 알 수 있다. 6~7세기대 문서 및 하찰 목간은 연지의 초축 연대와 일치하며, 산성이 가진 행정 거점과 물류 창고의 성격을 잘 반영하고 있다.

8~9세기에 조성되거나 수축한 산성의 연지에서 출토된 목간은 다른 내용을 전하고 있다. 하남 이성산성 A지구 2차 연지와 C지구 연지에서는 주술목간과 의식용목간이 출토되어 다른 양상을 보여주고 있다. 신라 왕경인 경주에서도 주술목간의 예가 확인된다. 전인용사지 우물에서는 용왕명 목간이 출토되었으며, 국립경주박물관 미술관부지 우물에서도 용왕명 목간이 발견되었다. 모두 9세기의 우물에서 출토된 목간이라는 공통성이 있다. 양주 대모산성의 원형 연지에서는 '政開三年'명 기년목간이 출토되었는데 태봉의 목간이지만 나말여초시기의 목간으로 주술목간에 해당한다. 산성 연지나 왕경 우물에서 출토된 목간은 대부분 주술목간에 해당한다. 이를 가장 잘 보여주는 예가 창녕 화왕산성의 목간이다.

창녕 화왕산성은 신라 삼국기부터 통일기에 걸쳐 사용된 산성으로 내부 저수지인 龍池에서 다양한 제의 유물이 출토되었다. 기우제의 내용을 전하는 목간 중에는 인형의 모양을 한 人形木簡이 있다(그림 8). 이것은 길이 49.1㎝, 최대너비 10.6㎝이다. 둥근 나무를 깎아 인간의 신체를 형상화하였고 먹으로 여성의 음부를 강조하며 여성의 상징인 유방을 구체화하였다. 특이한 점은 머리 이마 부분에 먹으로 쓴 '眞族'이라는 글자와 신체의 중요한 부분에 꽂힌 쇠못이다. 신체 중에서 정수리, 목, 왼쪽과 오른쪽 가슴(유방), 양 손 등 총 6개의 쇠못을 꽂은 구멍이 있으나, 실지로는 머리 정수리, 왼쪽 가슴 부분(유방), 왼손 등 총 3개의 쇠못이

(1면) "眞族(정수리)"
(2면) "□古仰　□□年六月卄九日　　眞族　　龍王　　開祭"
　　부록 +　연월일　　+ 제의 주체 + 제의 대상 + 행위
(이 형상은) 진족이다.
(예부터 우러러 보기를) □□년 6월 29일에 진족이 용왕을 위하여 제의(기우제)를 연다.

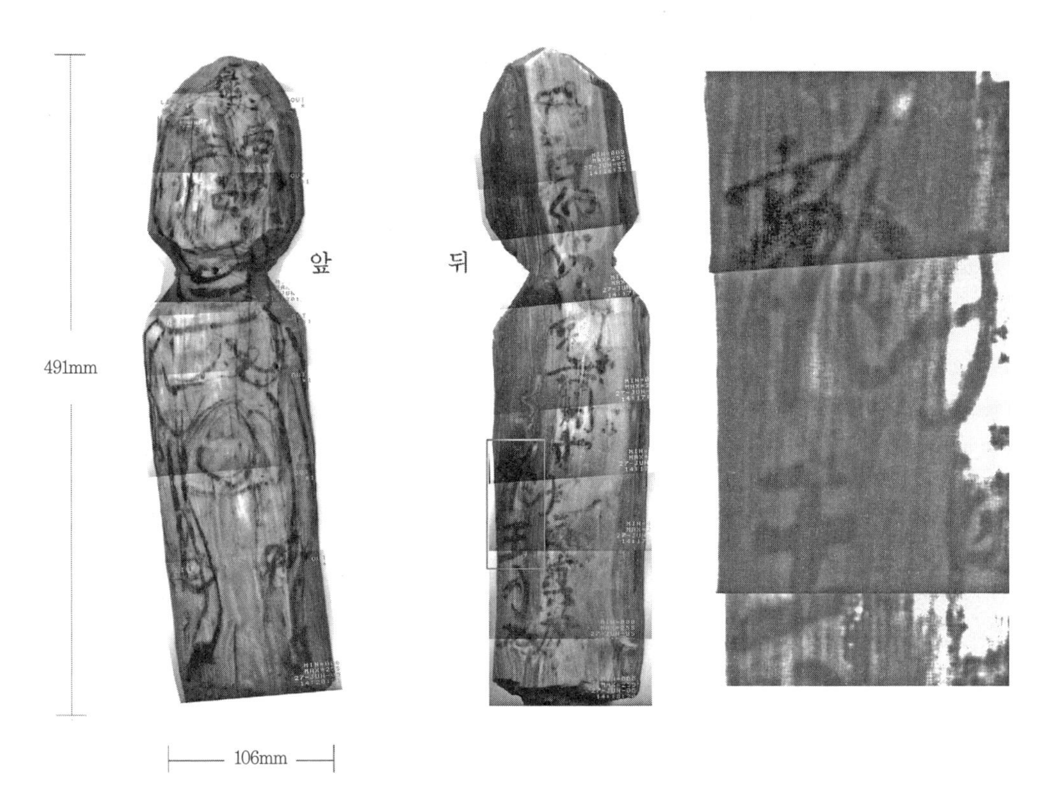

그림 8. 창녕 화왕산성 용지 출토 인형목간

찔려 있다. 실제로 못은 왼쪽 부분에만 찌른 것으로 보아 쇠못의 위치도 여성을 상징하는 왼쪽과 관련이 있다. 이 지방의 호족인 진족이 용왕을 위하여 기우제를 지내는 내용을 전하고 있다.

기우제와 관련하여 다른 자료로는 전인용사지 우물 출토 용왕명 목간이 있다. 원반형 토제품 및 인화문토기, 동곳, 복숭아씨 및 각종 동물 뼈 등 제사 관련 유물과 함께 '龍王'이 묵서된 목간이 출토되었다. 이 목간은 刀形으로 가공되었으며, 후면의 두 행이 서로 반대 방향으로 서사되었다. 이것은 용왕에게 가상의 인물을 희생 제물을 바친다고 해석하기도 한다.[43] 또한 국립경주박물관 미술관부지의 우물에서도 용왕명 목간이 출토되었다. 모두 연지, 우물이라는 고고 환경에서 출토되었으며, '용왕'이라는 명문이 쓰여있어 주술목간으로 볼 수 있다. 양주 대모산성의 주술목간에서도 연지를 의미하는 '大井'과 더불어 '大龍'이라는 묵서가 확인되었다. 용왕과 관련된 주술목간의 하나이다.

화왕산성 연지에서 함께 출토된 유물 중에는 陽物形木簡이 있다. 이 목간은 편병 내부에서 출토되었는데, 견갑골로 추정되는 수골이 함께 확인되었다. 목간은 길이 28.8㎝, 최대너비 6.1㎝이며, 2곳에 뾰족한 쇠칼모양쇠못이 비스듬하게 박혀 있다. 나무의 형상이 남자의 성기를 닮은 양물형목간이다. 양물목간에 철도를 꽂는 것은 양기인 남성의 성기를 자극하여 음기를 성하게 하고자 하는 의도가 보인다.

다른 목간으로 符籙木簡이 있는데, 목간은 나무 마개로 막혀 있는 단경호 내부에서 한 점의 목간을 3개로 잘라 쇠못 2개로 연결된 형태로 출토되었다(그림 9). 쇠못으로 고정된 목간은 항아리 안에 넣어져, 나오지 못하게 나무 마개로 막았다. 나무 마개는 도장의 형태를 하고 있는데, 漢대에 목간을 진흙으로 봉함하고 찍은 도장을 형상화하고 있다.[44] 도교의 符籙과 관련되어 있으며, 尸는 三尸를 의미하고 口는 해(日)이나 별자리를 의미한다. 九가 세 개 반복된 것은 일본 후쿠지마현 에다이라(江平) 유적에서 출토된 묵서토기에도 보인다. 이렇게 항아리에 목간을 넣는 예는 신라 통일기의 하남 이성산성 A지구 2차 연지에서도 보인다. 항아리에 목간을 넣고 봉인한 예가 보이며,[45] 목간의 모양으로 보아 목간을 끈으로 묶어 연결하게 되어 있다. 연지 주변에서

그림 9. 부록목간과 항아리

43) 이재환, 2011, 앞의 논문, pp.100-101; 이재환, 2013, 앞의 논문, pp.98-99.

44) 학술대회 당일 동북아역사재단 고광의 선생님의 교시에 의한다.

제의를 지내고 목간을 항아리에 봉인하고 다시 연지에 투기한 것으로 추정된다. 그 내용은 알기 어려우나 목간을 봉인하였다는 의미에서 주술목간과 연결하여 이해할 수 있다.

인형목간이 출토된 창녕 화왕산성은 화왕산 정상에 위치한 산정식 석성으로, 신라 통일기 연지인 용지에서 주술목간이 발견되었으며 상당한 양의 철기, 청동기, 목기도 함께 출토되었다. 모두 제의와 관련이 있는 물품이다. 가장 주목되는 유물이 재갈과 호등이다. 이것은 말을 잘 제어하기 위해 사용하는 마구로서 말과 관련이 있는 유물이다. 이로 보아 마구를 용지에 투기한 것은 말을 대신하여 넣었다고 볼 수 있다. 말은 水神인 용과 밀접한 관련이 있다.

용은 물을 지배하는 수신으로 신앙되었다. 이 목간과 더불어 주목해야 할 것이 목간이 출토된 장소인 연지=용지이다. 연지는 물을 가둔다는 의미에서는 우물이나 호수와 비슷한 용도의 장소이다. 용왕과 연못을 연결하여 이해하면 목간은 기본적으로 수신인 용왕에게 제의를 드리는 행위와 관련이 있으며, 용왕은 물과 관련하여 이해할 수 있다.

기우제를 지내면서 남성과 여성을 상징하는 물품을 사용하고 있다. 화왕산성에서는 여성을 상징하는 인형목간과 함께 남성을 상징하는 양물형목간이 연지에서 출토되었다. 산청 옥산리 Ⅰ-97호 삼국시대 제사유구에서 고배 대각에 남성의 성기를 상징하는 토기의 손잡이를 집어넣은 상태로 출토된 주술토기도 동일한 의미이다. 이외에 부여 관북리, 경주 월지, 하남 이성산성 등에서 인형이나 사람 얼굴상이 출토되었다. 남성을 상징하는 남근은 창녕 화왕산성 연지, 부여 궁남지, 경주 월지, 아산 갈매리 유적 등지에서 출토되었다. 모두 물과 관련된 연못이나 저습지에서 출토되어 물과 관련된 기우제와의 관련성을 엿볼 수 있다.

8~9세기에 조성된 연지나 우물에서는 용왕명 목간이나 주술목간이 출토되고 있다. 연지나 우물이라는 고고 환경에서 물과 관련된 제의나 주술이 이루어졌으며, 신라 통일기 중에서도 9세기에 집중적으로 이루어지고 있다. 넓게 보아 8~9세기의 연지나 우물에서는 기우제 등 제의 관련 목간이 주로 출토되는 것으로 보아 6~7세기 연지에서 출토되는 하찰목간과는 대비된다.

2. 출토 목간의 시기성

저수시설에서 출토된 신라 목간은 시간적으로 두 시기를 보여주고 있는데, 6~7세기의 하찰목간과 8~9세기의 주술목간으로 구분된다. 이것은 통일기를 전후하여 저수시설에서 행해진 인위적인 행위가 구분되었음을 알 수 있다.

한국 고대의 사서에서 자연재해와 관련된 사료는 단편적이지만 비교적 많이 확인할 수 있다. 『삼국사기』에 보이는 가뭄과 홍수를 정리한 것이 〈표 3〉이다.[46]

45) 한양대박물관, 1991a, 『이성산성(3차)』; 한양대박물관, 1991b, 『이성산성(4차)』.

46) 신형식, 2011, 「삼국사기 본기 기사내용의 개별적 검토」, 『삼국사기의 종합적 연구』, 경인문화사, p.274; 강봉원, 2013, 「경주 북천의 수리에 관한 역사 및 고고학적 고찰」, 『한국역사고고학연구』, 학연문화사, p.189.

표 3. 『삼국사기』에 보이는 신라의 홍수와 가뭄(김재홍, 2022b, 앞의 논문)

	1세기	2세기	3세기	4세기	5세기	6세기	7세기	8세기	9세기	10세기	계
홍수	2	6	3	1	7	1	2	4	4		30
가뭄	4	7	9	7	6	3	4	15	8	2	65
계	6	13	12	8	13	4	6	19	12	2	95

신라는 매 세기마다 洪水와 가뭄을 반복적으로 겪을 만큼 자연 재해에 시달렸다. 『삼국사기』에 의하면, 홍수는 총 30회, 가뭄은 총 65회 발생하여 자연 재해 중에서도 가장 빈번한 비율을 보이고 있다. 평균적으로 100년마다 3회의 홍수와 6회의 가뭄을 기록하고 있다. 홍수와 가뭄의 재해에서 가장 빈번한 시기는 5세기와 8~9세기이다.[47)]

5세기대에는 홍수가 7회, 가뭄이 6회로 물의 부족과 과잉이 모두 문제로 나타난다. 5세기 홍수는 신라 전 시기에 걸쳐 가장 많은 횟수인 7회가 발생했지만 6세기에는 단 1회의 기사만 나오고 있다. 홍수가 빈번하던 5세기에 비해 6세기에 홍수가 급격하게 줄어든 것은 수리시설의 완비와 관련을 가지고 있다. 신라에서 법흥왕 18년(531)에 전국적으로 제방을 수리하게 하였다는 사실은 금석문 자료에서도 확인된다. 영천 청제비 병진명은 법흥왕 23년(536)에 청못을 만들면서 세운 비석으로 법흥왕대 지방에서 제방을 축조하는 상황을 잘 보여주고 있다. 또한 진지왕 3년(578)에 세운 대구 무술 오작비로 보아 6세기대에는 지속적으로 지방에서 제방의 건립이 이루어졌음을 알 수 있다. 이 시기 이후에 신라에서는 밀양 구위양지, 상주 공검지, 울산 약사동 등 제방을 조영하였다.

5세기대에 홍수가 빈번해지는 시기인 자비왕과 소지왕대에 산성의 축조가 이루어진다. 5세기대 홍수는 총 7회 발생하였으며, 자비왕대 2회, 소지왕대 4회 발생하여 신라 역사상 가장 홍수가 빈발하였던 시기로 기록되었다. 또한 신라 왕경의 월성과 명활성이 수리의 과정을 거쳐 궁성으로 기능하는 시기이기도 하였다. 신라사에서 홍수가 가장 빈번하게 발생한 자비왕과 소지왕대에 월성과 명활성을 축조하였다는 것은 치수 대책과 관련하여 성곽의 수리를 연결지을 수 있다. 월성을 현재 형태의 연못형 해자로 둘러싸던 시기는 대략 5세기 후반으로 보는데, 『삼국사기』 소지왕대 월성 수리기사와 연관되어 있다. 자연 구릉지를 이용하여 궁성으로 조성된 월성은 구유로와 남천의 물길로부터 보호하기 위해 토성으로 축조하였다. 월성에 연못형 해자를 돌린 5세기 후반에는 신라에서 홍수가 가장 빈번하게 발생한 시기이며, 해자 그 자체가 물을 모았다가 남천으로 내보내는 저수지의 기능을 수행하였다.

신라 산성은 5세기 후반에 조성되기 시작하여 6세기 후반 신라가 영역을 확장하면서 요충지를 중심으로 조성되었다. 성벽이 제방으로 역할을 수행하기도 하였다. 경주 작성, 포항 남미질부성, 경산 성동토성 등은 토성벽이 성벽이자 저수지 제방 역할을 동시에 수행하였으며, 토성 안과 밖에 수리시설이 존재하고 있었

47) 김재홍, 2021, 「신라 왕경의 홍수와 치수 대책」, 『신라문화』 58, 동국대 신라문화연구소, p.76.

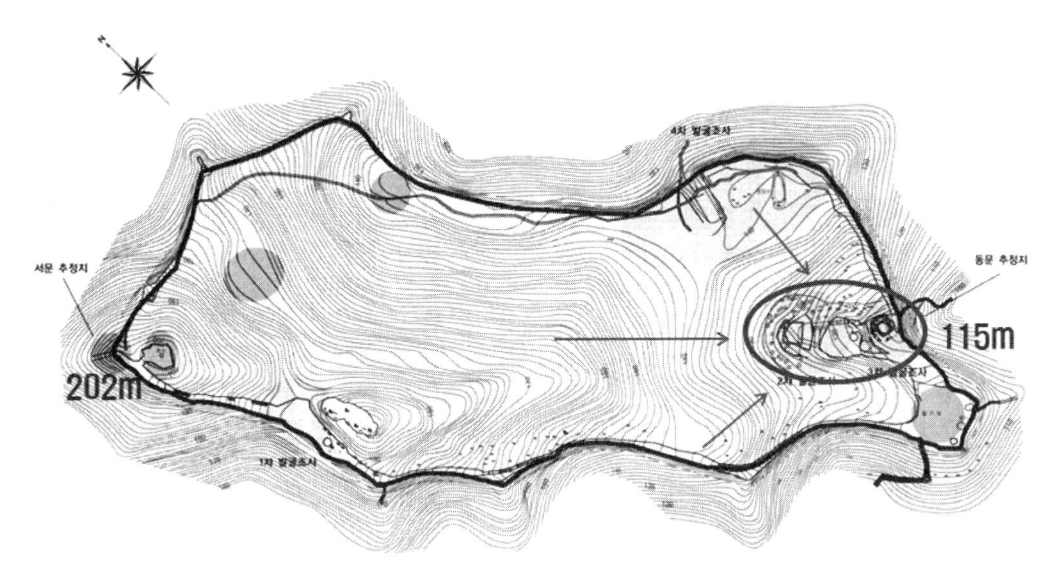

그림 10. 인천 계양산성 연지의 입지와 물길

다.[48] 신라의 산성은 통일기 이후도 수축과 증축을 거치면서 나말여초시기까지 지속적으로 사용되었다. 신라 산성은 산의 계곡을 막거나 산등성이를 연결하여 축조하였으므로 계곡에서 흘러 내려오는 물을 저장하여 체성벽을 통해 흘러 보내야 하는 구조이다. 돌로 된 체성벽이 흐르는 물로 인해 붕괴되는 위험을 막기 위해 남문이나 동문에는 연지 등 저수시설을 설치하였다(그림 10). 신라 산성이 축조되면서 집수지인 연지도 함께 조성되었다. 신라 산성의 저수시설로는 대략 3가지 종류가 확인되는데, 평면 형태가 원형(타원형, 부정형), 방형, 장방형 등이 있다. 신라 산성은 계곡을 막거나 산등성이를 둘러싸고 조성되었기 때문에 산에서 내려오는 물을 저수하는 연지가 있어야 하였다.

산성이 축조되기 시작하는 5세기 후반에는 신라사에서 가장 홍수가 많이 일어나는 시기였다. 계곡을 막아 산성을 축조하는 과정에서 물의 관리가 가장 필요한 시기였다. 산성은 기본적으로 산등성이를 둘러싸고 축조되었으나 하천을 따라 분포하는 요충지에 조성되었다. 산성을 연결하는 도로망을 통해 지방의 물자가 이동하는 경로이자 산성에서 필요한 물자를 비축하는 창고의 역할을 하였다. 산성의 연지는 홍수에 대비한 물을 저장하는 저수시설로서 의미를 가지고 있었다. 이 시기에 축조된 산성은 물자를 비축하는 창고의 기능도 가지고 있었으며, 홍수에 대비하여 연지를 축조하거나 성벽에 배수로를 만들어 물을 외부로 배출하였다. 이 시기에 하찰목간이 연지에서 출토되는 고고 환경은 산성이 가진 물류 창고로서의 역할을 잘 반영하고 있다. 또한 산성의 연지는 이 시기 홍수가 빈번한 상황에 대처하는 신라 산성 축조 방식을 잘 보여주고

48) 조효식, 2020, 「대구 달성유적 검토」, 『1,500년 전의 기억, 대구 달성유적』, 2020년 국립대구박물관·영남고고학회 공동 학술대회, pp.25-27; 조효식, 2021, 「대구 달성유적의 조성과 의미」, 『대구 달성유적Ⅵ-종합고찰-』, 국립대구박물관.

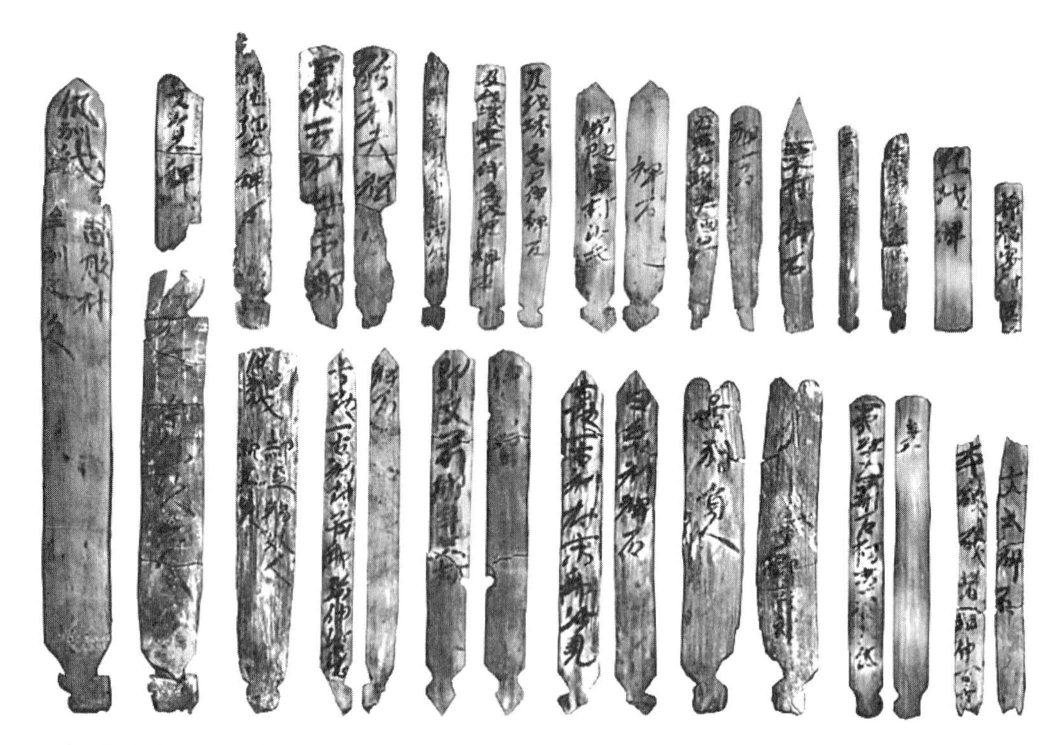

그림 11. 함안 성산산성 부엽층 출토 하찰목간

있다.

월성해자나 산성 연지에서 출토된 목간이 주로 하찰목간인 것은 산성 등 성곽이 물류 거점으로서의 기능을 가진다는 사실을 잘 보여주고 있다. 이 시기의 목간은 물자를 운송하는 과정에서 작성한 하찰목간과 문서목간이라는 점에서 특성을 가지고 있다(그림 11). 6~7세기 신라 산성의 저수시설에서 출토된 하찰목간은 당대 시기성을 잘 반영하고 있다.

신라사에서 8세기에는 홍수 4회, 가뭄 15회, 9세기에는 홍수 4회, 가뭄 8회가 기록에 보인다. 수치상으로 8~9세기에는 홍수보다는 가뭄의 피해가 빈번한 것으로 나온다. 홍수와 가뭄은 모두 물과 관련하여 발생한 자연재해로서 물과 관련된 하천 및 용천수의 조절을 통해 해결할 수 있었다. 신라 통일기에는 국가에서 관장하는 수리시설의 보수와 관련을 가지고 있었다. 한국 고대 수리시설사에서 6세기와 더불어 주목을 끄는 또 하나의 시기는 8세기 후반~9세기 전반이다. 이 시기에 제방의 증축과 보수에 대한 기록이 연이어 나오고 있고 전국적인 규모로 행해지고 있었다.[49]

이와 관련하여 주목되는 시기가 제방이 축조된 9세기라는 시기이다. 신라에서는 8세기~9세기에 걸쳐

49) 김재홍, 2015, 「수리시설」, 『신라의 건축과 공예』, 신라사대계 18, 경상북도문화재연구원.

홍수와 가뭄이 빈번하게 발생하였다. 농업에 기반한 신라 국가의 입장에서는 심각한 사회 불안을 야기할 수 있는 상황이므로 자연재해를 극복하기 위한 대책이 필요하였다. 그 노력의 일단이 전국 각지에 제방을 축조하거나 수리하여 재난에 대비하였다.

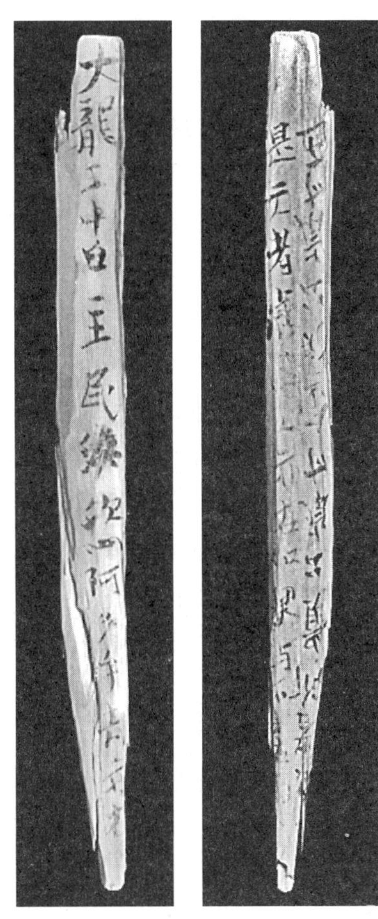
그림 12. 경주 전인용사지 용왕명 주술목간

신라는 8~9세기에 산성에 연지를 새로이 축조하거나 수축하였다. 왕경의 우물이나 산성의 연지에서 출토된 목간은 주로 주술과 관련된 내용이 많다. 왕경의 우물에 보이는 용왕명 목간이나 화왕산성 연지에서 출토된 용왕명 인형목간은 이 시기 목간의 주술성을 잘 보여주고 있다. 또한 화왕산성과 이성산성의 연지에서는 항아리에 목간을 넣고 봉인한 주술 행위가 이루어지고 있는데, 이것은 8~9세기 주술목간의 성격을 잘 보여주고 있다. 신라에서는 이 시기에 가뭄이 가장 심하였으며, 이를 극복하기 위해 왕경의 우물이나 산성의 연지에서 비를 기원하는 기우제 등의 제의를 행하면서 주술목간을 사용하였다. 전인용사지 우물에서 출토된 용왕명 목간은 기우제를 지내면서 사용한 목간을 우물에 투척한 것으로 보인다(그림 12).

신라에서는 8~9세기에 재난에 대비하여 제방을 축조하거나 수축하여 농업생산력을 유지하고자 하였으며, 이와 더불어 재난을 막는 기우제 등의 제의를 시행하였다. 제의를 지내는 과정에서 사용한 목간이 주술목간이었으며, 인형 등 다양한 제의품을 제작하여 사용하였다. 8~9세기 우물이나 연지에서 발견된 주술목간은 이 시기를 대응하는 신라인의 자세를 잘 보여주고 있다.

Ⅳ. 맺음말

이 글은 신라 목간의 내용뿐 아니라 출토된 유적의 고고 환경을 함께 분석함으로써 유적의 성격이 목간의 내용과 부합한다는 사실을 밝혔다. 이를 통해 저수시설 출토 목간이 시기성을 가지며, 신라사의 전개와 관련되었다는 사실을 검토하였다.

신라 목간은 왕경과 지방에서 전국적인 범위에서 출토되었으며, 국가와 관련된 시설에서 발견되었다. 왕경에서는 궁궐, 관아, 사찰 등지에서 나왔으며, 지방에서는 산성에서 주로 출토되었다. 목간은 모두 연지(집수지), 우물, 저습지 등 고고 환경에서 발견되었으며, 물과 관련된 환경에서 출토되었다. 지방 목간은 산성의 연지에서 출토되었으며, 연지의 형태는 원형(부정형, 타원형), 방형, 장방형이다. 연지의 축조 시기와 목간을 분석하면, 6~7세기와 8~9세기로 크게 구분할 수 있다.

연지와 우물에서 출토된 유물 중에는 주술성을 가진 물품이 많은데, 물이 가진 주술성과 관련을 가지고 있다. 용도별로 나누면, 특이한 형태의 대도, 쇠스랑 등의 농구, 시건 장치인 자물쇠와 열쇠, 차를 달이는 쇠솥·초두·茶研·다합, 철탁·동령·나무북 등 악기, 제물인 말을 대신하는 재갈과 호등 등이 있다. 모두 농경의례와 관련된 제의품으로 추정된다.

신라 저수시설에서 출토된 목간은 통일기를 전후하여 다른 성격의 목간이 연지에서 출토되었다. 6~7세기대 문서 및 하찰 목간은 연지의 초축 연대와 일치하며, 산성이 가진 행정 거점과 물류 창고의 성격을 잘 반영하고 있다. 8~9세기에는 용왕명 목간이나 주술목간이 출토되며, 물과 관련된 주술성을 보여주고 있다.

목간에 보이는 시기성과 성격의 차이는 신라사의 전개와 짝을 이루고 있다. 신라사에서 5세기는 홍수가 가장 빈번한 시기였으며, 계곡을 따라 내려오는 물을 산성의 연지에 저수하고 배수로를 통해 배출하였다. 산성이 홍수를 조절하는 기능을 가지고 있었고 행정 거점과 물류 창고로서의 역할을 수행함으로써 그 결과물인 하찰목간이 연지에서 발견될 수 있었다. 8~9세기에는 가뭄이 가장 빈번한 시기로서 산성의 연지에서 기우제 등 제의를 지내면서 자연 재해를 극복하고 하였다. 이를 반영하는 것이 9세기에 집중적으로 나타나는 주술목간이다.

투고일: 2024.05.13. 심사개시일: 2024.05.31. 심사완료일: 2024.06.17.

참고문헌

국립가야문화재연구소, 2017, 『한국의 고대목간Ⅱ』.

국립경주문화재연구소, 2013, 『전인용사지 발굴조사보고서 Ⅰ·Ⅱ』

국립부여문화재연구소, 1996, 『미륵사발굴조사보고서Ⅱ』.

군산대 가야문화연구소, 2021, 『장수 삼봉리 산성』.

군산대박물관, 2019, 『장수 침령산성Ⅱ』, 군산대박물관 학술총서 69.

문화공보부 문화재관리국, 1978, 『안압지발굴조사보고서』.

서울대박물관, 2000, 『아차산성-시굴조사보고서-』.

선문대 고고연구소, 2008, 『계양산성발굴조사보고서』.

순천대박물관, 2009, 『광양 마로산성Ⅱ』.

윤재석 편저, 2022, 『한국 목간 총람』, 경북대 인문학술원 HK+사업단 자료총서 01, 주류성.

하남역사박물관, 2018, 『요고』.

한양대박물관, 1991, 『이성산성(3차)』.

한양대박물관, 1991, 『이성산성(4차)』.

한양대박물관, 2006, 『이성산성』, 이성산성발굴 20주년 기념 특별전.

홍보식, 2003, 『신라후기 고분문화 연구』, 춘추각.

강봉원, 2013, 「경주 북천의 수리에 관한 역사 및 고고학적 고찰」, 『한국역사고고학연구』, 학연문화사.

강형웅, 2011, 「안성 죽주산성 신라시대 집수시설 발굴 문자자료」, 『목간과 문자』 8, 한국목간학회.

권오영, 2008, 「고대의 裸耕」, 『고고학』 7-2, 중부고고학회.

김길식, 2013, 「양주 대모산성 출토 금속유물의 성격과 그 위상」, 『양주 대모산성의 재조명』, 한림대출판부.

김윤아, 2007, 「고대 산성의 집수시설에 대한 연구」, 한양대 석사학위논문.

김재홍, 2003, 「신라 통일기 전제왕권의 강화와 촌락지배」, 『신라문화』 22, 동국대 신라문화연구소.

김재홍, 2009, 「창녕 화왕산성 龍池 출토 목간과 제의」, 『목간과 문자』 4, 한국목간학회.

김재홍, 2011, 「금호강 유역 신라 소월리 목간의 '堤'와 수리비의 '塢'·'堤'」, 『동서인문』 16, 경북대 인문학술원.

김재홍, 2011, 「무기」, 『통일신라고고학개론』, 진인진.

김재홍, 2015, 「수리시설」, 『신라의 건축과 공예』, 신라사대계 18, 경상북도문화재연구원.

김재홍, 2016, 「고려시대 철제 농구와 농경의례」, 『한국중세사연구』 46, 한국중세사학회.

김재홍, 2017, 「고대 목간, 동아시아의 문자 정보 시스템」, 『내일을 여는 역사』 67, 민족문제연구소.

김재홍. 2018, 「신라의 거제도 군현 편제 과정」, 『한국학논총』 50, 국민대 한국학연구소.

김재홍, 2019, 「함안 성산산성과 출토목간의 연대」, 『목간과 문자』 22, 한국목간학회.

김재홍, 2021, 「신라 왕경의 홍수와 치수 대책」, 『신라문화』 58, 동국대 신라문화연구소.

김재홍, 2022a, 「한국 고대 목간의 분류 방안」, 『목간과 문자』 28, 한국목간학회.
김재홍, 2022b, 「고대의 악기, 의례의 장에 올려퍼지는 소리」, 『고대의 악기, 신을 부르는 소리』, 복천박물관.
김창석, 2010, 「창녕 화왕산성 연지 출토 목간의 내용과 용도」, 『목간과 문자』 5, 한국목간학회.
박남수, 2019, 「新羅內省毛接文書('좌파리가반부속문서')와 신라 내성의 馬政」, 『신라문화』 54, 동국대 신라문화연구소.
박종익, 1994, 「고대산성의 축조기법에 대한 연구」, 『영남고고학』 15, 영남고고학회.
백종오, 2008, 「충주산성의 현황 및 특성」, 『한반도 중부내륙 옛 산성군 UNESCO 세계문화유산 등재 학술대회』, 한국성곽학회.
백종오, 2015, 「한일 고대 집수유구 출토유물의 의례성 연구-산성 출토 와당을 중심으로-」, 『선사와 고대』 46, 한국고대학회.
백종오, 2020, 「한국고대 산성의 집수시설과 용도-한강유역 석축 집수지를 중심으로-」, 『목간과 문자』 25, 한국목간학회.
山本孝文, 2004, 「한반도 당식과대와 그 역사적 의의」, 『영남고고학』 34, 영남고고학회.
서미숙, 2002, 「唐代 茶具에 관한 연구」, 성균관대 석사학위논문.
성정용, 2006, 「광양 마로산성 출토 철기의 특징과 성격」, 『한국성곽학보』 10, 한국성곽학회.
송윤정, 2009, 「통일신라시대 철제 우경구의 특징과 발전양상」, 『한국고고학보』 72, 한국고고학회.
신형식, 2011, 「삼국사기 본기 기사내용의 개별적 검토」, 『삼국사기의 종합적 연구』, 경인문화사.
심광주, 2013, 「계양산성의 축조방식과 축성시기」, 『인천 계양산성의 역사적 가치와 활용』, 겨레문화재연구원·성곽학회.
오승연, 2009, 「고대 산성의 수자원관리방식 연구-신라·백제 산성 집수지의 양식과 기능-」, 『고대의 목간 그리고 산성』, 국립가야문화재연구소·국립부여박물관.
이동주, 2024, 「고대 연못 제사 유물로 본 주술적 사유」, 『목간에 반영된 고대 동아시아의 사상과 정신세계』, 경북대 인문학술원 HK+ 제6회 국제학술대회.
이수훈, 2018, 「부산 배산성지 출토 목간의 검토」, 『역사와 세계』 54, 효원사학회.
이수훈, 2020, 「김해 양동산성 출토 목간의 검토」, 『역사와 세계』 58, 효원사학회.
이용현, 2018, 「배산성지 출토 목간과 신라 사회」, 『부산 금석문 역사를 새겨 남기다』, 부산시립박물관.
이재환, 2011, 「전인용사지 출토 '龍王' 목간과 우물·연못에서의 제사의식」, 『목간과 문자』 7, 한국목간학회.
이재환, 2013, 「한국 고대 '주술목간'의 연구 동향과 전망-주술목간을 찾아서-」, 『목간과 문자』 10, 한국목간학회.
이한상, 1991, 「7세기 전반의 신라 대금구에 대한 인식」, 『고대연구』 7, 고대연구회.
이형원, 2005, 「삼국~고려시대 열쇠·자물쇠의 변천과 성격」, 『백제연구』 41, 충남대 백제연구소.
임효재·윤상덕, 2002, 「아차산성의 축조연대에 대하여」, 『청계사학』 6·7, 청계사학회.
전혁기, 2017, 「고대 성곽 집수시설의 성격과 변천」, 한신대 석사학위논문.

정의도, 2007, 「제장으로서 산성 연구」, 『문물연구』 1, 동아시아문물연구학술재단.

정인태, 2008, 「삼국~통일신라시대 산성 集水池에 관한 연구」, 동아대 석사학위논문.

조명일, 2021, 「장수 침령산성·남원 아막성 출토 목간자료 소개」, 한국목간학회 정기발표회 자료집.

조효식, 2020, 「대구 달성유적 검토」, 『1,500년 전의 기억, 대구 달성유적』, 2020년 국립대구박물관·영남고고학회 공동 학술대회.

조효식, 2021, 「대구 달성유적의 조성과 의미」, 『대구 달성유적VI-종합고찰-』, 국립대구박물관.

차순철, 2013, 「신라 도성 내 의례공간과 변화-하천 및 분묘제사와 호마를 중심으로-」, 『선사와 고대』 39, 한국고대학회.

하시모토 시게루, 2021, 「부산 배산성 목간의 기초적 검토-좌파리가반 부속문서와의 비교를 중심으로-」, 『신라사학보』 52, 신라사학회.

하시모토 시게루, 2023, 「대구 팔거산성 목간의 재검토-신라의 지방지배와 하찰목간-」, 『동서인문』 22, 경북대 인문학술원.

〈Abstract〉

Characteristics of magic wooden tablets excavated from Silla water storage facilities

Kim Jae Hong

Silla wooden tablets were mostly excavated from palaces, government offices, and temples in the royal capital, and mostly from fortresses in the countryside. Wooden tablets have been found in ponds, wells, and swales, and the shapes of the ponds are circular, square, and rectangular.

Among the relics excavated from ponds and wells, there are many items of a magical nature, which are related to the magical properties of water. Divided by use, they are related to rituals, such as weapons and harnesses, agricultural tools, locks and keys, tea utensils, and musical instruments.

The tag wooden tablets excavated from the Silla water storage facility were of different characteristics around the unification period. The wooden tablets from the 6th and 7th centuries reflect the nature of the fortress as an administrative base and logistics warehouse. In the 8th and 9th centuries, magic wooden tablets were excavated, showing rituals related to water.

The characteristics of wooden tablets that differ from period to period coincide with the development of Silla's history. The 5th century was a time of frequent floods, and fortresses had the function of controlling floods. The fortress served as an administrative base and logistics warehouse, and a tag wooden tablets was discovered in the pond. In the 8th and 9th centuries, a time of frequent droughts, rituals such as prayers for rain were held in the fortress grounds, and magic wooden tablets were used.

▶ Key words: magic wooden tablet, tag wooden tablet, mountain fortress, water storage facility(pond), well

尹灣漢簡「六甲占雨」와「神龜占」에 대한 補遺

曾磊 著*
오정은 譯**

〈국문초록〉

尹灣漢簡「六甲占雨」篇은 雨水占測과 관련된 표로서, 이는 그동안 상대적으로 학계의 주목을 받지 못하였다.「六甲占雨」篇은「神龜占」의 하부에 기재되어 있는데, 마름모 꼴의 표 형식으로 六十甲子을 배열하고 있다. 이러한 형상은 거북의 腹甲과 유사하고 神龜 圖像과 함께 완전한 龜形을 이루고 있어, 축소된 宇宙 模型으로도 볼 수 있다.「神龜占」의 占法은 전통적인 龜卜과는 다르며 對式占의 모방이라 할 수 있다. 중국에서는 예로부터 神龜를 崇拜하였는데, 龜와 "雨"·"水"는 밀접한 관계가 있어 이를 "占雨"하는 神物로 일컬어졌다.

▶ **핵심어: 尹灣漢簡, 六甲占雨, 神龜占, 式占**

1993년 출토된 尹灣漢簡은 공개 직후부터 학자들의 주목을 받았으며, 학계에서는 이미 상당히 많은 연구가 진행되었다. 기술의 한계로 당시 공개된 圖版이 선명하지 않아 논의진행에 어려움을 겪었지만,[1] 2023년 清華大學의 出土文獻研究與保護中心 등 여러 기관에서 시작된 윤만한간 재정리 작업에 필자가 참여하였고, 이 과정에서 필자는「YM6D9正」木牘을 재검토하여 본고를 작성하게 되었다. 많은 선생님들의 질정을 바란다.

* 中國社會科學院 古代史研究所 연구원; "古文字與中華文明傳承發展工程" 협동기관 연구원
** 경북대학교 인문학술원 HK연구교수

1) 連雲港市博物館·東海縣博物館·中國社會科學院簡帛研究中心·中國文物研究所 編, 1997, 『尹灣漢墓簡牘』, 中華書局.

I

「YM6D9正」목독은 길이 23㎝, 폭 9㎝, 두께 0.6㎝로 출토되었지만, 탈수 과정을 거친 후에 길이 22.1㎝, 폭 8.3㎝, 두께 0.3㎝가 되었다.[2)] 대략적으로 길이는 漢代의 1尺, 폭은 4寸에 해당한다. 그 背面은 「博局占」이 보인다. 목독 正面의 釋文과 도판은 圖 1과 같다.[3)]

> ●用神龜之法: 以月鼂以後左足而右行, 至今日之日止. 問 :
> 直右脅者, 可得. 姓朱氏, 名長. 正西.
> 直後右足者, 易得. 爲王氏, 名到. 西北.
> 直尾者, 自歸. 爲莊氏, 名餘. 正北.
> 直後左足者, 可得. 爲朝氏, 名歐. 東北.
> 直左脅者, 可得. 爲鄭氏, 名起. 正東.
> 直前左足者, 難得. 爲李氏, 名多. 東南.
> 直頭者, 毋來也, 不可得. 爲張氏. 正南.
> 直前右足者, 難得. 爲陳氏, 名安. 正〈西〉南.

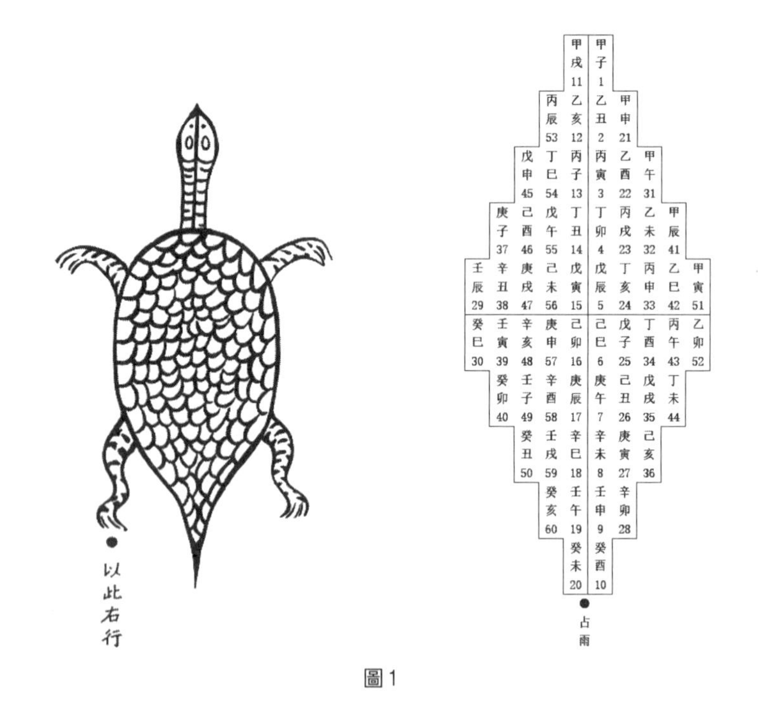

圖 1

2) 위의 책, p.174.

3) 위의 책, pp.123-124. 도판에 보이는 아라비아 숫자는 필자가 추가하였다.

목독은 원래 제목이 없었지만, 정리자가 「神龜占」「六甲占雨」로 명명하였다. 정리자는 목독의 "상단과 중간의 내용은 神龜占이며, 중간은 문자를 설명하였고 …… 하단은 六甲占雨이며, 육십갑자를 육갑 순서에 따라 그림에 배열하여 기록하고 '占雨' 두 글자를 그 아래에 기재하였다"고 하였다.[4] 필적을 관찰하면, 육십갑자의 기록은 "점우" 두 글자나 「신귀점」보다 조잡하게 쓰여 있다. 현재까지 발표된 학자들의 연구를 참조하여 그 내용을 해석하면 다음과 같다.[5]

"鼂"는 『說文』 黽部에 "匽鼂也. 讀若朝"라 하고, 『漢書』 五行志上에 "事王子鼂", 顔師古 注에 "鼂, 古朝字也"라 기재되어 있으며, 『楚辭』 九章·哀郢에는 "甲之鼂吾以行", 王逸 注에는 "鼂, 旦也"라고 하여 여기서 "月鼂"는 每月 초하루를 말한다.

"今日"은 점치는 날을 가리킨다.

"脅"은 『釋名』 釋形體에 "挾也, 在兩旁, 臂所挾也"라 하였는데, 이는 神龜의 앞발과 뒷발 사이의 부위를 말한다.

"正西"에 대해 학자들은 盜者가 正西에 있다는 뜻으로 보았으며, 이하 簡文 모두 盜者의 방위를 가리키는 것으로 보인다. 하지만 석문 "直頭者"에서 "(盜賊)毋來也, 不可得. 爲張氏. 正南", 여기에서 盜賊을 잡지 못했음에도 구체적인 은신처의 방위가 나와 있음은 상고할 만하다. 즉 占辭에서의 8개 방위는 신귀의 8개 부위를 의미하는 것으로, 본래 8개 항목의 점사는 신귀 주변에 작성되어야 한다. 「신귀점」의 초사자는 신귀의

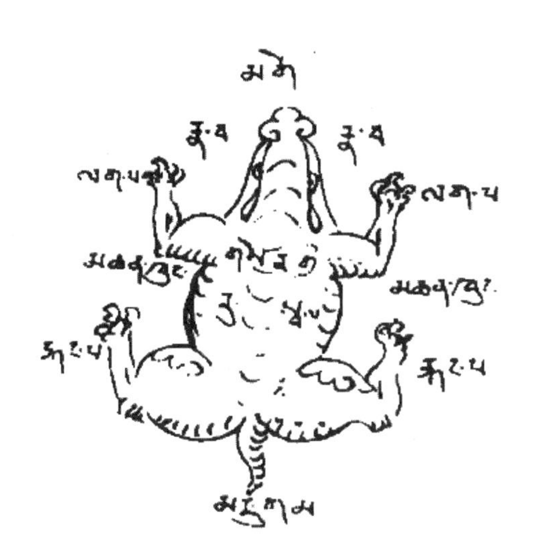

圖 2. 敦煌寫本金龜圖, 編號S.6878

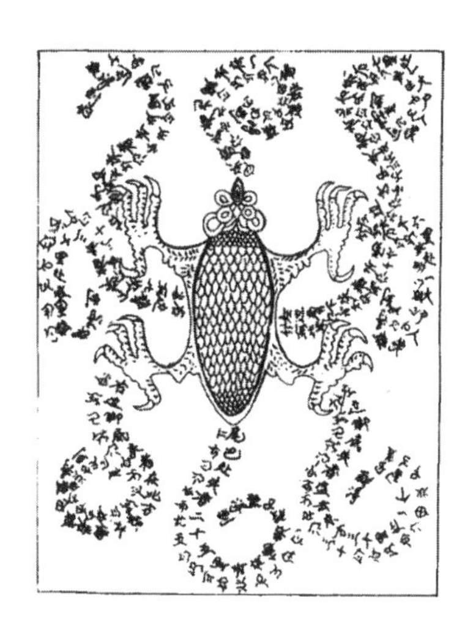

圖 3. 彝族龜占圖

4) 위의 책, 前言 p.2.

5) 劉樂賢, 1999, 「尹灣漢墓出土數術文獻初探」, 『尹灣漢墓簡牘綜論』, 連雲港市博物館·中國文物硏究所 編, 科學出版社, pp.175-177. 이후 改題하여 2012, 「出土五行類文獻硏究(下)——尹灣漢墓選擇文獻探論」, 『簡帛數術文獻探論(增訂版)』, 中國人民大學出版社, pp.105-112; 張顯成·周群麗, 2011, 『尹灣漢墓簡牘校理』, 天津古籍出版社, pp.84-88; 黃儒宣, 2013, 『《日書》圖像硏究』, 中西書局, pp.130-139; 宋培超, 2014, 『尹灣漢墓簡牘集釋』, 吉林大學碩士學位論文, pp.105-107.

이미지를 선명하게 강조하기 위해 점사의 위치를 조정하여 따로 신귀 주변에 배치했을 가능성도 있다.[6] 후대에 보이는 敦煌寫本金龜圖와 중국 彝族의 『玄通大書』에도 비슷한 신귀 그림이 있는데, 이 점사는 신귀 주위에 쓰여 있어 참고할 만하다(圖 2와 3).[7]

"自歸"는 자수하는 것이다. 『史記』 遊俠列傳에 "解使人微知賊. 賊窘自歸, 具以實告解"라 하였다.

"爲張氏"는 그 뒤에 범인의 이름을 빠뜨린 것으로 보인다.

"正南"은 簡文의 방위 순서에 따르면 "西南"이어야 한다.

"右行"은 반시계 방향으로 운행하는 것을 말한다.

「신귀점」의 점법은 간단명료하다. 정리자는 「신귀점」을 "점칠 때 左足을 시작부분으로 하고, 右行 방향으로 日數를 헤아린다. 당월 초하루부터 점치는 날까지 세며, 이를 그대로 神龜의 어떤 부위까지 오는지 헤아려 그 점친 결과로 확정한다. 이것은 盜者의 상황을 가늠하기 위한 것으로 보인다". 「육갑점우」의 경우 "그 설명문이 없어 구체적인 占法을 알 수 없다".[8]

「신귀점」에는 盜者 체포의 난이도와 盜者의 이름이 기록되어 있다. 기재된 방위에서 볼 때, 神龜의 머리는 正南방향이다. 「육갑점우」는 완전한 干支表로서, 간지는 마름모꼴로 배열되어 있으며 세로 및 가로의 중심선은 이 마름모를 네 부분으로 나눈다.

이와 비슷한 양식의 간지표는 放馬灘秦簡 「日書」 乙種에서도 보인다. 정리자는 이를 「六十甲子」라고 명명하였다.[9] 많은 학자들이 이에 대한 복원을 시도하였지만, 그 중 魯家亮의 복원이 가장 합리적이며,[10] 그 기록을 보면 圖 4와 같다(圖 4, 숫자는 필자가 추가함).

				甲寅 51	甲子 1				
			甲辰 41	乙卯 52	乙丑 2	丙子 13			
		甲午 31	乙巳 42	丙辰 53	丙寅 3	丁丑 14	戊子 25		
	甲申 21	乙未 32	丙午 43	丁巳 54	丁卯 4	戊寅 15	己丑 26	庚子 37	
甲戌 11	乙酉 22	丙申 33	丁未 44	戊午 55	戊辰 5	己卯 16	庚寅 27	辛丑 38	壬子 49
乙亥 12	丙戌 23	丁酉 34	戊申 45	己未 56	己巳 6	庚辰 17	辛卯 28	壬寅 39	癸丑 50
	丁亥 24	戊戌 35	己酉 46	庚申 57	庚午 7	辛巳 18	壬辰 29	癸卯 40	
		己亥 36	庚戌 47	辛酉 58	辛未 8	壬午 19	癸巳 30		
			辛亥 48	壬戌 59	壬申 9	癸未 20			
				癸亥 60	癸酉 10				

圖 4

6) 이 의견은 武漢大學 歷史學院 劉國勝 선생님이 지적해 주신 것으로, 고개 숙여 감사인사를 드린다.

7) 이와 관련된 연구는 劉樂賢, 1999, 앞의 논문, pp.175-177; 周西波, 2007, 「敦煌文獻中之逐盜求失物方術略考」, 『轉型期的敦煌學』, 劉進寶·高田時雄 主編, 上海古籍出版社, pp.539-553.

8) 連雲港市博物館 等 編, 1997, 앞의 책, 前言 p.2.

9) 甘肅省武威考古研究所 編, 2009, 『天水放馬灘秦簡』, 中華書局, p.125.

10) 呂亞虎, 2009年 10月 31日, 「《天水放馬灘秦簡》缺·誤字訂補幾則」, 簡帛網; 馮先思, 2010年 1月 16日, 「讀放馬灘秦簡《日書》筆記二則」, 復旦大學出土文獻與古文字研究中心; 晏昌貴, 2010, 「天水放馬灘秦簡乙種日書分篇釋文(稿)」, 『簡帛』 5, 武漢大學簡帛研究中心 主辦, 上海古籍出版社, p.29; 劉青, 2010, 「放馬灘秦簡《日書》乙種集釋」, 武漢大學碩士學位論文, p.38; 黃儒宣, 2013, 앞의 책, pp.144-149; 魯家亮, 2014, 「放馬灘秦簡乙種《日書》"占雨"類文獻編聯初探」, 『考古與文物』 5; 陳偉 主編, 2016, 『秦簡牘合集·釋文注釋修訂本(肆)』, 武漢大學出版社, pp.87-88.

이 간지표는 10매의 竹簡 아래단에 쓰여 있는데, 그 중앙에 가로선을 넣어 간지표의 상하 부분으로 나누었다.[11] 전체적인 모양은 윤만한간의 「육갑점우」와 같이 마름모꼴이지만, 그 육십갑자 순서는 「육갑점우」와 다르다.

「육십갑자」는 마름모를 세로 중심축을 따라 좌우 두 부분으로 나누고, 간지는 위에서 아래로 왼쪽에서 오른쪽 순서대로 하되 우측과 좌측을 번갈아 배열하였다. 만약 이 표에 왼쪽에서 오른쪽으로 1-10의 번호를 매겨, 육십갑자의 순서대로 다시 배열하면 6-1-7-2-8-3-9-4-10-5가 된다. 「육갑점우」 역시 세로 중심축으로 좌우 두 부분으로 나눌 수 있고 간지도 위에서 아래로 배열하였지만, 그 세로열의 순서는 「육십갑자」만큼 정제되어 있지 않다. 만약 「육갑점우」 표를 왼쪽에서 오른쪽으로 1-10의 번호를 매겨 그 순서를 재배열하면 6-5-7-1-8-2-9-3-10-4가 된다. 黃儒宣은 「육갑점우」가 배열된 것에 대해 "'六甲', 즉 甲子·甲戌·甲申·甲午·甲辰과 '六癸', 즉 癸酉·癸未·癸巳·癸卯·癸丑·癸亥를 부각시키기 위한 것"이라고 하였다.[12] 「육십갑자」의 배열에서도 역시 "육갑"과 "육계"의 위치를 두드러지게 배치하였다.

두 가지 간지표의 마름모꼴 배열 방식은 사실 天干의 위치를 우선적으로 고려한 것이다. 즉 두 간지표에서의 地支는 그 위치가 각각 다르지만, 천간의 위치는 특정 배열 규칙을 나타내고 있다.[13] 간지표를 가로로 읽으면 「육갑점우」의 천간이 균일하게 오른쪽에서 왼쪽으로 배열되어 있음을 알 수 있으며, 세로축으로 정렬하면 여섯번째 열의 천간은 다섯번째 열의 천간(세로로 보면 다섯번째 열과 여섯번째 열의 천간은 각각 세로축선을 따라 대칭적으로 분포한다)을 반복하고 있음을 알 수 있다. 1-5행의 천간 수량은 차례로 증가하고 6-10행의 천간 수량은 차례로 감소하는 양상을 보인다. 「육십갑자」 천간의 배열은 「육갑점우」와 동일하지만, 천간의 배열 방향이 왼쪽에서 오른쪽이다. 두 간지표를 함께 관찰하면, 천간의 위치가 좌우 거울 대칭임을 알 수 있다.

魯家亮·黃儒宣은 「육십갑자」가 占雨와 관련이 있다고 보았다.[14] 방마탄진간 「일서」 을종에도 확실하게 점우와 관련된 내용이 있으며 이 밖에 北大秦簡과 北大漢簡도 마찬가지이다.[15] 일부 학자들은 唐人 黃子發

---

11) 編號는 오른쪽에서 왼쪽으로 153貳-152貳-[151貳]-150貳-148貳-149貳-147貳-146貳-145貳-144貳이며, 이 중 3매의 간이 결실되어 "辛酉"에서 "辛"가 빠져 있다. 회색 음영이 표시된 부분은 필자가 추가하여 보충한 것이다.

12) 黃儒宣, 2013, 앞의 책, p.149.

13) 「육십갑자」의 地支를 가로방향으로 읽으면, 이 지지에도 배열 법칙이 숨겨져 있음을 알 수 있다. 각 행의 지지는 오른쪽에서 왼쪽으로 순서대로 배열되어 있는데, 세로 축에 해당되는 선을 따라 지지가 하나씩 탈락되어 있다. 즉 각 행의 탈락되어 있는 지지를 나열하면, "丑·寅·卯·辰·巳·午·未·申·酉·戌"(子·亥는 해당없음)이다. 이 법칙은 「육갑점우」에 등장하지 나타나지 않는다.

14) 魯家亮은 방마탄진간의 정리자가 「육십갑자」라는 명명한 제목에 대해 동의하지 않으며 이를 「육갑점우」라고 칭했는데, 그 명칭에서 알 수 있듯이 이 간지표가 점우와 관련이 있다고 여겼기 때문이다(魯家亮, 2014, 앞의 논문). 黃儒宣 역시 방마탄진간 「일서」 을종에 "비"에 대한 내용이 있고, 「육십갑자」가 「육갑점우」와 구조가 유사해 「육십갑자」도 "점우하기 위한 것이라고 추정하였다"(黃儒宣, 2013, 앞의 책, pp.147-148). 또한 陳偉는 「육십갑자」와 投擲式 選擇術과 관련이 있다고 보았고, 「육십갑자」는 "占盜"시에 投擲의 대상이라고 밝혔다(陳偉, 2011, 「放馬灘秦簡《日書占病祟除》與投擲式選擇」, 『文物』 5). 필자가 보기에 이 의견은 비록 참신하기는 하나, 신뢰할 만한 증거가 발견되지는 않았다.

15) 北京大學出土文獻與古代文明研究所 編, 2023, 『北京大學藏秦簡牘(肆)』, 上海古籍出版社, pp.921-922; 北京大學出土文獻研究所

이 쓴 『相雨書』의 「候雨止天晴」이 "어느정도는 윤만한간의 「육갑점우」와 함께 봐야 한다"고 주장하였다.[16] 하지만 아직까지 이러한 연구들은 모두 상술한 두 간지표와의 관계에 대해 명확한 의견을 제시해 주지 못했으며, 점법에 대해 구체적으로 설명해주지도 못하였다. 아직까지 증거가 부족하여 「육십갑자」가 점우와 어떠한 관련이 있는지는 확인할 수 없지만, 「육갑점우」에 나오는 "점우"라는 표현에서 이것이 점우에 쓰인 것은 틀림없어 보인다.

劉樂賢은 「육갑점우」에 대해 "본래 占測文字가 있어 거기에 맞춰 쓰였던 것이다. 현재는 이 간지표만 남아 있어 점우의 구체적인 내용은 알 수 없다. 하지만 「육갑점우」가 결국 모든 간지일에 강우의 길흉을 점치기 위한 것이라고 추측할 수 있다"고 하였다.[17] 필자가 보기에, 이 추론은 합리적이다. 「신귀점」의 점치는 항목에 따라 「육갑점우」의 점치는 내용을 추정하면, 某日의 강우 여부, 강우량의 많고 적음, 강수 후의 영향 등일 가능성이 높다.

II

중국 龜卜은 일찍부터 시작되었지만, 商代에 가장 번성하였고, 漢代까지 여전히 매우 중요한 점술 형태였다. 사마천은 『史記』에 「龜策列傳」을 실어 "三王不同龜, 四夷各異卜, 然各以決吉凶. 略窺其要, 作「龜策列傳」第六十八"이라고 기재하였다.[18] 이로서 귀복에 대한 관심이 높았음을 짐작할 수 있다. 하지만 안타깝게도 그 내용은 산실되어 현재 볼 수 있는 내용은 褚少孫 補記이다.[19] 『漢書』 藝文志 數術略에 "蓍龜十五家, 四百一卷"이라고 기재되어 있다. 이 중 龜卜과 관련된 것은 "「龜書」五十二卷. 「夏龜」二十六卷. 「南龜書」二十八卷. 「巨龜」三十六卷. 「雜龜」十六卷"으로 "蓍龜" 점치는 15家의 1/3에 해당한다. 『隋書·經籍志』에도 「龜決」二卷이 있으며, 이는 東晉 葛洪이 지은 것으로 그 내용은 漢代의 龜卜 文獻을 답습한 것이다.

그러나 이 귀복 문헌은 모두 소실되어, 점복 형식조차도 현재로서는 알 수 없다. 褚少孫이 보충한 『史記』 龜策列傳 말미에 수록된 귀복 條例를 보면, 그 점치는 항목은 한대의 일서와 유사한 점이 많지만, 그 점복 형식은 상대 이래 龜甲을 鑽灼하던 귀복의 형식을 따르고 있다.[20] 이는 「신귀점」의 귀복 방식과는 사뭇 다

編, 『北京大學藏西漢竹書(伍)』, 上海古籍出版社, pp.77-86.

16) 蘇建洲, 「尹灣漢墓《六甲占雨》解」; 『相雨書』에 대한 연구는 馬孝文, 2015, 『《相雨書》研究』, 南京信息工程大學碩士學位論文을 참고함.

17) 劉樂賢, 1999, 앞의 논문, p.175. 최근에 2012, 앞의 논문으로 개제하여 다시 발표하였는데, 이와 관련된 문단이 삭제되었다.

18) 『史記』 太史公自序.

19) 『史記』 龜策列傳 司馬貞 「索隱」, "三王不同龜, 四夷各異卜, 其書旣亡, 無以紀其異, 今褚少孫唯取太卜占龜之雜說, 詞甚煩蕪, 不能裁剪, 妄皆穿鑿, 此篇不才之甚也." 이 篇의 처음에 "太史公曰", 梁玉繩 역시 褚少孫이 "託之史公者也"한 것이라고 보았다(梁玉繩, 1981, 『史記志疑』, 中華書局, pp.1457-1458).

20) 朴載福, 2006, 「《龜策列傳》與先秦龜卜卜法」, 『考古學研究』 6, 北京大學考古文博學院 編, 科學出版社, pp.325-342. 李零은 上博簡「卜書」를 통해, 당시 龜卜에 "日書化" 경향이 출현하였다고 보았으며, "「卜書」와 「龜策列傳」는 공통점이 있다"고 하였다(李

르다.

「육갑점우」와 「신귀점」의 관계도 탐구해 볼만 한데, 필자는 「육갑점우」가 단독으로 篇이 될 수 없으며 「신귀점」과 같은 목독에 쓰여 「신귀점」의 일부였을 것이라고 생각한다.

陳侃理는 “戰國秦漢시대의 일서에서 日과 관련된 길흉은 대부분 그날의 간지에 의해 추정된다”고 지적하였다.[21] 즉, 당시의 일서는 대부분 序數紀日이 아닌 干支紀日을 채택하여 사용하였다. 「신귀점」에 간지표를 함께 열거한 목적은 바로 점칠 때에 날짜 계산을 용이하게 하기 위함이다. 점치는 자는 “今日之日”이 해당 월의 며칠인지 계산할 필요가 없으며, 해당 월의 초하루만 염두에 두고 있다가 신귀의 부위를 따라 그 수를 헤아리면 그만이었다. 이로서 점치는 활동의 효율성과 정확도를 향상시킬 수 있게 된 것이다.

그럼 「육갑점우」는 왜 마름모꼴로 배열한 것일까? 마름모꼴 배열의 육십갑자는 이 같은 배열의 법칙을 보여주는 것 외에 다른 의미가 없는 것일까?

필자가 보기에, 마름모꼴로 배열된 육십갑자의 모양은 사실 거북 腹甲의 모양과 비슷하다. 이는 두 층으로 나뉘며 겉은 盾板이라고 하는 얇고 부드러운 외피 층이고, 盾板 안쪽에는 비교적 단단한 甲殼, 즉 지져서 갈라짐을 확인하는 복갑이다(圖 5).[22]

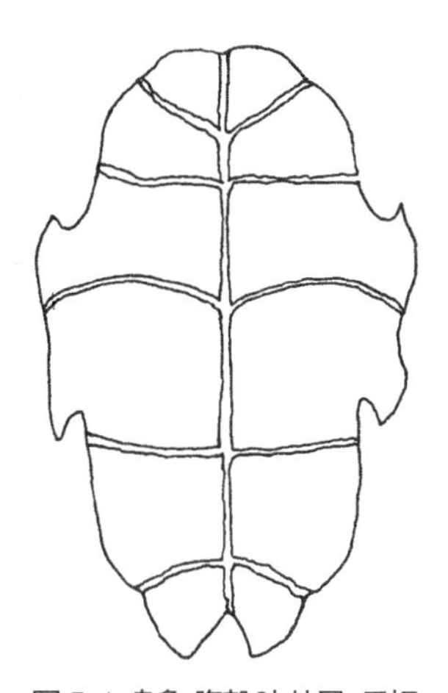

圖 5-1. 烏龜 腹殼의 外層: 盾板

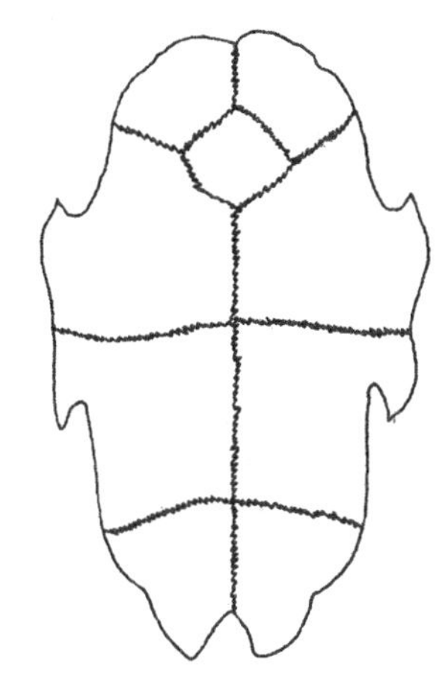

圖 5-2. 烏龜 腹殼의 內層: 腹甲

갑골에 간지를 새기는 형태는 상대에 이미 출현하였다. 이러한 간지는 牛胛骨에서도 보이는데, 그 위에 능숙한 칼질로 완전한 육십갑자를 새겨 넣었으며, 이는 『甲骨文合集』37986(圖 6)에서 확인할 수 있다.[23] 또

零, 2017, 「說數術革命: 從龜卜筮占到式法選擇」, 『中國文化』 45).

21) 陳侃理, 2024, 「序數記日的產生與通行」, 『文史星曆: 秦漢史論叢』, 上海古籍出版社, p.138.

22) 劉玉建, 1992, 『中國古代龜卜文化』, 廣西師範大學出版社, pp.64-67.

23) 本文에서 인용한 甲骨 도판과 석문은 郭沫若 主編, 1979-1983, 『甲骨文合集』, 中華書局; 胡厚宣 主編, 1999, 『甲骨文合集釋文』, 中國社會科學出版社를 참조하였음.

圖 6.『甲骨文合集』37986

한 어떤 간지는 귀갑의 위쪽에 새겨 지기도 하였다.

학자들의 통계에 따르면, 『甲骨文合集』·『甲骨文合集補編』·『英國所藏甲骨集』 등에 "乙·辛시대에 속하는 干支表刻辭는 모두 300여 점이 수록되어 있다. 이러한 干支表刻辭 혹은 육십갑자를 순서대로 나열하고 있는 것은 一旬·三旬·四旬·五旬의 간지명을 나누어 새기기도 하였다. 그 서사재료를 관찰하면, 이들의 약 90%가 우갑골의 표면에 새겨져 있고, 약 10%는 거북의 背甲에 새겨져 있으며, 거북의 腹甲에 새겨진 간지표는 상대적으로 적고", "거북의 배갑에 새겨진 간지표는 대부분 섬세하고 가지런하며, 그 새겨진 위치는 모두 邊甲에 해당하며, 王冚卜辭와 함께 새겨졌고(『合集』35722, 36256, 38087, 38094), 일부 거북의 복갑에 새겨진 간지표는 卜夕(『합집』38103), 祊祭(『합집』38107) 등의 卜辭와 함께 새겨 지기도 하였다[同版關係]".[24] 거북의 복갑에 새겨진 간지는 圖 7과 같다.

『갑골문합집』 38103의 간지는 우측에 위치하고 3열로 나누어져 있으며 오른쪽부터 "庚寅·辛卯·壬辰·癸巳"(第一列), "庚辰·辛巳·壬午·癸"(第二列), "辛未·壬申·癸酉"(第三列)이다. 『갑골문합집』 38107의 간지는 좌측에 있으며, 내용은 "甲子·乙"이다.

거북은 예로부터 영혼이 통하는 신물이다.[25] 사라 알란(Sarah Allan)은

圖 7-1.『甲骨文合集』38103

圖 7-2.『甲骨文合集』38107

24) 王蘊智·門藝, 2009,「殷墟晚期甲骨上的干支表刻辭」,『語文知識』1.

25) 中國 古代의 神龜 崇拜에 대해 劉玉建, 1992, 앞의 책, pp.1-41; 王小盾, 2008,『中國早期思想與符號研究——關於四神的起源及其體系形成』, 上海人民出版社, pp.256-262·541-582; 陳器文, 2013,『玄武神話·傳說與信仰』, 陝西師范大學出版社, pp.10-26; 郭靜雲, 2016,『天神與天地之道: 巫覡信仰與傳統思想淵源』, 上海古籍出版社, pp.744-762.

"商代에 대지는 '亞'形으로 여겨졌고, 기본적으로 四方이 중앙을 둘러싸고 있었으며, 사방은 神靈의 땅으로 바람은 거기서 나왔다". 商人이 대지로 여기는 "亞"형에 대해 "거북의 복갑의 형상과 매우 흡사하고 네 귀퉁이가 오목하게 패어 있고", "귀갑의 둥근 돔 모양의 배갑으로 네 모서리에 네 발로 받쳐주는 것이 우주의 모형"이라고 하였다.[26] 한대에도 거북의 몸을 우주의 모형으로 여겼는데, 『說苑』 辨物에 "靈龜文五色, 似金似玉, 背陰向陽. 上隆象天, 下平法地, 槃衍象山. 四趾轉運應四時, 文著象二十八宿. 蛇頭龍翅, 左精象日, 右精象月, 千歲之化, 下氣上通"이라 하였다.[27] 靈龜는 五色을 겸비하고 있으며 배갑은 하늘처럼 솟아 있고 복갑은 대지처럼 평평하였다. 四肢가 四時를 상징하고 龜甲의 무늬는 星宿를, 눈은 日月을 상징하였다. 당시 인간의 눈에 거북의 몸은 우주의 축소판으로 비춰진 것이다.

마름모꼴로 배열된 「육갑점우」는 "亞"형 보다 거북의 복갑의 모양에 가깝다. 마름모꼴의 「육갑점우」와 神龜의 圖像은 신귀의 복부와 등 부분을 형상한 것이다. 이들은 함께 완전한 하나의 신귀를 이루었으며, 또한 함께 우주의 축소판을 형상한다. 靈龜는 "明于陰陽, 審于刑德. 先知利害, 察於禍福"이라고 하여[28] 귀갑은 고대인의 占卜 神具가 된 것이다.

「신귀점」의 점법은 귀갑을 鑽灼하는 전통적인 점법과는 확연히 다르며 일종의 對式占의 형태에 가깝다. 李零은 式盤이 시간과 공간의 차원을 가지고 있다고 지적했는데, 이것은 사실 우주의 모형이다.[29] 式盤의 天盤과 地盤이 위아래로 합쳐지며, 점치는 자는 일정한 규칙에 따라 천반의 회전을 조작하고 우주의 운행을 모의 실행하면서 그 길흉을 점친다. 신귀의 圖像(背甲)은 천반, 마름모꼴의 「육십갑자」(腹甲)는 지반에 해당한다.[30] 신귀는 8개의 방위(공간)와 육십갑자(시간)를 구비하고 있으며, "以後左足而右行"으로 날짜를 계산하는데, 이는 式盤이 "右旋"하는 천반에 해당하며 우주의 움직임을 모의 시행함으로써 未知를 점치는 것이다.

『管子』 水地에 "龜生於水"라 하여, 거북은 "雨" "水"과 밀접한 관계가 있으며 바로 雲을 띄우고 雨를 부르는 신물이다. 『史記』 龜策列傳에 宋元王의 使者가 신귀를 구한 뒤 신귀를 태우고 송원왕을 알현하러 갔는데, "使者載行, 出於泉陽之門. 正晝無見, 風雨晦冥. 雲蓋其上, 五采青黃. 雷雨並起, 風將而行", 신귀가 가는 곳마다 구름과 천둥, 비바람이 몰아쳐 水神 雨師의 행차를 연상케 하였다.

『左傳』 昭公十八年, "禳火于玄冥·回祿", 杜預 注에 "玄冥, 水神"이라고 기재하였고, 『後漢書』에 張衡의 「思

---

26) [美]艾蘭 著/汪濤 譯, 2010, 『龜之謎——商代神話·祭祀·藝術和宇宙觀硏究(增訂版)』, 商務印書館, pp.134·209-210(사라 알란 著/오만종 옮김, 2002, 『거북의 비밀 중국인의 우주와 신화』, 예문서원(한국어판)).

27) 이와 유사한 내용이 『太平御覽』 卷九三一引 『禮統』曰: "神龜之像, 上圓法天, 下方法地, 背上有盤法丘山. 玄文交錯, 以成列宿, 五光昭若玄錦文, 運轉應四時, 長尺二寸, 明吉凶, 不言而信"; 『太平御覽』 卷九三一引 『雒書』曰: "靈龜者, 玄文五色, 神靈之精也. 上隆法天, 下方法地. 能見存亡, 明於吉凶"이 있다.

28) 『史記』 龜策列傳. 이와 유사한 내용은 『初學記』 卷三○引 「洪範五行傳」, "龜之言久也, 千歲而靈. 此禽獸而知吉凶者也"; 『楚辭』 惜誓, "放山淵之龜玉兮" 王逸 注, "龜, 可以決吉凶"이 있다.

29) 李零, 2006, 『中國方術正考』, 中華書局, 第2章 「式與中國古代的宇宙模式」, pp.69-140.

30) 李零은 출토된 六博棋局가 "형식상으로는 地盤을 모방한 것"이라 하였다(위의 책, p.135) 이 木牘의 背面에 「博局占」은 地盤의 博局 圖像을 상징하는 것으로 마찬가지로 육십갑자가 쓰여 있다.

玄賦」, "前長離使拂羽兮, 委水衡乎玄冥", 李賢 注하길 "水衡, 官名, 主水官也. 玄冥, 水神也"라고 하였다. 『白孔六帖』 卷一에 「風俗通」을 인용하여 "玄冥爲雨師", 『搜神記』에도 "雨師"의 이름을 "一曰玄冥"이라 하였다.

소위 "玄冥"이라 하는 것은 『河圖帝覽嬉』에 "北方玄武之所生, 其帝顓頊; 其神玄冥"이라 하였고,[31] 王小盾은 "'玄冥'과 '玄武'의 상징적 의미는 거의 일치하고", "고대인의 玄冥 觀念은 바로 현무이며, 거북과 뱀의 합체된 형상의 사상적 기초를 형성하고 있다"고 하였다.[32]

四神信仰에서는 북방의 현무가 물을 다스리는 것으로 알려져 있다. 『河圖帝覽嬉』에서 현무는 "鎭北方, 主風雨"하며,[33] 『後漢書』 王梁傳에 "玄武, 水神之名"이다. 西漢 王褒는 『九懷』 思忠에서 "玄武步兮水母, 與吾期兮南榮", 王逸은 "天龜, 水神"이라고 注하였다. 王逸 注에서 "거북"을 "현무"라고 풀이하며, "水神"이라 지적하였다. 張衡은 『靈憲』에서 "蒼龍連蜷於左, 白虎猛據於右, 朱雀奮翼於前, 靈龜圈首於後", 역시 "靈龜"로 "현무"를 대체하고 있다. 『禮記』 曲禮에 "行, 前朱雀而后玄武, 左靑龍而右白虎", 孔穎達 疏에서도 "玄武, 龜也"라 하였다. 陳器文은 "현무는 太陰神이자 天龜 水神이며 그 본래의 이미지는 분명히 獨體의 '거북'"이라 지적하였다.[34] 饒宗頤는 "고래로 거북은 水母라는 전설이 있고, 북방은 水에 속하기에 水母의 이름으로 불렸다"고 하였다.[35]

"水神"이자 "雨師"인 "玄冥"과 "玄武"는 모두 거북과 밀접한 관련이 있으며, 신귀로 점우하는 것은 지극히 자연스러운 것이다.

투고일: 2024.06.14.	심사개시일: 2024.06.14.	심사완료일: 2024.06.21.

---

31) [日]安居香山·中村璋八輯, 1994, 『緯書集成 下冊』, 河北人民出版社, p.1134.
32) 王小盾, 2008, 앞의 책, p.817.
33) [日]安居香山·中村璋八輯, 1994, 앞의 책, p.1134.
34) 陳器文, 2013, 앞의 책, p.11.
35) 饒宗頤, 1990, 「論龜爲水母及有關問題」, 『文物』 10.

참고문헌

甘肅省武威考古研究所 編, 2009, 『天水放馬灘秦簡』, 中華書局.

郭沫若 主編, 1979-1983, 『甲骨文合集』, 中華書局.

郭靜雲, 2016, 『天神與天地之道: 巫覡信仰與傳統思想淵源』, 上海古籍出版社.

北京大學出土文獻研究所 編, 2014, 『北京大學藏西漢竹書(伍)』, 上海古籍出版社.

北京大學出土文獻與古代文明研究所 編, 2023, 『北京大學藏秦簡牘(肆)』, 上海古籍出版社.

사라 알란 著/오만종 옮김, 2002, 『거북의 비밀 중국인의 우주와 신화』, 예문서원.

宋培超, 2014, 『尹灣漢墓簡牘集釋』, 吉林大學碩士學位論文.

安居香山·中村璋八輯, 1994, 『緯書集成 下冊』, 河北人民出版社.

梁玉繩, 1981, 『史記志疑』, 中華書局.

連雲港市博物館·東海縣博物館·中國社會科學院簡帛研究中心·中國文物研究所 編, 1997, 『尹灣漢墓簡牘』, 中華書局.

王小盾, 2008, 『中國早期思想與符號研究——關於四神的起源及其體系形成』, 上海人民出版社.

劉玉建, 1992, 『中國古代龜卜文化』, 廣西師範大學出版社.

李零, 2006, 『中國方術正考』, 中華書局.

張顯成·周群麗, 2011, 『尹灣漢墓簡牘校理』, 天津古籍出版社.

陳器文, 2013, 『玄武神話·傳說與信仰』, 陝西師范大學出版社.

陳偉 主編, 2016, 『秦簡牘合集·釋文注釋修訂本(肆)』, 武漢大學出版社.

胡厚宣 主編, 1999, 『甲骨文合集釋文』, 中國社會科學出版社.

黃儒宣, 2013, 『《日書》圖像研究』, 中西書局.

魯家亮, 2014, 「放馬灘秦簡乙種《日書》“占雨”類文獻編聯初探」, 『考古與文物』 5.

馬孝文, 2015, 「《相雨書》研究」, 南京信息工程大學碩士學位論文.

朴載福, 2006, 「《龜策列傳》與先秦龜卜卜法」, 『考古學研究』 6, 北京大學考古文博學院 編, 科學出版社.

晏昌貴, 2010, 「天水放馬灘秦簡乙種日書分篇釋文(稿)」, 『簡帛』 5, 武漢大學簡帛研究中心 主辦, 上海古籍出版社.

王蘊智·門藝, 2009, 「殷墟晚期甲骨上的干支表刻辭」, 『語文知識』 1.

饒宗頤, 1990, 「論龜爲水母及有關問題」, 『文物』 10.

劉樂賢, 2012, 「出土五行類文獻研究(下)——尹灣漢墓選擇文獻探論」, 『簡帛數術文獻探論(增訂版)』, 中國人民大學出版社.

劉青, 2010, 「放馬灘秦簡《日書》乙種集釋」, 武漢大學碩士學位論文.

李零, 2017, 「說數術革命: 從龜卜筮占到式法選擇」, 『中國文化』 45.

周西波, 2007, 「敦煌文獻中之逐盜求失物方術略考」, 『轉型期的敦煌學』, 劉進寶·高田時雄 主編, 上海古籍出版社.

陳侃理, 2024, 「序數記日的產生與通行」, 『文史星曆: 秦漢史論叢』, 上海古籍出版社.
陳偉, 2011, 「放馬灘秦簡《日書占病祟除》與投擲式選擇」, 『文物』 5.

呂亞虎, 2009年 10月 31日, 「《天水放馬灘秦簡》缺·誤字訂補幾則」, 簡帛網.
馮先思, 2010年 1月 16日, 「讀放馬灘秦簡《日書》筆記二則」, 復旦大學出土文獻與古文字研究中心.

〈Abstract〉

A Study on *LiuJiaZhanYu* and *ShenGuiZhan* in Yinwan Bamboo Slips

Zeng Lei

The Yinwan Bamboo Slips *LiuJiaZhanYu* is a table related to divination of rain. *LiuJiaZhanYu* is a diamond shaped table composed of sixty pieces which written below *ShenGuiZhan*. The shape of the diamond table is similar to the shape of the turtle's plastron. *LiuJiaZhanYu* forms a complete turtle image with *ShenGuiZhan*, which can be seen as a miniature model of the universe. The divination method of *ShenGuiZhan* is different from traditional turtle- divining, may be a simulation of Board-divining. China has worshipped turtles since ancient times, Turtle has closely related to rain and water, and is a spiritual creature that divines rain.

▶ Key words: The Yinwan Bamboo Slips, *LiuJiaZhanYu*, *ShenGuiZhan*, Board-divining

특 집

上章 의례를 통해 본 도교 의례 문서의 특징

–鎭墓 기물과 天師道를 보는 한 시각–

趙晟佑*

<국문초록>

후한대 鎭墓文은 生死의 분리를 강조하는 동시에, 저승에서 死者가 직면하게 될 고통을 경감하고 이승에서 死者로 인해 발생할 殃禍를 막으려는 종교적 관념을 보여준다. 그런데 진묘문의 종교 전통은 死者를 기다리고 있는 저승의 상황, 저승의 관료 기구의 구체적인 모습, 그러한 관료 기구의 행정이 문서를 통해 이루어진다는 점, 이 문서의 작성과 시행을 스스로의 역할로 인식하고 있는 의례 전문가가 그러한 보이지 않는 세계의 행정 기구의 일부분으로 스스로 인식하고 있는 점 등에서 天師道의 上章 의례에 많은 영향을 미친 것으로 이해되고 있다. 그러나 진묘문에서는 死者를 위한 보다 포괄적인 구원의 관념, 신격화된 老子, 그에게서 발원하는 종교적 권위와 교의, 道의 가르침이라는 관념, 天師의 존재 등 天師道의 핵심이 되는 요소들이 鎭墓文에서는 보이지 않는다. 즉 천사도는 진묘문에 보이는 후한대의 종교 전통을 토양으로 나타났으나 한 단계 더 중요한 변화를 이루어 중요한 차이를 보여주는 것이다. 이 차이는 천사도와는 별개로 후한대 진묘문에 보이는 특징을 간직하고 있는 魏晉代 진묘문이나 흔히 '柏人'이라 지칭되는 唐宋代의 나무 인형 혹은 인형 목간에서도 확인할 수 있다. 이들 나무 인형 혹은 인형 목간은 진묘문의 관념과 언어가 일정 정도 정형화, 고착화된 결과물로 보이며, 天師道의 등장 이후 전개된 도교의 역사적 전개와는 별개로 민간의 師巫 혹은 方士가 담당한 주술 전통의 유물로 보인다. 鎭墓 기물의 종교적 관념과 언어 표현이 다소 고착되어가는 것과 달리, 천사도의 上章 의례가 보다 체계화된 교의와 교단의 운영을 전제로 하고 있음은 『陸先生道門科略』과 『赤松子章曆』을 통해 확인할 수 있다. 천사도 교단은 세속의 행정 문서를 닮은 그들 특유의 문서와 기

* 서울대학교 교수

록을 통해 모든 것이 이루어지는 일관된 행정체계, 그것도 인간계 뿐 아니라 신계까지 관통하는 우주론적 인 체계를 상정하고 그러한 체계 속에서 스스로 관료 기구에 준하는 위치를 자임하고 있었고, 上章 의례는 이러한 태도를 단적으로 보여주는 의례 행위였다.

▶ **핵심어: 鎭墓文, 柏人, 呪術木簡, 天師道, 上章 儀禮, 『陸先生道門科略』, 『赤松子章曆』**

Ⅰ. 들어가며

전통적으로 도교에 대한 학문적 접근은 문헌자료를 통한 연구에 의해 이루어져 왔으나, 정작 이용되는 문헌자료 중 도교 측의 문헌, 즉 道藏에 수록된 문헌이 차지하는 비중은 반드시 높았다고는 할 수 없는 것이 사실이다. 도교 문헌을 제대로 다루지 않으면서 도교에 대한 충분한 이해가 이루어지기는 어려울 것이나, 이러한 문제점도 지난 2,30년 동안 道藏 所收 자료의 이용이 보다 활성화되는 추세에 더하여[1] 다른 분야와 마찬가지로 대부분의 자료가 디지털화되어 접근이 보다 용이해지면서 빠르게 개선되고 있는 것 같다. 그러나 여전히 여러 가지 문제가 남아 있다. 디지털화로 인해 손쉽게 도교 문헌을 인용하거나 거론하기는 하되, 道藏 전체는 어떻게 구성되어 있는지, 해당 문헌이 道藏 안에서 어떻게 분류되어 어느 부분에 수록되어 있는지, 해당 문헌은 어떠한 역사적 흐름 속에 위치하고 있는지 등의 기본적인 이해 자체는 여전히 충분하지 않은 것 같고, 이와 같은 상태에서 道藏의 문헌을 맥락에서 동떨어진 상태로 인용하는 경우도 드물지 않게 보인다.

그러나 이러한 문제보다 더 본질적인 문제라고 할까, 극복해야 할 과제라고도 해야 할 문제가 있다. 즉, 문헌 자료를 통해 도교라는 종교를, 특히 과거의 도교를 얼마나 이해할 수 있는가라고 하는 물음이다. 이 문제를 극복하고 도교에 대한 이해를 높이기 위해 적극적으로 臺灣에서 현지 조사를 진행하는 경우가 적지 않고, 그러한 와중에 도교에 대한 이해는 도교 의례를 바탕으로 해야 한다는 인식도 분명해지는 것 같다.[2] 주로 魏晉南北朝와 隋唐 시기의 도교에 관심을 가지고 있는 필자 또한 이 시기 도교에 대한 이해는 상당 부

---

1) 道藏 소수 문헌의 상당수가 도교의 신들에게 계시된 경전의 형식을 취하고 있거나, 저자 내지 편찬 연도가 불분명한 계율이나 의례서인 경우가 많아 역사적인 연구를 위해 활용하기에 쉽지 않았던 것이 사실이다. 이러한 한계를 일정 부분 보완하며 도장 내 문헌 각각에 대한 서지학적 연구 성과를 집대성하기 위한 장기간의 노력이 3책, 1800여 쪽으로 구성된 Kristofer Schipper and Franciscus Verellen, 2005, 『Daoist Canon: A Historical Companion to the Daozang』, University of Chicago Press으로 결실을 맺은 것도 큰 의미를 지닌다.

2) 유럽 미국 학계에서 도교 연구를 본격화하는 계기가 되었던, 이전의 문헌적 접근과 결을 달리하는 연구를 제시한 크리스토퍼 스키퍼(Kristofer Schipper)가 타이완 현지에서 正一派 도사로 훈련받고 활동하며 연구를 진행한 것도 이러한 인식을 강화한 계기가 되었다. 그 이후 유럽과 미국 학계에서 도교를 연구하는 소장연구자들은 臺灣에서 거주하며 적지 않은 기간 도교에 입문하여 도사가 되고 그 경험과 지식을 살려 연구를 진행하거나 혹은 장기간 현지조사의 형태로 경험을 쌓는 경우가 많아진 것이 사실이다.

분 도교 의례에 대한 기본적인 이해를 떠나서 성립하기 어렵다고 생각하고 있으나, 대상 시기의 의례를 직접 확인하기는 어렵다는 이유로 문헌자료를 중심으로 한 접근에서 크게 벗어나지 못한 연구를 계속하고 있는 것이 사실이다.[3)]

이처럼 魏晉代에서 隋唐代에 걸친 시기의 도교 의례를 문헌자료를 통해 접근하는 경우에 우선 주목하게 되는 것 중 한 가지가 天師道의 上章 儀禮가 아닐까 한다. 도교의 章奏가 세속의 관리가 작성하는 상주문을 본 딴 것으로, 天界의 행정기구에 제출하는 중요한 의례 문서이며 漢中의 天師道 교단 시기부터 의례의 핵심을 차지하는 부분이었음은 잘 알려져 있다. 따라서 문헌 자료를 검토하는 것만으로 上章 의례 그 자체를 재구성할 수는 없더라도 의례의 골격 및 그 특징을 파악하거나 사용된 章의 형식과 내용을 이해하는 일은 초기 도교 교단의 역사나 종교적 특징을 이해하기 위해서는 빠트릴 수 없는 작업일 것이다. 물론 그 동안 天師道의 上章 의례에 대한 연구가 없지 않았고, 이 주제를 역사적인 시각에서 검토한 연구가 없었던 것도 아니다.[4)] 그리고 도교의 이러한 上章 의례의 연원을 後漢代의 종교 관념, 특히 당시의 長安과 洛陽을 중심으로 하는 지역에서 사용되었던 鎭墓文과 관련하여 제기하는 연구도 적지 않게 제시되어 있다.[5)] 다만, 天師道의 上章에 사용되었던 範本, 즉 章本을 鎭墓文과 비교하여 검토할 경우, 死者로 인해 발생하는 殃禍의 관념과 이에 대처하는 呪術 방식, 이승과 닮은 모습을 한 저승의 관료기구, 그리고 이승의 행정문서를 닮은 문장을 통해 그러한 관료기구와 소통하는 방식 등에서 유사한 점을 제시하는 데에만 집중하게 될 우려가 있다.[6)] 後漢代 鎭墓文과 비교하느라 鎭墓文과 章本 내용 중 유사한 일부 측면에 주목하는 탓에 上章이라는 의례 행위가 天師道의 教義 상 어떠한 의미를 가지는 것인지, 사용된 章은 어떠한 것들이 있으며 그 내용 혹은 형식상의 특징은 어떠한 것인지 등의 문제를 天師道 자체의 맥락에서 이해할 필요가 있는 것이다. 墓葬 및 殃禍를 중심으로 한 문제들에 국한된 鎭墓文의 사용과 달리 上章 의례는 보다 다양한 문제와 관련된 의례

---

3) 도교 의례는 크게 보아 唐代까지의 고전적인 의례와, 그 이후 점차 등장한 새로운 요소들을 반영하여 변화한 宋代 이후의 도교 의례로 나뉜다고 볼 수 있다. 그런데 대체로 분량이 많고 상세한 내용이 남아 있는 宋代부터의 의례 문헌과 달리 그 이전 시기의 의례 문헌은 단편적이거나 불완전하거나 실전된 경우가 많아 唐代까지의 도교 의례를 파악하기는 쉽지 않다. 이런 의미에서 吕鹏志, 2008, 『唐前道教儀式史綱』, 北京: 中華書局는 天師道의 上章儀禮를 포함하여 上淸, 靈寶는 물론 南方 方士의 儀禮까지 폭넓게 다루어 도교 의례가 정비되어 가는 과정을 총체적으로 검토한 중요한 연구 성과라고 할 수 있다.

4) 대표적인 것으로 다음과 같은 연구가 있다. 丸山宏, 1986, 「正一道教の上章儀禮について―塚訟章を中心にして」, 『東方宗教』 68; Franciscus Verellen, 2004, 「The Heavenly Master Liturgical Agenda: According to Chisong zi's Petition Almanac」, 『Cahiers d'Extreme-Asie』 14; Peter Nickerson, 2002, 「'Opening the Way': Exorcism, Travel, and Soteriology in Early Daoist Mortuary Practice and Its Antecedents」, 『Daoist Identity: History, Lineage, and Ritual』, Livia Kohn and Harold D. Roth eds., Honolulu: University of Hawaii Press; 吕鹏志, 2008, 『唐前道教儀式史綱』, 北京: 中華書局.

5) 吳榮曾, 1981, 「鎭墓文中所見到的東漢道巫關系」, 『文物』 1981-3이나 Anna Seidel, 1987, 「Traces of Han Religion in Funeral Texts Found in Tombs」, 『道教と宗教文化』, 秋月觀暎 編, 東京: 平河出版社를 비롯하여 전부 열거할 수도 없을 만큼 많은 연구가 있으나, 도교와 관련된 기존의 고고학 발굴 성과를 폭넓게 수집하여 분석한 張勛燎·白彬, 2006, 『中國道教考古』 全六冊, 北京: 線裝書局에 기존의 성과가 어느 정도 망라되어 있다.

6) 필자는 鎭墓文과 道教 上章 儀禮를 함께 검토한 글을 발표한 적이 있다. 趙晟佑, 2010, 「中世 中國 生死觀의 一面과 道教 - 殃禍의 觀念을 중심으로」, 『中國古中世史硏究』 第25輯; 2011, 「後漢魏晉 鎭墓文의 종교적 특징과 道教 - 五石을 중심으로」, 『東洋史學硏究』 第117輯. 이들 논문 또한 위 본문에서 언급한 측면에 국한된 논의를 담고 있다.

행위였음을 생각하면 이는 더욱 그러할 것이다.

따라서 이 글에서는 우선 鎭墓 기물을 사용하는 後漢代, 혹은 그 이래의 呪術的 전통에 관해 간략히 살펴보고 이러한 전통과 天師道의 上章 의례를 연결시켜 보는 기존의 이해가 어느 정도 적절한지를 다시 살펴본 후, 사료가 허락하는 범위에서 上章 의례의 기본적인 성격과 그 종교적 배경, 章本의 형식과 성격 등을 살펴봄으로써 天師道라는 종교 전통에 대한 이해를 넓히는 계기를 마련하고자 한다. 다만 필자는 이전 관련된 주제를 다룬 글을 발표한 적이 있는 관계로, 여기서는 이전에 자세하게 논의한 내용을 바탕으로 하되 天師道의 上章 의례와 이에 사용되는 章奏의 範本인 章本의 특징에 보다 더 주목하려고 한다.

II. 鎭墓文과 관련 기물

1. 後漢 魏晉 시기의 鎭墓文

현재의 西安과 洛陽을 중심으로 하는 지역의 후한대 묘장에서는 鎭墓文, 解注文, 解除文, 劾鬼文 등으로 불리는 문장이 표면에 적힌 항아리가 다수 발견되었고, 그 내용은 문헌자료에서 찾아 볼 수 없는 후한대 사회 전반의 종교적 관념과 행태를 이해하기 위한 사료로 주목받았다. 解注, 解除, 劾鬼 등의 용어를 선호하는 연구자도 있고, 실제로 이 글에서 후술하겠지만 이승의 살아 있는 사람에게 주로 '注'라는 형태로 殃禍가 미치는 것을 막으려는 취지가 강하므로 특히 '解注'라는 용어가 적절한 것 같기도 하다. 그러나 중요한 것은 죽음, 무덤, 매장이라는 주제라는 점을 생각하면 '鎭墓'라는 용어를 사용하는 것이 이러한 매장 물품의 애초의 목적이나 기능을 더 분명하게 잘 드러낼 수 있다고 보이기에 필자는 鎭墓文, 鎭墓甁 등 '鎭墓'라는 용어를 붙여 사용하고자 한다.

일반적으로 가장 이른 사례로 간주되는 和帝 永元 4년(92)의 「陳氏鎭墓文」이[7] 정형화된 형식을 갖추고 있는 것으로 보아 후한 중엽에 이미 진묘문은 널리 사용되고 있었던 것 같고, 敦煌 지역에서 발견된 曹魏, 西晉 시기의 사례들을 보면 그 이후 魏晉代에도 여전히 쓰이고 있었음을 알 수 있다. 진묘문에 대해서는 1980년대 이래 최근까지 여기에 전부 열거하기 어려울 만큼 많은 연구 성과가 제시되었는데, 종종 買地券, 衣物疏 등과 함께 다루어지면서 喪葬文書, 冥界文書와 같은 용어로 범주화되기도 한다.[8] 고대의 墓葬에서 발견되었고 墓主의 매장과 명복을 위해 마련된 것들이라는 공통점이 있기는 하지만, 각각의 용도나 역사적 연원 등을 달리하는 부분이 있는 만큼, 경우에 따라서는 각 장르의 독특한 특징에 더 주목할 필요가 있을 것이다. 비교적 정형화된 형식으로 인해 제한된 정보를 추출하는 데 그치게 되는 買地券이나 衣物疏에 비해, 진묘문은 상대적으로 후한대의 종교 관념을 보다 자세하고 생생하게 보여준다.[9] 진묘문은 대체로 1) 기

---

7) 王光永, 1981, 「寶雞市發現光和與永元年間朱書陶瓶」, 『文物』 1981年 第3期, p.55.

8) 冥界文書라는 용어로 사례를 정리한 국내 연구로 홍승현, 2022, 「중국 고대 冥界文書의 종류와 성격」, 『中國史研究』 第138輯이 있다.

년월일 및 天帝使者가 무덤과 지하의 관리들에게 사자의 신원과 사망을 알리는 부분, 2) 生과 死가 다른 영역이므로 서로 연관되어서는 안 되고, 필요한 물품을 무덤 안에 넣었으니 死者의 고통을 덜어 주고 生人의 안녕을 도우라고 요청하는 부분, 3) 生과 死가 다른 영역이므로 서로 관련되면 안된 다고 다시 한 번 강조하거나 자손들을 이롭게 하라는 기원 부분, 4) 이 문서 내용의 시행을 요구하며 急急如律令으로 마무리하는 부분으로 구성되어 있다. 이 중 2)와 3)은 종종 명확하게 구분되지 않는 경우도 많다. 발견된 진묘문 중 釋讀이 비교적 용이한 사례 한 가지를 제시하면 아래와 같다.

> 熹平二年, 十二月乙酉朔, 十六日庚申에 天帝使者가 張氏之家의 三丘五墓·墓左墓右·中央墓主·塚丞塚令·主塚司令·魂門亭長·塚中遊擊 등에게 告하니, 丘丞墓伯·地下二千石·東塚侯·西塚伯·地下擊犆卿·耗(蒿)里伍長 등에게 (다음 내용을 전하여) 告하시오. 오늘은 吉良한 날인데, (이렇게 告하는 것은) 다른 까닭이 아니라, 다만 죽은 사람 張叔敬이 박명하여 일찍 죽었으니 마땅히 丘墓로 (지하로) 내려가 돌아가기 때문입니다. 黃神은 五嶽을 낳고 生人의 錄을 관장하며, 魂과 魄을 소환하며, 死人의 籍을 관장합니다. 살아 있는 사람은 높은 臺를 짓고 (살고), 죽은 사람은 (땅속) 깊은 곳으로 돌아가 묻힙니다. 눈썹과 수염(須=鬚)이 떨어져 땅 아래에서 흙이 됩니다. 지금 (이하와 같은) 重復을 해제하는 약(復除之藥)을 올리니, 이후로 더 죽는 사람이 없기를 바랍니다. 上黨의 인삼 아홉 매로는 살아 있는 사람(生人)을 대신하고, 鉛人으로는 죽은 사람(死人)을 대신하기를 바랍니다. 黃豆와 瓜子으로는 죽은 사람이 지하에서 賦를 내도록 하십시오. 立制(礝石)와 굴(牡蠣)로 땅속에서 생겨나는 咎를 辟除하여 禍殃이 일어나지 않게 하도록 바랍니다. 傳이 도착하면 지하의 관리들을 단속하여 張氏 집안 사람들을 다시 괴롭게 하지 마십시오. 서둘러 律令과 같이 행하시오.
>
> 熹平二年, 十二月乙酉朔, 十六日庚申. 天帝使者告張氏之家, 三丘五墓·墓左墓右·中央墓主·塚丞塚令·主塚司令·魂門亭長·塚中遊擊等. 敢告移丘丞墓伯·地下二千石·東塚侯·西塚伯·地下擊犆卿·耗(蒿)里伍長等. 今日吉良, 非因他故, 但以死人張叔敬, 薄命蚤(早)死, 當來下歸丘墓. 黃神生五嶽, 主生人錄, 召魂召魄, 主死人籍. 生人築高臺, 死人歸深自埋. 眉須以(已)落, 下爲土灰. 今故上復除之藥, 欲後世無有死者. 上黨人蔘九枚, 欲持代生人. 鉛人, 持代死人. 黃豆, 瓜子, 死人持給地下賦. 立制杜(牡)厲(蠣), 辟除土咎, 欲令禍殃不行. 傳到, 約勒地吏, 勿復煩擾張氏之家. 急急如律令.[10]

---

9) 적지 않은 사례를 수집하고 기존의 연구 성과를 정리하여 분석한 대표적인 국내 연구로 尹在碩, 2014, 「중국 고대 '死者의 書'와 漢代人의 來世觀 - 鎭墓文을 중심으로」, 『中國史硏究』 第90輯를 들 수 있다.

10) 立制는 立制石, 靑分石 등으로 불리는 礝石의 다른 이름으로, 鎭墓에 자주 사용되는 五石 중의 하나이다. 杜厲는 굴(牡蠣)의 通假字 표기로 보인다. 이 두 가지는 모두 辟邪의 힘을 가진 것으로 알려져 있다(張勛燎·白彬, 2006a, 「東漢墓葬出土解注器和天師道的起源」, 『中國道教考古』 第一冊, 北京: 線裝書局, p.160). 이 鎭墓文의 번역은 이 글의 釋讀에 바탕한 것이다.

위에서 볼 수 있는 것처럼 주로 하급 관리로 보이기는 하나 무덤의 관리들과 그 너머 저승의 행정기구에 대하여 비교적 구체적인 언급을 하고 있고, 망자가 저승에서 여전히 세역의 의무에서 벗어날 수 없으며, 심지어 다른 사례에서는 망자가 형벌을 받게 될 것임을 예고하기도 하며, 그처럼 저승에서도 고통 받는 망자로 인해 이승에 살아 있는 가족들이 피해를 입을 수 있다는 관념을 보여주고 있다. 이와 같은 관료적 언어와 사고방식, 태산을 포함하는 저승의 행정기구, 이들 행정기구에서 이루어지는 호적 등 문서를 통한 업무처리, 저승의 망자와 이승의 가족을 둘러싼 문제를[11] 보는 시각 등은 도교가 상당 부분 그대로 계승하고 있음은 많은 연구가 지적한 바인데, 그 중 이러한 문제에 대처하기 위해 도교 上章 의례에 사용되었던 章本에서도 그 연속성이 잘 드러난다. 예를 들어 망자로 인해 저승에서 獄訟이 벌어지고 그로 인해 살아 있는 가족이 질병이나 재액을 겪고 있는 상황에서 사용하게 되는 여러 章 중 하나인 「大塚訟章」에서 "攝下女青詔書, 地下二千石、泰山二十四獄, 為某收捕分解塚墓殃逮之鬼, 告下地中宮長·丘丞墓伯·蒼林君·武夷君·左右塚侯·地中司激墓卿·右秩·蒿里父老·諸地域所典, 並令斷絕考害復注之氣, 一切消滅"라고 한 구절을 보면 도교에서 그리는 저승의 관부가 鎮墓文의 그것과 상당 부분 닮아 있음을 확인할 수 있다.[12]

위에서 인용한 진묘문에서는 人蔘으로 生人을 대신하게 하고 납인형(鉛人)으로 死者인 墓主를 대신하게 하라는 표현이 보인다. 人蔘도 팔 다리가 붙어 있는 사람의 형상을 닮았고, 마찬가지로 납인형도 금속으로 사람의 형상으로 본 다 만든 것이므로 각기 살아 있는 사람과 죽은 墓主를 대신하게 하려는 의도는 짐작할 수 있다. 다만 이 경우에는 진묘문이 적힌 항아리, 즉 鎮墓瓶 안의 내용물이 확인되지 않았지만, 진묘문 내용대로의 주술 효과를 이루기 위한 물건들이 항아리 안에 들어 있는 상태로 발견되는 경우가 드물지 않다. 위 사례에서 언급하는 것과 비슷하게 곡물이 들어 있거나, 광물인 五石이 발견되기도 하고, 납인형이 나오기도 한다. 이 납인형들은, 작은 것은 3㎝ 내외, 큰 것은 10㎝ 내외의 길이인 납작한 형태가 많은데, 해당 진묘문에는 이들이 저승의 괴로운 노역형이나 처벌, 고문 등을 대신할 존재들로 묘사되어 있다.[13] 물론 궁극적으로는 묘주가 저승에서 이러한 처우를 견디지 못하고 이승의 살아 있는 사람을 끌어들이는 것을 막으려는 의도로 사용된 기물이다.

그런데, 관중 지역에 집중되어 발견된 후한대 진묘문이 저승에서 묘주가 받게 될 세역이나 형벌 등의 부담과 고통을 덜어주려는 목표와 이러한 고통을 견디다 못한 묘주가 이승의 가족을 끌어들여 질병과 죽음이 추가로 발생하는 상황을 사전에 방지하려는 두 가지 목표를 모두 드러내는 경우가 많고 鉛人이나 다른 代人 기물도 이러한 경향을 보이는 것과 달리, 돈황 지역에서 발견된 위진대 진묘문은 저승의 고통은 묘주가 혼자 감당할 일이라고 선을 그은 후, 묘주로 인해 이승의 가족에게 발생할 수 있는 재액을 차단 혹은 방지

11) 注, (重)復 등 여러 가지 양상으로 나타나는 이러한 문제에 대한 보다 포괄적인 논의는 趙晟佑, 2010, 앞의 논문 참조.

12) 망자가 저승에서 받게 될 처우, 그로 인해 연쇄적으로 이승의 가족에게 발생하는 문제를 도교에서 어떻게 설명하고 있는지에 대한 논의는 위의 논문, pp.194-200 및 pp.205-209 참고.

13) 예를 들어 납인형 2매와 함께 발견된 建和元年(147) 加氏婦鎮墓文은 이 인형에 대해 "故以自代鉛人, 鉛人池池, 能舂能炊, 上車能御, 把筆能書." 라고 구체적으로 그 기능을 말하고 있다. 熹平4年(175)의 胥文臺鎮墓文에는 鉛人이 아니라 蜜人이 "地下有適(謫), 密人代行□作."할 것임을 밝히고 있다. 趙晟佑, 2011, 앞의 논문, pp.64-65 참조.

하는 것에만 집중하는 경향을 보인다. 돈황의 위진대 진묘문에서 언급하는 鉛人도 묘주를 대신하기 위한 것이 아니라 묘주로 인한 殃禍를 살아 있는 가족을 대신하여 받는 기능에 치중하고 있다.[14] 현재 발견된 사례가 충분하지 않아 이러한 차이가 시기로 인한 것인지, 지역으로 인한 것인지 확실하게 판단하기 어렵지만, 적어도 현상적으로는 후한대의 진묘문 및 납인형과, 돈황 지역에서 발견된 위진대의 진묘문 및 납인형(鉛人) 사이에는 이러한 차이를 읽을 수 있다.

참고해야 할 다른 종류의 유물로 금속제 인형이 아니라 목제 인형의 사례도 있다. 진묘문과 마찬가지 취지의 문장이 항아리의 표면이 아닌 목제 인형 표면에 적혀 있는 것이다. 시기적으로 가장 이른 사례는 엄밀히 말하면 목제 인형이라기보다는 木牘에 사람을 그려 넣고 그 주변에 문장을 적어 넣은 香港中文大學 소장 建興二十八年松人木牘이다(그림 1). 길이 36.2㎝, 폭 9.6㎝, 두께 0.6~1.2㎝의 크기에 정면에는 '松人'이라 적혀 있는 남성이 그려져 있는 형태인데, 알려지기 시작한 무렵에는 木簡이라고 부르는 경우도 있었으나,[15] 그 형태와 크기는 簡이라기에는 다소 크기에 木牘이라 지칭하는 것이 적절하다. 이 木牘은 甘肅省 武威 磨咀子의 한 묘에서 발견되었고 340년에 만들어졌다.[16] 후한대

그림 1. 建興二十八年松人木牘[17]

---

14) 敦煌祁家灣 209號墓에서 발견된 西晉武帝太康6年(285) 紀年鎭墓文에 진묘병(斗瓶)에 五穀과 鉛人을 담았는데 이승의 생인을 저승에서 기인한 문제들로부터 면제시키는 데 쓰라는 내용이 보이고('今下斗瓶五穀鉛人, 用當復地上生人') 거의 동일한 표현이 다른 사례에서도 다수 확인된다(甘肅省文物考古研究所 戴春陽·張瓏, 1994, 『敦煌祁家灣西晉十六國墓葬發掘報告』, 北京: 文物出版社, pp.120-121). 그리고 대부분의 敦煌의 위진 진묘문에서는 '死者自受其殃'이라는 표현이 보이기도 하고, 보다 구체적으로 명시한 사례로 墓主가 가족과 후손들에 '注'하여 해쳐서는 안되며 저승의 일은 墓主인 陳小晴 본인을 벌하는 것으로 끝나야 한다는 내용("不得注母, 亦不得注兄弟妻子. 諸及來者, 皆不相注. 地下事, 皆罰陳小晴. 如律令.")을 담은 西晉 惠帝 元康七年(297) 陳小晴鎭墓文을 들 수 있다. 陳小晴鎭墓文의 錄文은 張勛燎·白彬, 2006b, 「中原和西北地區魏晉北朝墓葬的解注文研究」, 『中國道教考古』 第二冊, 北京: 線裝書局, pp.395-396. 이러한 상이한 경향에 대한 보다 상세한 논의는 趙晟佑, 2011, 앞의 논문, pp.63-67 참조.

15) 예를 들어 초기의 연구인 饒宗頤, 1996, 「記建興廿八年"松人"解除簡 - 漢"五龍相拘絞"説」, 『簡帛研究』 第二輯, 法律出版社도 簡으로 지칭하고 있다.

16) 建興이라는 연호는 西晉 愍帝(재위 313~316)의 것으로 西晉 멸망 후에도 前涼 張軌(재위 313~319)가 계속 사용하였으나 張軌의 대까지만 썼으므로 공식적으로는 建興 7년이 마지막이 되어야 한다. 그럼에도 현실 정세의 변화에 응하지 않고 建興 연호

진묘문과 거의 동일한 종교적 관념을 그대로 담아 天帝使者 명의로 시작하는 문장이 목간의 전면, 후면, 그리고 측면의 일부에 적혀 있다. 해당 목간 정면 중앙에는 '松人'이 크게 그려져 있으나 문장 중에는 '柏人'과 '松人'이 함께 언급되고 있는데, 발견되지 않은 '柏人'도 별도로 준비되어 묻혔던 것인지 아니면 '柏人'이 따로 있는 것이 아니라 사실은 '松人'을 지칭하는 것인지도 알 수 없다.[18] 어느 쪽이 되었건, 이 나무 인형, 혹은 사람이 그려진 木牘은 저승에서 고통 받는 묘주가 이승에 살아 있는 가족들을 끌어들이지 않도록 저승에서 묘주를 대신하여 벌을 받고, 살아 있는 가족에게 무슨 문제가 생기면 이들을 대신할 존재로 묘사되어 있다.[19] 즉, 咎殃이 발생하여 이승의 가족에게 문제가 생기지 않게 할 존재인 것이다. 재질이나 사용방식이 다르기는 하나, 멀지 않은 지역에서 발견된 비슷한 시기의 진묘병과 납인형('鉛人')이 저승의 묘주와 이승의 가족을 분리하고 이승의 가족에 집중하는 것과 달리, 이 松人과 柏人은 묘주와 이승의 가족을 양쪽을 모두 대신하는 역할을 맡고 있다. 종교적인 관념으로는 적지 않은 후한대 진묘문이 묘주와 그 가족 모두를 보호하려는 것과 닮아 있는 것이다.

2. 唐末, 五代十國, 北宋初의 柏人

4세기 중엽에 만들어진 建興二十八年松人木牘과 같은 유형은 그 이후 한동안 확인되지 않다가 돌연 唐末의 사례부터 시작하여 五代十國 시기와 北宋代에 걸친 사례들이 다수 발견되고 있다. 이들 사례와 建興二十八年松人木牘 사이 시기에 만들어진 유사한 유형의 목제 鎭墓 기물이 발견되었는지도 모르겠으나 필자가 과문한 탓에 들어보지 못하였다. 다만 建興二十八年松人木牘에서 400년도 더 지난 후대의 사례들이 다수 발견되고 있는 것을 보면, 발견된 사례가 없을 뿐 유사한 유형의 목제 鎭墓 기물을 사용하는 전통이 그동안 존속했던 것으로 보아도 좋을 것 같다.

江西省 南昌市에서 발굴된 9세기 말의 唐代 묘에서 발견된 사례는 매지권과 함께 출토되었다. 길이 35㎝의 나무 재질로, 검은 모자를 쓰고 장포를 입은 사람 형상으로 깎은 형태에 등에 문장이 적혀 있다(그림 2).

를 계속 사용하는 사람들이 있었던 모양으로, 이 경우 해당 년도는 340년이 된다.

17) 그림 출처는 林業强 編, 2001, 『香港中文大學文物館 三十年人藏文物選粹』, 香港中文大學文物館, p.141. 고해상도의 그림은 香港中文大學 文物館의 홈페이지에서 확인할 수 있다. http://www.artmuseum.cuhk.edu.hk/en/collections/feature/detail/2386.

18) 松人, 柏人, 桐人이 모두 동일한 대상을 지칭하는 것으로 보이는 사례를 제시하며 주술용 木人의 명칭이 한 문장 안에서 통일되지 않고 혼용되는 경향이 있다는 주장을 참고하면 여기서의 柏人도 발견되지 않은 별개의 물품이 아니라 松人과 동일한 의미로 쓰였을 가능성을 배제할 수 없다(程少軒·劉剛, 2019, 「揚州新出土五代解除木人研究」, 『簡帛』 19, p.258).

19) 釋文은 연구자에 따라 다소 차이가 있으나, 대략 다음과 같은 내용이다. "建興二十八年十一月丙申朔, 天帝使者合同. 死者王▨(群?)洛子所犯, 柏人當之. 西方有呼者, 松人應之. 地下有呼者, 松人應之. 生人有所□, 當問柏人. 洛子死注咎, 松人當之. 不得拘校複重父母兄弟妻子. 欲複重, 須松·柏能言語. 急急如律令!...(중략)...死者洛子, 四時不食, 複重拘校, 與生人相妨, 故作松·柏人以解咎殃...(중략)....主人拘校複重, 松人應之. 死人罰讁作役, 松人應之. 六畜作役, 松人應之. 無複兄弟, 無複妻子. 若松人前郤, 不時應對. 鞭笞三百. 如律令!" 몇 가지 서로 다른 釋讀에 대해서는 張勛燎·白彬, 2006c, 「墓葬出土道教代人的"木人"和"石眞"」, 『中國道教考古』 第5冊, 北京: 線裝書局의 「第二章 建興二十八年松、柏人木牘文字的考釋释」, pp.1422-1425. 그 외의 보다 상세한 논의는 趙晟佑, 2010, 앞의 논문, 주 68) 참조.

위 建興二十八年松人木牘과 달리 木牘의 형태가 아니라 아예 나무 인형(木俑)의 형태이고, 적혀 있는 문장의 내용도 다소 다른 형식을 취하고 있다.[20] 함께 출토된 매지권에서 토지 계약에 관해 상세히 설명하고 있고, 이 인형에서는 그러한 買地 사실을 간략하게 명기한 후에 墓主의 자식 및 친족 구성원들이 墓主로 인해 저승의 재판으로 소환될 경우에는 '柏人'(원문에서는 '栢人')으로 지칭되고 있는 해당 인형이 담당할 것('栢人當知')을 분명히 하고 있다.[21] 저승에서 고통받을 묘주로 인해 발생하는 앙화가 재판으로 인한 소환이라는 관념으로 나타나는 것이다. 그 소환이 갑작스러운 죽음의 형태를 취할 것임은 예상할 수 있을 것이다. 이 柏人은 묘주를 대신하는 일 없이 오로지 살아 있는 사람이 저승의 재판에 소환될 때 그 대리로서만 등장하고 있다는 점이 위 建興二十八年松人木牘과 가장 다른 부분이다. 오대십국 시기 및 북송대에 만들어진 동일한 종류의 '柏人'도 여러 건 발견되어 있는데, 유사한 형식의 문장으로 이들 모두 저승에서 문제가 생겼을 때 살아 있는 가족들이 연루되지 않도록 이들 나무 인형이 대신할 것을 반복하여 강조하는 내용을 담고 있다.

그림 2. 南昌 唐墓 柏人[22]

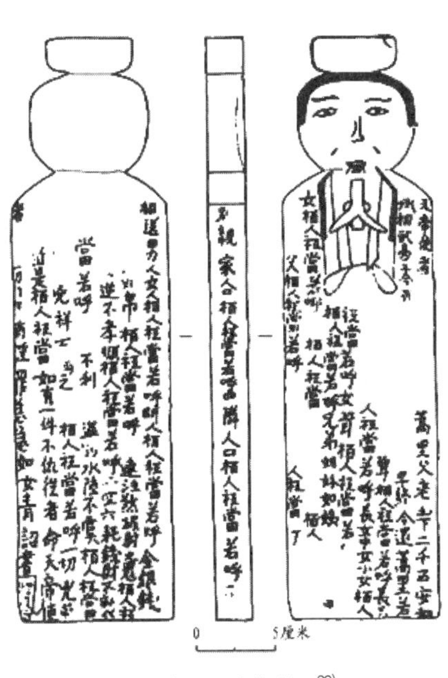

그림 3. 武昌 湖北劇場一號墓 柏人[23]

20) 발굴 보고와 錄文은 江西省博物館, 1977, 「江西南昌唐墓」, 『考古』 1977-6, p.402. 紀年은 "維大唐歲次庚戌九月甲申朔十三一丙申"로 되어 있는데 이 干支의 조합에 맞으며 묘장의 다른 정황에 부합하는 唐代의 연도는 昭宗 大順元年, 즉 서기 890년이다.

21) 위의 글, p.402, "唯大唐歲次庚戌, 九月甲申朔, 十三曰丙申. 洪州南昌敬德坊投故亡人熊氏十七娘, □五十四歲. 今用銅錢九萬九千九百九十貫, 已買得此地. 坪(地?)中有神呼主(生?)人長男·長女·中男·中女·并仰柏人當知(之?)...". 이후 발견된 유물에 적힌 원문의 석독에서 글자를 판독하기 어려운 경우는 □로, 앞뒤의 문맥으로 추측할 수 있는 경우에는 □ 뒤에 괄호로 표시한다.

22) 사진 출처는 위의 글, p.403.

23) 湖北省文物考古研究所·武漢市博物館, 2000, 「湖北劇場擴建工程中的墓葬和遺跡清理簡報」, 『江漢考古』 2000-4.

예를 들어 湖北省 湖北武昌湖北劇場一號墓에서 발견된, '柏人'으로 지칭된 인형 木牘은 비교적 木牘의 형태에 가까우나 역시 사용 방식과 내용 등이 南昌 唐墓의 사례와 매우 유사하고(그림 3), 919년 오대십국 시기에 만들어진 것이라 시기적으로나 지리적으로도 그리 멀리 떨어져 있지 않다.[24] 상단이 사람의 頭部처럼 깎여 있는 길이 36㎝, 너비 9.3㎝, 두께 2.7㎝의 판자 형태로, 전면 상반부에는 사람의 안면과 상반신이 그려져 있고 그 아래 부분과 측면, 후면에는 앞의 사례와 유사한 문구가 보인다. 훼손이 심해 내용 전체의 파악은 불가능하나 석독이 가능한 부분은 저승으로부터 묘주의 유가족을 소환하는 일이 있을 때에는 柏人, 즉 이 인형이 대신한다는 '栢人祗(知?之?)當'의 문구가 사용되고 있다. 이 인형도 살아 있는 가족과 친척, 후손들이 묘주로 인한 저승의 訟事에 호출되거나, '復連'을 일으키는 '注殺'의 귀신에게 해를 입게 될 경우에 이들을 대신한다는 내용을 담고 있다.[25]

揚州市 西湖鎭 司徒廟村에서 발견된 오대 시기의 묘와, 같은 揚州市의 城北鄉 三星村에서 발견된 오대 시기의 묘에서도 동일한 종류의 나무 인형이 출토되었다. 특히 西湖鎭 司徒廟村의 묘장에서는 하나의 묘장에서 길이 38㎝~40㎝ 가량의 남성 인형 네 구, 여성 인형 한 구, 총 다섯 구가 함께 출토되어 눈길을 끈다. 이 중 남성 인형 네 구는 각기 동서남북의 사방에 배치되었고, 여성 인형은 중앙에 배치되어 있는 이례적인 사용 방식을 보인다. 이들에 비해 城北鄉 三星村에서 발견된 인형은 한 구만 발견된 것으로 알려졌으나 길이 약 34㎝에 文官의 형태를 갖추고 있고 조각된 기법이 육안으로 확인될 만큼 보존 상태가 양호하며, 몸통 부분에 적힌 글이 조금 더 자세하고 釋讀이 용이하다(그림 4). 揚州市의 이들 오대 시기 묘장에서 발견된 나무 인형에 적힌 문장도 묘주로 인해 저승에서 살아 있는 가족들을 부르는 일이 있으면 栢人이 대신하라는('栢人當之') 비교적 간략한 문장이 적혀 있다.[26]

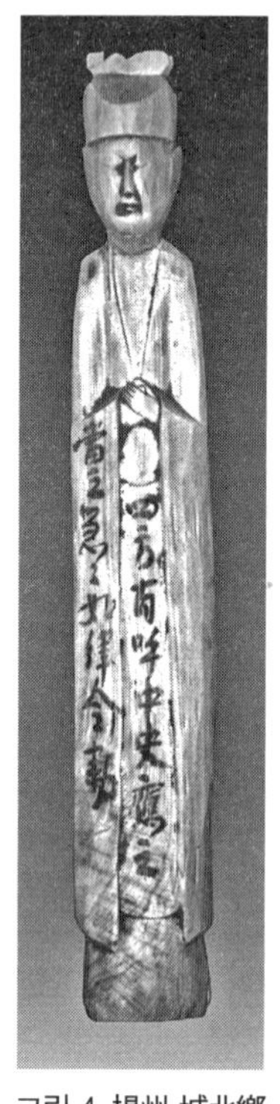

그림 4. 揚州 城北鄉 三星村 五代 柏人[27]

그림 5. 彭澤縣 北宋 柏人[28]

24) 매지권의 작성 연도는 "維唐武義元年"으로 적혀 있으나 武義는 당시 이 지역을 지배하고 있던 吳 정권에서 사용한 연호(919-921)였고 해당 년도는 919년이다. 湖北省文物考古研究所·武漢市博物館, 2000, 「湖北劇場擴建工程中的墓葬和遺跡清理簡報」, 『江漢考古』 2000-4.

25) "若呼長[男?]□□......□□[栢]人祗(知?之?)當, 若呼長女中女小女, 栢人祗(知?之?)當, 若呼女婿, 栢人祗(知?之?)當"라고 하여 墓主의 자식, 사위에서 친족집단 내의 다른 구성원들에 이르기까지 '若呼……栢人祗當'의 구문이 되풀이되고 있고, "若呼□(復?)連注煞破財之鬼, 栢人祗□□……"의 구절도 확인된다. 여기서 보이는 '祗當'이라는 용어는 다른 사례에서 자주 쓰이는 '當知', '當之' 등으로 보이는 용어의 또 다른 표현이고, 의미상으로 建興二十八年松人木牘의 '應之'와 마찬가지 의미로 추정된다.

26) 상세한 논의는 程少軒·劉剛, 2019, 앞의 논문. 예를 들어 城北鄉 三星村의 나무 인형의 등에는 "有呼□□置栢(柏)人一枚墓中. 有凶神來呼家內妻子·男女·孫幼·六親·眷屬者, 一仰栢(柏)人當之."라는 구절이 보인다. 이 발굴 사례들을 필자에게 소개한 南京

江西省 吉安縣에서 발견된 10세기 말의 북송 묘에서는 柏人의 실물은 발견되지 않았으나 柏人을 언급하는 매지권이 출토되었다. 여기서도 柏人은 저승의 관부에서 訟事 때문에 묘주의 자식이나 친척을 소환할 경우 그들을 대신하는 존재로 나타나고 있다.[29] 江西省 彭澤縣에서 발견된 11세기 초의 북송 묘에서는 사람의 머리 모양으로 깎은 상단에 먹으로 얼굴이 그려져 있고, 몸통부분은 8각형으로 되어 있는 길이 약 35㎝의 나무 막대가 발견되었다(그림 5). 8각의 각 면에 돌아가며 쓰여 있는 내용은 역시 위의 사례들과 크게 다르지 않은 것으로 이 기물이 柏人임을 밝히고 있다.[30] 여기서도 역시 이 柏人이 저승(地中)의 소송에 生人이 호출되면 이를 대신하는 받아내는 것은 물론이고, 집안의 자산에 피해가 미칠 때도 이를 대신 받아낼 것이라고 보다 확장된 관념을 드러내고 있는데, 이러한 주술의 효과를 보장하는 권위는 여전히 天帝에게서 비롯되는 것으로 명시하는 것이 흥미롭다.[31]

建興二十八年松人木牘은 木牘의 형태, 湖北省 武昌湖北劇場一號墓의 오대 시기 柏人은 상단이 사람 얼굴 형태로 가공되었으나 이 역시 전체적인 형태는 木牘에 가까운 형태이고, 江西省 彭澤縣 북송대 柏人은 상단은 사람 얼굴 형태이고 몸통은 觚 형태에 가까운 八面의 목간으로 되어 있다. 그 외의 사례들은 나무 인형에 더 가까운 형태로 조각되어 있다는 차이가 있다. 그러나 이러한 형태적 차이와 별개로 적혀 있는 문장의 내용을 보면 4세기 중엽의 建興二十八年松人木牘이 여러 가지 상황을 비교적 구체적으로 상정하며 저승에서 死者를 대신하여 노역형을 감당하거나 生人을 위하여 殃禍를 해소하는 등 복합적인 면모를 보이는 반면, 9세기 이후의 남중국에서 만들어진 사례들은 그저 死者로 인해 저승과 묘에서 발생하는 부정적인 영향, 구체적으로는 저승의 재판에 살아 있는 가족들이 소환되는 상황에서 이들 生人을 대신할 존재라는 취지를 담을 뿐인 '栢(柏)人當之'라는 정형화된 어구를 반복하고 있다는 차이를 보인다. 生人의 보호에만 편중되어 있다는 점에서 위진대 敦煌의 진묘문과 그 항아리에서 발견된 납인형의 용도와 오히려 더 닮아 있다. 唐末 이후 남중국에서 사용된 鎭墓 柏人은 거의 전적으로 生人의 보호에 치중하고 있는 것이다.

大學 文學院 程少軒 교수에게 감사드린다.

27) 위의 논문, pp.262-263, 圖十一과 圖十二.

28) 彭適凡·唐昌朴, 1980,「江西發現幾座北宋紀年墓」,『文物』1980-5, p.33, 그림 19.

29) 王吉允, 1989,「吉安發現一座北宋紀年墓」,『考古』1989-10, pp.920-923. 이 발굴 보고에 의하면 해당 묘에서는 買地券 甲과 買地券 乙 두 가지가 발견되었는데 柏人(원문에서는 '百人')이 언급된 것은 후자이다. 買地券 甲의 내용에 의하면 墓主는 北宋 開寶7年(974)에 83세로 사망하였다. 발굴 보고는 買地券의 錄文을 제공하지 않고 있으나 圖版을 통해 내용 파악이 가능하다. "地中有神呼亡人長女中女小女名字, 仰百(柏)人知當…(후략)" 마찬가지로 동일한 구문을 반복하며 다른 가족 구성원들을 언급하고 있다.

30) 彭適凡·唐昌朴, 1980, 앞의 논문, pp.28-29. 柏人의 몸통에 기록된 내용에 의하면 墓主는 北宋 元祐5年(1090)에 사망하였다.

31) "唯元祐五年歲次庚午, 癸未朔, 六月甲午朔, 二十二日, 江州彭澤縣五柳鄉西域社傅師橋東保沒故亡人易氏八娘, 移去蒿裏父老. 天帝使者元皇正法, 使人遷葬. 恐呼生人, 明敕柏人一枚, 宜絕地中呼訟. 若呼男女, 柏人當. 若呼□師名字, 柏人當. 若呼家人, 拍人當. 若呼兄弟, 柏人當. 若呼戚門論述, 柏人當. 若呼溫黃疾病, 柏人當. 若呼田蠶二邱(業), 六畜牛羊, 柏[人當]. 若呼一木二木, 柏人當. 若呼不止, 柏人當. 急急如律令!" "癸未朔"은 衍文으로 보인다. 묘주가 저승에서 재판받게 되고 이승의 살아 있는 사람들이 그 재판에 연루되어 병들거나 죽는 등 殃禍를 입는다는 塚訟의 관념과, 이 관념과 관련된 柏人 등의 주술 기물에 대한 보다 상세한 논의는 趙晟佑, 2010, 앞의 논문, p.209 이하 참조.

필자가 주목하고자 하는 것은 이들 사례에서 보이는 가족구성원을 나열하면서 '栢(柏)人當之'라는 표현이 반복되는 정형화의 양상이다. 후한대 진묘문이 전체적인 형식은 느슨하게 공유하면서도 각각의 사례에서 보이는 저승의 상황에 대한 설명이나 사자로 인한 殃禍에 대한 문장 표현 등이 다양하게 나타나는 것과 매우 대조적인 모습이라고 할 수 있다. 항아리의 표면이 상대적으로 문자를 적을 공간에 여유가 있어 다양한 내용을 상세하게 적을 수 있는 데 비하여 木牘이나 인형의 몸통 부분은 공간이 제한되어 압축적으로 적다 보니 그런 것이라고 보기도 어렵다. 그림 2나 그림 3의 사례에서 볼 수 있듯이 충분히 많은 문자를 적고 있는 것을 보면 분량의 문제라기보다는 결국 일정 정도 정형화된 형식이 사용되고 있는 것으로 보는 편이 적절할 것이다. 이러한 정형화된 어구가 반복되고 있는 현상은 葬禮 관련 안내서들의 유행과 무관하지 않은 것으로 보인다. 북송대 王洙의 『地理新書』 卷15 「攘除鎮厭」에서는 唐代 由吾公裕의 『葬經』을 인용하며 나무 인형 혹은 목판을 사용하여 鎭墓 및 厭勝 주술을 행하는 내용을 제시하고 있고, 그 목판에 적도록 안내되어 있는 문장의 의미는 아직 정확하게 이해하기는 어렵지만 建興二十八年松人木牘보다는 위에서 소개한 9세기 이후의 柏人들에 적힌 문장과 더 유사하다.[32] 지금까지 알려진 당말 이후의 鎭墓用 柏人들이 '栢(柏)人當之'를 포함하는 유사한 문장을 반복하는 양상을 보이는 것은 장례 관련 안내서를 통해 관련 지식이 보급된 결과가 아닐까. 그렇다면 당말 이후의 鎭墓用 柏人들은 후한 위진대 기층사회의 師巫 혹은 주술 전문가가 만들었을 鎭墓 기물과 같은 정도의 주술적 염원과 강도가 담긴 것일까, 아니면 다소 서적을 통해 사회에 유통되는 지식에 기반한, 일종의 관습적인 부장품으로 만들어진 것일까. 단순하고 정형화된 어구가 반복적으로 사용되고 있는 것은 일종의 관습으로 정착한 상태임을 시사하는 것이 아닐까. 4세기의 建興二十八年松人木牘과 9세기 무렵과 그 후의 柏人 사례들 사이에는 오백여년의 시간차가 있으나 유물이 발견되지 않았을 뿐 그 동안 유사한 전통이 계속 존속하였던 것으로 보인다. 그러나 그 존속 과정 중에 나무로 된 鎭墓 기물의 표면에 적는 문장에는 일정 정도의 단순화 및 정형화가 일어나고 있었으며 그 결과가 위에서 살펴본 당말 이후의 柏人들에서 보이는 '栢(柏)人當之'를 포함하는 반복되는 표현인 것 같다.

아울러 고려해야 할 것은 후한대 이후로 크게 변화해 간 중국의 종교적 상황이다. 후한대의 진묘문, 다소 늦더라도 4세기의 建興二十八年松人木牘과 위에서 살펴 본 鎭墓用 柏人의 시기 사이에 불교는 점점 더 중국 사회 전반으로 퍼져 나갔고, 도교 또한 가파른 역사적 전개를 보이며 기층 사회에 침투하여 祠廟信仰이라고도 불리는 민간의 종교 신앙과 복잡한 상호 관계를 만들어 가고 있었다. 즉, 이 기간 동안 중국 사회의 종교적 풍경은 매우 빠르고 복잡하게 바뀌어 가고 있었고, 따라서 사망, 장례, 매장, 나아가 鎭墓 및 死後의 殃禍와 관련하여 보다 다양한 의례 활동이 가능한 상황이었음에 틀림없다. 그렇다면 이처럼 변화된 상황에서 만들어진 당송대의 鎭墓 柏人과 후한 위진대의 鎭墓 기물은 각기 해당 시대에서 가지는 주술적 혹은 종교적 의미나 비중을 달리 하고 있었으리라 볼 필요가 있는 것이다.

---

32) 王洙, 『地理新書』 卷15, 「攘除鎮厭」, "由吾公裕說: 凡厭墓呼人, 以柏木板厚一分, 刻作人形四枚, 可長七寸, 背書曰: 東方柏人呼, 西方柏人應之, 墓内東厢安. 西方柏人呼, 東方柏人應之, 墓内西厢安. 南方柏人呼, 北方柏人應之, 墓内南厢安.北方柏人呼, 南方柏人應之, 墓内北厢安."

혹 다음과 같은 물음을 던져 볼 수도 있다. 불교와 도교가 사회 전반에 확산되어 간 역사적 변화 속에서 해당 진묘 기물이 가지는 종교적 비중이나 의미도 변화하였을 수도 있고, 적혀 있는 문장 또한 다소 단순화 혹은 정형화된 모습을 보이고 있지만, 당송대의 鎭墓用 柏人은 크게 보면 후한과 위진대의 鎭墓甁, 建興二十八年松人木牘 등과 대동소이한 목적을 가진 鎭墓 기물이며, 후한 진묘문과 초기 도교의 불가분의 관계를 생각하면 이들 또한 결국 모두 道教 전통을 보여주는 유물이라고 볼 수도 있지 않을까?[33] 그러나 이 절에서 지적한 것처럼 당송대의 鎭墓用 柏人은 '栢(柏)人當之'를 반복하는 형태에서도 드러나는 것처럼 死者로 인해 발생하는 앙화를 막는 것에만 초점을 맞춘 것이 특징이며, 이는 후한 및 위진대의 鎭墓 기물에서 보이는 주술적 사고방식과 언어 표현과 유사한 측면이 있기는 하나 그것이 정형화 내지 다소 고착화한 결과로 보인다. 한편, 다음 장에서 살펴보겠지만 초기 도교, 즉 天師道는 진묘문에서 확인할 수 있는 후한대의 종교적 토양에서 등장한 것은 사실이라고 하더라도 양자의 사이에는 큰 차이가 있기 때문에 동일시할 수는 없다. 즉 진묘문에 드러나는 후한대 종교 전통에서 비롯되었고 진묘문과 여러 측면에서 공유하는 부분이 있는 것도 사실이나, 잘 알려진 것처럼 天師道의 역사적 전개는 점차 더 빠르게 가속화하며 다른 소위 '教派'들과 상호 작용하며 도교의 큰 흐름을 만들어가게 되었다. 이에 비해 당송대의 柏人 사례들에서 보이는 주술적 전통은 큰 변화 없이 정형화되어 가며 天師道, 그리고 그 후의 도교와는 서로 다른 시간의 흐름을 거치고 있었던 것으로 보인다. 그렇다면 후한대 진묘문과 天師道의 관계도 혹여 다시 검토해야 하는 부분이 있지 않을까. 이에 대해서는 다음 장에서 조금 더 자세하게 살펴보겠다.

III. 天師道의 上章 의례와 章本

1. 鎭墓文과의 차이

앞 장에서 살펴 본 것처럼 표면에는 鎭墓文이 적혀 있고 안에는 관련된 주술 물품이 들어있는 항아리인 鎭墓甁, 혹은 鎭墓文과 유사한 문장이 적힌 인형 목간과 같은 鎭墓 기물은 墓主가 저승에서 맞닥뜨리게 될 어려움을 줄이기 위한 고려가 있거나 없거나 결국에는 살아 있는 가족이 묘주로 인해 병에 걸리거나 묘주의 뒤를 이어 사망하는 일을 막으려는 것을 궁극적인 목표로 한다. 그렇다면 이들 진묘 기물을 둘러싸고 있는 주제는 죽음과 질병에 대한 공포와 그로부터의 보호가 아닐까. 이와 관련하여 상기해야 할 부분은 漢中 시기의 소위 五斗米道 즉 天師道나 같은 시기에 크게 유행하였던 張角의 太平道를 묘사한 외부의 기록에서 공통적으로 보이는 것이 질병과 그 치유에 관한 내용이다. 공통적으로 보이는 모습은 병에 걸린 신도가 자신의 잘못을 참회하고 이를 문서로 작성한 후에 모종의 의례를 진행하는 행태이다. 太平道에서도 이러한

33) 이러한 이해를 보이는 대표적인 시각이 張勛燎·白彬, 2006c, 앞의 논문에 잘 드러나 있다. 해당 연구는 鎭墓甁 이외에도 柏人 등 목제 인형과 그 외 기물을 전부 道教 유물로 간주하고 있다. 王育成, 2003, 「考古所見道教簡牘考述」, 『考古學報』 2003-4 또한 유사한 시각을 보이고 있다.

문서를 태워서 天曹에 올려보냈던 것 같고, 天師道에서는 문서를 세 통 작성하여 산 위에 놓아두거나 땅에 묻거나 물에 흘려보냄으로써, 天地水의 세 관서에 제출하는 방식, 흔히 '三官手書'로 알려진 방법을 사용하였다.[34] 즉, 신도의 질병 치료를 위해 의례를 행하며, 그 의례의 중요한 부분이 신계의 행정 기구에 문서를 제출하는 행위였다는 것이다.

이승의 행정 기구와 닮은 저승의 관료 기구가 존재하며 그 행정이 문서를 통해 이루어진다는 점, 이 문서의 작성과 시행을 맡은 의례 전문가가 스스로를 그러한 양쪽 세계를 연결하는 행정 기구의 일부분으로 자임하고 있는 점이 진묘문 전통과 초기 도교 양쪽에서 모두 보이는 것이 사실이다. 나아가, 잘 알려진 것처럼 死者를 기다리고 있는 저승의 상황, 저승의 관료 기구의 구체적인 모습 등이 양쪽에서 공유되고 있다는 점은 더욱 그 연속성 혹은 공통된 기반을 시사하고 있다. 게다가 진묘문에서 작성 주체로 등장하는 天帝使者, 즉 天帝의 대리인으로서 주술적 권위를 행사하는 의례 전문가가 鎭墓瓶 이외의 형태의 기물에서도 등장하는 사례가 黃河 중하류 및 淮水 유역 등 關中 이외의 지역에서도 발견되고 있는 것을 고려하면,[35] 후한 사회에는 天帝使者라 칭하는 師巫, 方技 혹은 주술의 전문가가 중심이 된 종교 문화가 상당히 널리 퍼져 있었던 것 같다. 따라서 문헌자료를 통해서는 그다지 생생하게 드러나지 않는 이러한 후한대 종교 문화의 연속선상에서 太平道나 천사도의 등장을 이해해야 할 필요가 있음은 새삼 강조할 필요가 없다. 그런데 여기서 한걸음 더 나아가 진묘문이나 주술적 성격의 간독에 등장하는 天帝使者가 사실은 초기 천사도의 道士라고 간주하며 天帝使者를 칭하는 사람들이 속한 종교 전통이 바로 초기 천사도라고 보는 시각도 있다. 이들은 당시의 長安, 洛陽을 중심으로 하는 지역에서 가장 활발하게 활동하며 鎭墓瓶을 그 흔적으로 남긴 것이며, 그 중 한 지류가 漢中으로 들어간 결과가 천사도로 알려지게 되었다고 보는 것이다. 간단히 말하면 후한대 진묘문에 보이는 종교와 천사도를 동일시하는 것이다.[36]

그러나 진묘문을 만들어낸 후한대의 종교 전통과 漢中에서 성립한 천사도에서 흡사한 모습을 읽어 낼 수다고 하여 바로 양자를 동일시할 수는 없을 것 같다. 우선 저승에 대한 묘사나 死者를 둘러싸고 일어날 수 있는 상황에 대한 인식에 있어 공통된 부분이 있는 것은 사실이지만 양자 간에는 死者를 대하는 방식에 있어서는 뚜렷한 차이가 보이기 때문이다. 敦煌에서 발견된 위진대 진묘문과 관련 주술 기물은 死者로 인한 일체의 부정적인 영향을 차단하고 生人만을 보호하려는 경향을 보이고, 중원 지역의 후한대 진묘문은

34) 『三國志』 卷8, 「張魯傳」, p.263, "(張)魯遂據漢中, 以鬼道教民, 自號'師君'. 其來學道者, 初皆名'鬼卒'. 受本道已信, 號'祭酒'. 各領部衆. 多者爲治頭大祭酒……有病自首其過, 大都與黃巾相似……不置長吏, 皆以祭酒爲治, 民夷便樂之." 및 이에 대한 裴松之의 注, "『典略』曰: 光和中, 東方有張角, 漢中有張脩……角爲太平道, 脩爲五斗米道. 太平道者, 師持九節杖爲符祝, 教病人叩頭思過, 因以符水飲之……脩法略與角同, 加施靜室, 使病者處其中思過. 又使人爲奸令祭酒, 祭酒主以老子五千文, 使都習, 號爲奸令. 爲鬼吏, 主爲病者請禱. 請禱之法, 書病人姓名, 說服罪之意. 作三通, 其一上之天, 著山上, 其一埋之地, 其一沉之水, 謂之三官手書. 使病者家出米五斗以為常, 故號曰五斗米師."

35) 2020년에 발굴된 후한 永平 17년(74) 기년의 주술 木觚가 좋은 예이다. 孫聞博·杜華龍·許超, 2003, 「浙江餘姚花園新村遺址出土東漢劾物木觚」, 『文物』 2003-6.

36) 가장 대표적이고 상세한 연구로, 張勛燎·白彬, 2006a, 앞의 논문의 「第三章 解注器所反映的宗教曆史面貌」 및 王育成, 1991, 「東漢道符釋例」, 『考古學報』 1991-1.

저승의 암울하고 혹독한 환경에 처한 死者의 고통을 경감할 장치를 마련하고 하는 배려를 보인다는 정도의 차이가 보인다고 하더라도 이들 어느 쪽에도 死者에 대한 근본적인 구제 방법은 제시되어 있지 않다. 死者가 生人의 영역에서 격리되어 형벌이 기다리고 있는 地下의 冥府로 이송되는 과정이 원만하게 진행되고, 혹 死者가 저승에서 겪게 될 세역의 부담이나 형벌의 고통을 대신 받게 할 존재를 제공하는 데 그치는 정도인 것이다. 이는 앞 장에서 살펴 본 것처럼 몇 세기를 지난 시기인 당말 이후의 柏人들 및 그 문장 내용에서도 마찬가지로 보이는 모습이다. 이에 비해 천사도에서는 死者를 저승의 관부에서 석방하여 구제하기 위한 조치를 취하며 새로운 구원에의 전망을 제시하고 있다는 근본적인 차이가 있다.[37] 다르게 표현하자면, 후한 및 위진의 진묘문이나 당말 이후의 柏人의 문장이 이승에서 저승으로 한 번에 완료되는 이동을 다루고 있는 데 그치고 있다면, 道教는 여기서 한 걸음 더 나아가 첫 번째의 이동 후에 다시 死者의 昇仙이라는 두 번째의 이동을 제시하고 있는 것이다. 이는 진묘문에서 보이는 生死觀을 확대 변용한 것이라고 볼 수 있으며, 동시에 道教가 진묘문의 종교 전통을 토양으로 하되 그로부터 한 단계 더 변화한 종교임을 보여주는 것이라 할 수 있다. 이러한 의미에서 진묘문에 보이는 종교 전통을 도교의 출발점인 천사도와 구분하여 元-道教(proto-Daoism)이라고 보는 시각도 있다. 진묘문에 반영되어 있는 후한대의 종교 전통, 소위 '元도교'는 이승과 저승의 분리, 즉 인간의 영역과 망자의 영역을 분리하고, 나아가 생인을 보호하려는 것을 목표로 하였던 반면, 천사도는 여기에 더하여 사자를 구원하는 방법까지 제시하는 새로운 종교였으며, 다르게 말하면 암울한 후한대의 저승의 관념에 신선 세계로의 구원을 접목한 새로운 전망을 제시하였다고 보는 것이다.[38]

그리고 보다 중요한 점은 신격화된 老子, 그에게서 발원하는 종교적 권위와 교의, 道의 가르침이라는 관념, 天師의 존재 등 천사도 教義의 핵심이 되는 요소들이 후한대의 진묘문, 그리고 이미 漢中에 천사도가 등장한 직후 敦煌 지역에서 만들어진 진묘문에는 전혀 보이지 않는다는 사실이다. 즉 진묘문을 통해 확인되는 종교 문화는 張道陵에 대한 老子의 계시 이전 단계로밖에 볼 수 없으며, 보통 이 계시에서 시작된다고 보는 천사도와는 동일시하기 어려운 것이다. 이와 관련하여 한 가지 더 지적해 둘 것은 문서의 형식상 진묘문은 소위 天帝使者가 天帝의 권위를 빌어 무덤과 저승의 관리들에게 告하는 하행문서의 형식인데 비해, 뒤에서 다룰 예시를 통해서 알 수 있듯이 천사도의 上章 의례는 도사가 직접 나서지 않고 상급 기관인 天曹에 上奏하여 문제 해결을 청하는 형식, 즉 상행문서의 모습이며, 따라서 진묘문에는 보이지 않는 天上의 상급 신격들의 관부가 전제되어 있다는 점이다. 세속의 행정 문서를 모방한 주술적 문서를 작성한다는 점에서는 진묘문과 천사도의 章奏가 닮기는 하였으나 이러한 부분에서는 차이를 읽을 수도 있는 것이다.

따라서 진묘문에 보이는 후한대의 종교 전통은 天師道를 낳은 바탕이 되었다고 볼 수는 있어도 양자를

37) 이 차이점에 대한 자세한 논의는 趙晟佑, 2011, 앞의 논문 참고.

38) Peter Nickerson, 2002, 앞의 논문, pp.69-73. 도교가 鎭墓文에 보이는 종교적 전통을 흡수한 것은 인정할 수 있으나 양자를 동일한 것이라 단언할 수 없다는 주장이 이미 鎭墓文에 대한 연구가 활발해지기 전부터 제기된 바 있다. 吳榮曾, 1981, 「鎭墓文中所見到的東漢道巫關系」, 『文物』 1981-3.

동일시할 수는 없다. 그리고 敦煌 지역에서 발견된 위진대의 진묘문은 후한대 중원지역의 진묘문보다 오히려 간략하고 정형화된 양상을 보이고 있고, 동일한 시기에 이미 천사도 교단이 教義와 의례를 갖추고 있었음을 고려하면 도교와는 별개로 민간의 喪葬 문화의 일부로 정착한 결과로 보는 편이 적절할 것 같다. 앞에서 소개한 建興二十八年松人木牘은 물론 당송대의 柏人 역시 敦煌의 위진대 鎭墓瓶, 납인형과 마찬가지로 후한대 이래 葬禮에 수반되는 민간의 주술 전통의 한 종류로 봐야 하고, 도교라기보다는 민간의 師巫 혹은 方士가 담당하는 영역의 유물로 보는 편이 타당할 것이다. 앞에서 소개한 北宋 元祐 5年의 柏人에 적혀 있는 문장에서 여전히 후한대에 자주 언급되던 天帝使者가 등장하거나 그 외 도교와 관계된 것 같은 내용이나 구절이 거의 보이지 않는 것은 이러한 전통이 그 자체로 하나의 장르로 도교와는 직접적인 관계없이 장기간 존속해왔음을 보이는 것이다. 이런 주술 혹은 方技, 方術 전통까지 도교라고 부를 경우, 민간의 方技 전통과 도교의 경계는 애매하게 되고, 나아가 무엇을 도교라고 불러야 하는지 모르게 될 것이다. 이는 도교의 定義와 정체성에 관련된 문제이므로 향후에도 계속 고민할 부분이기는 하다.

2. 上章 의례에 보이는 관료적 意識

이처럼 진묘문에 보이는 후한대의 종교적 전통, 위진 이래의 진묘 기물, 천사도의 관계를 정리해 가는 과정에서 문제가 되는 것은 정작 천사도는 후한말에서 위진 시기에 걸쳐 어떠한 의례를 행했고, 이 때 사용한 의례 문서는 어떠한 것이었는지에 대하여 구체적으로 전하는 기록이 그다지 많지 않다는 점이다. 앞서 알려진 사례로 천사도의 三官手書를 언급하였으나, 그 출처가 되는 『典略』의 내용이 천사도에 관한 여러 정보를 간략하게 전하는 것이라 병자의 성명과 죄를 참회하는 내용을 적은 문서를 세 통 작성하여 산 위에 놓아두거나 땅에 묻거나 물에 흘려보냄으로써 天地水의 세 관서에 제출한다는 내용 이상은 알 수가 없다. 후대의 도교 문헌에서 천사도 초기교단에서 행했던 삼관수서의 의례 전통 그 자체에 관해 언급하는 경우가 있으나 이 경우에도 당시 사용되었던 문서의 형태나 양식이 구체적으로 어떠한 것이었는지를 설명하는 경우가 없다. 唐代에 여러 차례 거행된 도교 의례인 投龍簡의 원형이 삼관수서라고 알려져 있고, 投龍簡에서는 의례문서인 簡과 그 簡을 전달할 존재로 상정된 龍 모양 기물을 함께 묶어서 사용하였음을 통해 추측하면, 삼관수서에서도 역시 簡牘의 형태를 한 의례 문서를 사용하지 않았을까 추측할 뿐이다. 書寫 재료의 변화 과정을 고려하면 2세기 중엽의 漢中 지역에서 신도들이 일상적으로 빈번하게 진행하는 의례에 사용되는 문서의 재료가 간독이 아니라 종이였을 것 같지는 않다.

그런데 여기서 주목할 것은 신들의 官府에 문서를 제출하는 행위가 외부인의 눈에 교단의 특징적인 모습으로 포착될 만큼 초기 천사도 교단 교리와 의례에서 두드러졌다는 것이다. 물론 治라는 행정 단위의 조직과 그 성격, 祭酒라는 명칭의 교단 간부를 비롯한 교단의 인적 구성, 道藏에 남아 전하는 문헌들 중 이 시기 천사도 교단과 관련된 문헌의 문헌학적 연구 등 아직 여러 가지 연구 주제가 남아있으나,[39] 어떤 배경에

39) 근래 이러한 문제들을 포함하여 天師道 전통에 대한 종합적인 연구를 시도한 대표적 사례로 Terry F. Kleeman, 2016, 『Celestial Masters: History and Ritual in Early Daoist Communities』, Harvard University Asia Center을 들 수 있다.

서 삼관수서 같은 의례 문서의 사용이 교단 초기부터 중시되었는지, 治나 祭酒와 같은 교단 운영 방식은 어떠한 관념에서 비롯된 것인지를 생각해 볼 필요가 있을 것이다. 교단의 특징을 외부인의 시각으로 전하는 『三國志』의 「張魯傳」이나 이에 대한 裴松之의 주석에서 인용하는 『典略』의 관련 내용에는 초기 교단의 이러한 단편적 모습들이 어떠한 교의 혹은 관념을 통해 연결되어 있는지까지는 제시되어 있지 않다. 그렇다면 도교 내에서는 천사도 교단의 등장, 초기의 교의 및 의례에 대해 어떻게 전하고 있을까. 이에 대하여 중요한 단서를 제공하는 것은 劉宋 시기의 저명한 도사 陸修靜(406-477)이 남긴 『陸先生道門科略』(CT 1127/HY 1119. 이하 『道門科略』)이 아닐까 싶다.[40] 『道門科略』은 도교 공동체에서 지켜져야 하는 가장 기본적인 규칙들을 도교 역사의 맥락에서 설명하는 간략한 문헌이기는 하나, 漢中 시기의 천사도 교단에 대하여 그다지 우호적이지도 자세하지도 않은 외부의 단편적 서사를 통해 전해진 인상이 지배적인 상황에서 도교 내부의 시각으로 천사도에 관한 서술을 제시하는 중요한 자료이다. 물론 5세기 중엽의 저술인 『道門科略』이 2세기 중후반에 성립하였을 천사도 교단의 역사적 실상을 객관적인 시각으로 전하고 있다고 보기는 어려울 수 있으나, 교단의 성립, 교리, 의례 등 정체성과 관련한 부분에 대하여 적어도 천사도 내에서 스스로 어떻게 인식해 왔는지를 알 수 있고, 아울러 저자 당시의 천사도 교단의 실태에 대한 비판적인 언급을 통하여 5세기 중엽 남조의 천사도의 상황도 엿볼 수 있다.

『道門科略』은 後漢 말에 우주의 질서가 흐트러져 인간과 귀신의 세계가 뒤엉키며 잡다한 귀신들이 신을 사칭하며 사람들에게 제사를 요구하며 오히려 불행에 빠뜨리는 상황을 안타깝게 여긴 太上老君이 張道陵에게 계시를 내려 淫祠를 부수고 귀신을 죽여 백성을 구제하고 질서를 바로잡게 하였던 일을 도교의 시작, 즉 天師道의 시작으로 전한다. 그 계시에는 교단의 행정 단위인 治와 기도의 장소인 靖廬의 설치, 治와 靖廬의 운영 및 관리에 필요한 道士들, 神들의 관부인 天曹와의 소통을 위한 문서인 章의 양식인 『千二百官章文』 등이 포함되어 있었다고 한다.[41] 이 서사에는 노자의 위임을 받은 천사도가 백성을 교화한다는 의식이 깔려 있고, '淸約'으로 '治民'한다거나, '佐時理化', '助國扶命'하려 하였다는 어구 등을 보면 노골적으로 '民'을 교화 및 통치하는 '官'으로서의 의식이 드러나 있음을 알 수 있다. 간략하지만 비슷한 어조의 설명이 이후 살펴 볼 『赤松子章曆』(CT615/HY615)에서도 보이므로,[42] 이러한 道教史 인식은 陸修靜 혼자만의 것이 아니

40) 이 글에서 사용된 『道藏』 수록 문헌의 서지사항은 上海 涵芬樓 影印本 『道藏』을 기준으로 하였으며 각 문헌의 인용 시에는 Christoper Schipper ed., 1975, 『Concordance du Tao-tsang』, Paris: EFEO에 따른 번호(이하 CT로 표시)와 Weng Du-jian 翁獨健 ed., 1935, 『Daozang zimu yinde 道藏子目引得: Combined Indexes to the Authors and Titles of Books in Two Collections of Taoist Literature』, Beijing: Yenching University, Harvard-Yenching Institute Sinological Index Series, no.25에 따른 번호(이하 HY로 표시)를 동시에 제시하기로 한다.

41) 『陸先生道門科略』(CT 1127/HY 1119), p.1a-b, "太上老君以下古委懟, 淳澆樸散, 三五失統, 人鬼錯亂, 六天故氣稱官上號, 構合百精及五傷之鬼·敗軍死將·亂軍死兵, 男稱將軍, 女稱夫人, 導從鬼兵, 軍行師止, 遊放天地, 擅行威福, 責人廟舍, 求人饗祠, 擾亂人民, 宰殺三牲, 費用萬計, 傾財竭產, 不蒙其祐, 反受其患, 枉死橫夭, 不可稱數. 太上患其若此, 故授天師正一盟威之道, 禁戒律科, 檢示萬民逆順·禍福·功過, 令知好惡. 置二十四治·三十六靖廬, 內外道士二千四百人, 下『千二百官章文』萬通, 誅符伐廟, 殺鬼生人, 蕩游宇宙, 明正三五, 周天匝地, 不得復有淫邪之鬼. 罷諸禁心, 淸約治民, 神不飮食, 師不受錢. 使民內修慈孝, 外行敬讓, 佐時理化, 助國扶命."

라 도교 전통 내에 공유되고 있었던 것으로 보인다. 漢中 교단 이래 지속되어 온 몇 가지 전통들, 신도들은 각기 특정 治에 속해 있고, 本師라 부르는 도사들에 배정되어 있었으며, 정기적으로 모여 命籍이라고도 부르는 자체적인 호적을 갱신하여 관리하고 이를 天曹에서도 확인하여 보관한다는 등의 관념과 행태는[43] 천사도 교단이 太平道의 黃巾賊 집단과 별반 다를 것 없는, 신도들로부터 곡식을 걷어 들이는 반체제 종교집단, 즉 米賊들이라는 인식을 제공한 원인이기도 하다.

그런데 여기서 주목해야 하는 부분은 太上老君, 즉 신격화된 노자로부터의 계시 중에 『千二百官章文』이 포함되어 있었다는 점, 그리고 교단의 운영 및 종교 생활의 기저에 기본적으로 문서 행정의 관념이 자리 잡고 있었다는 점이다. 이는 현실에서 신도들의 명부를 작성하는 행위도 물론이고 天曹와 소통하는 방식이 주로 章이라는 형태의 문서를 제출함으로써 이루어지는 등, 모든 것이 문서와 기록을 통해 이루어지는 일관된 행정체계, 그것도 인간계 뿐 아니라 신계까지 관통하는 우주론적인 체계를 이루고 있었음을 의미하는 것이다. 이러한 맥락에서 종종 章奏, 章表 등으로도 불리는 章을 올린다는 의미의 上章 행위를 안내하기 위해 태상노군이 『千二百官章文』을 내려주었음이 명기되어 있는 만큼 천사도 전통에서 上章은 의례의 중핵을 차지하고 있었던 것으로 추정된다. 다른 의례에 대한 언급에 비해 유독 上章과 관련한 여러 가지 문제가 『道門科略』 도처에서 끊이지 않고 언급되고 있다는 사실만으로도 천사도 전통에서 上章이 차지하는 중요성을 짐작할 수 있다.[44] 이는 『隋書』 「經籍志」에서도 남북조 시기 도교의 중심 의례를 설명하며 齋와 醮와 더불어 上章 의례를 언급하고 있고,[45] 顔之推 또한 당시 민가에서 상을 치를 경우 액막이를 위해 上章하는 일이 보편적이었음을 증언하고 있는 것을 보면, 上章 의례가 남북조 시기에도 여전히 광범위하게 일상에 자리 잡고 있었음을 짐작할 수 있다.[46]

이처럼 천사도 전통의 핵심을 이루는 上章을 이해할 가장 중요한 자료이자 장도릉이 태상노군으로부터

---

42) 『赤松子章曆』(CT615/HY615) 卷1, p.1a, "漢代人鬼交雜, 精邪遍行, 太上垂慈, 降鶴鳴山, 授張天師正一盟威符籙, 下一百二十階, 及千二百官儀, 三百大章, 法文祕要, 救治人物. 天師遂遷二十四治, 敷行正一章符, 領戶化民, 廣行陰德."

43) 예를 들어 『道門科略』의 "天師立治置職, 猶陽官郡縣城府治理民物, 奉一道者皆編戶著籍, 各有所屬. 令以正月七日·七月七日·十月五日, 一年三會, 民各投集本治師, 當改治錄籍, 落死上生, 隱實口數, 正定名簿,"(p.2a.) 라거나 "道科宅錄, 此是民之副籍. 男女口數, 悉應注上. 守宅之官, 以之為正, 人口動止, 皆當營衛, 三時遷言, 事有常典. 若口數增減, 皆應改籍."(p.3a.) 의 내용을 보면 이러한 점은 매우 분명하게 드러난다. 이 외에도 교단 내에서의 지위 혹은 위계를 나타내는 籙이라는 문건을 받기 시작하면 이후로 계속 새로운 籙을 받고 승진하면서('遷') 교단 행정 단위('治')의 어떠한 職을 맡길 것인지의 원에 대한 자세한 설명 등은 스스로 "猶陽官郡縣城府治理民物"라는 표현 그대로 세속 정부의 기능을 방불케 한다.

44) 靖廬, 靖室, 靜室 등으로 불리는 도교 신도의 의례 공간은 정결하게 관리를 하되 향로, 향등, 章文을 작성하는 책상, 書刀 네 가지만 두어야 한다고 강조하거나(p.4b, "靖室是致誠之所. 其外別絕, 不連他屋. 其中清虛, 不雜餘物.......唯置香爐·香燈·章案·書刀四物而已."), 병의 치료를 위해서는 부적을 태운 물을 마시고 참회한 후 상장할 뿐이라고(p.8a, "治病不針灸湯藥, 唯服符飲水, 首罪改行, 章奏而已.") 하는 것을 비롯하여 종이의 상태, 글자의 오류 등에 관해서까지 당시 상황에 대한 비판과 더불어 원칙의 강조가 자주 보인다.

45) 『隋書』 卷35 「經籍志」, p.1092, "而又有諸消災度厄之法, 依陰陽五行數術, 推人年命書之, 如章表之儀, 幷具贄幣, 燒香陳讀. 云奏上天曹, 請爲除厄, 謂之上章."

46) 王利器, 1993, 『顔氏家訓集解』 卷2, 北京: 中華書局, p.98, "偏傍之書, 死有歸殺. 子孫逃竄, 莫肯在家. 畫瓦書符, 作諸厭勝. 喪出之

받았다는 『千二百官章文』은 남아 있지 않다. 다만 그 제목이나 『千二百官章文』이 언급되는 맥락에서 용도나 내용을 추측하건대, 天曹의 관리들의 명칭이 나열되어 있고, 각 상황에 따라 어느 부서의 어느 관리가 담당할 사안인지, 또 그에 따라 章文을 어떤 양식에 따라 작성해야 하는지를 설명한 문헌이 아니었을까 생각된다. 여러 문헌에서 '千二百官儀' 혹은 '千二百官章經' 등 호칭은 약간씩 다르게 언급되기도 하나, 핵심이 되는 千二百이라는 숫자와 章이라는 용어는 변함이 없다. 현재 道藏 正一部에 수록되어 불완전한 형태로 전하는 『正一法文經章官品』(CT1218/HY1208)이 『千二百官章文』의 모습에 근접한 문헌이 아닌가 싶다. 이 문헌은 종종 『正一法文經』으로 통칭되는 일군의 천사도 문헌 계열에 속하는 것으로, '章官品'이라는 제목을 보면 그 중 上章 의례와 관련된 天曹의 관리들에 대한 정보를 제공하기 위해 정리된 문헌이었던 것으로 추정된다. 이 문헌에는 章文 양식은 포함되어 있지 않지만, 농민이 평소의 생활에서 맞닥뜨릴 수 있는 여러 가지의 문제들, 즉 경제 생산 활동, 질병, 官과의 갈등, 도둑, 여러 종류의 해로운 귀신으로 인한 피해 등 다양한 문제들에 대하여 해당 문제를 해결할 수 있는 天曹의 관리의 명칭과 이들에게 문제 해결을 청하는 내용이 제시되어 있다.[47] 『正一法文經章官品』이 『千二百官章文』으로 알려진 초기 천사도 교단의 문헌의 불완전한 형태를 담고 있는 것이 맞다면, 上章 의례가 얼마나 천사도 신도들의 생활 전반에 깊이 뿌리내리고 있었음을 짐작할 수 있다.

역설적으로 『道門科略』은 이와 같은 上章 의례가 5세기 육수정의 당시에 이미 어지러워졌음을 비판하며 원칙을 강조하고 있다. 원래 上章이 제대로 기능하기 위해서는 평소에 신도들의 호적이 정확하게 주기적으로 갱신되어 자기가 소속되어 있는 治는 물론 天曹에서도 이를 파악하고 있어야 하고, 上章이 필요한 경우에는 이와 같은 소속을 토대로 治의 배정된 스승, 즉 담당 도사인 '本師'에게 부탁하여 진행해야 하는데, 이러한 원칙들이 제대로 지켜지지 않는 탓에 章文이 제대로 天曹의 관련 부서에 전달되지 못하고, 설령 전달되더라도 신도들의 인적 사항이 정확하게 갱신되지 못한 상태라면 天曹에서도 일을 진행할 수 없게 되어 문제가 해결되지 않는다는 점을 여러 차례 강조하고 있다. 물론 이는 漢中을 떠나 중원을 거쳐 강남으로 이

日, 門前烈火, 戶外列灰, 祓送家鬼, 章斷注連." 이 문제에 대해서는 趙晟佑, 2010, 앞의 논문, pp.188-193.

47) 『正一法文經章官品』의 현재 형태가 불완전하고, 남아 있는 부분에서도 내용상 중복되는 항목이 보이는 등 혼란스럽지만, 그 성격의 일단을 엿볼 수는 있다. 예를 들어 '縣官口舌', '保六畜', '逐賊盜'(이상 卷1), '治久病淋露', '主治瘡病' (이상 卷2), '主移徙宅舍', '主嫁娶', '主田種', '塚墓之鬼' (이상 卷3), '主漁捕', '主賈市', '主解囚繫牢獄', '請雨', '請晴' (이상 卷4) 등이다. 예를 들어 양잠이 잘 되기를 기원하는 「主蚕桑」 항목에는 山澤君官將一百二十人, 供食君將一百二十人를 비롯하여 다양한 관리들이 누에가 잘 자라 실을 풍성하게 뽑을 수 있도록 생산 환경을 우호적으로 만들어 주는 일부터 주술적인 문제를 해결하는 일까지 각각의 관장 업무를 맡아 본다는 설명이 제시되어 있다. 이해를 위해 원문의 일부를 제시하면 다음과 같다. "主蚕桑. 山澤君官將一百二十人, 治陰陽室, 主天下崖蛋白天父母蛋. 供養君官將一百二十人, 治天系宮, 萬民男女喜生蛋, 令解耗有倍得. 仙官玄女玄男, 神女神男, 玉女玉男, 京女京男等吏, 養一查絲綿吏合下, 主爲萬民將養一查, 辟斥蟲鼠, 皆解好. 仙官玄女·神女·玉女·素女·玄男·神女及諸君丈人官將, 各一百二十人, 一查室主蚤吏營衛, 令去蟲鼠, 令蛋伐耗神男玄女, 主採桑, 餧玄女主簿京女主繭黃, 日分明......闔天元君五人, 官將一百二十人, 治食室, 主解男女犯歲星, 使宜妻子安穩. 清廉考召征伐君吏, 主收嫁娶時之禁忌媚固相結之鬼."(卷4, pp.1a-2a.) 즉, 養蠶과 製絲가 잘 되기를 기원하기 위해 章文을 작성할 경우에는 여기에 제시된 정보를 참고하여 章文의 내용에 반영하도록 되어 있는 것이다.

동하는 과정에서 교단이 와해되고 질서가 흐트러져 규칙이 지켜지지 않게 된 상황에 대한 비판과 그에 대한 원칙의 재강조라는 측면을 감안해야 하지만, 천사도 교단의 교리와 의례가 어떠한 관념을 토대로 이루어졌는지, 그 와중에 문서를 작성한다는 행위가 어떠한 의미를 가지는지를 잘 보여주며, 나아가 초기 도교의 본질적인 특징 일부를 엿볼 수 있게 해준다.

이처럼 중요한 의미를 지니는 上章 의례가 어떻게 이루어지는지, 章文은 어떤 형태로 되어 있는지에 대하여 가장 많은 정보를 담고 있는 것은 도장 洞玄部表奏類에 수록되어 전하는 『赤松子章曆』(CT615/HY615)일 것이다. 『赤松子章曆』은 曆이라는 명칭에서 예고하는 대로라면 章을 올리기에 적합한 날이 언제인지를 주된 내용으로 할 것 같지만, 실제로는 上章을 위한 擇日 원칙을 비롯하여, 上章 의례와 관련된 번잡스러울 정도로 자세한 여러 규칙은 물론, 章과 함께 바쳐야 하는 물품인 章信의 목록, 상황 별로 사용해야 하는 章文의 양식을 제공하는 일종의 上章 의례 관련 종합 안내서이다. 많은 도교 문헌과 마찬가지로 『赤松子章曆』의 정확한 편찬 시기는 불분명하다. 대략 남북조 시기에 사용되던 천사도의 章本들을 모아 唐代에 편집된 것이라 보는 것이 적절할 것이다. 서문에 따르면 천사 장도릉이 태상노군에게 『千二百官儀』와 삼백 종류의 大章을 받은 후 시간이 흐르면서 章本이 缺失되어 십분의 일이 정도가 남아 있는 상태라고 하는데,[48] 실제로 章文의 양식인 章本 자체는 이미 일실되고 제목만 전하는 경우가 적지 않고, 章本은 남아 있는데 해당 章을 올릴 때 수반되는 물품인 章信 목록이 누락되어 실제 사용하기 어려운 경우도 많은 것을 보면 서문에서 밝히고 있는 것처럼 『赤松子章曆』 편찬 당시에 이미 천사도의 옛 章本 상당수가 이미 전하지 않게 된 듯하고, 거꾸로 그만큼 내용 중에는 옛 章本이 포함되어 있으리라 짐작할 수 있다. 다만 張道陵의 옛 법식에 따른다는('依天師法式', '依天師文書', '依舊儀') 표현이 종종 보이는 것으로 보아, 일정한 정도의 변화를 겪은 상태가 되어 있음을 짐작할 수 있다. 그럼에도 다른 章本의 몇 배 분량에 이르는 일부 大章을 제외하면 수록된 章本들이 상대적으로 古拙한 형태이고, 시기적으로 이 보다는 후대인 당말오대의 도사 杜光庭이 편찬한 『太上宣慈助化章』(CT617/HY617)에 수록한 章本의 수가 상대적으로 적고 각 章本 내용이 긴 것과 비교해 보면 대체로 南北朝 시기의 형태가 남아 있다고 보아도 무방할 것 같다.

『赤松子章曆』의 앞 부분은 章文을 쓸 때 지켜야 하는 규칙에 대해서도 매우 자세하게 설명하고 있다. 上章 의례의 최종 단계는 명상 기법인 存思를 통해 天曹의 해당 부서를 방문하여 章을 제출하는 것인데, 이 때 『赤松子章曆』의 '曆'이라는 이름에 부합하듯이 날이나 달에 따라 찾아가야 하는 天界의 궁전이 달라지거나,[49], 방문하는 부서가 날에 따라 달라지거나,[50] 매 달마다 上章을 하면 안 되는 날이 있는[51] 등의 세세한 규정을 제시하고 있다. 이는 아마도 天界로 올라가는 과정에 영향을 미치게 될 여러 별들의 운행 법칙에 맞추어 術數 계산에 따라 정해놓은 규칙이라고 추정된다. 그 외에도 天門이 열리는 시간이 언제인지, 上章에

48) 『赤松子章曆』(CT615/HY615) 卷1, p.1a, "太上垂慈, 降鶴鳴山, 授張天師正一盟威符籙, 下一百二十階, 及千二百官儀, 三百大章, 法文祕要, 救治人物......爾後年代綿遠, 實章缺失, 今之所存, 十得一二."

49) 『赤松子章曆』 卷2, 「逐月詣宮」, pp.6b-7a.

50) 『赤松子章曆』 卷2, 「逐日詣曹」, p.7a-b.

51) 『赤松子章曆』 卷2, 「月忌」, p.8a.

길한 날은 언제인지 등[52] 수많은 擇日 관련 내용이 卷1과 卷2에 제시되어 있다. 卷2에는 또한 上章을 위한 날이나 시간을 선택하기 위한 안내와 더불어 실제로 章文을 작성할 때의 규칙에 관한 설명도 보인다. 내용에 따라서 일반적인 흰 종이를 쓰는 경우가 있고, 靑紙를 쓰는 경우가 있으며, 먹을 갈 때는 어떻게 갈아야 하며 '以聞' 이라는 어구는 '再拜' 라는 어구 아래에서 一寸을 띄우라거나, '臣姓某' 부분은 '以聞'에서 세 행을 띄우는 것을 비롯하여 어떤 어휘 다음에 몇 행의 여백을 두는지, 鬼 자는 행의 머리 부분에 나오면 안 된다거나 하는 등 번잡스러울 정도로 세세한 규정들이 제시되어 있다.[53] 이 글에서는 이 모든 내용을 일일이 검토할 수도 없고, 실제로 이러한 규칙을 지켜 작성한 당시의 실물이 남아 있어 어떠한 모습을 하게 되는지 알 수는 없으므로, 일단은 남아 있는 章本을 통해 그 구성이 어떻게 되어 있는지만 간략하게 살펴보기로 하겠다. 章本은 대체로 정형화된 어구를 사용하고 있기에 다소 의역하여 전체적인 구조와 어감을 파악하는 데 중점을 두고자 한다. 의역한 문장 뒤에 제시한 원문은 『赤松子章曆』의 원문에서 정한 규칙에 따라 고유명사나 특정 명사를 기입해야 하는 경우 아무개(某)에 해당하는 글자를 작게 표시하거나, 특정한 글자가 나오면 提行하는 등의 형식을 따랐음을 미리 밝힌다.

우선 예시 1은 『道門科略』에서 전하는 太上老君으로부터의 계시 내용을 통해서 엿볼 수 있는 것처럼, 天師道가 통치에 임하는 관리처럼 백성을 위하는 태도를 보이는 한 사례이다. 가뭄에 비를 청하였고, 비가 왔으나 오히려 그 후 그치지 않고 너무 많이 와서 이제는 비를 멈추어 달라는 청을 담은 章本으로, 누군가의 부탁으로 上章을 행하는 경우인 예시 2와 달리 아무에게서도 부탁받은 것이 아닌데도 道士가 백성을 위해 자발적으로 上章하는, 마치 관리가 祈雨 제사 혹은 비가 그치고 날이 개기를 청하는 제사를 올리는 것 같은 모습이 드러난다.

예시 1. 請雨得水過止雨章
(비를 청했는데 물이 너무 많아 비가 멎기를 바라는 章)

(道士의 法位를 기재)가 말씀 올립니다. 삼가 문서를 살펴보니 아무개(道士의 이름)는 좋은 운을 만나 天師를 통해 전해진 道를 이어 받아 나라를 돕고 天命을 떠받치고 있습니다. 근래 寒暑가 평소와 달라 妖孽이 滋生하여 초봄 이후로 가물고 비가 오지 않아 사람들이 농사일을 못하고 새싹이 시들고 말랐습니다. 臣은 삼가 백성들 때문에 근심한 끝에 구름을 열고 비를 내려 큰 물 기운이 사방으로 스며들고 陰氣가 두루 내리기를 청하였으나, 결국 비가 그치지 않고 장마비가 널리 흘러 百川이 넘치는 바람에 온 백성들이 본업을 폐하고 밭의 싹이 물길에 쓸려가서 朝野가 근심하고 있습니다. 청컨대 신이 옛 의례(舊儀)에 따라 삼가 章을 올리니 신이 전에 請告한 바의 雨泉官을 승진시키시고, 모두 天曹로 돌려보내시어 [이번에

52) 예를 들어 『赤松子章曆』 卷1의 「天門開時」 「天門閉時」를 비롯하여 「上章吉日」 등의 설명이 보인다.
53) 『赤松子章曆』 卷2, 「書章法」, pp.3a-4b.

일한] 天曹의 관리들이 기록에 따라 功賞을 받게 하시기를 바라옵니다. 거듭 청하오니, 天公正氣君 한 명, [그] 官將 백이십 명, 河上玉女 천이백 명을 함께 모아 내려 보내 주시옵소서. 위로 청하오니 天曹에서는 비를 멈추고 바람을 옮기어 四時八節에 맞게 하시되 절도를 넘어 잘못되지 않도록 하시고, 운무를 거두어 三光이 아름답게 빛나게 하시어 마땅히 비를 멈추도록 하소서. [이 과정에서 일한] 관리들에 대해서는 그 공을 보고하여 상을 주시어 이로써 效信으로 삼으소서. 은혜는 오직 太上께서 分別해 주시는 것이니 불쌍히 여기시기를 바랍니다. 신이 삼가 비를 청하여 上恩을 입었으니, 이제는 비를 멈추기를 빌며 章 한 통을 올려, 위로 아무개(명칭 기입) 曹에 이르기를 바라옵니다. 엎드려 연락이 닿기를 기다리겠습니다. 신, 惶恐하며 稽首하여 載拜하여 이로써 上聞하옵니다.

具法位

上言: 謹按文書, 某遭值運會, 得承師道, 助國扶命, 頃以寒暑不節, 妖孽滋生, 初陽以來, 亢旱無雨, 人失農務, 禾稼萎枯, 臣謹爲百姓寒心, 請乞披雲降雨, 洪澤四注, 陰氣遍降, 遂爾不息, 霖雨浩衍, 百川滂溢, 萬姓廢業, 田苗蕩没, 朝野憂難, 請臣謹依舊儀, 貢章上聞, 願乞遷達. 臣前所詣告雨泉官, 並還天曹, 中官錄署, 進受功賞. 重請天公正氣君一人, 官將百二十人, 河上玉女千二百人, 各一合下. 上請天曹止雨移風, 風伯雨師, 依四時八節, 無令越錯, 收雲斂翳, 三光麗景, 當爲止雨. 諸官言功報賞, 以爲效信. 恩惟
太上分別, 求哀. 操臣謹爲請雨蒙荷上恩, 今乞停止, 拜章一通, 上詣
某曹. 伏須告報, 臣誠惶誠恐, 稽首載拜以聞.[54)]

예시 2는 곤란을 겪고 있는 신도에게 부탁받아 도사가 그 신도를 위하여 상장하는 경우이다. 『道門科略』의 내용을 소개하면서 살펴 본 것처럼 천사도의 신도가 있고, 그 신도가 평소 접촉하는 本師가 있고, 그가 신도에 관한 문서 기록을 가지고 있거나 혹은 신도로부터 해당 안건에 관해 상세한 정보를 제공받은 후에 上章하고 있는 상황을 전제한 것임을 알 수 있다. 여기서 의뢰하는 신도는 누군가로부터 저주를 받고 있고 도사가 天曹에 그 저주를 풀어달라고 청원하는 내용이다. 이 章本이 정확하게 언제 쓰여진 것인지는 알 수 없으나 남북조 시기의 주술적 내용을 담고 있는 것으로 보여 눈길을 끈다.

예시 2. 解呪詛章 (저주를 풀기 위한 장)

(道士의 法位를 기재)가 말씀 올립니다. 삼가 문서를 살펴보니, 아무개(上章를 청한 신도의 이름)가 당일 구두로 [다음과 같이] 진술하였습니다. 아무개는 다행히도 천 년에 한 번 있을

54) 『赤松子章曆』 卷3, pp.3b-4b, 「請雨得水過止雨章」.

기회를 얻어 大道를 받들 수 있게 되었습니다. 다만 아둔하고 어리석어 잘못을 많이 저질러 스스로 [저승에서 비롯되는] 考氣를 불러들이고 말았습니다. 근래 지내는 것이 불안하고(轗軻) 꿈자리가 어지러우며 괴이한 일이 妄生하고 祆祥한 일이 반복되어 일어나고 있습니다. 사지가 무겁고 안색이 초췌하며 정신이 어지러워 진정되지 않고 있습니다. 占筮로 원인을 찾아보니 惡人이 있어, 수차례 厭禱하여 天地를 끌어들이고 귀신을 불러 온갖 저주를 행했다고 합니다. 혹 성명을 題刻하거나 혹 그림을 그리거나 인형을 만들거나 혹 칼로 심장을 찌르거나, 혹 머리카락을 자르거나 손가락을 끊거나 하여 이것을 가지고 神社에 告하였으니, 백가지 맹세한 귀신에 붙들려 있는지도 모르겠습니다. 어떠한 功으로 이를 풀어 身命을 防保할 수 있는지 아무도 몰라, 오로지 정성스러운 마음으로 의례 물품을 갖추어 위로 大道에 의지하여 臣에게 호소하여 章奏하여 저주를 풀기를 구하였기에, 삼가 엎드려 拜章하여 말씀 올려 天曹에 바치니, 엎드려 바라옵건대 太上老君, 太上丈人, 三師君, 夫人, 門下典者께서 잘 살피시고 조사하여 주시옵소서. 만약 봄의 寅月, 卯月, 辰月의 세 달 중에 아무개의 몸을 저주하는 염승 기도를 행한 것이면 東方九夷甲乙君께서 아무개를 위하여 저주를 뒤집어 풀어 주시기를 청하옵니다. 만약 여름의 巳月, 午月, 未月의 세 달 중에 아무개의 몸을 저주하는 염승기도를 행한 것이면 南方八蠻丙丁君께서 저주를 뒤집어 풀어 주시기를 청하옵니다. 만약 가을의 申月, 酉月, 戌月의 세 달 중에 아무개의 몸을 저주하는 염승기도를 행한 것이면, 西方六戎庚辛君께서 저주를 뒤집어 풀어 주시기를 청하옵니다. 만약 겨울의 亥月, 子月, 丑月의 세 달 중에 아무개의 몸을 저주하는 염승기도를 행한 것이면 北方五狄壬癸君께서 이를 뒤집어 풀어 주시기를 청하옵니다. 만약 각 계절의 마지막 달(四季之月)에 아무개의 몸을 저주하는 염승기도를 행한 것이면 中央三秦戊己君께서 이를 소멸하여 풀어 주시기를 바라옵니다. 혹 二十八宿에 저주 염승기도를 행한 것이면 隨方星宿君께서 이를 보고 풀어 주시기를 바라옵니다. 혹 惡人이 형상을 그리고 날붙이로 그 가슴 부분을 찌른 경우일 수도 있겠습니다. 혹 길가의 어느 사당, 제단, 감옥, 오래된 나무, 신령, 우물이나 부뚜막, 혹 河伯이나 水官(과 같은 물의 신)이나, 혹 세간의 삿된 무당이 사사로이 만든 귀신의 거처 때문일 수도 있겠습니다. 엎드려 생각해 보건대 太上은 맑고 높으며, 三天은 멀리 아득하며, 正氣는 悠遠한데, 邪氣는 縱横하며 양민을 해치는 일에 마주치는 경우가 한 가지가 아닙니다. 아무개는 죄 없이 이런 일에 맞닥뜨렸으니 하루아침에 갑자기 죽어 鬼官이 될까 심히 두렵습니다. 엎드려 바라옵건대 太上大道, 太上老君, 太上丈人, 天師, 女師, 三師君夫人, 門下典者, 五氣真君께서 잘 살피고 생각하시어, 혹 五盟七咒의 罪를 범하였더라도 엎드려 청하옵건대 太元兵士 백만과 飜倒君兵士 십만명을 함께 내려 보내시어, 아무개의 三魂七魄을 풀어 보내어 붙잡혀 있지 않게 하시고, 魂을 돌려보내고 魄을 통제하여 神氣를 평화롭게 하시고, 아무개의 몸에 붙은 千邪萬鬼를 分解하여 [아무개의 심신을] 어지럽히는 일이 영원히 없게 하시고, 一切의 邪神咒詛를 모두 消蕩하시옵소서. [이를 위해 일하도록 청한] 天官은 신이 올린 말씀에 따라 승진시키시고, 아무개의 집에 머무르게 하시되, 은혜는 오직 太上께서 分別해 주시는 것입니다 운운.

具法位,
上言: 謹按文書, 某即日口辭自列, 千載幸會, 得奉
大道, 但以愚鄙, 信向多違, 招延考氣. 比者居止轗軻, 夢想紛耘, 怪異妄生, 祅祥屢起, 四支沈重, 顔色痿悴, 精神浮散, 不附身形. 占筮推求, 云有惡人, 更相厭禱, 牽引天地, 指鬼呼神, 咒詛百端. 或題刻姓名, 或畫作形影, 或以刀刺心, 或割髮截指, 將告神社. 恐有百盟之鬼, 所見拘執. 莫知何功, 可以解釋, 防保身命. 唯用丹心, 特齎儀信, 上憑
大道, 告訴向臣, 求乞章奏, 䟽解咒詛. 謹爲伏地拜章, 上聞
天曹, 伏願
太上老君、太上丈人、三師君、夫人、門下典者, 垂神省理檢勑. 若是春三月寅卯辰咒詛厭禱某身, 上請東方九夷甲乙君爲某䟽而解之. 若是夏三月巳午未咒詛厭禱某身者, 上請南方八蠻丙丁君䟽而解之. 若是秋三月申酉戌咒詛厭禱某身者, 上請西方六戎庚辛君䟽而解之. 若是冬三月亥子丑咒詛厭禱某身者, 上請北方五狄壬癸君䟽而解之. 若是四季之月咒詛厭禱某身者, 願中央三秦戊己君消而解之. 或二十八宿咒詛厭禱者,願隨方星宿君觀而解之. 或被惡人畫作形像及刀刺心, 或道上神社、壇場牢獄、樹木神靈、井竈之中, 或與河伯水官、俗中邪師私有鬼神之處, 伏以
太上清高, 三天遐邈, 正氣悠遠, 邪氣縱橫, 枉害良民, 遭者非一, 某横罹無辜, 深恐一旦奄沒鬼官, 乞丐
太上大道、太上老君、太上丈人、天師、女師、三師君夫人、門下典者、五氣真君, 留神省念, 或犯五盟七咒之罪, 伏請太元兵士百萬衆, 又請䟽倒君兵士十萬人, 一合下, 爲某放遣三魂七魄, 不得留執, 還魂制魄, 平和神氣, 分解身中千邪萬鬼, 永不干亂, 一切邪神咒詛, 悉乞消蕩. 所請天官, 依臣言功遷舉, 請住宅至, 以為效信. 恩惟
太上分別. 云云.[55]

예시 1과 예시 2 모두 제시된 양식 중에 첫 머리의 '具法位'는 上章하는 도사의 法位, 즉 도사의 직함을 채워 넣는 부분으로, 예를 들면 投龍簡 유물이나 唐代의 석각자료 등에 종종 보이는 '上清大洞三景弟子某嶽先生' 과 같은 호칭 등이 이 法位에 해당한다.[56] 그 이하 부분은 1) 인간의 몸으로 태어났으나 다행히 道의 가

55) 『赤松子章曆』 卷3, pp.8a-10a.

56) 이 法位는 어떤 籙과 경전을 전수받았는지에 따라 다르고 일종의 도사의 위계 구조를 이루는 것으로, 현재 문헌을 통해 재구성이 가능한 唐代까지의 道士 法位의 위계 체계는 天師道 이후 上清, 靈寶 등 다른 전통의 등장과 이들의 융합에 관련된 복잡한 주제이므로 자세한 논의는 별고를 기약하기로 한다.

르침에 접하게 되어 이를 받들어 왔다는 다소 정형화된 어구들인데, 예시 1과 같은 경우는 이것이 도사 본인의 이야기이고, 예시 2와 같은 경우는 이것이 의뢰한 신도의 이야기가 되고, 2) 그런데 근자에 모종의 문제가 발생하여 괴로운 상황이라고 설명한 후, 3) 관련된 天曹의 관리들의 명칭을 나열하며 이들을 내려 보내어 문제를 해결해달라고 청하는 부분, 4) 이를 위해 필요한 물품을 준비하여 章奏를 올리니 신들의 자비로운 도움을 바란다는 취지의 마무리 부분 정도로 이루어져 있다고 볼 수 있다.

예시 2와 같은 경우 의뢰한 신도가 도사에게 구두로 한 설명(叩頭自列, 口辭自列 등으로 표현) 혹은 문서로 狀을 제출한 내용에 의거하여 上章을 준비하게 되는데, 『道門科略』에서 밝히는 원칙대로라면 이 신도는 자신의 호적 내용을 파악하고 있는 本師에게 의뢰해야 하는 것이고, 이러한 내용이 1) 부분에 제시되기 마련이다. 章本의 주제에 따라서는 3)에서 언급되는 天曹의 관리들의 명칭이 현존 『正一法文經章官品』에 보이는 것과 일정 정도 유사한 모습을 보인다. 章文 내용이 상대적으로 경미한 일일 때는 장문 시작하는 부분에서 "臣某稽首再拜, 上言"이라고 하고 장문 뒷부분에서도 마찬가지로 하는데,[57] 사안이 중하고 급박할 때는 "臣某頓首死罪, 稽首再拜, 上言"이라 하고 뒤에서도 마찬가지로 하는 정도의 변경은 가능했고,[58] 양식 중에 종종 "云云"으로 되어 있는 부분에는 보다 구체적인 내용을 더 추가 보완하게 되어 있으나, 기본적으로는 "아무개(某)"라고 되어 있는 부분에 당사자의 인적 사항을 기입하며 정해진 양식을 따라 작성하면 章文을 완성할 수 있게 제시되어 있다. 이처럼 번잡스러울 정도로 자세하게 규칙을 설명하고 있는 이유는 天帝使者를 자칭하는 方士 혹은 師巫가 무덤과 저승의 하급 관리들에게 告하는 형식의 후한대 진묘문과 달리, 도교의 章은 天曹에 올리는 章奏이기 때문일 것이다.

이렇게 완성된 章文은 한 차례의 校讀을 거치면 상장 의례에 사용할 준비가 된 셈이다. 상장 의례 자체의 세부적인 내용까지 이 글에서 제대로 다루기에는 주제의 범위나 지면의 제약으로 불가능하므로, 章文이 어떻게 처리되는지만 간단히 소개하자면 대략 다음과 같다. 상장 의례에서 章文을 독송하게 되는데, 독송이 끝나면 종이로 章文을 포장하여 표면에 양식에 맞추어 수신인과 발신인을 기입한 후 函에 넣고 青絲로 세 번 감아 묶고 밀랍을 녹여 붙인 후에 九老仙都之印이라는 인장을 찍는다. 그 후에 青紙로 밖을 싸서 봉하고, 章文을 거꾸로 드는 일이 없도록 붉은 글자로 上下를 표시한 후 양쪽 끝머리를 봉한 후에 全字로 題한 후 양쪽에 각기 인장을 찍는 절차를 거친다.[59] 이렇게 준비된 章文을 存思 기법을 통해 도사 본인이 天門을 지나 천계에 도착하여 章文을 전달하고 천사 장도릉, 태상노군 등 신격을 배알하는 과정을 명상함으로써 마무리된다.[60] 실제로는 사용한 章文은 위의 포장 과정을 거쳐 따로 조심스럽게 보관하는 것이 원칙이고, 상장 의례가 거행된 장소의 香爐 위에서 태우는 경우도 있었던 것 같다.[61]

57) 『赤松子章曆』 卷2, p.18a-b, "科云: 小小疾病, 事事從輕. 上章只合言: '臣某稽首再拜, 上言.' 章後亦如此. 如違,奪算."
58) 『赤松子章曆』 卷2, p.18b, "科云: 疾病困重, 事情迫切, 上章云: '臣某頓首死罪, 稽首再拜, 上言. 章後亦如此. 若違, 奪算."
59) 『赤松子章曆』 卷2, 「封章法」, pp.22b-23a.
60) 『赤松子章曆』 卷2, 「存思」, pp23b-24b.
61) 『赤松子章曆』 卷2 「藏章故本」, p.26a-b. 그 외에도 본인의 靖室이 아닌 곳에 가서 上章을 행하고 돌아올 때는 잘 포장해서 훼손되지 않도록 운반해야 하고 민가에 남겨 두거나 해서는 안 되는 등의 규정이 설명되어 있다.

결국 上章 의례라는 것은 앞서 『道門科略』의 내용을 소개하면서 설명한 것처럼, 신도, 호적, 本師, 治, 天曹가 문서 행정을 통해 체계적으로 연계되어 있고, 나아가 天曹에서 파견한 관리가 해당 문제를 해결한다고 하는 사고를 전제로 한 의례인 것이다. 이는 천사도 교단이 어떠한 이념 위에 성립한 종교 교단인지를 잘 보여주며, 나아가 도교라고 하는 종교가 어떠한 사고방식에서 비롯된 것인지의 一端을 보여주는 것이라 하겠다. 비판적인 외부인의 눈으로 보면 천사도 교단은 자신들이 天界를 포괄하는 거대한 통치 기구의 일원이라 자처하며 제멋대로 신도의 호적을 작성하고 조세를 거두고 관리를 두어 국가 권력의 영역을 침범한 종교 반란 집단에 다름 아닌 것이다. 왕조 권력에 협력하며 이러한 인상을 불식하는 것이 이후 天師道 교단이 추진한 과제이며 南北朝 시기 도교사의 한 주제를 이루게 되는 것도 자연스러운 귀결일 것이다.

천사도는 교단 중심부가 위진 시기에 중원으로 이동하고 東晉代에는 강남으로 널리 확산되게 되지만 이 과정에서 원래의 교단 조직과 그 질서는 무너지고 上淸이나 靈寶와 같은 새로운 계시와 마주하며 점차로 그 종교적 권위가 약화되었다. 강남에서 등장하여 이후 당대까지 여러 왕조의 황제와 지배계층의 후원을 받으며 도교계에서 가장 강력한 종교적 권위를 확보하게 되는 上淸 전통이나, 교리의 체계화와 의례의 집대성에 기여한 靈寶 전통에 밀리는 듯한 인상을 주는 것은 사실이나 천사도가 도교의 기본 틀을 마련하였음을 간과할 수는 없다. 上淸 계시와 관계된 許謐 집안도 원래는 천사도 신도였고, 이들이 여러 차례 천사도 祭酒에게 上章 의례를 부탁하고 있는 사실도 잊어서는 곤란하다. 아울러 靈寶齋의 기본틀을 정리하고 도교 의례를 집대성한 것으로 알려져 있는 陸修靜은 앞서도 언급한 것처럼 천사도 전통에 기반하여 『道門科略』을 썼던 인물이라는 점 역시 한 번 더 상기할 필요가 있다.

Ⅳ. 나오며

이상에서 초기 도교의 의례문서가 어떠한 특징을 보이는지 이해하기 위해 후한대 이래의 진묘문과 비교하며 천사도 上章 의례의 章本을 살펴보았고 아울러 초기 도교 교단에 대한 거친 소묘를 시도해 보았다. 천사도는 후한대 진묘문에서 보이는 생사관을 계승하면서도 死者의 구제를 새롭게 제시하여 후한대 진묘문과는 다른 모습을 보이는 한편, '官'과 같은 의식을 드러내며 관료적 언어로 작성되는, 그야말로 세속의 章奏를 방불케 하는 의례문서를 사용하며 작은 국가와 같은 형태의 교단을 구성하여 운영하고 있었다. 천사도는 위진시대에 중원으로 이동하고 동진남조 시기에는 남중국으로 널리 확산되게 되었으나 이 과정에서 원래의 교단 질서는 무너지고 새로운 계시와 마주하며 점차로 종교적 권위가 약화되기에 이르렀다. 그러나 도교의 원류로서의 존재감은 계속 남아 있었고, 도교 내에서 天師 張道陵의 권위가 부정되는 경우는 없었던 것으로 보인다.

이 글에서 필자는 후한대 진묘문과 도교의 의례 문서를 검토하면서 양자의 유사한 부분과 다른 부분을 소개하고, 나아가 초기 도교, 즉 천사도가 진묘문에 보이는 후한대의 종교 전통을 일부 계승하면서도 새로운 전망을 제시하였음을 지적하였다. 항아리에 관련 주술 기물을 넣고, 그 항아리의 표면에 진묘문을 적어

넣는 후한대의 주술 행위는, 도식적인 용어를 적용하자면, 민간의 方技·術數 전통에 속하는 것으로 보아야 하고, 이 方術 전통은 천사도가 출현한 이후에도 민간에서 계속 이어져 갔던 것으로 보인다. 반면 천사도는 이러한 전통을 배경으로 등장하였으나 이후로 계속 성장하고 변화해 갔던 것으로 보인다. 다르게 표현하면, 진묘문 전통에서 출생한 천사도와 그 후의 도교는 계속 다른 모습으로 성장해 가는 반면, 진묘의 전통 그 자체는 方術 전통으로서 민간에서 근본적인 변화는 없는 상태로, 혹은 다소 고착화된 형태로 지속되고 있었던 것이 아닌가 하는 것이다. 천사도 교단에서 진묘병을 사용한 흔적은 확인할 수 없고 대신 상장의례와 같은 방식의 다른 의례 체계가 등장한 반면, 동일한 시기 돈황지역에서 만들어진 진묘병과 그 안의 납인형, 혹은 建興二十八年松人木牘과 같은 기물들의 존재는 물론, 그로부터 800여년이 넘은 후인 唐末과 北宋代의 남중국 묘장에서도 여전히 유사한 관념과 문장을 적은 柏人 인형이 사용되고 있던 사실은 이들이 도교의 흐름과는 무관하였음을 시사하는 것이 아닐까. 당말에서 북송에 걸친 시기의 남중국은 새로운 도교의 흐름이 등장하기 시작하는 무대였다는 점, 그리고 이 시기는 불교 신앙 또한 지역을 불문하고 중국 사회 전체에 강하게 뿌리내리고 있는 상태였음을 고려하면 더욱 그렇게 생각된다.

의례문서를 주제로 삼은 이 글에서는 추가적인 논의를 필요로 하는 두 가지 중요한 주제를 다루지 못하였다. 남은 주제 중 하나는 천사도 교단이 律과 令을 가지고 있었다는 문제이다. 지금은 제대로 전하지 않아 그 내용이나 실체를 정확히 알 수 없지만 흔히 '女青鬼律'로 불리는 모종의 律과 그 외에도 令이나 科로 지칭되는 모종의 규범이 있었던 것으로 보이며, 이 글에서 자주 인용한 『赤松子章曆』이나 『道門科略』에서도 종종 전거로 언급되고 있다. 행정 기구를 방불케 하는 천사도 교단이 움직이는 기저에는 행정 문서를 모방한 의례 문서의 사용 외에도 이와 같은 자신들만의 세계관에 기반한 율령도 존재했던 것이다. 또 하나는 흔히 '受籙' 제도라고도 불리는 도사의 위계구조이다. 일반 祭酒라거나 治의 책임을 맡은 治頭大祭酒와 같은 명칭에서도 관료기구와 흡사한 위계구조의 존재를 짐작할 수 있는데, 이후 上淸, 靈寶 등 새로운 경전의 출현과 더불어 이 위계구조는 더욱 복잡해지게 되고, 唐代가 되면 여러 계시들의 경전, 계율, 도사의 위계가 유기적으로 통합된 새로운 체계가 자리 잡게 된다. 추후 이 두 가지 주제를 포함하여 보다 포괄적이고 종합적으로 천사도 전통을 검토하는 작업을 시도하기로 하겠다.

한 걸음 더 나아가 생각해보면, 이러한 고착화된 관념과 언어를 담고 있는 주술 기물은 과연 당시 사회의 종교적 실상과 어느 정도로 연동하고 있는 것인가, 혹 단지 묘장을 꾸밀 때 그러한 기물을 만들어 넣는 오래된 관습을 따랐을 뿐인 결과인가를 고민하지 않을 수 없게 된다. 옛 관습을 따른 결과로서 일종의 정례화된 물품에 가까운 것이었다면, 그 기물이 가지는 종교적 의미는 아무래도 후한대나 위진대의 주술 기물에 비해 퇴색된 것이 아닐까. 이에 더하여 생각을 조금 더 넓혀 본다면, 고대 한반도나 일본의 주술 기물이 중국의 영향을 받은 것이라고 추정할 경우, 그 연원을 어떻게 파악해야 할까라는 문제이다. 위에서 간략하게 일반적인 方技·術數와 도교를 구분할 필요가 있다는 점과 두 전통이 다른 양상으로 전개되어 갔음을 언급했는데, 한반도나 일본에서 출토된 주술 관련 기물을 중국과 비교하여 이해하려 할 경우, 도교와 관계가 있는지, 혹은 도교라기보다는 단지 중국의 方技·術數와 관계된 것으로 보아야 하는지, 나아가 어느 시기의 도교 혹은 방술과 관련지어 이해해야 하는지 고민해야 할 문제인 것 같다. 방술은 비교적 시간적 변화가 적으나, 도교의 교의나 의례는 상대적으로 역사적 전개를 거치며 계속 변화하므로 이를 고려하지 않을 수 없는 것이다. 이러한 점을 염두에 두지 않고 단순히 도교라는 하나의 실체를 잘 모르는 애매한 전통처럼 다루면 그다지 논의의 심화와 진전을 이루기는 어려울 것 같다. 이 문제에 대해서는 차후 보다 구체적인 작업을 기약하기로 한다.

투고일: 2024.06.08.	심사개시일: 2024.06.10.	심사완료일: 2024.06.24.

참고문헌

『赤松子章曆』(CT615/HY615).

『陸先生道門科略』(CT 1127/HY 1119).

『正一法文經章官品』(CT1218/HY1208).

甘肅省文物考古研究所 戴春陽·張瓏, 1994, 『敦煌祁家灣西晉十六國墓葬發掘報告』, 北京: 文物出版社.

江西省博物館, 1977, 「江西南昌唐墓」, 『考古』 1977-6.

吕鹏志, 2008, 『唐前道教儀式史綱』, 北京: 中華書局.

孫聞博·杜華龍·許超, 2003, 「浙江餘姚花園新村遺址出土東漢劾物木觚」, 『文物』 2003-6.

吳榮曾, 1981, 「鎮墓文中所見到的東漢道巫關系」, 『文物』 1981-3.

王光永, 1981, 「寶雞市發現光和與永元年間朱書陶瓶」, 『文物』 1981-3.

王吉允, 1989, 「吉安發現一座北宋紀年墓」, 『考古』 1989-10.

王育成, 2003, 「考古所見道教簡牘考述」, 『考古學報』 2003-4.

王育成, 1991, 「東漢道符釋例」, 『考古學報』 1991-1.

尹在碩, 2014, 「중국 고대 '死者의 書'와 漢代人의 來世觀 - 鎭墓文을 중심으로」, 『中國史硏究』 第90輯.

張勛燎·白彬, 2006a, 「東漢墓葬出土解注器和天師道的起源」, 『中國道教考古』 第一冊, 北京: 線裝書局.

張勛燎·白彬, 2006b, 「中原和西北地區魏晉北朝墓葬的解注文研究」, 『中國道教考古』 第二冊, 北京: 線裝書局.

張勛燎·白彬, 2006c, 「墓葬出土道教代人的"木人"和"石真"」, 『中國道教考古』 第五冊, 北京: 線裝書局.

程少軒·劉剛, 2019, 「揚州新出土五代解除木人研究」, 『簡帛』 19.

趙晟佑, 2010, 「中世 中國 生死觀의 一面과 道教 - 殃禍의 觀念을 중심으로」, 『中國古中世史硏究』 第25輯.

趙晟佑, 2011, 「後漢魏晉 鎭墓文의 종교적 특징과 道教 - 五石을 중심으로」, 『東洋史學硏究』 第117輯.

宗頤, 1996, 「記建興廿八年"松人"解除簡 - 漢"五龍相拘絞"說」, 『簡帛研究』 第二輯, 法律出版社.

彭適凡·唐昌朴, 1980, 「江西發現幾座北宋紀年墓」, 『文物』 1980-5.

彭適凡等, 1980, 「江西發現幾座北宋紀年墓」, 『文物』 1980-5.

湖北省文物考古研究所·武漢市博物館, 2000, 「湖北劇場擴建工程中的墓葬和遺跡清理簡報」, 『江漢考古』 2000-4.

丸山宏, 1986, 「正一道教の上章儀禮について—塚訟章を中心にして」, 『東方宗教』 68.

Verellen, Franciscus, 2004, 「The Heavenly Master Liturgical Agenda: According to Chisong zi's Petition Almanac」, 『Cahiers d'Extreme-Asie』 14.

Seidel, Anna, 1987, 「Traces of Han Religion in Funeral Texts Found in Tombs」, 『道教 と宗教文化』, 秋月觀暎 編, 東京: 平河出版社.

Nickerson, Peter, 2002, 「'Opening the Way': Exorcism, Travel, and Soteriology in Early Daoist

Mortuary Practice and Its Antecedents」, 「Daoist Identity: History, Lineage, and Ritual」, Livia Kohn and Harold D. Roth eds., Honolulu: University of Hawaii Press.

〈Abstract〉

Bureaucratic Nature of Daoist Petitioning Ritual
: A perspective on tomb-quelling articles and the Heavenly Masters Daoism

Sungwu Cho

The tomb-quelling vessels (zhenmu ping) and their texts (zhenmu wen) produced in the regions centered around Chang'an and Luoyang during the Later Han period demonstrate religious ideas that emphasize the separation of life and death while attempting to alleviate the suffering the deceased would face in the netherworld and prevent the misfortunes that might befall the living due to the deceased. The situation of the netherworld awaiting the deceased, the specific appearance of the bureaucratic structure in the netherworld, the fact that the administration of this bureaucratic structure is carried out through administrative documents, and the ritual specialists who seem to perceive the writing and implementation of these documents as an important part of their role, recognizing themselves as part of the administrative structure of this invisible world, all suggest a close relationship between the tomb-quelling text tradition and the petitioning ritual of the Heavenly Masters. However, the key elements of the Heavenly Masters' teachings, such as the more comprehensive concept of salvation for the deceased, the deified Laozi, the religious authority and doctrine emanating from him, the notion of the teachings of the Dao, and the existence of the Heavenly Masters, are not found in the tomb-quelling text tradition. In other words, the religious tradition of the Later Han period seen in the tomb-quelling texts can only be regarded as a stage prior to Laozi's revelation to Zhang Daoling, which laid the foundation for the Heavenly Masters. This can also be confirmed by the fact that the religious tradition of the Later Han period, as seen in the tomb-quelling texts, continued to be used separately from the Heavenly Masters in the form of tomb-quelling texts from the Wei-Jin period and wooden figurines or wooden figurine tablets, commonly referred to as "pine-man" or "cypress-man," which were dedicated to preventing the misfortunes caused by the deceased, even after the late Tang period. These wooden figurines or figurine tablets appear to be the result of a certain degree of standardization and fixation of the ideas and language of the tomb-quelling texts, and should be regarded as artifacts of the magical tradition practiced by folk magicians or *fangshi*, separate from the historical development of Daoism after the emergence of the Heavenly Masters. In contrast to the increasingly fixed tradition of tomb-quelling objects, the petitioning ritual of Daoism, as seen in Lu Xiujing's *Daomen Kelue* and the *Chisongzi Zhangli*, evolved with even more bureaucratized language and forms than the tomb-quelling texts.

▶ Key words: tomb-quelling texts, "cypress-man", magical wooden-tablets, the Heavenly Masters, Daoist petitioning ritual, *Lu Xiujing's Daomen Kelue*, *Chisongzi Zhangli*

논문

배산성 목간과 신라 거점성의 재정 운영*

이미란**

〈국문초록〉

부산 배산성지 집수지 2호에서 출토된 〈배산성 목간〉은 전·후면에 모두 묵서가 있고 시기를 달리하는 두 묵서가 겹쳐있는데, 그중에서 판독 가능한 2차 묵서를 분석하였다. 전면은 本波舍村이 2월에 곡식을 借貸한 후 3월부터 상환하였는데 상환액[受]에 失이 있었음을 점검한 문서이고, 후면은 失受에 대한 추가 "受"를 기록한 내용으로 보았다. 명문의 "借"와 "失"을 통해 곡식의 대여에 이자가 있었다고 판단하였다.

목간 내용의 사회경제적 맥락을 이해하기 위해, 고대 중국에서 실시되었던 借貸의 특징을 검토하고 賑貸와 비교하였으며 고려·조선의 借貸를 통시대적으로 고찰하여, 전근대사회의 국가는 비축곡을 借貸하여 국가의 비상 수요 특히 軍糧을 조달하였음에 주목하였다. 이에 따라 6세기 중후반에 축조된 배산성도 신라의 對倭 방어를 위한 거점성으로, 〈배산성 목간〉에서 보는 바와 같이 軍資와 외교에 필요한 재정을 마련하기 위해 산성 내부 창고에 있던 비축곡을 借貸하였음을 알 수 있었다.

▶ **핵심어: 배산성, 목간, 借貸, 軍糧, 재정 운영, 거점성**

* 이 논문은 2019년 대한민국 교육부와 한국연구재단의 지원을 받아 수행된 연구임(NRF-2019S1A6A3A01055801). 또한 부경대학교 해양인문학연구소에서 열린 배산성 목간 판독회(2022.8.1.)와 경북대학교 인문학술원 HK+사업단에서 주최한 제32회 동아시아 기록문화 세미나(2024.5.2.)에서 본 주제로 발표하였는데, 신명호·이동주·김종희 선생님의 교시를 받아 수정·보완할 수 있었다. 이 자리를 빌어 감사드린다.

** 경북대학교 인문학술원 HK연구교수

I. 머리말

부산광역시 연제구와 수영구에 걸쳐져 있는 배산성지는 해발 254m 높이에 축조된 石城으로, 지난 2017년부터 부산박물관 주도로 발굴조사가 총 세 차례 이루어졌다.[1] 2017년의 조사에서 영남권 최대 규모의 집수지 두 기가 발굴되었는데, 파손된 목간 몇 편이 출토되었다. 1호 집수지 출토 목간은 자흔은 있지만 판독이 불가능했고, 2호 집수지에서 출토된 목간(이하, 〈배산성 목간〉으로 약칭)은 판독 가능한 글자가 50여 자 정도로 알려져 학계의 주목을 받았다.

이후 적외선 사진을 통한 판독 결과가 배산성지 1차 발굴성과와 함께 소개되었다. 목간의 하단에 구멍이 있었고 우측은 잘려서 파손되었으며, 목간의 후면에 묵흔이 보이지만 판독이 불가능하였고 전면은 잔편에 있던 글자까지 추정한 판독문이 제시되었다. 목간의 공반유물과 "乙亥年"이라는 명문을 통해 목간 제작연대는 555년(진흥왕 16년) 또는 615년(진평왕 37년)으로 제시되었고, 거칠산군 내의 촌에 매월 1일 정기적으로 곡물을 상납하는 내용이라고 하였다.[2]

부산박물관에서 2018년 7월에 열린 〈부산의 정체성과 역사 쟁점 1회 부산의 고대사〉라는 심포지엄에서는 〈좌파리가반부속문서〉(이하, 〈좌파리문서〉로 약칭)와의 비교가 시도되었다. 〈배산성 목간〉과 〈좌파리문서〉에서 모두 등장하는 "失受"는 "잘못 받은 것"이라는 의미로 보고 〈배산성 목간〉에서 제목으로 볼 수 있는 첫 행을 "(村에게) 잘못 받은 것[失受]으로 점검하여 지금 알게 된 것이 4"라고 이해하였다.[3]

이에 대해 〈좌파리문서〉를 면밀히 분석하여 "잘못 받은 것[失受]"의 구체적인 내용을 "失期한 受(納)"으로 해석하고, 기존 판독에서 "本, 陂 舍, 借, 乙未" 등으로 재판독한 다음, 목간의 작성연대를 을미년(575년 또는 635년) 이후로 본 연구가 발표되었다. 목간의 내용은, 지방관부에서 소속 村을 대상으로 곡식이 귀할 시기에 곡물을 대여했는데 수납 기일을 놓친[失受] 4례가 날짜별로 기록된 것으로 이해하였다.[4]

2019년에 배산성지 1차 발굴조사보고서가 출간되어, 〈배산성 목간〉의 출토 양상, 목간의 형태와 제작 방법에 대한 정보가 공개되었다.[5] 발굴보고서에 목간이 출토된 토층의 공반유물이 "통일신라시대의 기와 및 도질토기"라고 기술된 점,[6] 8세기 초중반의 문서로 추정되는 〈좌파리문서〉에서도 "失受"와 곡물 수수 내용이 있는 점 등에 근거하여 목간의 "乙亥年"을 735년으로 본 연구도 있다.[7] 특히 失受는 "(국가가) 村으

---

1) 부산박물관·부산광역시 연제구청, 2019, 『배산성지 I -2017년 1차 발굴조사 보고서-』, 부산박물관 학술연구총서 제61집; 부산박물관, 2020, 『盃山城址 II, 2018년 2차 발굴조사 보고서』, 부산박물관 학술연구총서 제65집; 부산박물관, 2021, 『盃山城址 III, 2019~2020년 배산성지 3차 발굴조사 보고서』, 부산박물관 학술연구총서 제71집.

2) 나동욱, 2018, 「부산 배산성지 출토 목간 자료 소개」, 『목간과 문자』 20, 한국목간학회, pp.370-373.

3) 이용현, 2018, 「배산성지 출토 목간과 신라 사회」, 『부산의 정체성과 역사 쟁점 1회 부산의 고대사』, 부산박물관 개관 40주년 기념 학술심포지엄(2018.7.11.), pp.67-70.

4) 이수훈, 2018, 「부산 盃山城址 출토 木簡의 검토」, 『역사와 세계』 54, 효원사학회, pp.210-217.

5) 부산박물관·부산광역시 연제구청, 2019, 앞의 발굴보고서, pp.52-55, p.144.

6) 위의 발굴보고서, p.54.

7) 하시모토 시게루(橋本 繁), 2021, 「盃山城 木簡의 기초적 검토-佐波理加盤附屬文書와의 비교를 중심으로」, 『신라사학보』 52, 신

로부터 규정대로 받지 못"한 것이고 이 "규정"이란 〈좌파리문서〉처럼 매월 1일 일정액을 납부하는 것으로 추정하였다.[8] 첫 행의 四는 失受의 건수가 아닌 미납량의 일부이고, 借는 値로 읽어 환산의 의미로 보았다.[9] 배산성 목간과 같은 납부 기록목간이 거칠산군 내 여러 촌마다 작성되었으며 여러 촌의 납부 상황은 종이 문서로 작성되었을 것이라고 한다.[10]

'수납기일'과 '규정대로'의 두 견해를 포괄하여 失受는 "원래 받아야 하나 (수납기일까지 규정대로) 받지 못한 것"이라는 주장도 제창되었다. 목간 명문의 "値"는 2월 1일을 기준으로 규정대로 받지 못한 곡물의 양을 정산한 값이고, "法"은 4월 1일의 법에 따른 후속조치로 보았다. 나아가 〈走馬樓三國吳簡〉의 貸食簡 중 鄕別 小計簡과 고구려의 賑貸제도, 改色 의도를 포함한 隋唐의 義倉과 조선의 환곡제도 등을 비교·분석하여, 〈배산성 목간〉의 내용을 거칠산군이 본파사촌에게 갑술년에 賑貸했는데 다음 해(을해년) 2월 1일에 점검하여 2~3월에 갚게 하고 4월에 그에 대한 법적 조치를 결정하였다고 이해하였다.[11]

이상 여러 연구에서 배산성 목간의 失受와 受의 내용을 고찰한 결과, 村과 郡 간의 수취나 대여 관계가 있었음을 알 수 있어, 통일 전 신라의 村과 郡(국가) 간의 사회경제적 관계를 구체화해 볼 계기가 되었다. 발굴보고서가 공개되면서 목간의 제작연대가 재론되었으며 목간의 제목인 첫 행과 날짜별 기록에 대해 유기적인 해석이 시도되었고 당대 주변국가의 자료와 후대 조선시대 사례를 참고하여 목간을 둘러싼 사회경제적의 이해를 심화하였다.

그럼에도 〈배산성 목간〉은 목간의 형태와 묵서의 내용에 대해 재론의 여지가 있다. 기존에는 아랫부분이 유실된 채 글자가 많은 가장 큰 목간편(이하, 본편으로 약칭) 만이 연구되었다. 본편은 잔존길이가 29㎝로 소개되었는데 잔편이 수습·조합되면서 길이 31.7㎝, 너비 6㎝, 두께 0.4㎝의 제원으로 최종 보고되었다.[12] 설령 본편에 조합된 잔편이 판독되지 않는다 해도 글자가 어느 지점까지 존재하는지는 목간 내용을 이해하는데 필요한 정보이다. 게다가 본편의 전면에만 묵서가 있다고 보고된 바와 달리[13] 전·후면에 모두 글자가 보인다. 현재 판독되는 명문보다 이른 단계의 묵흔도 보여 목간이 재활용되었을 가능성이 있다. 따라서 〈배산성 목간〉의 묵서에 대해 추가적인 검토가 요구된다.

게다가 배산성지 출토 목간은 단순히 목간 내용만으로는 그 성격을 밝히는 데 한계가 있다. 532년 김해

라사학회, p.461(2022, 『고대 동아시아 물자 유통과 관리(경북대학교 인문학술원 HK+사업단 연구총서3)』, 윤재석 편, 진인진에 재수록); 2023, 「배산성 출토 목간과 고대 조세제도」, 『국가사적지정을 위한 배산성지 학술대회』 발표자료집(2023.11.24.), 부산광역시 연제구·부산대학교박물관, p.41.

8) 하시모토 시게루, 2021, 앞의 논문, p.470. 강나리는 하시모토의 '규정대로'를 "매월 1일 이외의 기록은 규정된 날짜에 납부하지 못하고 늦게 납부한 것"으로 이해하였는데(강나리, 2023, 「신라 중고기 세역제도 연구」, 고려대학교 박사학위논문, p.77), 실제로는 날짜와 수납액수 모두를 가리키고 있다.

9) 하시모토 시게루, 2021, 앞의 논문, p.466.

10) 하시모토 시게루, 2023, 앞의 발표문, p.49.

11) 강나리, 2023, 앞의 박사학위논문, pp.82-90.

12) 부산박물관·부산광역시 연제구청, 2019, 앞의 발굴보고서, p.144.

13) 위의 발굴보고서, p.144.

금관가야가 멸망한 이후에 서낙동강 방면으로 진출하던 신라가 6세기 중후반에 부산의 수영강 하구에 배산성을 축조했다. 이와 관련한 배산성과 목간의 관계, 당대 신라사회에서 城과 村 사이의 곡물 수수의 의미에 대해서도 규명되어야 할 부분이다.

이에 본고에서는 선학들의 연구성과를 토대로 목간의 내용을 먼저 분석한 후, 목간에 반영되어 있는 城과 村 사이의 곡물 수수관계를 고대 중국과 고려·조선의 사례와 비교해보고 〈배산성 목간〉에서 엿볼 수 있는 배산성의 역할에 대해 재정 운영의 측면에서 다뤄보고자 한다. 선학들의 질정을 바란다.

II. 배산성 목간의 구조 분석과 판독

〈배산성 목간〉은 파손되어 여러 편으로 구성되어 있는데 본편(사진 1)과 잔편 3개(사진 4, 이하 잔편1·2·3으로 약칭)로 구성되어 있다. 목간의 형태는 하단에 구멍이 존재했으며 목간 우측편이 잘려져 있어서 파손되었을 가능성이 제기되었고[14] 아랫부분은 첨형으로 절입부가 아니라고 한다.[15] 목간의 두께는 4㎜가량이었다고 보고되었는데[16] 현재 수축이 심해 실제로는 〈사진 1〉 전면 묵서 Ⅰ행 부분의 두께는 0.6㎝가량이었고 왼쪽으로 갈수록 차츰 얇아져 두께가 0.2㎝ 정도였다.[17]

사진 1. 〈배산성 목간〉 본편의 적외선 사진[19]

〈사진 1〉을 보면 본편의 전면은 나무옹이의 흔적인지 자흔인지 판단하기 어렵지만, 후면은 옅고 굵은 자흔이 확인된다.[18] 특히 뒷면의 자흔은 현재 판독되는 전면의 작은 글씨의 묵서와는 자형이 보다 둥글고 획이 더 굵고 크다. 특히 후면의 굵은 글씨의 묵서는 두 행이 나눠져서 있고 Ⅰ행의 하단에는 兆의 이체자인 非와 유사한 글자가 보인다. 선명하고 작은 글씨의 묵서가 옅은 묵서 위에 쓰여 있으

므로, 큰 글자와 작은 글자는 선후관계가 확인된다.[20] 옅고 굵은 자흔은 판독하지는 못했지만 이를 1차 묵서로, 그 위에 있는 선명하고 작은 글자는 2차 묵서로 명명하겠다. 그 중에서 본고에서는 판독가능한 2차 묵서를 중심으로 내용을 분석하였다.

2차 묵서는 먼저 목간의 전면 오른쪽 맨 윗부분부터 Ⅰ행으로 보면 Ⅲ행까지 글자가 아래로 이어지고 Ⅳ행은 맨 위에 한 글자가 보인다. 먼저 Ⅰ-1자는 本이고[21] Ⅰ-2자는 陂로 읽기도 하지만[22] 夲의 세로획과 좌변을 분리해서 삼수변으로 읽은 波를[23] 따르겠다. Ⅰ-3자는 舍로[24], Ⅰ-6자는 又부분이 과하게 벌어져 있지만 受로 보겠다.[25] Ⅰ-13자는 未로 읽기도[26] 하지만 亥로 읽겠다.[27] Ⅰ행의 20~21자는 値로 보기도 하지만[28] 値보다는 〈사진 2〉에서와 같이 상단에 十이 아니라 卄으로 보여 借로 읽는 견해를 따른다.[29] 마지막 글자는 主처럼 보이지만 세로줄이 실제로는 홈이라는 의견에 따라 三을 따르겠다.[30]

적외선 사진과 그 반전 사진

사진 2. Ⅰ행 20~21자

Ⅱ-2자는 출토 직후의 사진을 통해 三으로 보고 있다.[31] Ⅱ-6자는 四로 읽기도 하지만[32] 〈사진 3〉에서

14) 나동욱, 2018, 앞의 논문, p.373.

15) 하시모토 시게루, 2021, 앞의 논문, p.458.

16) 부산박물관·부산광역시 연제구청, 2019, 앞의 발굴보고서, p.144.

17) 지난 2023년 11월 2일 부산박물관에 실물조사를 신청하여 확인할 수 있었다. 적외선 사진과 실물조사를 허락하고 협조해주신 부산박물관 안해성, 정주희 선생님께 감사를 전한다.

18) 나동욱은 후면에 글자가 있지만 판독할 수 없다고 하였고(나동욱, 2018, 앞의 논문, p.373.), 출토직후 판독자문회의 결과를 토대로 한 이용현은 후면은 글자가 없는 것으로 파악하였다(이용현, 2018, 앞의 발표문, p.65).

19) 사진은 부산박물관 제공.

20) 과거에 큰 글자로 쓴 묵서가 어떤 계기로 지워진 후 그 위에 새로 墨書한 것으로 판단된다. 2023년 11월 2일 실물조사에서 수축과 변색이 많이 진행된 상태였으므로 이를 확인할 수 없었다.

21) 이수훈, 2018, 앞의 논문, p.204.

22) 이용현, 2018, 앞의 발표문, p.64; 나동욱, 2018, 앞의 논문, p.370; 이수훈, 2018, 앞의 논문, p.210; 부산박물관·부산광역시 연제구청, 2019, 앞의 발굴보고서, p.144.

23) 하시모토 시게루, 2021, 앞의 논문, p.459; 강나리, 2023, 앞의 박사학위논문, p.72.

24) 이수훈, 2018, 앞의 논문, p.210

25) 나동욱, 2018, 앞의 논문, p.370; 이수훈, 2018, 앞의 논문, p.210 주22.

26) 이수훈, 2018, 앞의 논문, p.210.

27) 이용현, 2018, 앞의 발표문, p.64; 나동욱, 2018, 앞의 논문, p.370; 부산박물관·부산광역시 연제구청, 2019, 앞의 발굴보고서, p.144; 하시모토 시게루, 2021, 앞의 논문, p.459; 강나리, 2023, 앞의 박사학위논문, p.72.

28) 하시모토 시게루, 2021, 앞의 논문, p.459; 강나리, 2023, 앞의 박사학위논문, p.72.

29) 나동욱, 2018, 앞의 논문, p.370; 이수훈, 2018, 앞의 논문, p.210 주22.

30) 강나리, 2023, 앞의 박사학위논문, p.72.

31) 이수훈, 2018, 앞의 논문, p.210; 강나리, 2023, 앞의 박사학위논문, p.72.

32) 이용현, 2018, 앞의 발표문, p.64; 나동욱, 2018, 앞의 논문, p.370; 이수훈, 2018, 앞의 논문, p.210; 부산박물관·부산광역시

Ⅱ행 7~8자의 사진	목간 내의 다른 四	Ⅱ-7자의 추정 글자[33]

▼컬러 사진 ▼적외선 사진

▼Ⅰ-1의 四

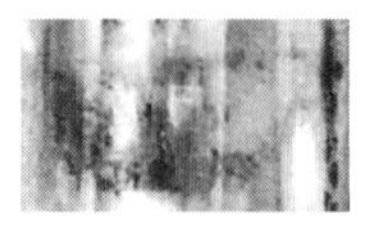

▼Ⅲ-6의 四

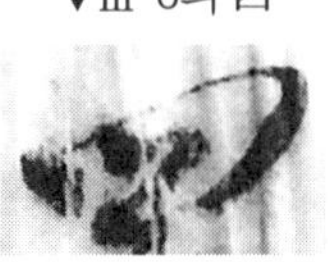

◀가야 5598 4면 9자 적외선 廻(?)

◀平城宮4-3767의 廻

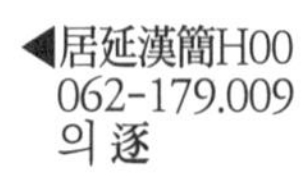

◀居延漢簡H00 062-179.009의 逐

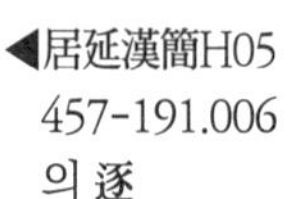

◀居延漢簡H05 457-191.006의 逐

사진 3. Ⅱ행 7~8자의 글자와 다른 비교 글자

확인할 수 있듯이 목간 내의 다른 四와 자형이 다르다고 한다. 또 왼쪽 세로선을 나뭇결로 보고 三으로 판독한 견해[34]가 있지만, 나뭇결이 위아래로 이어지지 않으므로 묵흔으로 인정하겠다. 자형으로는 匹, 正, 廻나 逐과 유사한데 〈사진 3〉의 컬러 사진을 보면 두 번째와 세 번째 세로획 사이에 세로로 파인 흔적이 있어 획이 유실되었을 가능성이 있으므로 廻나 逐에 가까워 일단은 逐으로 판독해두겠다. Ⅱ행의 15~18자는 三月一日로 읽는데 Ⅱ-19자는 不로 읽는 견해를 따른다.[35] Ⅱ-20자는 夂와 유사한 글자가 보여 受일 가능성도 있지만 미상으로 해두었다.

Ⅲ-1은 출토 직후의 사진을 통해 朔으로 읽은 견해를 따르겠다.[36] Ⅲ-2는 卅으로 볼 수 있고[37] Ⅱ-1자의 뒤에 "一日"이 아니라 다른 숫자가 나오는 점이 Ⅲ행과 유사하므로 朔을[38] 따르겠다. Ⅲ-3·4자는 희미하지

연제구청, 2019, 앞의 발굴보고서, p.144.

33) 추정 글자의 자형 중 匹과 正은 모두 書法字典(https://www.shufazidian.com/ 검색일: 2024.04.11.)에서 발췌하였다. 가야 5598의 4면 9자의 사진은 국립가야문화재연구소, 2017, 『한국의 고대목간Ⅱ』, p.421에서 발췌하였는데, 이 글자는 回(이수훈, 2017, 「함안 성산산성 출토 4면 목간의 '代'-17차 발굴조사 출토 23번 목간을 중심으로-」, 『역사와 경계』 105, 부산경남사학회, p.163) 또는 �François(박남수, 2017, 「신라 법흥왕대 '及伐尺'과 성산산성 출토 목간의 '役法'」, 『신라사학보』 40, 신라사학회, p.47)로 읽기도 하나, 廻로 읽는 견해(김창석, 손환일, 전덕재, 강나리)가 많다(강나리, 2023, 앞의 박사학위논문, p.148).

34) 하시모토 시게루, 2021, 앞의 논문, p.459; 강나리, 2023, 앞의 박사학위논문, p.72.

35) 강나리, 2023, 앞의 박사학위논문, pp.72-74.

36) 이수훈, 2018, 앞의 논문, p.210; 강나리, 2023, 앞의 박사학위논문, pp.72-74.

37) 세로선이 세 개 보이는데, 가운데 선이 나무결이라고 보면 廿이지만(나동욱, 2018, 앞의 논문, p.370; 강나리, 2023, 앞의 박사학위논문, p.72) 세로선이 굵어 세로획으로 인정할 수 있다.

38) 강나리, 2023, 앞의 박사학위논문, pp.72-74.

만 Ⅲ-8·9자와 같이 一日로, Ⅲ-12자는 同을 따른다.[39] Ⅲ-14자는 主로 볼 여지도 있지만 가로획이 4개처럼 보여 미상으로 해두었다.

〈배산성 목간〉의 적외선 사진이 공개된 후 잔편을 붙인 것이 〈사진 4〉이다. 복원된 잔편은 총 3개인데 잔

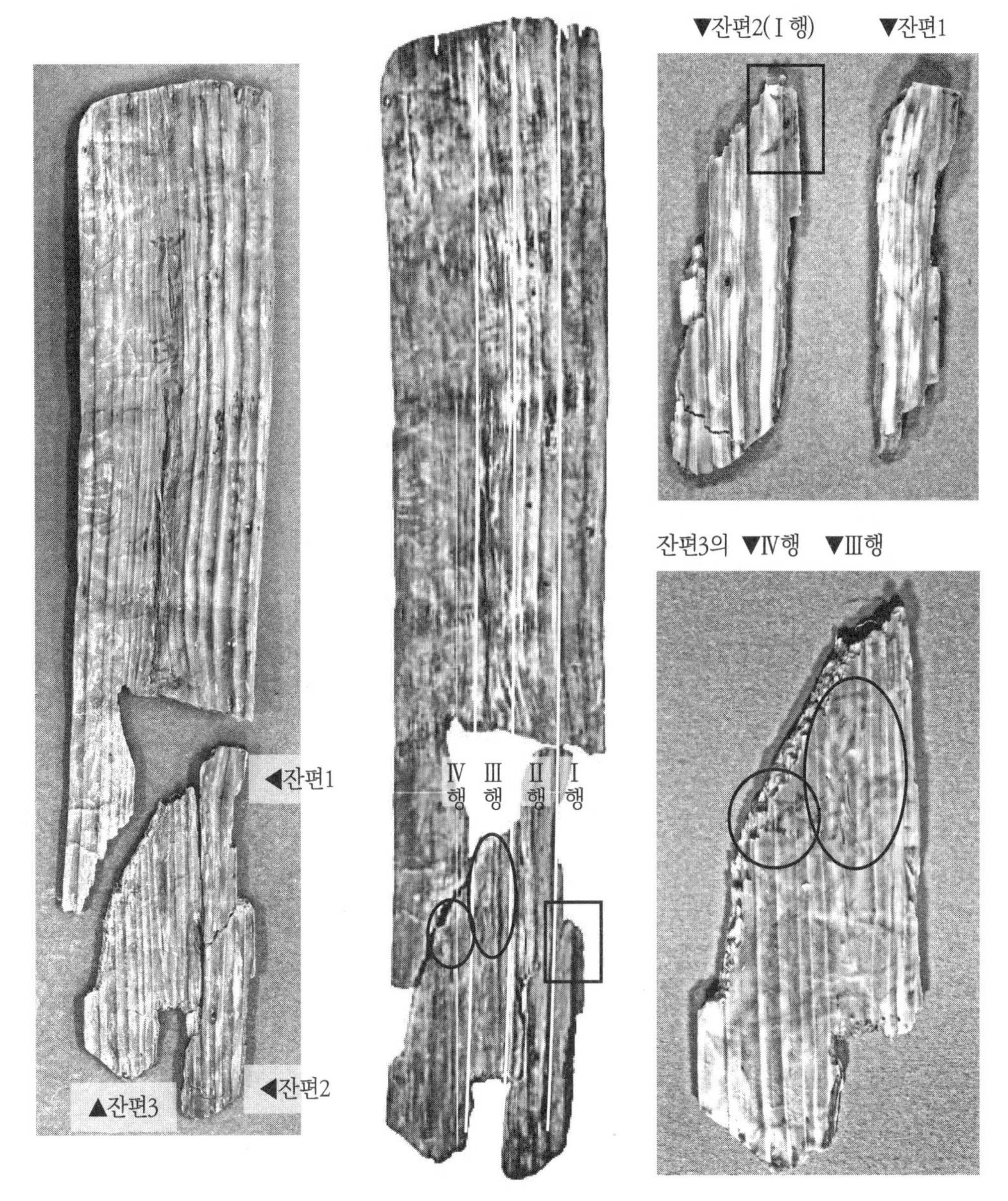

사진 4. 〈배산성 목간〉 전면의 잔편 결합 사진[40]

39) 나동욱, 2018, 앞의 논문, p.370; 이수훈, 2018, 앞의 논문, p.210; 하시모토 시게루, 2021, 앞의 논문, p.459; 강나리, 2023, 앞의 박사학위논문, p.72.

편2와 잔편3에 묵흔이 남아 있다. 잔편2의 사각형 선 안에 있는 묵흔은 受일 가능성이 지적되었으나[41] 남은 묵흔으로는 글자를 확정하기 어렵다. 〈사진 4〉의 잔편3은 Ⅲ행과 Ⅳ행에 원으로 표시했다시피 맨 아랫부분에 글자가 남아 있는데, 잔편 Ⅲ행의 첫 글자는 우변만 "巾"을 확인했고 그 아래 글자의 좌변은 "禾" 또는 "木"으로 보이나 글자를 특정하지 못하였다. Ⅳ행의 마지막 글자도 미상이지만 잔편2와 잔편3을 통해 Ⅰ, Ⅲ, Ⅳ행의 글자가 어디까지 존재하는지는 알 수 있다. 잔편의 마지막 글자 위치를 통해 볼 때, 파손된 부분부터 Ⅰ행~Ⅲ행에 각각 4~5자 정도가 더 있을 것으로 추정할 수 있다.

Ⅳ행은 〈사진 1〉의 맨 윗 부분에 "大"라는 한 글자만 확인되는데, 전면의 2차 묵서보다 묵흔의 농도가 옅고 글자의 크기도 조금 더 큰 편이라 2차 묵서가 아니라, 1차 묵서의 흔적일 가능성이 있다고 판단된다. 다만 〈사진 4〉 잔편3의 Ⅳ행 마지막 글자는 묵흔의 농도와 글자 크기가 바로 옆의 Ⅲ행과 유사하므로 2차 묵서로 인정해도 좋을 것이다.[42] 묵의 농담이 날짜마다 달라지지 않기 때문에 전면은 Ⅲ행의 4월 1일에 한꺼

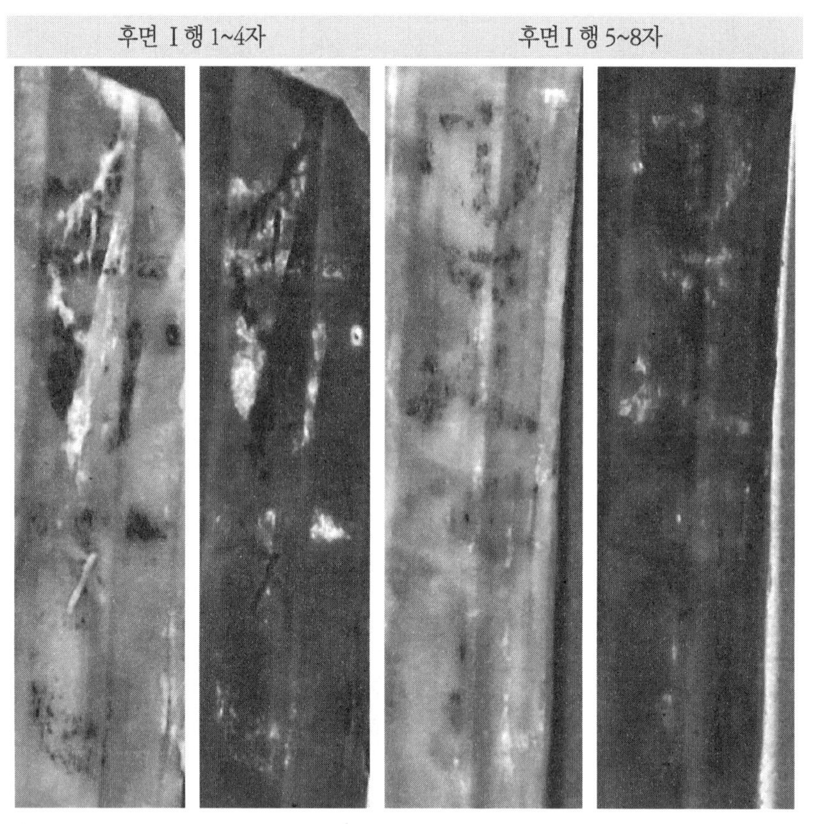

사진 5. 후면 Ⅰ행의 적외선 사진과 그 반전

40) 잔편이 결합된 〈배산성 목간〉 사진 중 두 번째는 부산박물관·부산광역시 연제구청, 2019, 앞의 발굴보고서, p.294의 사진이다. 잔편 결합 사진에 세로선과 타원과 사각형은 필자가 강조한 부분이다.

번에 썼을 가능성이 크다고 한다.[43]

〈배산성 목간〉의 후면을 보면, 전면 2차 묵서의 글자 크기 및 서체와 유사하다. 후면의 2차 묵서는 Ⅰ행만 보이고 첫 글자의 위치는 전면과 마찬가지로 오른쪽 맨 윗부분부터 묵서하여 8글자 정도를 확인했는데 글자를 확대하면 〈사진 5〉와 같다.

〈사진 5〉를 보면 후면 Ⅰ행의 1·2자는 右上에서 左下 방향으로 표면이 긁혀 있어 글자의 일부가 보이지 않는다. Ⅰ-2자는 付처럼 보이지만 오른쪽에 점처럼 보이는 것은 찍힌 자국이므로 冂이다. 이를 감안하면 "五月" 정도로 읽을 수 있다. 3·4자는 "丁日"처럼 보이는데 "十日"일 가능성을 열어두겠다. Ⅰ-5자는 "力" 옆에 선이 하나 더 있어서 內의 가능성도 있다. 하지만 冂안에 人이 아니라 丨획만 있어서 內로 보기 어렵고, 丨획이 짧은 "中"으로 판독해보았다. Ⅰ-6자는 受이고, 그 아래에는 두 글자 정도가 더 확인되지만 판독하지 못했다.

기존 연구에서는 〈배산성 목간〉의 전면만 판독하였으나, 본고에서는 묵서가 1차 위에 2차가 있었음을 확인했고 후면에도 글자를 확인하여 판독하였다. 이상 판독 결과를 정리하면 아래와 같다.

표 1. 〈배산성 목간〉의 2차 묵서 판독문

구분	목간 본편	잔편부분
전면	1행: 「本[波][舍]村失受■□□□四乙亥年二月一日借[三]	⊏⊐□
	2행: 朔三日三斗 [逐]月一日受一[石]三斗 三月一[日][不]□	⊏⊐
	3행: [朔][卅]一日受 四月一日 上法同□□⊏⊐	⊏⊐□□
	4행:	□ ×
후면	1행: 「[五][月][十]日[中]受□□×	

III. 배산성 목간의 내용

전후면의 판독안을 토대로 본 장에서는 목간의 연대와 단락 구분을 통한 목간의 내용을 구체적으로 검토하겠다. 우선 배산성 목간의 연대는, 묵서 명문의 年干支, 목간 출토층의 공반유물의 편년, 목간의 방사선 탄소연대 측정 결과, 이 세 가지가 판단의 근거이다. 이에 따라 목간의 연대는 6세기부터 8세기까지 다양한 견해가 제시되어 있다. 명문의 간지를 乙亥年으로 읽는 경우는, 555년 또는 615년설[44]과 615년 또는 675년설[45]로 나뉘고 乙未年으로 읽은 경우는, 575년 또는 635년이 제시되어 있다.[46] 통일신라시대로 보는 입

41) 나동욱, 2018, 앞의 논문, p.372.

42) Ⅰ~Ⅲ행 본문이 문서라면 Ⅳ행 마지막 글자는 문서작성자의 서명일 가능성이 있다.

43) 하시모토 시게루, 2021, 앞의 논문, p.471.

44) 나동욱, 2018, 앞의 논문, p.373; 이용현, 2018, 앞의 발표문, p.66.

45) 강나리, 2023, 앞의 박사학위논문, pp.71-72.

장에서는 목간이 출토된 토층의 공반유물이 "통일신라시대의 기와 및 도질토기"라는 보고서에 근거하여[47] 735년설로 보기도 한다.[48]

〈배산성 목간〉이 출토된 배산성 집수지 2호는 2017년 1차 조사에서 발굴되었다. 집수지 축조시기는 배산성 초축시기와 크게 차이나지 않는데[49] 집수지 2호가 집수지 1호보다 먼저 축조되었을 것이라고 한다.[50] 초축 성벽의 축조수법을 통해 볼 때 배산성의 초축시기는 6세기 중엽에서 7세기 중엽까지로[51] 제시되었고 최근 연구에는 6세기 중반으로 보는 견해도 있다.[52]

배산성 출토 목간의 정확한 출토지점은 배산성지 집수지 2호의 Ⅷ층의 3pit라고 한다.[53] Ⅷ층은 집수지 2호를 축조하기 위한 지대조성층(Ⅸ~Ⅺ층)의 바로 윗층, 즉 집수지 구조물의 최하층이다. Ⅷ층에서 발견된 목간의 공반유물의 편년은 목간의 연대를 판단하는데 필수 정보이다. 이 층에서 발견된 토기는 비교적 이른 시기의 장각고배편부터 원문류 인화문토기, 늦은 시기의 반구병편까지 다양하다고 한다.[54] 기와도 "전형적인 삼국시대 기와"로 특히 단판 격자문 타날기와의 상한 연대는 7세기 전반경이라고 한다.[55] 집수지 축조 후 퇴적물을 정기적으로 긁어내었을 수도 있지만 바로 윗층인 Ⅶ층에 비해 Ⅷ층은 집수지 바닥 바로 윗층인데 점질토층으로 혼입물이 거의 없고[56] "집수지 축조 이후 자연스럽게 퇴적된 층위"라고 한다.[57] Ⅷ층은 6세기 전반 이전부터 출현하는 장각고배편[58]부터 7세기 전반으로 편년되는 기와까지 출토되었으므로 공반유물인 목간의 연대 범위도 상당한 것이다.

목간의 연대를 판단할 때 고려할 마지막 요소는 목간의 탄소 연대 측정 결과로, 5세기 초에서 6세기 후엽으로 나타났다.[59] 목간의 방사선 탄소 연대로는 6세기 후엽, 공반된 토기와 기와의 편년은 7세기 전반으

---

46) 이수훈, 2018, 앞의 논문, p.216.

47) 부산박물관·부산광역시 연제구청, 2019, 앞의 발굴보고서, p.54.

48) 하시모토 시게루, 2018, 앞의 논문, p.461; 2023, 앞의 발표문, p.41.

49) 부산박물관, 2021, 앞의 발굴보고서, p.94. 일반적으로 산성은 집수지를 먼저 조성해서 수압을 분산시키고 배수가 정비되어야 체성벽을 올릴 수 있다.

50) 안성현, 2023, 「부산 배산성의 성격과 특징」, 『국가사적지정을 위한 배산성지 학술대회』 발표자료집(2023.11.24.), 부산광역시 연제구·부산대학교박물관, p.14.

51) 부산박물관, 2021, 앞의 발굴보고서, p.95.

52) 안성현, 2023, 앞의 발표문, p.17.

53) 부산박물관·부산광역시 연제구청, 2019, 앞의 발굴보고서, p.144.

54) 김현우, 2023, 「배산성 출토 토기의 양상과 시간적 의미」, 『국가사적지정을 위한 배산성지 학술대회』 발표자료집(2023.11.24.), 부산광역시 연제구·부산대학교박물관, p.71.

55) 부산박물관·부산광역시 연제구청, 2019, 앞의 발굴보고서, p.158; 김기민, 2023, 「배산성 출토 기와의 제작기법과 특징」, 『국가사적지정을 위한 배산성지 학술대회』 발표자료집(2023.11.24.), 부산광역시 연제구·부산대학교박물관, p.85.

56) 부산박물관·부산광역시 연제구청, 2019, 앞의 발굴보고서, p.53의 도면 22의 92번.

57) 김현우, 2023, 앞의 발표문, p.71.

58) 위의 발표문, p.63.

59) 부산박물관·부산광역시 연제구청, 2019, 앞의 발굴보고서, pp.314-315에서 목간 시료의 출토지를 1호 집수지로 기재하였으나 2021, 앞의 발굴보고서, p.95에서 이를 2호 집수지라고 정정하였다.

로 볼 수 있었다. 앞서 서술한대로 〈배산성 목간〉은 1차 묵서와 2차 묵서로 서사시점이 최소 2개 있지만 목재의 특성상 1차와 2차 묵서의 서사 시점은 크게 차이 나지는 않을 것이다. 이상의 세 요소를 검토한 결과, 2차 묵서에 보이는 "乙亥年"이 555년일 가능성도 여전히 있지만 2차 묵서의 서사시점은 7세기 초 즉 615년 무렵으로 보겠다.

〈표 1〉의 판독문을 토대로 묵서 내용을 〈표 2〉와 같이 정리해보았다.

표 2. 〈배산성 목간〉의 2차 묵서 내용 구분

<table>
<tr><th colspan="2">구분</th><th colspan="3">목간 내용</th><th>본문의 행</th><th>비고</th></tr>
<tr><td colspan="2">가</td><td colspan="3">本[波舍]村失受■□□□四</td><td rowspan="2">전면Ⅰ행</td><td rowspan="10">■는 부호
…는 잔편 부분으로, 4~5자가 있었을 것으로 추정됨.</td></tr>
<tr><td rowspan="7">나</td><td>1</td><td>乙亥年 2月 1日</td><td>借</td><td>三…</td></tr>
<tr><td>2</td><td>朔 3日</td><td>(V)</td><td>3斗</td><td rowspan="4">전면Ⅱ행</td></tr>
<tr><td>3</td><td>[逐]月 1日</td><td>受</td><td>1[石]3斗</td></tr>
<tr><td>4</td><td>3月 1[日]</td><td>[不]□</td><td>(O)</td></tr>
<tr><td>5</td><td>…</td><td>…</td><td>…</td></tr>
<tr><td>6</td><td>朔 31日</td><td>受</td><td>(O)</td><td rowspan="3">전면Ⅲ행</td></tr>
<tr><td>7</td><td>4月 1日</td><td>(V)</td><td>(O)</td></tr>
<tr><td colspan="2">다</td><td colspan="3">上法同□□[ ][年] …</td></tr>
<tr><td colspan="2">라</td><td>[5月10]日[中]</td><td>受</td><td>□□</td><td>후면Ⅰ행</td></tr>
</table>

〈표 2〉에서는 목간 내용을 크게 (가)-(나)-(다)-(라)로 나누었다. 먼저 (가)는 목간의 제목[60] 또는 주제로 "本波舍村의 失受■□□□四"인데, 그 구체적인 사항은 (나)에 나오는 세부사항이므로 (가)는 (나)의 표제[61]라고 할 수 있다. "失受"는 〈좌파리문서〉에도 나타나는 용어이므로 기존 연구에서는 이 문서에서 失受의 의미를 검토한 이후에 (가)의 失受를 다루어왔다. 그러나 〈좌파리문서〉는 앞·뒷면에 대한 이해가 논자마다 다르고 〈좌파리문서〉 뒷면에 "失受" 항목이 있는데 〈배산성 목간〉처럼 날짜를 부기하지 않았다. 〈배산성 목간〉에서는 동사(借·受)나 목적어(3두, 1석 3두 등)는 생략해도 날짜는 반드시 기입했기 때문에 〈좌파리문서〉의 "失受"는 다른 내용일 가능성도 있다.

(나)의 내용은 "失受"의 세부사항이라고 할 수 있으며 날짜, 동사, 목적어[62]로 나뉜다. (나1)에서 연도는 乙亥年만 보이고 날짜는 2월 1일부터 4월 1일까지의 기간 밖에 나와 있지 않아, 을해년 외에 다른 해도 기재될 수 있지만 판독된 명문에는 을해년 2월부터 4월까지로 한정되어 있다. "本波舍村失受"는 주제인데 그

60) 하시모토 시게루, 2021, 앞의 논문, p.466에서는 "본파사촌의 失受에 관한 기록(본파사촌이 국가/군에 납부하지 못했다는 뜻)"으로 이해하였다. 반면 강나리, 2023, 앞의 박사학위논문, p.76은 2월 1일부터 4월 1일까지는 6건인데 (가)의 항목은 4건이므로 (나)부분은 (가)의 세부내역이 아니라 전체 내역이고 이 중에서 잘못 받아서 지금 알게 된 것이 4건이라는 의미라고 하였다.

61) 이수훈, 2018, 앞의 논문, p.216.

62) 하시모토 시게루, 2021, 앞의 논문, p.467에서는 "수량"으로 분류하였다.

앞에 年月은 기입되어 있지 않아, 이 목간 앞에 어떤 연월이나 本波舍村의 상위 단위에 대한 표제가 있을 것이고 이 목간은 그 하위 단위 항목을 구성하는 목간의 하나임을 알 수 있다.

동사는 "借, 受, 不□"이 있고 동사가 보이지 않는 부분은 (V)로 표시하였다. "三…", "3斗", "1石3斗"는 동사(借나 受)의 목적어임을 알 수 있는데, 목적어가 기재되지 않은 부분에는 (O)로 표시해 보았다. 여기서 (나)의 기재방식의 특징이 나타나는데, 날짜는 반드시 기입하지만 동사와 목적어는 2례(2월 1일과 3월 1일)를 제외하고는 상황에 따라 생략한다는 점이다.

목적어 중에는 石, 斗와 같은 量詞가 나오지만 그 양사가 가리키는 대상은 보이지 않는데, 문서에 기록되었지만 산일된 것인지 애초에 이 문서에 전제된 것인지 알 수 없다. 신라 목간에서 石, 斗와 같은 量詞를 쓰는 대상으로는 稗, 米, 麥, 豆과 같은 곡식이 있다. 汁과 같은 액체류[63]를 세는 단위로 斗도 보이지만 현재 石은 보이지 않기 때문에 〈배산성 목간〉에서 石, 斗의 대상물은 곡식류였을 가능성이 높다.

(나)를 구체적으로 살펴보면, (나1)의 2월 1일은, 동사로 借, 목적어로 三…이 있어 동사와 목적어가 모두 기재되어 있고, '三…을 빌리다'라고 읽을 수 있다. 三…다음에 잔편 글자의 위치로 보아 4~5글자가 더 있으므로 三…는 借의 곡물 수량과 곡물의 항목이 포함되어 있었을 것이다.[64] 글자 수를 고려하면 '3(石…의 □□)을 빌리다'가 될 것이다.

(나2) "朔3日"에서 朔은 초하룻날이 아니라 "달"이라는 뜻이다.[65] 朔 3일은 뒤에 3월이 등장하기 때문에 앞의 朔은 2월이다. 즉 朔이 등장하면 앞의 달과 같은 달을 의미하고, 朔이 기재되면 날짜가 역전되지 않고 순차적으로 등장할 것임을 알 수 있다. 그런데 朔3日은 동사없이 3斗만 기재되어 있어 동사(V)가 생략되었다고 보았다. 생략된 동사(V)는 바로 앞의 항목일 가능성이 높으므로 (V)는 借임을 알 수 있다. 이에 따라 2월 1일에 3(石…)을, 3일에는 3斗를 빌린 것이 되며, 2월 3일의 3斗는 借의 추가분이므로 本波舍村은 2월에 '3(石…)+3斗를 借'했음을 알 수 있다.

(나3)에서 逐月이라고 판독하였는데, 逐月의 사전적 의미는 "다달이, 달마다"이다.[66] (나3)은 '달마다 1일에 1석 3두를 受한다'고 해석되며, 이는 受와 관련된 일종의 '규정'[67]으로 볼 수 있다. (나4) 이후부터는 모두 목적어(O)가 생략되어 있는데, (나4)처럼 동사가 不□이면 목적어를 알 수 없지만 만약 (나3)처럼 동사가 受라면 1석 3두가 受의 항수로 나왔기 때문에 목적어가 생략된 것이다.

(나4)의 3월 1일이 바로 (나3)의 "逐月 1日"의 첫 번째 사례인데, "(O)를 不□"했다고 한다. "不□"는 (나3)에서 말한 '달마다 1일에 1석 3두를 受한다'라는 규정을 지키지 않았거나 過失이 생겼음을 말한다. (나5)는

63) 월지 출토 26호, 28호 등이 그러하다.

64) 〈주마루 오간〉의 貸食簡에서는 어떤 곡식을 빌렸는지 즉 곡식의 종류(私學限米, 吏客限米 등)와 양이 기재되어 있다고 한다(谷口建速, 2010, 「長沙走馬楼呉簡に見える貸米と種粻—孫呉政権初期における穀物貸与」, 『史観』 162, 早稲田大学史学会, p.44).

65) 이수훈, 2018, 앞의 논문, p.214.

66) 단국대학교 동양학연구소, 2008, 『한한대사전』 13권, 단국대학교 출판부, p.951.

67) 하시모토시게루, 2021, 앞의 논문, p.470.

배산성 목간 잔편 Ⅱ행으로, 4~5자 정도 산일되었을 것으로 추정된 부분이다. 4월 기록이 Ⅲ행에 나오기 때문에 그 이전 기록은 모두 3월의 어느 날일 것이므로, 산일된 Ⅱ행 뒤에 4~5자가 있었다면 '朔某日受(O)' 정도로 추정할 수 있다. 그 때문에 (나5)는 〈표 2〉에 "…"로 표시해 두었다.

(나6)은 Ⅲ행의 첫 글자를 읽어내지 못했지만 4월보다 앞에 있으므로 역시 같은 달이라는 의미에서 3월 31일임을 알 수 있다. 이날의 기록에도 受했으나 목적어인 수량은 적혀 있지 않다. 아마도 (나3)의 1석 3두로 추정해 볼 수 있다.

(나7)의 4월 1일은 두 가지 가능성이 있다. 하나는 동사도 목적어도 모두 생략되어 있지만 (나3)의 규정대로 '1석 3두를 受'했기 때문에 생략하고 단지 날짜만 적었을 가능성이다. 다른 하나는, 4월 1일에 "上法同"이라는 구절을 이어서 이해하여 4월 1일에 위의 사항들을 점검한 것으로 보는 방식[68]이다. 그런데 후자의 경우 4월 1일에 점검했다면 그 결과로 문서를 작성한 날짜이기도 한데, "本波舍村失受" 앞에 4월 1일이 없다. 이에 "上法同"은 4월 1일과는 분리해서, 4월 1일에 '1석 3두를 受'했는데 생략한 것으로 이해하겠다.

그러므로 (나1·2)는 本波舍村이 乙亥年 2월에 곡식을 借했고 (나3)은 이에 대해 매달 1일에 1석 3두를 受하기로 했다는 일종의 규정이다. (나4~6)은 本波舍村이 借한 곡식의 受에 대한 장부인데, '달마다 1일에 1석 3두를 受'하지 않았으므로 결과적으로 受했는데 "失"이 있었던 셈이 되었다.

(다)에서 "上法"은 위의 규정 즉 '달마다 1일에 1석 3두를 受'인데 이후의 글자는 판독하지 못했다. (가)는 결국 "本波舍村의 …四를 失受"한 것이고, (나)는 失受한 내용이며, "…四"는 정확히는 알 수 없으나 (다)는 失受에 대한 어떤 조치로 上法(규정)[69]과 같이 失을 보충하라는 내용일 것으로 추정해보고자 한다.

그런데 목간 뒷면인 (라)에는 "□□을 5월 [10]일에 受"라고 기록되어 있다. 후면의 내용은 전면 (나2)의 기재양식인 '날짜-受-목적어(□□)'와 같으므로, 후면의 (라)도 (나4~6)과 같은 기재방식임을 알 수 있다. 그런데 이를 전면에 이어서 쓰지 않고 뒷면에 썼다는 것은, 전면이 하나의 완결된 문서이고 후면은 그 이후의 추가사항으로 전면 문서와 구분했음을 의미한다. 또한 (라)가 (나7)에서의 후속조치의 일부라면, 전면 왼쪽에 더 쓸 수 있는 글자면이 있으니 후면에 굳이 나누어 쓸 필요가 없다. 여기서 □□는 바로 失受分이고 5월 10일에 전면의 (다)의 조치를 이행했으므로, 이로써 전면의 本波舍村失受■□□□四는 受함으로써 해소되었던 것으로 짐작해 볼 수 있다.

이에 따라 〈배산성 목간〉의 전·후면 내용의 특징을 정리해보면 아래와 같다.

① 전면은 本波舍村에서 "借"한 곡식을 "受"하는데 "失受"가 있어 점검한 문서이다.
② 후면에는 失受에 대한 추가 "受"를 기록하였다.
③ 借는 2월에만 보이고 受는 3월부터 5월까지로, 모두 봄철에 나타났다.
④ 문서 작성지에서 失受의 점검은 村단위로 하고 있다.

---

68) 이수훈, 2018, 앞의 논문, p.215; 하시모토 시게루, 2023, 앞의 발표문, p.48; 강나리, 2023, 앞의 박사학위논문, p.84.
69) 하시모토 시게루, 2021, 앞의 논문, p.470에서 말하는 수납날짜와 수납 양

이상으로 〈배산성 목간〉을 잔편과 후면의 판독을 감안하여 내용을 파악해 보았다. 하지만, 목간 작성지는 왜 村에 借·受를 실시했는지, 이와 같은 목간의 내용이 신라의 사회경제적 특성의 어떠한 면을 반영하고 있는지에 대해서는 다음 장에서 다루겠다.

Ⅳ. 동아시아 借貸 운영의 특징

〈배산성 목간〉의 2차 묵서의 전면은 本波舍村에게 "借"한 후 그 失受分을 점검한 내용이고 후면은 그에 대한 결과가 기재되었다고 보았다. 그런데 신라 山城 집수지에서 村 단위로 借·受하는 것이 무엇을 의미하는지 신라의 사회경제적 맥락 속에서 이해되어야 한다.

기존 연구에서도 〈배산성 목간〉의 내용을 지방관부에서 소속된 村을 대상으로 곡식이 귀할 시기에 곡물을 대여했다고 보는 지적이 이미 있었지만,[70] 어떤 맥락에서 곡물을 대여하고 상환하는지에 대한 구체적인 사회상을 제시하지 않았다. 이에 대해 村의 곡식 대여가 改色을 포함한 진대라는 주장이 제기되었다. 이 연구에서는 고구려의 진대법, 〈주마루 오간〉의 대식간, 조선의 환곡과 비교하여, 賑貸와 借貸는 이율이 다를 뿐 운영방식은 공통된다고 보고 〈배산성 목간〉의 내용을 전년(갑술년)의 진대를 다음 해(을해년)에 상환하도록 점검하였다고 보았다.[71] 그러나 목간에서 "借"가 판독된 이상, 촌의 곡식 대여는 賑貸보다는 借貸에 가깝다.

借의 사전적 의미를 찾아보면, "빌리다, 빌려주다"라는 뜻이 가장 먼저 나온다. 『說文』에서는 "借, 假也", 『字彙』 人部에서 "借, 貸也"라고 하여 "빌리다"라는 뜻이 우선한다.[72] 秦漢代의 간독자료에서 借는 단독으로도 쓰지만 假借, 假貸로 조합해서도 나타난다.[73] 貸는 "베풀다 주다"라는 의미가 먼저 나오고 그 뒤에 "빌리다 빌려주다"라는 뜻이 이어진다.[74] 필요시 곡물을 대여해주고 나중에 상환하도록 하는 貸라는 행위는 근본적으로 "베풂"에서 비롯되었을 것이다.

『주례』 권10, 地官 司徒에는 12荒政의 첫 번째로 "散利"를 드는데, 散利에 대해 후한 말기의 유학자 鄭玄은 "貸種食也"라고 注를 달았다. 종자나 식량을 빌려주는 행위[貸種食也]가 왜 "散利"인지에 대해, 당 고종 연간의 인물인 賈公彦이 疎에서 "豊時에는 거둬들이고 荒時에는 흩어지게 하며[散] …"라 하였다.[75] 그런데

---

70) 이수훈, 2018, 앞의 논문, pp.215-217.

71) 강나리, 2023, 앞의 박사학위논문, pp.84-90.

72) 단국대학교 동양학연구소, 1999, 『한한대사전』 1권, 단국대학교 출판부, p.1207. 借에 "돕다, 의지하다"라는 의미도 있지만 그 용례가 賑貸와 관련되는 의미로 볼 수 없다.

73) 동아시아 목간사전(http://eawd.knu.ac.kr/textomi/dicSearch 검색일: 2024.04.10.) "送食常逋不以時到吏士困餓毋所假貸." 《敦煌漢簡, 102》《敦煌漢簡(1991)》. "…放以縣官馬擅自假借, 坐藏爲盜. 請行法."《居延新簡, EPF22:200》《居延新簡集釋(7)(2016)》.

74) 단국대학교 동양학연구소, 2008, 『한한대사전』 13권, 단국대학교 출판부, p.91. "베풀다 주다"의 예시로 『춘추좌씨전』 문공 16년, "빌리다, 빌려주다"는 『춘추좌씨전』 문공 14년을 들고 있다.

『周禮』 권15, 地官, 泉府조에서 백성에게 貸할 때는 상환능력을 판별하여 실시하도록 하였으므로[76] 『周禮』의 시대에도 상환능력을 심사하는 貸와 散利로서의 貸를 구별했음을 알 수 있다. 즉 평소에는 차대를 실시하다가 흉년이 들면 賑貸로 전환했다고 볼 수 있는 것이다. 실제로 진한대에는 흉년이 발생하면 중앙정부가 사자를 파견해서 실상을 조사하여 賑給·賑貸 여부를 결정하였다.[77] 鄭玄이 말한 貸種食은 진휼의 방법을 말한 것이지, 貸種食 그 자체가 賑貸는 아닌 것이다.

借貸와 賑貸는 모두 비축곡의 대여와 상환이라는 운영방법은 유사하지만, 이자의 有無高低와 상환 시기 등에서 큰 차이가 있고 이는 창고관리지나 운영자의 입장에서 매우 중요한 문제였다. 후술하겠지만 창고 곡식의 양이 장부와 맞지 않거나 습기나 鼠耗로 양이 줄어들거나 묵은 곡식을 改色하지 못하거나 해서 보관 중인 곡식 양이 감소하면 재정 운영에 큰 문제가 되기 때문이다.

官이나 국가가 民에게 곡식을 대여하는 역사는 시대와 지역에 따라 세부 차이는 있지만 동아시아 전시대에 걸쳐 나타난다. 한반도의 경우 주지하다시피 고구려의 賑貸法이 있고 백제의 〈佐官貸食記〉의 "貸食"은 賑貸[78]와 借貸[79]라는 두 견해로 나눠져 있다. 중국에서 官 借代는 戰國시대부터 보이고 秦漢代를 거쳐 隋唐까지 법률조문이나 사료, 간독 등에서 借貸의 주체, 절차와 방법, 이자에 대한 기록이 散見되며 각 시대별 연구가 진행되고 있다.

韓日 借貸의 始元이었을[80] 중국 고대국가가 운영했던 借貸의 특징을 거칠게나마 소개하면 첫째, 秦漢代의 官府에서는 민생 안정을 지원한다는 의미에서 백성에게 곡물뿐 아니라 農具, 牛, 무기, 선박, 牛車, 화폐 등 다양한 물품을 대여해 주었다.[81] 그중에서 곡물 대여가 중요한 업무였고 그 비중도 상당했다.[82] 삼국 吳에는 식량을 대여하는 貸食뿐 아니라 파종용 종자를 봄에 빌려주고 가을에 이자를 붙여 상환하게 하는 種

---

75) 『周禮注疏』 권10, 地官司徒第2 大司徒, "散利者 謂豐時聚之 荒時散之 積而能散 使民利益 故云 一曰 散利 … 散利 貸種食也者 謂豐時斂之 凶時散之 其民無者 從公貸之 或為種子 或為食用 至秋熟還公 據公家為散 據民往取為貸 故云 散利 貸種食云".

76) 『周禮注疏』 권15, 地官司徒下 泉府, "凡民之貸者 與其有司辨而授之 以國服為之息".

77) 정동준, 2020, 「경제적 측면에서 본 고대사회의 진휼」, 『한국고대사연구』 99, 한국고대사학회, pp.112-113.

78) 孫煥一, 2008, 「百濟 木簡 「佐官貸食記」의 分類體系와 書體」 『韓國思想과 文化』 43, 한국사상문화학회, pp.108-109; 李鎔賢, 2008, 「佐官貸食記와 百濟貸食制」, 『百濟木簡』, 국립부여박물관, pp.62-63; 노중국, 2009, 「백제의 救恤·賑貸 정책과 '佐官貸食記' 목간」, 『백산학보』 83, 백산학회, pp.226-230; 홍승우, 2009, 「「佐官貸食記」 木簡에 나타난 百濟의 量制와 貸食制」, 『목간과 문자』 4, 한국목간학회, pp.47-53; 戴衛紅, 2014, 「중·한 "貸食簡" 연구」, 『대동문화연구』 88, 성균관대학교 대동문화연구원, p.61.

79) 서길수, 2009, 「백제의 佐官貸食記와 利子」, 『백제 좌관대식기의 세계』, 국립부여박물관·경기대학교전통문화콘텐츠연구소, pp.181-182; 미카미 요시타카(三上喜孝), 2009, 「백제 「좌관대식기」 목간과 일본고대의 出擧制」, 『백제 좌관대식기의 세계』, 국립부여박물관·경기대학교전통문화콘텐츠연구소, pp.233-239; 정동준, 2009, 「「佐官貸食記」 목간의 제도사적 의미」, 『목간과 문자』 4, 한국목간학회, pp.21-30; 미카미 요시타카 저·오수문 역, 『일본 고대의 문자와 지방사회』 경북대학교 인문학술원 HK+사업단 번역총서 5, 진인진, pp.260~262.

80) 스즈키 야스타미(鈴木靖敏), 2009, 「7세기 백제와 왜국의 교류」, 『백제 "좌관대식기"의 세계』, 국립부여박물관, pp.60-63.

81) 刘梦娇, 2016, 「秦簡所反映的官方借貸活动」, 『攀枝花学院学报』 33-03, 攀枝花学院, pp.62-63.

82) 김종희, 2023, 「秦代 縣庭의 대여·상환체계와 平價」, 『중국고중세사연구』 68, 중국고중세사학회, pp.31-33. 다양한 곡물을 대여할 때에 대여해 준 각종 곡물을 平價하여 錢으로 환산한 비율과 함께 기록하였고 이를 회계에 반영하였다.

糶제도도 있었다. 지방업무의 하나로 唐代까지 이어진 種糶을 일본 出擧制의 기원으로 보기도 한다.[83]

둘째, 중국 고대에는 상환능력에 따라서 대상을 구분하여 借貸하였다. 전술하였듯이 『周禮』 地官, 泉府조에서도 확인되고 〈睡虎地 秦簡〉의 法律答問에서도 상환능력을 판별하여 엄격하게 심사하였다고 하므로 秦漢代의 借貸는 특히 상환능력이 있는 신분이 보장된 정착민을 대상으로 실시하였음을 알 수 있다.[84] 〈주마루 오간〉의 貸食簡에서도 貸食의 대상을 吏, 民, 貧民 등으로 구분하였고, 빈민을 대상으로 한 貸食은 특히 細目簡뿐 아니라 總計簡도 별도로 작성하였다.[85] 이렇게 구분하는 이유는 빈민을 대상으로 한 대식은 賑貸로 인정할 수 있으므로, 후술하겠지만 일반 民 貸食과 달리 이자나 상환시기 등이 다르기 때문일 것이다.

셋째, 상환은 주로 추수기였지만 다른 시기도 가능했다. 秦漢代에는 대여기간을 초과하면 바로 처벌하지 않고 30일 정도의 납입기한을 주었으며,[86] 이자 수취기간은 보통 1년이지만 월이자로 받았을 가능성도 제기되었다.[87] 〈주마루 오간〉에서 民 貸食은 곡물을 대여한 다음 해에 주로 상환되었고 상환 시기는 秋納이 가장 많았지만 봄철에도 있었다.[88] 〈주마루 오간〉이 賑貸 차원의 貸食이라면 무이자거나 저리였을 것이므로 봄철보다 추수 이후 상환하는 것이 유리한데도, 춘궁기에 무리해서라도 상환해야 했다면 월이자가 있어서 이자부담을 덜기 위해서거나, 전년 借貸를 다음 해 봄에 상환한 것일 가능성이 있다.[89]

넷째, 借貸에는 이자가 전제되어 있고[90] 賑貸의 이율과는 차이가 있었다. 王莽代 賑貸의 일환인 賒貸法에서 연이자는 10%였고[91] 漢代의 官府가 빈농에게 지급한 賑貸의 이율도 연 10%였다는데 이는 시중의 절반이었다고 한다.[92] 漢代의 官 借貸의 이율은 최대 100%라는 기록도 있지만 최소 20% 이상으로, 賑貸의 10% 이율과는 확연한 차이를 두었다.[93] 〈주마루 오간〉에서 貸食의 이율이 연 50%라는데[94] 이 이율은 빈민이 아

---

83) 谷口建速, 2010, 앞의 논문, p.55.

84) 『周禮注疏』 권15, 地官司徒下 泉府,. “凡民之貸者 與其有司辨而授之 以國服為之息”; 수호지진묘죽간정리소조 편/윤재석 역, 2010, 『수호지진묘죽간 역주』, 소명출판, p.69 法律答問, “貸人贏律及介人，何謂‘介人’ 不当貸，貸之，是謂‘介人’”; 刘梦娇, 2016, 앞의 논문, pp.62-63.

85) 谷口建速, 2010, 앞의 논문, p.46.

86) 김종희, 2023, 앞의 논문, p.41, p.58.

87) 石洋, 2018, 「秦汉时期借贷的期限与收息周期」, 『中国经济史研究』, 2018-5, 中国社会科学院经济研究所, pp.24-25; 김종희, 2023, 앞의 논문, pp.28-29.

88) 谷口建速, 2010, 앞의 논문, p.47에서 2~5월에는 1~2건, 9~12월의 경우 5~9건으로 분포되어 있다. 흔히 춘궁기로 알려진 봄철에도 상환이 한 두건씩 있다는 점은 중국 吳지역의 온난다습한 기후로 곡물 생산 사이클에 여유가 있기 때문인지 種米 대여 후 남은 곡식을 반납했을 따름인지는 알 수 없다.

89) 石洋, 2018, 앞의 논문, pp.19-26. 진한대의 차대는 보통 춘대추납으로 1년의 사이클이 있지만 실제로는 8개월가량의 기간이었다고 한다. 1년 안에 상환하는 것을 원칙으로 하지만 일정기간(약 6개월 정도) 상환을 연기하는 것도 가능했으며, 월이자가 있었다고 하는데 주로 錢의 차대를 예로 들고 있다.

90) 戴衛紅, 2014, 앞의 논문, p.51.

91) 왕망 때의 賒貸制는 전한대의 황제들이 자연재해시 농민에게 貸種食한 賑貸를 제도화한 것으로 주요대상은 중소상공업자였다. 중소상공업자가 산업을 일으키려 하는데 자금이 없으면 연간 10%의 이자로 빌려주던 제도이다(임중혁, 1995, 「왕망의 개혁과 평가」, 『동양사학연구』 51, 동양사학회, p.43).

92) 정동준, 2020, 앞의 논문, p.114.

93) 石洋, 2018, 앞의 논문, p.17의 주1.

니라 적어도 일반 民이나 吏에 대한 貸食이었을 것이다. 모든 대상에게 50%의 이율이 적용되었다면 굳이 〈주마루 오간〉에서 貸食의 대상을 貧民, 民으로 구분할 필요가 없기 때문이다. 唐의 이율도 대체로 50%였을 것으로 추정되고 있어서[95] 중국 고대사회에서 官이 운영하는 借貸의 이율은 대체로 50%이하라는 인식이 있었을 것으로 추정할 수 있다.

다섯째, 제대로 상환받지 못하면 借貸 관련 관리들에게 그 책임을 돌렸다. 구체적으로 진한대에는 대여물을 훼손하거나 借貸者의 사망으로 상환이 불가능하게 되면, 借貸해준 관리(官嗇夫, 吏主)가 대신 갚도록 하고, 借貸한 사람이 갚을 능력이 없으면 勞役으로 대체하게 하였다.[96] 게다가 官物을 사사로이 借貸하면 벌금형에 처하고 그를 '盜'로 간주했다는 점에서 借貸를 운영하는 관리들이 사적으로 轉用할 가능성을 차단하려 하였다.[97]

이처럼 고대 중국의 借貸는 궁극적으로는 인민의 재생산을 위한 사회 안정책의 일환으로 실시되었겠지만, 借貸를 상환하지 못하면 官物을 훼손한 것이 되어 국유재산 불가침 원칙이 적용되었다.[98] 借貸의 상환가능성을 심사한다거나 차대를 운영하는 관리에게 상환의 연대책임을 지웠다는 것은, 借貸를 운영하는 관리의 착복 가능성이 높고 사실상 回收率이 높지 않다는 점을 반증한다. 고대 일본의 出擧도 회수에 어려움이 많았고, 조선전기의 國庫穀 還上 때에도 회수가 쉽지 않아 원곡 보존과 官의 운영비 마련을 위해 이율이 점차 올라갔으며,[99] 결국 양난 이후에 환곡은 조세화되었다. 중국의 고대국가에서 운영하던 借貸가 단편적이기는 하지만 백제의 貸食제도나 고대 일본의 出擧제도에 영향을 끼쳤다는 데에는 재론할 필요가 없을 것이다.[100]

창고를 관리하는 입장에서 借貸나 賑貸을 실시할 때 이율은 보관물품의 수량을 파악하고 이를 상부에 보고하는데 대단히 중요한 문제이다. 구휼을 위해 貧民 貸食을 실시한다고 해놓고 실제로 民의 貸食 이율을 적용한다면 수탈이 되는 것이고, 民의 貸食을 실시할 때 賑貸 수준의 이율을 적용하면 상환 후의 곡식량이 현저히 적을 것이기 때문이다.

전근대사회에서 倉穀의 양은 국가 재정과 직결되는 문제였다. 倉穀의 출입과 절차, 장부와 실제의 수량

---

94) 戴衛紅, 2014, 앞의 논문, pp.50-51에서는, 빈민과 둔전민 및 일부 관리들에게 양식과 종자를 빌려준 경우 유상대여였다고 하였고 50%의 이자율을 적용받은 대상에 대해서는 명확하게 언급하지 않았다. 다만, 50%의 이자율을 제시한 간독은 총 5례였는데, 빈민으로 추정되는 사례는 없었다.

95) 미카미 요시타카(三上喜孝), 2017, 「東아시아의 法規範 전파의 실태와 出土文字資料」, 『대동문화연구』 99, 성균관대학교 대동문화연구소, pp.151-152. 당 율령에서 관이 운영하는 出擧 이율이 50%라는 조문은 현재 발견된 바가 없지만, 일부 복원된 당령의 출거 규정이 일본 養老雜令 20조과 유사해서 당령을 거의 그대로 이어받았을 것이며, 10세기 돈황문서의 편곡력 이자가 모두 5할이었다는 점에서 唐의 출거 이자도 50%였을 것이라고 한다.

96) 刘梦娇, 2016, 앞의 논문, p.66; 김종희, 2023, 앞의 논문, pp.40-47. 노역한 일수에 따른 노동의 대가를 錢으로 환산해서 "贖計", "貲責計"에 반영했다고 한다.

97) 刘梦娇, 2016, 앞의 논문, p.64; 김종희, 2023, 앞의 논문, p.6.

98) 刘梦娇, 2016, 앞의 논문, p.67.

99) 강제훈, 1998, 「朝鮮初期 國庫穀의 還上 운용」, 『한국사학보』 5, 고려사학회, pp.94-95.

100) 三上喜孝, 2017, 앞의 논문; 鈴木靖敏, 2009, 앞의 논문, pp.60-63.

이 맞지 않으면 秦漢代에서 隋唐代에 이르기까지 일관되게 법적제재의 대상이 되었다. 〈睡虎地 秦簡〉의 倉律에서는 入出庫時에 창고에 보관 중인 곡물 양을 계산하도록 했고 그 결과가 원래 창고 기록 내용과 부합하는 경우에만 출고하게 하며, 곡식의 도정률을 공식화하여 누수가능성을 차단하였고 곡물 양이 부족[不備]하면 창고 담당자가 배상하도록 하였다.[101]

『삼국사기』에서는 物藏庫를 漢祇部 夫道에게 맡긴 이유로 글쓰기와 산술에 능숙[工書算]했기 때문이라고 하였다.[102] 物藏庫는 국가 재정을 맡은 稟主의 기원인지 왕실 재정기구인 物藏典의 기원인지는 논란이 있지만[103] 신라 최초의 재정기구라고 할 수 있다. 신라의 직관에는 창고와 관련된 수많은 관명을 전함으로써 창고 운영이 신라 재정관리의 핵심이라 할 수 있으며[104] 신라의 재정구조를 계승·정비시킨 고려의 국가재정기구도 재정항목에 따라 창고가 나눠져 있었다.[105]

재정업무와 직결하는 창고와 관련된 산술업무는 어느 정도의 수준을 말하는 것일까. 秦漢代의 간독에서 발견되는 산술서나 『九章算術』 등에는 국가 운영에 필요한 다양한 사례와 수학 계산법이 실려 있는데, 재정업무와 관련해서는 곡식의 소모량[耗租] 계산법이나 여러 도정 단계에 따른 곡식량의 차이, 서로 다른 곡식 간의 환산 계산법 등이 있다.[106] 『구장산술』은 신라와 고려에서도 산학의 하나로 등장하고 있고[107] 고려의 산학시험은 『구장산술』의 일부를 외워 시험쳤을 정도였다고 한다.[108]

이와 같이 창고 물품의 관리에 대한 법제가 엄격한 상황에서 차대의 이율 차이는 차대 운영 주관자와 倉穀의 관리자 모두에게 대단히 중요한 문제였을 것이다. 借貸할 때 민과 빈민을 구분하여 이율을 다르게 적용하였다면 상환액에 큰 차이가 나게 되거나, 중앙정부에서 賑貸하도록 결정하지 않았는데 진대의 이율로 상환받아서 곡식량에 문제가 생기면 창고관리 실무자의 考課에서 불리할 뿐 아니라 그 자신이 변제해야 하는 최악의 상황까지 초래할 수 있기 때문이다.

秦漢代의 倉穀과 유사한 규정은 唐의 창고령에서도 확인되는데,[109] 창고에서 결손[欠]이 있으면 담당 관원에게 그 부족분을 징수토록 하거나, 관물에 "부족하거나 잃은 것[欠失]"이 있을 경우 장부와 대조해서 그

---

101) 수호지진묘죽간정리소조 편/윤재석 역, 2010, 앞의 책, pp.96-100 倉律, "…出禾, 非入者是出之, 令度之, 度之當堤(題) 令出之. 其不備, 出者負之; 其贏者, 入之…"; pp.110-111, "爲粟廿斗, 舂爲米十斗; 十斗粲, 毀(毇)米六斗大半斗 …".

102) 『三國史記』 권2, 신라본기2 沾解尼師今 5년(251), "春正月, 始聽政於南堂 漢祇部人夫道者 家貧無諂 工書算 著名於時 王徵之爲阿湌 委以物藏庫事務."

103) 이미란, 2022, 「신라 중고기 국가조영사업 연구」, 부경대학교 박사학위논문, pp.70-71.

104) 이동주, 2021, 「신라의 창고 관리와 운영」, 『신라문화』 58, pp.316-318(윤재석 편, 2022, 『고대 동아시아 물자 유통과 관리(경북대학교 인문학술원 HK+사업단 연구총서 3)』, 진인진에 재수록).

105) 안병우, 2002, 『고려전기의 재정구조』, 서울대학교 출판부, pp.43-65.

106) 崔振默, 2011, 「張家山漢簡 『算數書』의 "程"과 中國古代 생산과 기술의 표준화」, 『중국학보』 63, 한국중국학회, pp.143-148.

107) 『三國史記』 권38, 雜志7 職官上, "或差算學博士若助教一人 以綴經三開九章六章 教授之".

108) 차종천 역, 2000, 『九章算術 周髀算經』, 범양사, p.253.

109) 『唐律疏議』 廐庫16, 假借官物不還조; 雜律 57, 棄毁官私器物; 中國社會科學院歷史研究所天聖令整理課題組 校證/天一閣博物館 編, 2006, 『天一閣藏明鈔本天聖令校證 附唐令復原研究 下』, 中華書局, pp.196-211 卷第23 倉庫令, 현19조·20조, 唐12條 등이 그것이다.

欠失된 물품으로 채워야 했다.[110] 물론 창고에서의 "부족하거나 잃은 것[欠失]" 외에, 물품을 창고에서 꺼냈는데 백성이나 관리에게 주지 않고 보관하고만 있어도 처벌받았다.[111]

창고관리자가 창곡의 수납을 엄격하게 관리하고 확인했던 점은 위와 같은 법 규정 외에 〈주마루 오간〉과 같은 간독에서도 찾아볼 수 있다. 이를테면 "入東鄕嘉禾二年還所貸食嘉禾元年私學限米十二斛九斗五升冑畢‖ 嘉禾二年十月廿日劉里丘劉棠關邸閣 董基付三州倉吏鄭黑受"라는 4310호 入米細目簡은 '東鄕에서 가화 2년에 상환한 貸食은 嘉禾 元年 私學限米 12斛 9斗 5升으로 납부를 완료했다. 가화 2년 10월 20일에 劉里丘 劉棠이 邸閣 董基를 통해서[關] 三州倉吏 鄭黑에게 부쳐서 (鄭黑)이 受했다'고 이해할 수 있다.[112] 상환된 곡물은 먼저 邸閣(州中倉吏)이 받았고[113] 다시 三州倉으로 보내어 三州倉吏인 鄭黑이 수납하면 이를 확인하여 서명한 후 "受"라고 기재한 것이다.[114]

이상 고대 중국의 차대의 특징을 〈배산성 목간〉과 비교해보면 다음과 같은 사실을 알 수 있다. 첫째, 배산성 목간에 보이는 借와 受는 村(또는 村民)에게 借貸한 곡식을 상환받아 창고에 受納한 사실을 전제한 목간이다. 실제로 借가 村別로 시행되었는지 촌에서 다시 촌 내부의 개인에게 실시되었는지 배산성 목간만으로는 알 수 없다. 다만 배산성 목간은 〈주마루 오간〉의 細目簡과 같이 일 단위의 수납 사실이 아니라 1년 범위에서 월 단위로 기록되어 있다. 〈주마루 오간〉에서는 일 단위의 상환 및 수납사실을 기록한 세목간 뒤에 보름이나 한 달 간격으로 某鄕에 입고된, 백성들이 某年에 빌린 곡식의 小計簡을 작성했다.[115] 〈주마루 오간〉에서는 월별 小計簡을 다시 某鄕의 1년 범위의 월별로 정리한 간독은 보이지 않지만, 〈배산성 목간〉은 〈주마루 오간〉의 월별 小計簡을 다시 촌 단위의 월별 失受 부분만 별도로 정리한 자료이다.[116]

---

110) 위의 책, pp.196-197. 唐의 倉庫令을 계승한 宋의 倉庫令 현19조, "諸倉庫受納, 於後出給. 若有欠者, 皆理專當人以下, 以經分付理後人. 理獲訖, 隨便輸納, 有賸付帳申" 및 20조, "諸欠失官物, 幷勾獲合理者, 竝依本物理填. 其物不可備及鄕土無者. 聽準價直理送. 即身死及配流, 資産竝竭者, 勿理."
그 외에 唐律 廐庫令에는 관물을 빌리고 상환하지 않거나, 監臨主守者가 庫(武器·綿·絹 보관)를 출입한 자를 수색·검사하지 않거나 자기 관할 하의 官奴畜産을 빌렸거나 사사로이 빌려주었거나 했을 때의 처벌 규정이 제시되어 있다(『唐律疏議』 廐庫 13 監主借官奴畜産; 廐庫 15 庫藏主司搜檢; 廐庫16 假借官物不還; 廐庫 17 監主貸官物).

111) 『唐律疏議』 廐庫 28 官物當應入私조의 율문, "諸官物當應入私, 已出庫藏而未付給"의 疏議 "議曰, 謂官物應將給賜, 及借貸官人及百姓, 已出庫藏, 仍貯在官, 而未付給之間".

112) 《長沙走馬樓三國吴簡·竹簡(肆)》 4310. 師客·邸閣·三州倉吏는 직명이고, 董基·鄭黑은 인명이라고 한다. 冑는 "逐"로 읽는데 逐는 "求取"라는 뜻이어서 "冑畢"는 납부를 완료했다는 의미이다(张显成, 2017, 「走马楼三国吴简中的姓氏语料价值一以《汉语大词典》、《汉语大字典》爲参照」, 『长沙简帛研究国际学术研讨会论文集』, 长沙简版博物馆 編, 中西书局, p.237). 여기서 關邸閣의 關은 민이 상환할 때 상환량과 이름을 邸閣(창고의 관리)에게 '關한다(경유하다, 보내다)'는 내용이라고 한다(魏斌, 2006, 「走马楼所出孙吴贷食简初探」, 『魏晋南北朝隋唐史资料』 23, 武漢大學 中國三至九世紀研究所, p.48 주38).

113) 魏斌, 2006, 앞의 논문, p.34.

114) 谷口建速, 2010, 앞의 논문, p.44.

115) 예를 들면 "·右平鄕入民所貸食嘉禾元年吏師客限米九斛"라는 명문에서 윗부분에서 4㎝ 떨어진 흑점(·)은 모향의 결산을 의미하고 "右는 平鄕에서 嘉禾元年에 民 貸食에서 상환되어 입고된 吏師客 限米 9斛"이라는 의미로 추정된다(戴衛紅, 2014, 앞의 논문, p.38).

116) 강나리, 2023, 앞의 박사학위논문, pp.84-85.

둘째, 〈배산성 목간〉의 내용이 〈주마루 오간〉에서처럼 村의 細目簡을 전제로 정리된 장부임을 알 수 있다. 즉 배산성 창고에서도 〈주마루 오간〉 細目簡에서처럼 들거나 나가는 곡물에 대한 날짜별 細目簡이 있었을 것인데,[117] 곡물이 들어오면 창고 관리자가 발송자와 날짜 및 액수를 확인한 후 "受"라고 표기했을 것이다. 그런데 창고 관리자가 "受"하긴 했는데 그 액수에 중국의 창고 법규정에서처럼 "부족하거나 잃은 것[欠失]"이 있다면 어떻게 했을까. 細目簡에서는 발신자와 곡식의 양을 기록했겠지만, 받은 양을 월별이나 연별로 점검하여 "부족하거나 잃은 것[欠失]"을 별도로 기록해야 하지 않았을까. 〈배산성 목간〉에서 "失受"는 창고 관리자 즉 본 목간 서사자의 입장에서 날짜별 세목간을 월별 단위로 점검하여 을해년이라는 기간 동안 "欠失"의 보충을 위한 근거자료로 활용되었을 것이다.

셋째, 〈배산성 목간〉에서의 창고 관리자는 단순히 곡식의 출입을 기록한 것이 아니라, 일정량의 수납액을 예상한 장부가 있고 이것이 장부와 맞지 않았기 때문에 〈배산성 목간〉을 작성하였다. 전술했듯이 秦漢代부터 唐宋代까지 倉庫 규정에서 공통적으로 볼 수 있는, 장부와 실제 수량에 '欠失'이 있는지를 점검한 이유는, 기대되는 受의 양이 있었는데 여기에 失이 발생하였으므로, 失受를 별도로 모아 기재하여 村別로 상환하게 한 것이다. "失受"가 발생한 원인은 목간 내용 안에서는 "3월 1일 不□"도 포함되어야겠지만 "借"에 수반되는 이자까지 충분히 상환되지 못해서일 가능성이 높다. "借"에 대한 이율이 단순히 年利였고 추수 후에 상환해도 되었다면 3월에 여러 차례 受한 것이 큰 문제는 아닐 것이다. 그러나 〈배산성 목간〉에서는 춘궁기인 3월안에 상환을 완료하려 했다. 3월 1일에 "不□"했지만 굳이 4월로 넘기지 않고 3월 안에 상환할 액수를 맞추려 했다는 점에서, 〈배산성 목간〉의 이자가 月利였고 이율이 높았을 것임을 짐작할 수 있다.[118]

V. 거점성에서 비축곡 借貸의 의미

『周禮』 地官, 泉府조에서는 민에게 받은 세금을 민에게 이식하여 나라의 재용을 마련하는 방법을 소개하고 있다.[119] 이를 근거로 후대의 동아시아 전근대 국가들은 세입으로 마련한 비축곡을 인민에게 借貸·賑貸·常平糶糴하거나, 義倉, 社倉 등을 마련하여 다양하게 활용하려고 시도했다.[120]

전근대 한반도의 역사에서도 비축곡을 借貸·賑貸한 사례를 찾아볼 수 있다. 賑貸의 경우 주지하다시피 고구려의 賑貸法을 들 수 있는데, 고대 중국과 달리 凶時에 한정되지 않고 每年 대여할 수 있었으며, 대여는 3월부터 7월까지 가능했고 10월 이후에 상환하도록 규정되었다.[121] 그런데 고구려에서는 賑貸 외에 借貸

117) 하시모토 시게루, 2023, 앞의 발표문, p.48.
118) 참고로 일본의 養老雜令 19조에 따르면 월이자가 아니라 60일마다 이자를 내도록 규정되어 있다.
119) 『周禮注疏』 권15, 地官司徒下 泉府, "民之貸者 與其有司辨而授之 以國服為之息 凡國事之財用 取具焉."
120) 『경세유표』 권12, 地官修制 倉廩之儲 1.
121) 『삼국사기』 고구려본기4, 고국천왕 16년(194) 冬10月, "…每年自春三月, 至秋七月, 出官穀, 以百姓家口多小, 賑貸有差, 至冬十月還納, 以爲恒式."

의 흔적도 찾아볼 수 있다. 『신당서』 고구려전에는 "도둑질한 사람에게는 (훔친 물건의) 10여 배를 징수하였다. 만약 가난하여 징수할 것이 없거나, 公私債로 빚을 진 사람에게는, 모두 그의 자녀를 노비로 주어 보상하게 한다"고 하였다.[122] 債는 借貸 또는 借貸로 인해 생겨난 채무로[123] 公債는 국가가 운영하는 借貸를 뜻하는데, 상환 불가능할 경우 盜로 취급한다는 점에서 고대 중국의 借貸 규정과 유사하다.

신라에서는 문헌에 官 借貸 기록은 보이지 않았지만 민간차대[私債]에 대한 기사가 있다. 『신당서』 신라전에는 곡식을 빌렸다가 상환하지 못하면 노비로 삼는다거나[124] 『삼국사기』에서 효녀 지은이 가난으로 자신을 노비로 팔았다가 효종랑이 채무를 갚아주자 從良되었다고 한다.[125] 채무를 상환하지 못하여 자녀나 자신을 노비로 파는 행위는 占有質로 부채를 상환하면 종량되는 勞動消却債奴制의 일종이다.[126] 고대 중국에서도 借貸를 상환하지 못한 자에게 노역을 시켜 하루 일당만큼씩 부채를 감하는 방식도[127] 여기에 속한다.

신라의 遺制를 기반으로 하되 唐 율령의 영향을 받은 고려는, 景宗 5년(980) 4월에 公私 借貸의 이율을 33%로 정했는데[128] 이것이 식화지 借貸조에 실린 고려 借貸의 법정이율이다.[129] 그러나 실상은 법정이율을 넘기기 일쑤여서 『고려사』 식화지 차대조에는 子母相侔, 子母停息 외 오래된 官穀을 백성에게 강제로 借貸하는 것을 금지하는 등의 조치가 이어진다.[130] 借貸 이율 통제와 여러 禁制의 배경에는 고려 정부의 稅入 항목 중에 田租와 雜稅 외에 관영 借貸가 있었기 때문이다. 고려의 중앙과 지방 관아에서는 재원마련을 위해 소속 倉에 비축된 곡식을 借貸하고 官馬寶 등의 寶를 설치하여 그 이식을 취하여 재원을 늘리고 改色하였다. 新興倉과 長生庫와 같은 국가와 왕실 창고뿐 아니라, 지방의 義倉이나 軍資穀을 보관한 倉에서도 借貸가 시행되었을 것이라고 한다.[131]

賑貸를 위해 설치한 常平倉이나 義倉과 군량을 비축한 軍資穀은 전혀 다른 목적을 가졌지만, 고대 중국에서도 상평창과 의창이 軍資로 전용되는 경우가 많았다. 상평창은 漢代에 荒政을 목적으로 설치되었다고 하지만, 사실 선제 五鳳 4년(B.C. 54)에 처음 설치되었을 때도 內地가 아닌 邊郡에 먼저 설치되었다. 상평창이 단순히 荒政만을 위해 설치한 것이라면, 內地를 제외하고 邊郡에만 설치한 것은 의아한 일이다. 상평창은

---

122) 『周書』 권49, 이역열전 고려전, "盜者, 十餘倍徵贓. 若貧不能備, 及負公私債者, 皆聽評其子女爲奴婢以償之."

123) 刘梦娇, 2016, 앞의 논문, p.65. 睡虎地 秦簡의 爲吏之道에는 "貰責在外"에서 貰는 借貸이고 責은 債의 古字인데, 차대로 만들어진 채무라는 의미라고 하였다.

124) 『신당서』 권220, 열전 145 동이열전 신라조, "…息穀米於人 償不滿 庸爲奴婢".

125) 『삼국사기』 권48, 열전8 孝女知恩조, "就富家請賣身爲婢 得米十餘石…又償買主以従良".

126) 서길수, 1981, 「고대의 대차관계 및 이자에 관한 연구」, 『경제사학』 5, 경제사학회, pp.9-12; 2009, 앞의 발표문, pp.181-182.

127) 刘梦娇, 2016, 앞의 논문, p.66; 김종희, 2023, 앞의 논문, pp.40-47.

128) 『고려사절요』 권2, 경종 5년 4월조.

129) 『高麗史』 권33, 食貨志2 借貸조, "凡公私借貸, 以米十五斗, 取息五斗, 布十五匹, 取息五尺, 以爲恒式."

130) 子母相侔은 차대한 원금과 이자 액수가 같아지면 이자를 받지 못하게 하는 것이고 문종 원년(1047)에 제정되는 子母停息 법의 모태가 되었다고 한다(한국정신문화연구원 역사연구실, 1996, 『역주 고려사 식화지』, 한국정신문화연구원, pp.354-355; 서길수, 1981, 앞의 논문, pp.10-11).

131) 안병우, 2002, 『고려전기의 재정구조』, 서울대 출판부, p.295, pp.394-395.

애초에 10만 이상의 戍卒의 軍糧을 내지에서 변군으로 漕運할 부담을 줄이기 위해 "북변에 식량을 공급하고 (내지로부터의) 轉漕의 부담을 줄이기 위한" 것이었다고 한다.[132] 隋代에 처음 출현한 의창제도도 사실상 비축곡으로 인식되어 대규모 군사활동과 토목사업이 있었던 隋煬帝代에 변경지대에 집중적으로 설치되어 군량으로 전용되었다고 한다. 이는 唐高宗代에도 마찬가지인데 借貸가 아니라 賑貸를 목적으로 설치한 의창마저도 재정압박이 있을 때 이를 보충하는 수단으로 변질되었다.[133] 荒政을 목적으로 상평창, 의창에 비축곡을 저장해두어도 賑貸로 운영하면 회수율이 낮고 비축곡이 소모되기 때문에 이율을 높여 借貸로 전환시켜 추가곡을 확보하여 재원으로 활용한 것이다.

이러한 경향은 조선조에서도 볼 수 있다. 조선 초에는 국가가 운영하는 借貸를 還者[還上]라고 불렀는데, 義倉이든 國庫穀이든 문서상으로 구분시킨 것이고 실제로는 비축곡으로 취급되었다고 한다. 國庫穀은 주로 軍需用 즉 軍糧으로 사용하였기 때문에 軍資穀이라고도 불렀다.[134] 당시 환자한 비축곡은 의창보다 國庫穀(軍資穀)의 환자가 압도적인 비중을 차지했다고 한다.[135] 태종대부터 세종대까지 해마다 국고곡을 환자하자는 요청이 있었는데 그 이유는 조선 초의 官司 재정과 관련있다. 조선 초에는 매번 작황을 직접 조사해서 收稅하던 踏驗法의 체제하에 있었다. 이 때문에 各司別로 운영할 재정이 매번 일정하지 않았으므로 각사의 경상비 마련과 비축곡의 改色을 위해 대규모로 國庫穀(軍資穀)과 의창의 還上이 이루어졌다.[136]

그런데 문제는 대규모로 실시된 환자의 회수가 제대로 이루어지지 않았다. 의창은 말할 것도 없고 국고곡의 환자에도 만성적인 회수 불능이 계속되자, 의창에도 이자를 받게 하거나 社倉制를 시도하기도 하였다.[137] 오래된 환자 징수를 보류해주거나 다른 곡물로 대납할 수 있게 하거나 장기 체납된 곡식 일부를 감면해주기도 하는 등의 조치가 이어졌다. 하지만 민의 경제적 기반이 불안정하고 조세부담이 과중되면서 금년의 환자를 받아 전년의 환자를 상환하거나 납세하기도 했기 때문에, 곡식 환자가 대규모로 실시되던 15세기에는 백성 대다수가 항상 정부에 채무를 진 상태였다고 한다.[138]

세종 26년(1444) 貢法 제정을 통해 각사별 재정이 안정되자 그 이전과 같은 대규모 환자의 필요성은 다소 줄어들었다. 하지만 양란의 발발 이후 지방재정의 재원이었던 官屯田, 衙祿田 등이 世家나 수령의 침탈로 줄어든데 반해 경상비가 늘어나지 않자, 17세기 이후 會錄法과 取耗補用의 영향으로 還穀이 賦稅化되었다.[139] 관영고리대로 전락한 환곡의 이자수입은 지방재정 수입에 높은 비중을 차지하게 되었다. 특히 지방

132) 김석우, 2019, 「漢代 荒政의 경계-內郡·邊郡을 중심으로」, 『중앙사론』 50, 중앙대학교 중앙사학연구소, p.382.

133) 정동준, 2014, 「백제 대식제의 실상과 한계」, 『역사와 현실』 91, 한국역사연구회, 2014, p.195.

134) 강제훈, 1998, 앞의 논문, pp.86-87.

135) 위의 논문, pp.94-95.

136) 위의 논문, p.95의 주26.

137) 위의 논문, p.100. 이 시기 군자곡의 이율은 연 40%에서 20% 사이를 오갔다.

138) 위의 논문, p.114.

139) 환곡의 부세화에 대한 연구는 송찬식, 1965, 「李朝時代 還上取耗補用考」 『역사학보』 27, 역사학회, p.45; 조세열, 1998, 「16세기 환자제 운영의 추이」, 『역사연구』 6, 역사학연구소, p.194; 오일주, 1992, 「조선후기 재정구조의 변동과 환곡의 부세화」, 『실학사상연구』 3, 역사실학회, pp.61-62. 진휼과 군자를 위해 원곡을 확보하고자 16~17세기부터 모곡의 일부를 공용

군사조직인 각 兵·水營 하의 각 鎭의 재정비중은 환곡 이자 수입이 압도적으로 높았다고 한다.[140] 地方軍이 주둔하는 山城, 鎭堡 등에서 운영하는 환곡의 부담이 극심하였는데, 한 마을에 일반 縣에서 운영하는 환곡[縣穀]과 병영에서 운영하는 환곡[城穀]을 동시에 강제로 부담시키는 경우가 많아 이에 대한 개혁안이 제시되기도 했다.[141]

이처럼 전근대 동아시아에서 여러 명목의 비축곡은 물론이고, 심지어 賑貸를 위한 義倉까지도 借貸되었음을 알 수 있었다. 특히 수당대나 고려·조선에서도 여러 창고의 비축곡은 관아나 군대의 재원 특히 軍糧로 전용되곤 했다. 국가 규모가 방대해지고 재정 수입구조가 악화됨에 따라, 민생 안정의 방법으로 시작된 賑貸는 국가나 지방의 유휴분의 곡식을 민간에 借貸하여 그 息利를 확보하는 방편으로 변질되어 간 것이다.

이와 관련하여 〈배산성 목간〉이 출토된 배산성지 집수지 2호에서 길이 51~57㎝의 대형 기와도 출토되었다. 이만한 크기의 대형 기와는 문무왕 12년(672)에 축조된 漢山州 晝長城의 53.5m 규모의 대형 건물지에서 출토된 대형 기와와 유사한 크기이다.[142] 배산성 출토 대형 기와가 대체로 7세기 전반으로 편년되고 있어, 주장성의 기와보다 다소 빠른 시기에 제작되었음을 알 수 있다.

축조 당시에도 4,360보의 둘레를 자랑하던 주장성은 성덕왕 21년(722)에 둘레 6,792보 5척의 규모를 가진 관문성 출현 전까지 신라에서 가장 규모가 큰 산성이다.[143] 대형기와가 출토된 주장성의 대형건물지는 남북 정면 16칸, 측면 6칸의 창고였을 것으로 추정되고 있는데, 지붕에 사용된 기와의 총 하중이 225t이고 보토 중량까지 합하면 지붕 하중만 463t에 달하는 중량을 견디는 건물이었다고 한다.[144] 주장성이 축조된 이유는, 당과의 석문전투에서 패한 이후 대대적인 축성사업을 통해 방어선을 구축했는데 1차 임진강 방어선의 중심은 칠중성이고, 2차 한강 방어선의 중심은 주장성이라고 하였다.[145] 이러한 주장성보다 먼저 초대형 기와가 사용된 곳이 바로 배산성지이다.

배산성지에서 아직 대형 기와를 올릴 만한 대형 건물지가 발굴되지는 않았지만 배산성지 2차 발굴조사에서 배산성지 1호 집수지의 서쪽에 집석시설을 갖춘 건물지의 일부가 조사되었다. 일부만 조사되어 건물지의 전체규모는 알 수 없고 이 건물지에서는 대형기와가 출토되지는 않았다. 하지만 이 건물지는 배산성 내에서도 조망권이 탁월하고 성 내 가장 중심부에 위치하고 있으며, 담장과 배수시설을 갖추고 정형성이 있는 석열을 칸으로 구획한 집석시설을 갖추고 있었다. 비슷한 시기에 축조된 이와 유사한 집석시설을 갖

으로 쓸 수 있도록 하는 會錄法(회계 장부에 기록)이 실시되어 耗穀(1/10 또는 3/10 등)의 회계를 시행해서 별창에 따로 모아 재정운용에 보충[取耗補用]할 수 있게 되자, 경외 각 衙門에서 재정 보충을 위해 여기저기 환곡을 설치하기 시작하였다.

140) 김옥근, 1983, 「朝鮮朝地方財政의 構造分析-監營 鎭 驛의 歲入構造를 中心으로」, 『논문집』 4, 부산수산대학, p.307.

141) 『경세유표』 권12, 창름지저 3.

142) 부산박물관, 2021, 앞의 발굴보고서, p.98.

143) 『삼국사기』 권7, 신라본기7 문무왕 12년(672), "八月, 築漢山州晝長城 周四千三百六十步"; 『삼국유사』 권2, 기이2, 효성왕조. "始築闕門於毛火郡. 今毛火村 屬慶州東南境 乃防日本塞垣也. 周廻六千七百九十二步五尺 役徒三萬九千二百六十二人 掌員元眞角干".

144) 이동주, 2021, 앞의 논문(윤재석 편, 2022, 앞의 책, p.22).

145) 이상훈, 2016, 「나당전쟁기 신라의 대규모 축성과 그 의미」, 『한국고대사탐구』 23, 한국고대사탐구학회, pp.86-87.

춘 산성으로는 거제 둔덕기성이나 광양 마노산성 등이 있는데, 그 집석시설은 건물 내부의 방수와 습도조절이 필요한 음식물이나 물품을 보관하기 위한 창고시설이었을 것으로 추정되었다.[146]

신라가 배산성을 축조한 이후 이곳이 지방 지배의 거점이었다는 점에 대해서는 대부분의 논자들이 동의하고 있다.[147] 그러나 해발고도 254m의 높이가 대민지배보다는 방어에 유리한 환경이라는 점, 6세기 중후엽 단계에 신라의 모든 郡級 행정촌에 배산성과 같은 규모의 성을 축성하지는 않았다는 점, 8세기 중반에 배산성 인근에 평지 판축토성인 동래고읍성이 축조되는데 배산성도 廢城되지 않고 병존한 점 등에서, 배산성에 요구되는 역할이 단지 거칠산군의 治所만으로 국한된 것은 아닐 것이다.[148]

배산성과 축조시기와 축성기법이 유사한 석축산성으로 함안 성산산성, 김해 분산성, 남해 대국산성을 들 수 있다.[149] 그러나 배산성지는 북쪽 체성벽과 집수지 등 일부만 발굴되었는데도 영남권 최대 규모의 집수지와 주장성의 기와보다 제작시기가 빠른 대형기와, 6세기 중후반이라는 초축 시기 등 동시대 신라의 다른 지방에서 보기 드문 특징을 갖추고 있었다. 그러므로 나당전쟁에서 한강 방어선의 중심이었던 7세기 후반에 축조된 주장성에 못지않은 군사적 역할을 했을 것으로 추정할 수 있다.

고대 부산지역에 대한 신라 지배의 거점이라는 점 외에 주장성에 비견되는 배산성의 군사적 역할은 무엇일까. 5세기부터 신라는 왜의 공격루트에 대한 방어선을 구축하면서 점차 왜와의 戰線을 후방으로 후퇴시키고 있었다고 한다.[150] 필자는 소지마립간 15년(493)에 왜와 가야를 방어하기 위해 설치된 臨海鎭이 수

146) 부산박물관, 2020, 앞의 발굴보고서, pp.42-47, pp.135-137. 현대에 조성된 무덤 때문에 건물지의 일부만 발굴되어 전체 규모는 알 수 없지만, 발굴로 노출된 건물지는 배수시설과 기단석열을 기준으로 동서길이 1,280㎝, 남북너비 990㎝이라고 한다. 건물지 상부의 기와집적층에서 다량의 기와가 출토되었는데, 완형의 수키와와 암키와 길이는 모두 30㎝ 정도로 대형 기와는 아니다.

147) 심봉근, 2017, 「부산지역 고대 성지의 성격검토와 과제」, 『문물연구』 31, (재)동아시아문물연구학술재단 동아시아문물연구소, 2017, p.37; 나동욱, 2018, 앞의 논문, pp.372-373; 이용현, 2018, 앞의 발표문, p.64; 이수훈, 2018, 앞의 논문, p.200; 부산박물관, 2021, 앞의 보고서, pp.96-97; 하시모토시게루, 2021, 앞의 논문, p.457.

148) 배산성이 초축시기에 고대 부산지역에 대한 신라 지배의 거점이라는 점에 대해 필자는 동의한다. 그러나 중고기에 축조된 모든 성이 축조된 지역의 治所 또는 治所城이었다고 보기는 어렵다. 예를 들어 지증왕 5년(504)에 신라가 역부를 징발해 骨火城을 축조하였다고 하는데, 고경면 대의리에 있는 금강산성으로 비정된다. 금강산성은 신라시대 골화소국의 중심읍락이었다가 신라의 골화현으로 편제되었던 영천시 완산동과 지근거리에 있다. 골화현이 신라의 골화성이 축조된 지역이기는 하지만 실제로 신라에 편제된 후 고대 영천지역에서 대표읍락으로 존재했던 시기는 문헌에서는 찾아보기 힘들다. 필자는 〈영천 청제비〉 병진명에서 "衆祀村"을 골화지역으로 비정하였는데(이미란, 2024, 「영천 청제비 병진명으로 본 신라 중고기 塢의 축조와 그 운영」, 『신라문화』 64, 동국대학교 신라문화연구소, pp.126-127), 금석문에서도 골벌지역은 '骨火城'이 아니라 '衆祀村'으로 등장하고 있어, 골화성이 고대 영천지역에 대한 신라 지배의 거점성이기는 하지만, 골화지역의 치소성이었다고 볼 수 있는지 의문이다. 그러므로 배산성도 고대 부산지역에 대한 신라의 거점성이라고는 할 수 있고 郡의 治所였을 가능성을 부정하지는 않지만 치소성이라는 용어는 피하겠다.

149) 이미란, 2022, 「부산 배산성지에 대한 연구 현황과 논점」, 『지역과 역사』 50, 부경역사연구소, pp.375-378에 배산성과 동 시기 石城과의 비교 연구를 소개해 두었다.

150) 선석열, 2013, 「가야·신라시기 부산지역 대왜교류의 변화와 반전」, 『항도부산』 29, 부산광역시 시사편찬위원회, pp.119-121; 이미란, 2023, 「상대 신라의 군사거점 鎭의 설치와 고대 부산지역의 영역화 과정」, 『지역과 역사』 52, 부경역사연구소, pp.56-62.

영강 하구와 경주로 향하는 소위 동래단층로의 결절 지점인 배산성 자리에 있었다고 보았다.[151] 6세기 전반대에 김해 금관가야를 압박하기 위해 가야의 영향력하에 있던 다대포[多多羅原][152]에 이사부의 군대가 주둔했는데, 이사부의 士卒들이 마을에서 걸식했고 한다.[153] 다대포에서 3개월 이상 주둔했던 신라군이 인근에 있던 臨海鎭으로부터 軍糧을 수급받지 못한 이유는, 임해진이 최전방 군사거점으로서 기능했지만 안정적인 군량 조달이 가능한 지방지배의 대상으로 편제된 것은 아니었기 때문이다.[154] 가야와 왜에 대한 최전방 군사거점이었던 임해진 체제 하에서 거칠산의 재지사회는 일반적인 지방지배의 단위 즉 행정성·촌으로 바로 편제되지 못하고 臨海鎭의 통제를 받아 軍政 통치의 대상이었던 것이다.

그러나 당을 방어하기 위한 축조한 주장성 내부 시설에 비교될 정도의 내부시설을 갖춘 배산성이 6세기 중후반에 축조되었다. 6세기 이전에 비해 6세기 이후부터 문헌사료에서 왜와 관련된 갈등 기사가 현저히 줄어들었던 것은, 신라가 동남방면에 방어선을 구축함에 따라 직접적인 군사 충돌도 감소했기 때문이다.

대가야에 대한 공세 직전인 560년(진흥왕 21년, 일본 흠명 21년)부터 신라는 왜에 사신을 파견하기 시작하였다.[155] 갈등하던 상대와의 외교는 강력한 방어체제를 갖추었을 때야 비로소 가능하다. 잔존 가야세력에 대한 적극적인 공세를 전후한 6세기 중후반, 신라와 왜는 긴장관계였다. 561년 대가야 멸망 이후에 야마토 정권에서 신라사신에 대해 우호적이지 않은 점, 신라가 보낸 사신이 병부계 인물들인 점[156] 등에서 왜와 신라는 군사적 긴장 속에서 외교를 진행하고 있었음을 확인할 수 있다. 가야 멸망 전후에 이와 같은 배경에서 축조된 배산성은 왜에 대한 외교와 군사 거점으로서의 역할이 요구되었을 것이다.

앞서 고대 중국에서 변경지역에 비축곡을 두고 借貸하여 주둔군의 군량으로 활용하는 사례를 소개하였다. 물론 세부적인 차이가 있겠지만, 임해진에서 배산성으로의 전환도 그러한 측면에서 이해해 볼 수 있다.[157] 배산성 축조 전 임해진 단계에서 신라군이 다대포에서 군사활동을 할 때 군량 수급에 문제가 있었

---

151) 이미란, 2023, 앞의 논문, pp.60-62.

152) 김현구·박현숙·우재병·이재석 공저, 2009, 『일본서기 한국관계기사 연구(II)』, 일지사(2쇄), p.94; 이근우, 2012, 「고대의 낙동강 하구와 왜」, 『역사와 세계』 41, 효원사학회, p.7.

153) 『일본서기』 권17, 繼體天皇 23년(529) 4月 是月條.

154) 동래 복천동고분군에서 출자형 금동관과 같은 신라의 위세품이 나타나거나 신라양식토기 출토가 확산되는 양상을 보면, 부산의 재지세력에 대한 신라의 세력 재편이 진행되고 있었음을 알 수 있지만, 이것으로 고대 부산지역이 행정성·촌으로 편제되었다고 보기는 어렵다.

155) 『일본서기』 권19, 欽明天皇 21년(560) 秋9月; 22년(561) 是歲條 등.

156) 『삼국사기』 권5, 신라본기5 진덕왕 2년, "遣伊飡金春秋及其子文王朝唐 … 乃命其子文王大監□□"
『日本書紀』 卷29, 天武天皇 4年(675) 春二月 "是月 新羅遣王子忠元大監級飡金比蘇大監奈末金天沖第監大麻朴武摩第監大舍金洛水等進調 其送使奈末金風那奈末金孝福送王子忠元於筑紫".
李文基, 1997, 『신라병제사연구』, 일조각, pp.200-202.

157) 唐代의 사례이지만 참고할 만하다. '鎭守'는 점령지 혹은 전략적 요충지에 병사를 남겨두어 주둔시키는 것(行軍)을 의미한다. 이때 가장 문제가 되는 것이 군량이 소진되어 회군하거나 군량을 수급할 수 없는 문제인데, 이 때문에 당대에 장기간 변방을 주둔하는 새로운 변방체제 즉 장기 주둔하는 군으로 변화시켜 둔전을 경영하도록 하여 중앙에서 군량을 보급하는 수고를 덜게했다고 한다(이기천, 2023, 「唐代 行軍 운영의 변화와 節度使의 출현」, 『중국고중세사연구』 69, 한국고중세사학회, pp.90-96).

다. 그러나 배산성이 축조된 이후, 대형기와 제작시점이자 〈배산성 목간〉의 서사시점인 7세기 전반에는 배산성의 내부의 창고에서 비축곡이 있었고 이를 借貸하여 관할 村에 경영하고 있었음을 알 수 있다. 당시 신라의 모든 郡級 治所城이어서 借貸가 행해졌다고 판단하기에는 아직 이르다. 현 시점에서는 배산성에서 실시되었던 借貸는 신라의 군사 거점성에서 군사와 외교의 재원으로 쓰기 위해 재지사회에 借貸를 실시한 것으로 이해하겠다.

VI. 맺음말

이상으로 부산 배산성지 집수지 2호에서 출토된 〈배산성 목간〉의 목간의 내용과 목간을 둘러싼 신라사회의 일면을 살펴보았다. 먼저 잔편이 복원된 목간으로, 전면과 후면 모두 묵서를 확인했고 묵서는 시기를 달리하는 두 묵서가 겹쳐있음을 확인하였다. 이에 따라 〈배산성 목간〉의 주요 분석대상은 2차 묵서를 기준으로 하였다.

전면은 本波舍村이 2월에 곡식에 借貸한 후 3월부터 상환하였는데 상환액[受]에 失이 있었음을 점검한 문서이고, 후면은 失受에 대한 추가 "受"를 기록한 내용으로 보았다. 명문의 "借"와 "失"을 통해 곡식의 대여에 이자가 있었다고 판단하였다.

목간 내용의 사회경제적 맥락을 이해하기 위해, 고대 중국에서 실시되었던 借貸의 특징을 살펴보고 賑貸와 비교하였으며, 고려·조선의 借貸를 통시대적으로 고찰하여 전근대사회의 국가는 비축곡을 借貸하여 국가의 비상 수요 특히 軍糧을 조달하였음에 주목하였다. 이에 따라 6세기 중후반에 축조된 배산성도 신라의 對倭 방어를 위한 거점성으로, 〈배산성 목간〉에서 보는 바와 같이 軍資와 외교의 재정 마련을 위해 산성 내부 창고에 있던 비축곡을 借貸하였음을 알 수 있었다.

신라의 산성 집수지에서 다양한 목간이 출토되고 있어 당대 사회의 일면을 전하고 있다. 〈배산성 목간〉에서와 같이 배산성과 같은 군사거점성에만 借貸가 실시되었는지, 郡의 治所에서 일반적으로 차대가 시행되고 있었는지는 자료가 추가되면 차후에 관련 연구를 더하여 보완해 나가도록 하겠다.

투고일: 2024.05.01.　　심사개시일: 2024.05.31.　　심사완료일: 2024.06.17.

참고문헌

1. 보고서

국립가야문화재연구소, 2017, 『한국의 고대목간Ⅱ』, 국립가야문화재연구소.

부산박물관, 2019, 『盃山城址Ⅰ, 2017년 1차 발굴조사 보고서(부산박물관 학술연구총서 제61집)』.

부산박물관, 2020, 『盃山城址Ⅱ, 2018년 2차 발굴조사 보고서(부산박물관 학술연구총서 제65집)』.

부산박물관, 2021, 『盃山城址Ⅲ, 2019~2020년 배산성지 3차 발굴조사 보고서(부산박물관 학술연구총서 제71집)』.

2. 저서

한국정신문화연구원 역사연구실, 1996, 『역주 고려사 식화지』, 한국정신문화연구원.

김현구·박현숙·우재병·이재석 공저, 2009, 『일본서기 한국관계기사 연구(Ⅱ)』, 일지사(2쇄).

수호지진묘죽간정리소조 편/윤재석 역, 2010, 『수호지진묘죽간 역주』, 소명출판.

안병우, 2002, 『고려전기의 재정구조』, 서울대학교 출판부.

윤재석 편저, 2022, 『고대 동아시아 물자 유통과 관리(경북대학교 인문학술원 HK+사업단 연구총서3)』, 진인진.

李文基, 1997, 『신라병제사연구』, 일조각.

차종천 역, 2000, 『九章算術 周髀算經』, 범양사.

미카미 요시타카(三上喜孝) 저/오수문 역, 『일본 고대의 문자와 지방사회(경북대학교 인문학술원 HK+사업단 번역총서 5)』, 진인진.

中國社會科學院歷史研究所天聖令整理課題組 校證/天一閣博物館 編, 2006, 『天一閣藏明鈔本天聖令校證 附唐令復原研究 下』, 中華書局.

3. 논문

강나리, 2023, 「신라 중고기 세역제도 연구」, 고려대학교 박사학위논문.

강제훈, 1998, 「朝鮮初期 國庫穀의 還上 운용」, 『한국사학보』 5, 고려사학회.

김기민, 2023, 「배산성 출토 기와의 제작기법과 특징」, 『국가사적지정을 위한 배산성지 학술대회』 발표자료집(2023.11.24.), 부산광역시 연제구·부산대학교박물관.

김석우, 2019, 「漢代 荒政의 경계-內郡·邊郡을 중심으로」, 『중앙사론』 50, 중앙대학교 중앙사학연구소.

김옥근, 1983, 「朝鮮朝地方財政의 構造分析-監營 鎭 驛의 歲入構造를 中心으로」, 『논문집』 4, 부산수산대학.

김종희, 2023, 「秦代 縣庭의 대여·상환체계와 平價」, 『중국고중세사연구』 68, 중국고중세사학회.

김현우, 2023, 「배산성 출토 토기의 양상과 시간적 의미」, 『국가사적지정을 위한 배산성지 학술대회』 발표자료집(2023.11.24.), 부산광역시 연제구·부산대학교박물관.

나동욱, 2018,「부산 배산성지 출토 목간 자료 소개」,『목간과 문자』 20, 한국목간학회.
노중국, 2009,「백제의 救恤·賑貸 정책과 '佐官貸食記' 목간」,『백산학보』 83, 백산학회.
戴衛紅, 2014,「중·한 "貸食簡" 연구」,『대동문화연구』 88, 성균관대학교 대동문화연구원.
박남수, 2017,「신라 법흥왕대 '及伐尺'과 성산산성 출토 목간의 '役法'」,『신라사학보』 40, 신라사학회.
미카미 요시타카(三上喜孝), 2009,「백제「좌관대식기」목간과 일본고대의 出擧制」,『백제 좌관대식기의 세계』, 국립부여박물관·경기대학교전통문화콘텐츠연구소.
미카미 요시타카(三上喜孝), 2017,「東아시아의 法規範 전파의 실태와 出土文字資料」,『대동문화연구』 99, 성균관대학교 대동문화연구원.
서길수, 1981,「고대의 대차관계 및 이자에 관한 연구」,『경제사학』 5, 경제사학회.
서길수, 2009,「백제의 佐官貸食記와 利子」,『백제 좌관대식기의 세계』, 국립부여박물관·경기대학교전통문화콘텐츠연구소.
선석열, 2013,「가야·신라시기 부산지역 대왜교류의 변화와 반전」,『항도부산』 29, 부산광역시 시사편찬위원회.
송찬식, 1965,「李朝時代 還上取耗補用考」,『역사학보』 27, 역사학회.
孫煥一, 2008,「百濟 木簡「佐官貸食記」의 分類體系와 書體」,『韓國思想과 文化』 43, 한국사상문화학회.
스즈키 야스타미(鈴木靖敏), 2009,「7세기 백제와 왜국의 교류」,『백제 "좌관대식기"의 세계』, 국립부여박물관·경기대학교전통문화콘텐츠연구소.
심봉근, 2017,「부산지역 고대 성지의 성격검토와 과제」,『문물연구』 31, (재)동아시아문물연구학술재단 동아시아문물연구소.
안성현, 2023,「부산 배산성의 성격과 특징」,『국가사적지정을 위한 배산성지 학술대회』 발표자료집(2023.11.24.), 부산광역시 연제구·부산대학교박물관.
오일주, 1992,「조선후기 재정구조의 변동과 환곡의 부세화」,『실학사상연구』 3, 역사실학회.
이기천, 2023,「唐代 行軍 운영의 변화와 節度使의 출현」,『중국고중세사연구』 69, 한국고중세사학회.
이근우, 2012,「고대의 낙동강 하구와 왜」,『역사와 세계』 41, 효원사학회.
이동주, 2021,「신라의 창고 관리와 운영」,『신라문화』 58, 동국대학교 신라문화연구소..
이미란, 2022,「신라 중고기 국가조영사업 연구」, 부경대학교 박사학위논문.
이미란, 2022,「부산 배산성지에 대한 연구 현황과 논점」,『지역과 역사』 50, 부경역사연구소.
이미란, 2023,「상대 신라의 군사거점 鎭의 설치와 고대 부산지역의 영역화 과정」,『지역과 역사』 52, 부경역사연구소.
이상훈, 2016,「나당전쟁기 신라의 대규모 축성과 그 의미」,『한국고대사탐구』 23, 한국고대사탐구학회.
이성훈, 2021,「배산성지 1호 집수지 신라 원형 석축집수지」,『영남고고학』 89, 2021, 영남고고학회.
이수훈, 2017,「함안 성산산성 출토 4면 목간의 '代'-17차 발굴조사 출토 23번 목간을 중심으로-」,『역사와 경계』 105, 부산경남사학회.

이수훈, 2018, 「부산 盃山城址 출토 木簡의 검토」, 『역사와 세계』 54, 효원사학회.
李鎔賢, 2008, 「佐官貸食記와 百濟貸食制」, 『百濟木簡』, 국립부여박물관.
이용현, 2018, 「배산성지 출토 목간과 신라 사회」, 『부산의 정체성과 역사 쟁점 1회 부산의 고대사』, 부산박물관 개관 40주년 기념 학술 심포지엄.
임중혁, 1995, 「왕망의 개혁과 평가」, 『동양사학연구』 51, 동양사학회.
정동준, 2009, 「「佐官貸食記」 목간의 제도사적 의미」, 『목간과 문자』 4, 한국목간학회.
정동준, 2014, 「백제 대식제의 실상과 한계」, 『역사와 현실』 91, 한국역사연구회.
정동준, 2020, 「경제적 측면에서 본 고대사회의 진휼」, 『한국고대사연구』 99, 한국고대사학회.
조세열, 1998, 「16세기 환자제 운영의 추이」, 『역사연구』 6, 역사학연구소.
崔振默, 2011, 「張家山漢簡 『算數書』의 “程”과 中國古代 생산과 기술의 표준화」, 『중국학보』 63, 한국중국학회.
하시모토 시게루(橋本 繁), 2021, 「盃山城 木簡의 기초적 검토-佐波理加盤附屬文書와의 비교를 중심으로」, 『신라사학보』 52, 신라사학회.
하시모토 시게루(橋本 繁), 2023, 「배산성 출토 목간과 고대 조세제도」, 『국가사적지정을 위한 배산성지 학술대회』 발표자료집(2023.11.24.), 부산광역시 연제구·부산대학교박물관.
홍승우, 2009, 「「佐官貸食記」 木簡에 나타난 百濟의 量制와 貸食制」, 『목간과 문자』 4, 한국목간학회.
谷口建速, 2010, 「長沙走馬楼呉簡に見える貸米と種粻一孫呉政権初期における穀物貸与」, 『史観』 162, 早稲田大学史学会.
石洋, 2018, 「秦汉时期借贷的期限与收息周期」, 『中国经济史研究』, 2018-5, 中国社会科学院经济研究所.
魏斌, 2006, 「走马楼所出孙吴贷食简初探」, 『魏晋南北朝隋唐史资料』 23, 武漢大學 中國三至九世紀研究所.
刘梦娇, 2016, 「秦简所反映的官方借貸活动」, 『攀枝花学院学报』 33-03, 攀枝花学院.
张显成, 2017, 「走马楼三国吴简中的姓氏语料价值一以《汉语大词典》、《汉语大字典》爲参照」, 『长沙简帛研究国际学术研讨会论文集』, 长沙简版博物馆 编, 中西书局.

4. 데이터베이스
書法字典(https://www.shufazidian.com)
동아시아 목간사전(http://eawd.knu.ac.kr/textomi/dicSearch)

〈Abstract〉

Management of Finance of Silla Stronghold Fortress From the Wooden Tablet Excavated in Busan Baesanseong(盃山城)

Lee Miran

〈Baesanseong Wooden Tablet〉, excavated from Busan Baeosanseongji(盃山城址) Fortress Catchment No. 2, has traces of letters on both the front and back, and it was confirmed that the traces of letters written at different times were overlapped. In this study, readable secondary traces of letters was analyzed among them.

The front page is a document that checks that Bonpasachon(本波舍村) paid back from March after Public Rentals(借貸) to grain in February, and there was a "deficit(失)" in the amount of repayment(受). The reverse side was seen as an additional "repayment(受)" for "deficit(失受)". From the "借" and "失" in the sentence, we concluded that there was interest on the loan of grain.

In order to understand the socio-economic context of the Wooden Tablet content, it was compared with the characteristic Relieved Rentals(賑貸) of Public Rentals conducted in ancient China, and the Public Rentals of Goryeo(高麗) and Joseon(朝鮮) were examined throughout time. As a result, it was revealed that the state in the pre-modern society used to procure the country's emergency needs, especially military supplies, through the Public Rentals of stockpiles. Baesanseong(盃山城), built in the mid-to-late 6th century, was a base for Silla's defense against Japan(倭). Through 〈Baesanseong Wooden Tablet〉, it can be seen that the stockpile in the internal warehouse of the fortress was Public Rentals to finance military supplies and diplomacy.

▶ Key words: Baesanseong(盃山城), Wooden Tablet, Public Rentals(借貸), military supplies, Management of Finance

논 문

김해 양동산성 목간 판독문의 재검토*

하시모토 시게루**

<국문초록>

이 글은 김해 양동산성 목간의 판독문을 재검토하여 내용에 대해 기초적 검토를 가한다.

1호 목간에서 '破日'을 새로 판독해서 외위 彼日의 이표기로 추정하였다. 이 목간은 외위 소지자가 양동산성에 곡물을 납부할 때 사용한 하찰로 생각된다.

2호 목간은 1번째 글자가 '除'자일 가능성을 지적하였고 '六十'으로 판독된 글자를 '本'자로 보았다. 목간이 파손되어 있어서 구체적인 성격을 알기 어렵지만 麦과 石이 있으므로 곡물 관리와 관련되는 부찰이나 하찰로 추정된다.

3호 목간은 모두 부분을 '癸亥年十一月'이라는 날짜 표기로 판독하였다. 1호 목간과 같은 하찰 목간일 가능성이 크다.

3점의 목간 모두 산성에서의 보리 납부나 관리에 관련된 목간으로 보인다. 날짜를 명기한 것은 대구 팔거산성 목간과 공통되지만 月까지 명기하는 것이 특징이다. 6세기 신라의 날짜 표기를 정리해서 검토한 결과 월 다음에 中을 쓰지 않었던 것은 처음 확인된 사례로 주목된다.

그리고, 1호와 2호 목간에 나오는 '除麦'에 대해 검토하였다. '城下麦'과 같은 동사로 사용된 가능성과 '稻米'처럼 탈곡된 것임을 명시하기 위한 표현일 가능성 두 가지를 제시하였다.

양동산성 목간은 점수도 적고 판독도 쉽지 않지만, 성산산성 목간이나 팔거산성 목간과는 다른 기재 내

---

* 이 논문은 2019년 대한민국 교육부와 한국연구재단의 지원을 받아 수행된 연구임 (NRF-2019S1A6A3A01055801).

** 경북대학교 인문학술원 HK연구교수

용이 있다. 앞으로 새로운 하찰 목간이 나오는 것을 기대하고 같이 검토하는 것을 통해 신라 하찰 목간의 성격을 자세히 알 수 있고, 더 나아가 신라 지방 제도나 조세제도를 구체적으로 알 수 있을 것으로 기대된다.

▶ **핵심어: 양동산성 목간, 하찰, 月中, 除麦, 피일**

Ⅰ. 머리말

양동산성은 김해시 주촌면 양동리 산39-1번지에 위치하여 해발 333m의 산정에 둘레 약 860m로 축조된 테뫼식 석축산성이다. 산성 안에 있는 집수지를 김해시 대성동고분박물관이 2017년 11월 27일부터 12월 29일까지, 2018년 4월 12일부터 7월 24일까지 발굴조사를 실시하여 목간 3점이 출토되었다. 2020년에 발굴보고서가 발간되어 적외선 사진을 비롯한 목간의 기본 자료가 공개되었다.[1] 판독문은 1호 목간에 대해서만 제시되었는데 "양동산성으로 운송한 곡물 꾸러미에 부착된 짐 꼬리표"라는 성격과 [마을이름+(사람이름)+곡물이름]이라는 기재 방식이 함안 성산산성 목간과 같다는 것이 지적되었다. 그 후 이수훈이 목간 3점에 대한 판독문을 제시하여 1호 목간의 간지 '癸卯年'을 583년으로 추정하고 2, 3호 목간도 산성에서의 물품 관리와 관련된 목간임을 밝혔다.[2]

출토 점수가 3점에 불과하고 이수훈 논문 이외에는 다른 연구도 없지만, 산성에서 출토된 신라의 하찰 목간이라는 점에서 성산산성 목간 그리고 대구 팔거산성 목간과 비교할 수 있는 중요한 자료로 생각된다. 주지하는 바와 같이 성산산성 목간은 약 250점이 출토되어 지금까지 많은 연구가 진행되었지만, 고립된 사료였기 때문에 내용을 검토하는 데 한계도 있었다. 양동산성 목간 그리고 팔거산성 목간을 성산산성 목간과 비교하는 것을 통해 신라 하찰에 대해 더 깊이 이해할 수 있는 가능성이 있다.[3]

이와 같은 문제의식을 가지고 팔거산성 목간을 성산산성 목간과 비교해서 다음 3가지 차이를 지적한 적이 있다.[4] 첫째 성산산성 목간에는 간지년이 1점에만 있는데 팔거산성 목간은 글자가 있는 10점 중 5점에 있다, 둘째 성산산성 목간의 곡물은 대부분 稗이지만 팔거산성 목간은 麦·稻·米만 나오고 稗는 1점도 없다, 셋째 팔거산성 목간에는 인명 다음에 촌명이 나오는 특이한 기재 양식이 있다. 그리고, 이러한 차이가 난 이유로 같은 하찰이어도 구체적인 용도가 달랐기 때문이라고 추측하였다. 즉, 팔거산성 목간은 주변 지역에서 산성으로 곡물을 납부할 때 사용한 것이고, 성산산성 목간은 축성을 위해 성에서 식량을 지출할 때 사용한 것이라는 가설을 제시하였다.

---

1) 김해시 대성동고분박물관, 2020, 『김해 양동산성 집수지 유적』.

2) 이수훈, 2020, 「김해 양동산성 출토 목간의 검토」, 『역사와 세계』 58.

3) 여러 유적에서 출토된 목간을 비교하는 것이 중요하고, 또 그것이 출토 건수의 증가로 가능해지고 있는 것에 대해서는 하시모토 시게루, 2023a, 「동아시아사와 신라 목간 연구」, 『신라사학보』 59, pp.43-44.

4) 하시모토 시게루, 2023b, 「대구 팔거산성 목간의 재검토 -신라의 지방지배와 하찰목간」, 『동서인문』 22, pp.52-56.

그런데 그 논문에서는 양동산성 목간에 대해 간략하게만 언급하여 본격적으로 검토하지 못하였다. 이 글은 하찰 목간의 비교 검토를 위한 기초적 작업으로 양동산성 목간의 판독문을 재검토하고, 내용에 관한 문제점을 정리하는 것이다.[5]

II. 판독문의 검토

이 절에서는 목간 3점의 판독문과 기본적인 내용에 대해 검토한다.

〈1호 목간〉[6]

「癸卯年十月栗村爲刀了破日除麦石∨」

26.8×2.5×0.7

상단과 하단 오른쪽 일부가 약간 파손되었지만 거의 완전한 형태다. 하단에 홈이 있다. 상단 부분의 일부가 까맣게 되어 있어 불에 탄 것일 가능성도 있지만 확실하지 않다.

기존 판독문은 아래와 같다.

보고서[7]

癸(辛)卯年十月栗村爲(百)刀兮□□□麦石

이수훈[8]

癸卯年七月栗村百刀公磚日除麦石

5) 목간을 검토하기 위해 2024년 1월 25일과 2024년 3월 5일에 김해시 대성동고분박물관에서 실견 조사를 실시하였고, 보고서에 실린 사진과 동 박물관이 제공하여 준 출토 직후에 촬영한 사진(이하, 이 글에서는 '초기 컬러', '초기 적외선'이라고 한다)을 활용하였다. 조사를 허락하여 도움을 주신 대성동고분박물관의 송원영 팀장님, 이선미 학예연구사님을 비롯한 관계자분들께 감사드린다. 그리고, 이선미 선생님 교시에 따르면 목간은 2018년의 2차 발굴로 출토되었고 사진은 6월 28일에 촬영하였다고 한다. 또한, 조사를 같이 하여 교시를 주신 垣中健志(일본 나라문화재연구소), 방국화(경북대) 선생님께도 감사드린다.

6) 목간 판독문 표기법은 기호를 포함해서 일본 목간학회 방식을 따랐다. 다만, 보고서 및 이수훈 판독문 표기는 원래 글 그대로 하였다. 목간 크기는 길이×폭×두께이며 단위는 ㎝이다.

7) 김해시 대성동고분박물관, 2020, 앞의 보고서, p.76.

8) 이수훈, 2020, 앞의 논문, p.269, 판독에 관해서는 pp.258-263.

간지년과 관련해서 보고서는 1번째가 辛자일 가능성도 제시하였지만, 이수훈이 지적한 대로 '癸'로 단정해도 좋을 것이다. 이 癸卯年을 집수지에서 출토된 토기 편년을 근거로 583년으로 비정한 이수훈 견해에 따른다.[9] 4번째 글자는 보고서가 '十'으로 판독한 것을 이수훈은 "아랫부분의 필획이 오른쪽으로 조금 꺾여 있는 형태가 확인"된다고 해서 '七'로 하였다. 보고서에 실린 적외선 사진으로는 그렇게 보이지만, 초기에 찍은 사진으로는 '十'자가 맞을 것이다. 굵게 쓴 十자 세로획의 하부 오른쪽 표면이 파손되어 획이 꺾인 것처럼 보이는 것으로 판단된다(그림 1).[10]

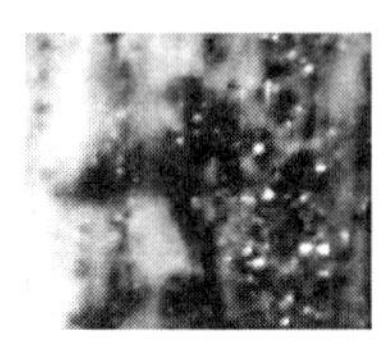

그림 1. 4번째 '十' 보고서 적외선, 초기 컬러, 초기 적외선, 모사도

6~7번째 '栗村'은 이수훈이 지적하듯이 성산산성 가야2017(125)에도 있다.[11] 이수훈은 동일촌으로 봤지만, 이름이 같은 다른 촌일 가능성도 있다.

8번째 글자를 보고서는 '爲' 또는 '百', 이수훈은 '百'으로 판독하였다. 글자 형태로는 爲자의 초서체로 보는 것이 타당하다고 생각된다(그림 2). 다만, 윗부분의 삐침이 아랫부분까지 이어져야 하는데 그렇게 되어 있지 않다.

그림 2. 8번째 '爲' 적외선, 爲의 초서체

10번째를 보고서는 '兮', 이수훈은 '公'으로 판독하였는데 단순하게 '了'로 본다.

11번째 글자를 보고서는 미판독, 이수훈은 '碑'자로 판독하였다. 이수훈이 판독한 것처럼 왼쪽은 石인데 오른쪽은 皮로 보인다. 皮의 제1획 왼 삐침을 짧게 쓰는 이러한 자형은 성산산성 목간 '波'에도 확인된다(그림 3).

9) 위의 논문, pp.276-277.

10) 초기 컬러사진과 적외선 사진은 대성동고분박물관이 제공하여 준 것이다.

11) 이수훈, 2020, 앞의 논문, p.271. 이하 성산산성 목간은 '가야2017(125)'처럼 국가귀속번호를 쓰고 그 뒤에 국립가야문화재연구소, 2017, 『한국의 고대목간Ⅱ』의 도판번호를 괄호 안에 병기한다.

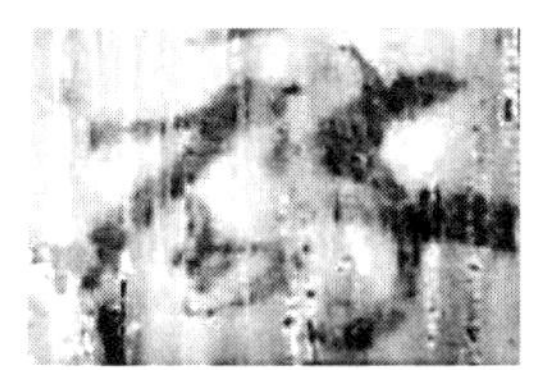
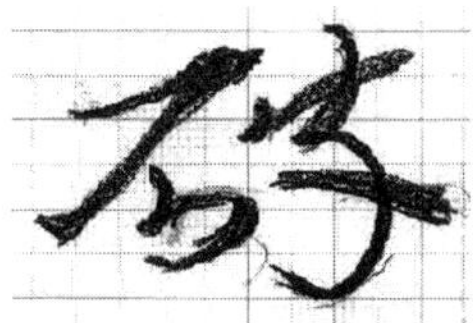
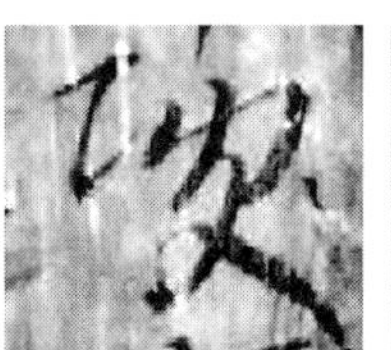

그림 3. 11번째 '破' 적외선, 모사도, 성산산성 가야1590(64) 및 가야72(46) '波'

12번째와 13번째 글자를 보고서는 판독하지 않았지만 '日除'로 보는 이수훈 판독이 옳을 것이다.

그런데, 8~13번째를 이수훈은 '百刀公'과 '磚日除'라는 2명의 이름으로 파악하였지만,[12] 11~12번째 '破日'은 외위 彼日의 異表記로 해석하고 싶다. 동시대 자료의 피일 표기로는 울진 봉평리비(524년) '波旦', 명활산성비(551년) '波日', 남산신성 제2비(591년) '彼日', 신출토 월성해자 1호목간(586년?) '波珎日'[13] 등으로 다양한데 破日은 확인되지 않았다. 하지만, 경위 波珍飡은 『삼국사기』 직관지에 破彌干이라는 이표기가 있다. 이는 중국 사료인 『隋書』 신라전이나 『北史』 신라전에 나오는 표기를 인용한 것으로 생각되는데, 波와 破가 통하였을 가능성을 시사한다.[14] 특이한 표기이지만, 11~12번째 '破日'을 외위 彼日을 뜻하는 것으로 본다.

13번째 '除'는 앞에 붙어서 '破日除'가 피일의 이표기일 가능성도 상정된다. 봉평리비의 '小舍帝智', '吉之知', '小烏帝智', 영천 청제비 병진명(536년)의 '大舍第', '小舍第', '大烏第'처럼 帝智나 第 같은 어미가 붙는 사례가 있기 때문이다. 하지만, 이러한 어미의 사례는 6세기 전반에 한정되고[15] 또 경위에만 사용되어 외위에 붙은 사례가 없다. 그래서 '破日'까지가 彼日의 이표기이며 除는 뒤에 이어 麦과 관련되는 것으로 해석하고 싶다. '除麦'에 대해서는 다음 절에서 검토한다.

이상을 정리하면 1호 목간의 전체 내용은,

癸卯年十月+栗村+爲刀了+破日+除麦+石
연월 +촌명+ 인명 +외위+물품?+양

으로 해석되어 보고서가 지적하듯이 성산산성 목간과 비슷한 기재 내용의 하찰로 생각된다.

---

12) 이수훈, 2020, 앞의 논문, pp.271-272.

13) 하시모토 시게루, 2020, 「월성해자 신 출토 목간과 신라 外位」, 『목간과 문자』 24, pp.232-234.

14) 破가 차자 표기로 쓰이는 사례로 성산산성 가야1990(98)에 "(앞면)本波破智福□古□/(뒷면)支云稗石"이 있다. 앞면 3번째는 '破'자가 확실하며 인명이나 지명의 일부로 생각된다.

15) 성산산성 가야5598(218)의 '大舍下智'를 그러한 어미가 붙은 표기로 보는 견해도 있지만(박남수, 2017, 「신라 법흥왕 대 '及伐尺'과 성산산성 출토 목간의 '役法'」, 『신라사학보』 40, p.44) 확실하지 않다.

〈2호 목간〉

〔除?〕 〔大?〕
×□麦本□石

(11.7)×2.2×1.4

보고서는 "하부가 약간 결실되었다"라고 하지만,[16] 상하단 모두 결실된 것으로 보인다.

보고서에는 판독문이 없고 이수훈은,

麦六十个石

로 판독하였다.[17] 이수훈은 麦자를 1번째 글자라고 하였지만, 그 위에 다른 글자 일부가 있다. 麦 윗부분의 가로획이 3개 있는 것으로 본 것 같은데, 성산산성 가야1620(87)처럼 가로획이 2개만 있는 土 같은 자형으로 보인다. 그렇다면 1번째 글자는 왼쪽에 세로획, 오른쪽에 세로획과 가로획이 남아 있는 것이며 1호 목간과 같은 '除麦'일 가능성이 있다.

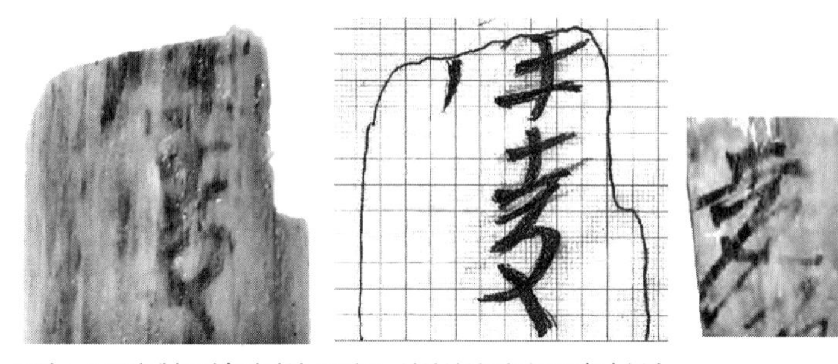

그림 4. 1, 2번째 '□麦' 적외선, 모사도, 성산산성 가야1620(87) '麦'

麦 이하를 이수훈은 '六十个石'으로 판독하여 60개를 하나의 단위로 해서 양동산성 안의 창고에 보관·관리한 것과 관련된 것으로 보고 목간을 '묶음 짐꼬리표'라고 하였다. 그리고 个가 물건을 세는 단위인 것을 근거로 하여 石이 용량 단위가 아닌 짚으로 엮어 만든 용기의 의미로 규정할 수밖에 없다고 주장하였다.[18]

3, 4번째 글자는 이수훈도 지적하듯이 묵흔이 희미해서 판독하기 쉽지 않다. 그러나 초기 적외선 사진도

16) 김해시 대성동고분박물관, 2020, 앞의 보고서, p.76.

17) 이수훈, 2020, 앞의 논문, p.270. 글자 판독에 대해서는 pp.264-265.

18) 위의 논문, pp.273-275.

포함해서 검토한 결과 3번째 글자는 '六'의 제1획과 제3획에 해당하는 획이 이어지는 大자 형태로 보인다. 그렇다면 이 글자는 夲=本으로 볼 수 있다. 그리고, 4번째를 이수훈은 '大'나 '太'자 가능성에 언급하면서 결국 제1획에 해당하는 가로획을 확인할 수 없다고 해서 '个'로 판독하였다. 그런데, 적외선 사진이나 실물을 관찰한 결과 가로획이 희미하게 보인다. 그리고 세로획은 묵흔처럼 매우 희미하게 보이기는 하지만, 나무 나이테에 따라 부착된 이물질일 가능성도 배제할 수 없다. 미판독으로 하고 가능성으로 大자를 제시해 둔다.

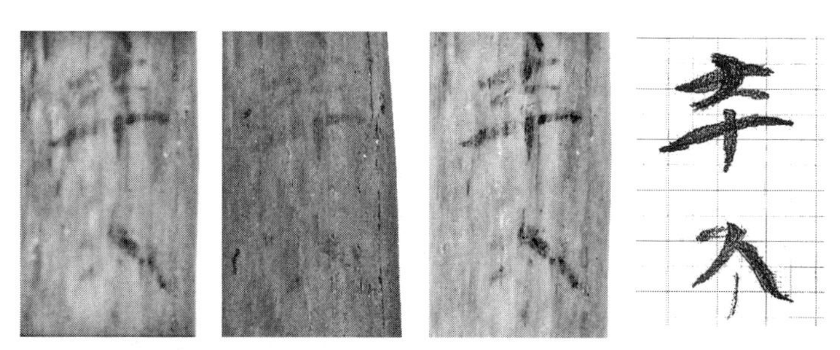
그림 5. 3, 4번째 '本□' 보고서 적외선, 초기 컬러, 초기 적외선, 모사도

5번째 '石'자 아래에는 글자가 확인되지 않으므로 여기서 내용이 끝나는 것으로 이해된다.

2호는 일부분밖에 남아 있지 않아서 구체적인 성격을 알기 어렵지만, 麦과 石이 있으므로 곡물 관리와 관련되는 부찰이나 하찰로 볼 수 있다.

〈3호 목간〉

〔癸卯?〕
「□□年十一月此其智村[　　　]

(25.7)×2.6×0.7

목간 상단은 왼쪽 일부가 남아 있지만 하단은 파손되었다.

전체적으로 글자 오른쪽 부분의 묵흔이 희미해져 왼쪽만 남아 있는 상태라서 판독하기가 매우 어렵다. 보고서에는 판독문이 없고 이수훈은,

(干)形室背此其知村.....

로 판독하여 목간 내용을 '(干)形室'이라는 양동산성 안에 있던 건물 뒤에(背) 보관된 此其知村의 어떤 물품과 관련된 것이라고 하였다.[19] 그러나 이수훈이 '(干)形室背'로 판독한 부분은 '癸卯年十一月'이라는 날짜로

판독된다. 먼저 '室'로 판독된 3번째 글자는 제2획을 꺾여서 '冖'처럼 쓰는 '年'자로 보인다. 이러한 글자는 팔거산성 1, 7호 목간에도 있다(그림 6).

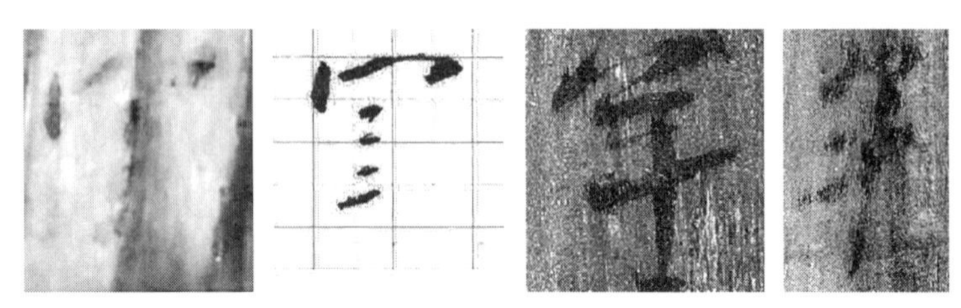

그림 6. 3번째 '年' 적외선, 모사도, 팔거산성 1, 7호 '年'

3번째를 年자로 볼 수 있다면 1, 2번째에 간지가 올 가능성이 크다. 1번째 글자는 1호 목간과 비교해서 癸자 왼쪽 부분으로 보아도 모순되지 않고, 2번째는 왼쪽에 'ㄱ' 같은 묵흔과 오른쪽에 세로획처럼 보이는 묵흔만 있는데 十二支에서 卯로 볼 수 있을 것이다. 단정하기는 어렵지만, 1호 목간과 같은 '癸卯年'으로 본다(그림 7).

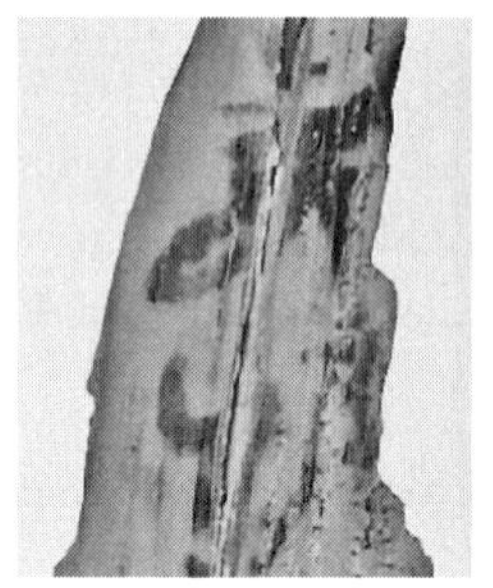

그림 7. 1호 '癸卯'와 3호 1, 2번째

다음 4~6번째 글자를 이수훈은 '背' 한 글자로 봤다. 月 부분은 그대로 月로 보고, 北으로 본 부분은 가로획 2개와 세로획이 보이므로 '十一'로 보고 싶다(그림 8).

7~10번째는 이수훈 판독이 기본적으로 옳다고 생각되는데 9번째 글자는 왼쪽의 '矢'는 확실하지만 오른쪽에 희미하게 口+日처럼 보이므로 '智'자로 판독하였다.

그 이하에도 묵흔이 있다. 판독하기는 어렵지만 10번째까지가 〈날짜+지명〉으로 1호 목간과 같은 하찰 목간일 가능성이 크므로 이 부분에는 인명과 물품명이 있었을 것이다.

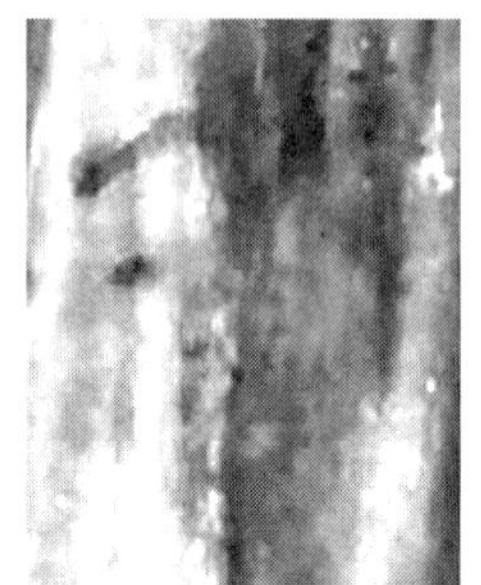

그림 8. 4~6번째 '十一月' 적외선, 모사도

19) 이수훈, 2020, 앞의 논문, p.275.

III. 내용 검토

앞 절에서 양동산성 목간의 판독문을 재검토한 결과 1호 목간은 곡물 하찰이고, 3호 목간도 〈연월+촌명〉이 있으므로 하찰일 가능성이 크다. 2호 목간은 상부 파손으로 전체적인 성격은 알 수 없지만 麦과 石이 확인되어 역시 곡물 부찰이나 하찰일 것이다. 결국, 3점 모두 곡물의 수취나 관리와 관련된 목간이라고 할 수 있다.

그리고 양동산성 목간의 특징으로 지적할 수 있는 것이 날짜를 명기하는 것과 물품명으로 稗가 한 점도 없고 麦만 있는 것이다. 이는 성산산성 목간과는 다르고 팔거산성 목간과 공통된다. 다만, 더 자세히 검토하면 날짜 표기나 麦에 관해서 양동산성 목간만의 특징적인 기재 내용이 있다. 이 절에서는 그 점에 대해 검토한다.

1. 날짜 표기

먼저 하찰 목간의 날짜 표기를 정리한다.

양동산성 목간은 1호 목간 '癸卯年十月', 3호 목간 '□□年十一月'로 年과 月을 기재한다. 팔거산성 목간은 글자가 있는 10점 중 1호 '壬戌年', 3호 '□年', 4호 '戊辰年', 6·7호 '丙寅年'으로 5점에 간지년을 쓰는데 월은 쓰지 않았다. 성산산성 목간에서는 날짜를 쓴 하찰 목간은 2점밖에 없으며 가야4686(190)에 '三月中'으로 연 없이 월만 쓰고, 가야5599(219)에 '壬子年'이라는 간지년만 있다. 이러한 차이에 대해 단순히 날짜를 쓰기도 하고 생략하기도 하였다고 할 수도 있다. 그러나, 장기간 보관하기 위해서 등 구체적인 용도와 관련될 가능성도 있다. 이 점에 대해서는 자료가 더 축적될 것을 기다려 검토해야 할 것이다.

그런데, 양동산성 목간의 날짜 표기와 관련해서 주목되는 것이 월 다음에 中을 쓰지 않았다는 점이다. '날짜+中'이라가 표기는 신라만이 아니라 고구려, 백제에도 있었다는 것은 잘 알려져 있다.[20] 특히 최근에 김재홍은 신라에서 6세기 중반까지 연, 연월 다음에 中을 붙는 표기를 사용하다가 그 후에 中이 사라졌다는 시기적인 변화로 보고, 그것을 전제로 성산산성 목간 가운데 '月中'이 있는 것은 6세기 3/4분기, 中이 없는 '壬子年' 목간은 592년이라는 시간 차가 있다고 보았다.[21] 583년으로 추정되는 양동산성 목간에 中이 없는 것은 이러한 김재홍의 견해에 부합하다고 할 수 있고, 만약 中의 유무로 연대를 추정할 수 있다면 자료의 연대를 추정하는 데 중요한 근거가 될 수 있다. 그러나, 그렇게 단정하기에는 아직 의문의 여지가 있다.

6세기 금석문 자료에서 날짜 표기가 있는 것을 〈표 1〉로 정리하였다.

---

20) 戴衛紅, 2019, 「한국 목간에 보이는 "某月中"」, 『목간과 문자』 23.

21) 김재홍, 2019, 「함안 성산산성과 출토 목간의 연대」, 『목간과 문자』 22, pp.25-26.

표 1. 신라 6세기 비문 · 묵서명의 날짜 표기

연대	자료명	날짜 표기
501	포항 중성리비	辛巳[ ]
503	포항 냉수리비	癸未年九月卄五日
519?	순흥 읍내리 벽화고분	己亥中
524	울진 봉평리비	甲辰年正月十五日
525	울주 천전리각석 원명	乙巳□
535	울주 천전리각석 을묘명	乙卯年八月四日
536	영천 청제비 병진명	丙辰年二月八日
539	울주 천전리각석 추명	(乙巳年六月十八日) 己未年七月三日
545	울주 천전리각석 을축명	乙丑年九月中
545+α	단양 적성비	□□□□月中
551	명활산성비	辛未年十一月中
561	창녕비	辛巳年二月一日
568	황초령비·마운령비	太昌元年歲次戊子年八月卄一日癸未
578	대구 오작비	戊戌年十一月朔卄四日
591	남산신성비	辛亥年二月卄六日
592	어숙지술간묘 묵서명	乙卯年
※연대가 불확실한 것		
534?/594?	울주 천전리각석 갑인명	甲寅
543?/603?/663?	울진 성류굴암각	癸亥年三月八日
543?/603?	울주 천전리각석 계해명	癸亥年二月八日
552?/612?	임신서기석	壬申年六月十六日 辛未年七月卄二日
513?/573?	울주 천전리각석 계사명	癸巳六月卄二日
?	울주 천전리각석 신해명	辛亥年九月中

김재홍도 지적했듯이 냉수리비(503년) '癸未年九月卄五日', 봉평리비(524년) '甲辰年正月十五日'처럼 日까지 구체적으로 표기할 때는 中을 사용하지 않았다. 이와 마찬가지로 年만 쓸 때도 中을 사용하지 않았을 가능성이 있지 않을까.

'年中' 표기의 가능성이 있는 자료는 포항 중성리비와 순흥 읍내리 벽화고분 묵서명 2점이다.[22] 중성리비에 대해 김재홍은 '辛巳□□中'이라는 판독문을 제시하고 "간단하게 연도나 월 정도를 표기하고 '中'을 붙이고 있다"라고 하였다. 그러나, '中'자는 비석 표면이 파손된 부분에 있어서 판독에 논란이 있고, 또 中이었다

22) 위의 논문, pp.25-26.

고 해도 간지와 中 사이의 파손 부분에 두세 글자 있었을 것이니 '辛未(年)某月中'이었을 것이다.[23)]

그리고, 순흥 벽화고분 묵서명을 김재홍은 '己亥中墓像人名/□□'로 판독하여 '己亥(年)中'으로 보았다. 기존에 주로 '己未'로 판독됐던 간지년을 '己亥'로 수정한 것은 타당하다고 생각되며 김재홍은 519년으로 보는 것 같다. 그런데, 다음 中자로 판독되고 있는 글자는 사진으로는 글자 하부가 일부 파손된 것처럼 보여 年자일 가능성도 있다(그림 9). 만약 이 묵서명이 '己亥年'이었다면 '年中'이라는 사례는 하나도 없게 되고 年만 쓸 때도 中을 붙이지 않았다고 이해된다. 그렇다면 中 없이 年만 쓰는 것을 근거로 연대를 6세기 후반 이후로 추정할 수 없게 된다.[24)]

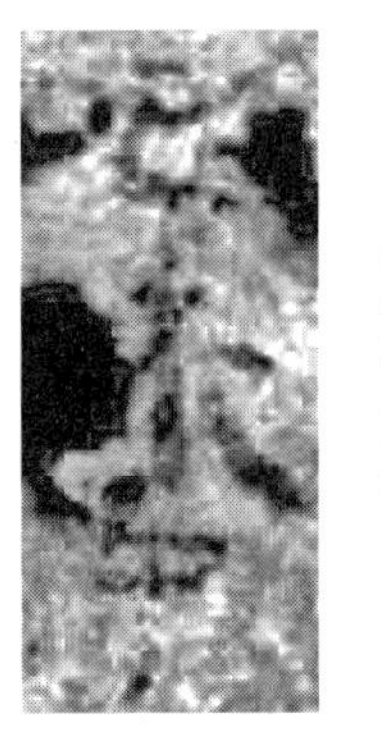

그림 9. 사진, 모사도

그리고, 원래부터 年에 中을 사용하지 않았다면 '月中->月'이라는 변화가 있었다고 보는 것도 문제가 된다. 실은 이 시기에 中 없이 月로 끝나는 표기법은 양동산성 목간이 처음이며, '月中' 표기도 연대가 확실한 자료는 비문 3기 밖에 없고 그것도 545~551년에 집중되어 있다. 연대가 확실하지 않은 자료로는 위에 언급한 가야4686(190) '三月中' 이외에 성산산성 목간에는 술에 관한 부찰인 가야2639(183) '正月中', 문서목간인 가야2645(186)에 '六月中', 가야5598(218)에 '三月中'이 있어 용도와 관계없이 '~月中'이 사용된 것을 알 수 있다.[25)]

결국, 연대가 어느 정도 확실하고 날짜 표기가 월로 끝나는 자료는 6세기 중엽 비석 3기의 '月中'과 583년으로 추정되는 양동산성 목간의 '月'이 있을 뿐이다. 또한, 비문과 목간으로 성격도 달라서 이들 사례만으로 6세기 후반에 "月中->月"이라는 표기 변화가 있었다고 결론 내리기는 어려울 것이다.

2. 除麦에 대해

머리말에서 말하였듯이 팔거산성 목간은 산성에 납부할 때 사용된 하찰로 추정되는데 이와 공통된 특징

23) 필자는 결실 부분에는 '沙喙'라는 부명이 있었고 날짜 표기는 '辛巳年'만이었다고 추정한 적이 있다(橋本繁, 2011, 「浦項中城里碑 硏究」, 『朝鮮學報』 220).

24) 이는 팔거산성 목간의 연대와도 관련된다. 팔거산성 목간의 壬戌年·丙寅年·戊辰年에 대해 7세기 초일 가능성(602, 606, 608년)과 6세기 중반(542, 546, 548년)일 가능성이 있다. 목간을 소개한 전경효는 7세기 초에 무게를 두었고(전경효, 2022, 「대구 팔거산성 출토 목간 소개」, 『목간과 문자』 28, p.258) 간지년 다음에 中이 없으니 김재홍 설에 유리하다. 하지만, 16호 목간에 외위 '干支'가 있으니 6세기 중반으로 보는 것이 타당하다고 생각한다. 관등표기와 관련해서 종래 560년경에 '~干支'의 支가 없어지고 '~干' 표기로 된다고 생각되었는데 최근에 6세기 후반에도 지방에서는 '~干支' 표기가 남았다는 설이 유력해졌다(주보돈, 2018, 「月城과 垓子 출토 木簡의 의미」, 『목간과 문자』 20). '~干支' 표기가 있는 성산산성 목간의 연대와도 관련되어 지방에서 언제까지 표기가 남았는지 확정하기 어려운 문제이지만, 591년 남산신성비나 592년설이 유력한 어숙지술간묘에서 '干'표기인 것을 전제로 하면 팔거산성 목간에 7세기 초까지 '干支' 표기가 남았다고는 생각하기 어려울 것이다. 그렇다면 팔거산성 목간은 6세기 중엽이 되고, 그때에도 年 표기에 中을 쓰지 않았던 것이 된다.

25) 울주 천전리각석 신해명 '辛亥年九月中芮雄妻幷行'도 있지만 구체적인 연대를 알 수 없다. 6세기였다면 신해년은 531년 또는 591년이다.

을 가진 양동산성 1, 3호 하찰 목간도 산성에 보리를 납부할 때 사용된 것으로 추측할 수 있다. 이와 관련해서 두 목간이 산성 안의 집수지에서 출토되었다는 것도 공통점으로 지적할 수 있으며 산성이 기능하고 있는 시점에 사용된 목간일 가능성이 크다. 성산산성 목간이 부엽층에서 출토되어 산성 축성시에 사용된 목간으로 추정되는 것과 대비된다.

그런데, 1·3호 하찰 목간의 더 구체적인 용도와 관련해서 이수훈이 1호 목간에 보이는 인물을 운송자. 발송자(납부자), 수령자(사용자)라는 3가지 가능성을 제시하여 어느 하나라고 단정할 수 없다고 하였다.[26] 산성이 기능하고 있는 시기에 사용된 것을 전제로 해서 구체적인 상황을 상상해 보면, 목간에 나오는 인명이 발송자였다면 세금으로 곡물을 부담한 사람일 것이고, 수령자였다면 병역으로 징발된 사람에게 보리를 식량으로 보낸 것으로 상정된다. 하지만, 이와 같은 구체적인 상황은 양동산성 목간만을 가지고 결론지을 수 없으며 앞으로 성산산성 목간을 비롯한 다른 사료와 더불어 종합적으로 검토해야 할 것이다. 여기서는 이 문제의 실마리가 될 수 있는 '除麦'에 관해서 검토해 보기로 한다.

앞 절에서 1호 목간 '破日'을 외위 피일로 보고 除가 麦과 관련된다고 해석하였다. 그리고 2호 목간도 麦 앞에 除가 올 가능성을 지적하였다. '除麦'이라는 말은 다른 사료에 없으며 이와 관련된다고 생각되는 표현도 없어서 정확한 뜻을 알기 어렵다.[27] 여기서는 두 가지 해석을 제시해 보고 싶다.

첫째로 '除'를 동사로 보는 해석이다.

2호 목간처럼 곡물명과 石 사이에 글자가 들어가는 목간은 거의 없는데 팔거산성 7호 목간,

「丙寅年次谷鄒□下麦易□石 V」

이 麦과 石 사이에 '易□'라는 말이 들어간다. 2호 목간과 비교하면 아래와 같다.

양동산성 2호 :		×除	麦	本□	石
팔거산성 7호 :	丙寅年	次谷鄒□	下	麦	易□	石

石 앞의 미판독자는 둘 다 '大'일 가능성이 있지만 확실하지 않다.[28] '(城)下麦'에 대해서는 성산산성 목간의 검토를 통해서 下가 동사로 사용되었으며 '성이 내린 맥' '성이 지출한 맥'이라는 뜻으로 추정된다.[29] 그

26) 이수훈, 2020, 앞의 논문, p.271.

27) 성산산성 가야2639(183) 뒷면 9번째를 국립가야문화재연구소, 2017, 『한국의 고대목간Ⅱ』는 '瓮'자 가능성을 제시하였지만, 자형으로는 除로 판독할 수 있을 것이다. 그렇다면 "(앞면)正月中比思伐古尸次阿尺夷喙 (뒷면)羅兮落及伐尺幷作前除酒四斗瓮"이 되어 이 목간은 "(두 사람이) 함께 만든 前除酒 4두를 담은 항아리"의 부찰이 된다. 하지만 '前除酒'의 구체적인 뜻은 알기 어렵다.

28) 하시모토 시게루, 2023a, 앞의 논문, p.51.

29) 하시모토 시게루, 2022, 「함안 성산산성 목간의 '王私'와 '城下麥'」, 『신라사학보』 54.

렇다면 같은 위치에 있는 除도 동사로 사용되었을 가능성이 있다. 다만, '(城)下麦'과 달리 1호의 '除' 앞에는 지명이 아닌 인명이 오는 차이가 있고, 또 '除'가 구체적으로 무슨 뜻인지도 해석하기 어렵다. 麦과 石 사이의 판독, 해석도 확실하지 않으므로 하나의 가능성으로만 제시해 둔다.

둘째로 '除麦'을 단어로 보는 해석이고 '탈곡한 보리'라는 뜻을 제기해 보고 싶다.

일반적으로 하찰 목간에 보이는 곡물명은 稗, 米, 麦처럼 단독으로 쓰인다. 그런데 예외적으로 다음 성산산성 목간 2점에 나오는 '稲米'는 숙어로 사용되었다고 생각된다.

가야4697(200)목간

□那只稲米

(9.1)×2.0×0.5

가야2026(134)목간

〔稲?〕

「甘文城下□米十一斗石喙大村卜只次持□V」

34.4×2.9×1.3

稲米는 아직 탈곡하지 않은 쌀을 뜻하고, 탈곡한 것은 米라고 하였을 가능성이 있다.[30] 이처럼 탈곡한 것인지 아닌지를 목간에 명기한 것은 탈곡 전에는 장기간 보관이 가능하지만, 탈곡하면 썩기 쉬워진다는 보관·관리상의 이유가 있었을 것이다. 이를 전제로 하면, 除를 보리의 껍질을 제거하였다는 뜻으로 보고 '除麦'을 탈곡한 보리로 해석할 수 있지 않을까.

'除麦' 해석을 두 가지 제시해 봤지만, 양동산성 2점만으로는 정확한 뜻을 알기 어렵다. 앞으로 사례가 더 늘어나는 것을 기다려 재검토할 것이다.

Ⅳ. 맺음말

이 글은 양동산성 목간 3점 판독문을 재검토하여 내용에 관해서 고찰해 봤다.

1호 목간에서 破日을 새로 판독해서 외위 피일의 이표기로 추정하였다. 이 목간은 외위 소지자가 양동산성에 곡물을 납부할 때 사용한 하찰로 생각된다.

2호 목간은 1번째로 '除'자 가능성을 지적하고 '六十'으로 판독된 글자를 '本'자로 보았다.

30) 하시모토 시게루, 2023a, 앞의 논문, pp.46-47. '稲米'라는 말을 전제로 해서 팔거산성 14호 목간의 '米一石稲'는 처음에 '米一石'으로만 있었는데 짐 내용을 확인해 보니 탈곡되지 않은 쌀이었기 때문에 稲자를 밑에 추기한 것으로 추측하였다.

3호 목간은 '癸亥年十一月'이라는 날짜 표기로 판독하여 하찰 목간일 가능성이 크다고 지적하였다.

3점의 목간 모두 산성에서의 보리 납부나 관리와 관련된 목간으로 보인다. 날짜를 명기한 것은 팔거산성 목간과 공통되지만 月까지 명기하는 것은 차이가 난다. 6세기 신라의 날짜 표기를 정리한 결과 월 다음에 中을 쓰지 않은 것도 지금까지 6세기 신라 사료에 없었던 기재 방식으로 주의된다.

그리고, 1호와 2호 목간에 나오는 '除麦'에 관해서는 '城下麦'과 같은 동사로 사용된 가능성과 '稻米'처럼 탈곡된 것임을 명시하기 위한 표현일 가능성을 제시하였다.

양동산성 목간은 점수도 적고 판독도 쉽지 않지만, 성산산성 목간이나 팔거산성 목간과는 다른 기재 내용이 있는 것은 확실하다. 앞으로 새로운 하찰 목간이 나오는 것을 기대하고 같이 검토하는 것을 통해 하찰 목간의 성격을 자세히 알 수 있고, 더 나아가 신라 지방 제도나 조세제도를 구체적으로 알 수 있을 것으로 기대된다.

투고일: 2024.04.29.	심사개시일: 2024.05.31.	심사완료일: 2024.06.20.

참고문헌

1. 보고서

국립가야문화재연구소, 2017, 『한국의 고대목간Ⅱ』.

김해시 대성동고분박물관, 2020, 『김해 양동산성 집수지 유적』.

2. 논문

김재홍, 2019, 「함안 성산산성과 출토 목간의 연대」, 『목간과 문자』 22.

戴衛紅, 2019, 「한국 목간에 보이는 "某月中"」, 『목간과 문자』 23.

박남수, 2017, 「신라 법흥왕대 '及伐尺'과 성산산성 출토 목간의 '役法'」, 『신라사학보』 40.

이수훈, 2020, 「김해 양동산성 출토 목간의 검토」, 『역사와 세계』 58.

전경효, 2022, 「대구 팔거산성 출토 목간 소개」, 『목간과 문자』 28.

주보돈, 2018, 「月城과 垓子 출토 木簡의 의미」, 『목간과 문자』 20.

하시모토 시게루, 2020, 「월성해자 신 출토 목간과 신라 外位」, 『목간과 문자』 24.

하시모토 시게루, 2022, 「함안 성산산성 목간의 '王私'와 '城下麥'」, 『신라사학보』 54.

하시모토 시게루, 2023a, 「동아시아사와 신라 목간 연구」, 『신라사학보』 59.

하시모토 시게루, 2023b, 「대구 팔거산성 목간의 재검토 -신라의 지방지배와 하찰목간」, 『동서인문』 22.

橋本繁, 2011, 「浦項中城里新羅碑の研究」, 『朝鮮學報』 220.

〈Abstract〉

Review of the wooden tablets excavated from Yangdongsanseong Fortress, Gimhae

HASHIMOTO Shigeru

This paper reviews the letters of wooden tablets excavated from Yangdongsanseong Fortress, and examines the rudimentary contents.

In No. 1 wooden tablet, '破日' was newly deciphered and estimated to be a alternative form of the 彼日. This wooden tablet is thought to be a tag used when delivering barley to Yangdongsanseong Fortress.

In No. 2 wooden tablet, I pointed out the possibility that the first letter is the letter '除'. The letter deciphered as '六十' was regarded as '本'. Because of the damage, it is difficult to know the specific nature of the wooden tablet but since there are 麥 and 石, it is presumed to be a tag related to grain management.

In No. 3 wooden tablet, the beginning part can be interpreted as the date '癸亥年十一月'. It is highly likely that it is a tag similar to No. 1.

All three wooden tablets appear to be tags related to barley payment or management in the fortress. Specifying date is common to the wooden tablets of Daegu Palgeosanseong Fortress, but it is characterized by specifying the month. As a result of reviewing the date notation of the 6th century Silla, it is noted that it is the first confirmed case that the '中' was not used after '月'.

In addition, the meaning of 除麦 was reviewed, and two possibilities were suggested: the possibility of being used as a verb such as '(城)下麦' and the possibility of expression to state that it was not threshed like '稻米'.

The wooden tablets of Yangdongsanseong Fortress are only three and not easy to decipher, but they have different contents from those of Seongsansanseong Fortress and Palgeosanseong Fortress. It is expected that the character of tags of Silla can be known in detail by reviewing it together with new ones in the future, and furthermore, it is expected to be able to know the Silla local system and tax system in detail.

▶ Key words: the wooden tablets excavated from Yangdongsanseong Fortress, tag, 月中, 除麦, 彼日

논 문

三韓의 貴種, 靺鞨人 李多祚의 출신에 대하여

-「李多祚墓誌」의 분석을 중심으로-

조재우[*]

〈국문초록〉

李多祚(654~707)는 7세기 후반 고종·무측천 시기 北衙禁軍 소속으로 突厥·契丹 등과의 대외전쟁에서 활약하다가 8세기 초 중종 시기에 일어난 두 차례의 궁정정변(즉, 神龍政變과 景龍政變)에 휩쓸리며 비극적인 운명을 맞이한 靺鞨 蕃將이다.

『구당서』·『신당서』 이다조전 등의 문헌사료에 의하면 이다조는 고구려 출신의 말갈인으로 추정되는데, 1991년 중국 河南省 洛陽市 龍門石窟 부근에서 「李多祚墓誌」가 출토되면서 그 출신과 관련한 다양한 해석이 제기되었다. 「이다조묘지」에서는 이다조의 출신이 "蓋川人"이며 이다조의 증조, 조부, 부친이 "烏蒙州都督"을 세습하였다고 하는데, 기존 연구에서는 「이다조묘지」의 '개천'이 대체로 고구려의 '蓋牟城'을 가리키는 것으로 이해하였다.

그러나 당대 이민족 묘지의 출신 표기 양상을 검토한 결과, 「이다조묘지」의 '개천'은 상징적 지명으로 그 출신을 표기하는 사례들과 유사한 맥락으로 판단된다. 그러한 측면에서 「泉獻誠墓誌」나 「泉男産墓誌」 등 당대 고구려인의 묘지에 고구려 건국설화(주몽설화) 및 그 원형인 부여 건국설화(동명설화)의 요소가 함축적으로 표현된 구절을 참고하면, 「이다조묘지」의 '개천'은 고구려(부여)의 시조 주몽(동명)이 부여(북이 고리국)에서 남하하여 고구려(부여)를 건국하는 과정에 등장하는 상징적 지명인 "掩淲水"의 이칭으로 알려진 "蓋斯水"를 지칭하는 것으로 추정된다. 즉, 「이다조묘지」에서 그 출신으로 기록된 '개천'은 당대인들이 고구려 건국설화 속 '掩淲水'='蓋斯水', 즉 '蓋川'이라는 상징적 지명을 통해 비록 종족적으로 말갈인이었으나 정

* 동국대 사학과 박사과정

치적으로 고구려에 예속되었던 '말갈계 고구려인' 이다조의 출신을 표현한 것으로 판단된다.

▶ **핵심어: 「이다조묘지」, 개천, 삼한귀종, 말갈, 고구려**

I. 머리말

李多祚(654~707)는 北衙禁軍의 수장으로서 8세기 초 중종 시기에 발생한 두 차례의 궁정정변(즉, 神龍政變과 景龍政變)에서 관건적인 역할을 하였던 靺鞨 蕃將으로, 그 생애 전반은 『舊唐書』·『新唐書』 李多祚傳[1]을 통해 대략 알려진 인물이다. 그러나 『구당서』·『신당서』 이다조전의 내용은 신룡 원년(705) 정월 재상 張柬之 등의 주도 아래 무주 말 무측천의 총애를 믿고 국정을 전횡하던 張易之·張昌宗 형제 등을 주살한 후 황태자 李顯을 복위시킨 신룡정변과 신룡 3년(707) 7월 당시 정권을 장악하고 있었던 韋后·武三思 일파의 핍박으로 황태자 李重俊이 일으킨 경룡정변 과정에서 이다조가 북아금군을 이끌며[2] 두 정변의 성패에 결정적 역할을 하였던 사실[3]을 중심으로 기술되어 있을 뿐, 그 출신 및 초기의 행적 등에 대해서는 소략한 편이다.

특히, 이다조의 출신과 관련하여 『구당서』·『신당서』 이다조전의 첫머리에서는 그 선조가 대대로 "靺鞨酋長"이었다고 하여 얼핏 분명한 것처럼 기록되어 있지만,[4] 당륭 원년(710) 7월 경룡정변 당시 피살된 이다조의 관작을 추복하는 제서에서는 이다조를 "三韓貴種"이라 지칭하고 있어[5] 그 출신에 대하여 다른 해석의 여지를 남기고 있다. 주지하듯이, 7세기 이후 당시 중국인들에게 '三韓 = 三國 의식'이 이미 보편화되어 있었던 상황에서 동시대 기록에 등장하는 '三韓'은 高句麗·百濟·新羅 삼국이나 혹은 그 일부를 지칭하는 범칭의 용례로 사용되었기 때문이다.[6] 일례로 무측천·중종 시기의 번장으로서 이다조와 함께 경룡정변 과정에

1) 吳佩佩, 2023, 「『舊唐書』·『新唐書』 李多祚傳 등 譯註」, 『동국사학』 78.

2) 신룡정변과 경룡정변 당시 북아금군의 동향은 林美希 저 / 정병준 역, 2023, 「唐代 前期 宮中政變을 둘러싼 北衙의 동향」, 『동국사학』 77, pp.481-485(原刊: 2011, 『史觀』 164) 참조.

3) 이다조가 신룡정변과 경룡정변에 참여한 정치적 배경에 대해서는 林澤杰, 2023, 「李多祚與八世紀初唐政局之變」, 『唐都學刊』 2023-1, pp.25-26 참조.

4) 『舊唐書』 卷109, 李多祚傳, 中華書局, p.3296, "李多祚, 代爲靺鞨酋長"; 『新唐書』 卷110, 李多祚傳, p.4124, "李多祚, 其先靺鞨酋長, 號'黃頭都督', 後入中國, 世系湮遠." 이하, 中國正史는 中華書局標點本 이용.

5) 『舊唐書』 卷109, 李多祚傳, p.3297, "睿宗即位, 下制曰, '以忠報國, 典冊所稱, 感義捐軀, 名節斯在. 故右羽林大將軍·上柱國·遼陽郡王李多祚, 三韓貴種, 百戰餘雄. 席寵禁營, 乃心王室, 仗茲誠信, 翻陷誅夷. 賴彼神明, 重清姦慝, 永言徽烈, 深合褒崇. 宜追歿後之榮, 以復生前之命. 可還舊官. 仍宥其妻子.'"; 『冊府元龜』 卷139, 帝王部, 旌表3, 鳳凰出版社, p.1548; 『全唐文』 卷18, 睿宗皇帝1, 「追復李多祚官制」, 中華書局, p.216 略同. 단, 『책부원구』에서는 현종 즉위 후의 제서라고 하지만, 예종의 오기일 것이다.

6) 盧泰敦, 1982, 「三韓에 대한 認識의 變遷」, 『韓國史研究』 38(1998, 『한국사를 통해 본 우리와 세계에 대한 인식』, 풀빛, pp.74-79에 재수록); 권덕영, 2016, 「고대 동아시아의 삼한-삼국 계승의식의 정립 과정」, 『역사와 경계』 99, pp.44-48 등. 한편, 이러한 삼한 용례는 특히 당대 묘지 자료에서 무수히 확인할 수 있는데, 관련 용례는 권덕영, 2014, 「唐 墓誌의 고대 한반도 삼국 명

서 피살된 沙吒忠義를 제시할 수 있다. 즉, 사타충의는 일반적으로 백제 대성팔족의 하나인 沙氏(혹은 沙宅氏, 沙吒氏) 출신으로 파악되는데, 사타충의를 郕國公에 봉하는 '制誥'에서 그를 "三韓舊族"이라 지칭한 것[7]은 그 출신이 삼한의 하나인 백제였기 때문이었다.[8] 따라서 그 선조가 대대로 말갈추장이었던 이다조를 삼한의 귀종이라 표현한 것 역시 마찬가지로 이다조가 삼국과 밀접한 관련성을 가진 인물임을 암시한다고 할 수 있는데, 이러한 측면에서 일반적으로 다종족 국가로서 고구려가 말갈을 직간접적으로 지배한 사실[9]을 염두에 둔다면 이다조는 삼한 중에서도 고구려 출신일 가능성이 높다고 판단된다.

다만 이상에서 언급한 소략한 문헌사료의 기록만으로는 그 이상의 추정에 한계가 있는데, 이러한 상황에서 1991년 가을 중국 河南省 洛陽市 龍門石窟 西山 南麓의 郭寨村 동쪽~伊河 서쪽에 위치한 도굴된 李多祚墓에서 「李多祚墓誌」[10]가 출토되었다. 「이다조묘지」는 당시 도굴꾼들이 들판에 버려두고 간 것을 지역민이 발견하여 이후 龍門石窟研究院(舊 龍門石窟研究所)으로 이전·수장되었다고 하는데, 靑色石灰岩에 蓋石·誌石을 갖추어 제작하였다고 한다. 그 형태는 개석의 경우 가로 71㎝×세로 72㎝×두께 10㎝의 盝頂形, 지석의 경우 가로 75㎝×세로 75㎝×두께 15.5㎝의 正方形이며, 개석에는 4행에 걸쳐 각 행마다 3자씩 총 12자("大唐故/遼陽郡/王李公/墓誌銘")가 篆書體로, 지석에는 가로×세로 15행에 총 196자가 楷書體로 陰刻되었다고 한다(뒷부분 1행 공백).[11] 「이다조묘지」는 비록 그 내용이 소략하지만 이다조의 출신이 "蓋川人"이라는 것, 그리고 증조·조부·부친이 대대로 "烏蒙州都督"을 역임하였다는 것 등 『구당서』·『신당서』 이다조전 등의 문헌사료에서는 전혀 알 수 없었던 사실들이 확인된다는 측면에서 이다조의 출신과 관련한 새로운 단서를 제공해주고 있다.

이러한 측면에서 「이다조묘지」의 발견 이후 관련 연구들에서도 이다조의 출신과 관련한 다양한 해석이 제기되었는데,[12] 그 관건은 주로 「이다조묘지」에서 그 출신지로 기록된 '蓋川'의 해석 여부에 있다고 할 수

칭에 대한 검토」, 『한국고대사연구』 75, pp.122-123, p.126, pp.131-133 등 참조.

7) 『文苑英華』 卷416, 中書制誥37, 封爵·封公, 「封右武威衛將軍沙吒忠義郕國公制」(李嶠), 中華書局, p.2105, "淸邊中道前軍總管·冠軍大將軍·行右武威衛將軍·上柱國·賓山郡開國公沙吒忠義, 三韓舊族, 九種名家, 夙奉戎麾, 遂參文衛"(『全唐文』 卷242, 李嶠1, pp.2450-2451 略同). 한편, 『文苑英華』 卷416, 中書制誥37, 封爵·男爵, 「授沙叱(吒?)忠義等官爵制」(李嶠), p.2108에서도 "冠軍大將軍·行右威武衛將軍·檢校左羽林衛·上柱國·郕國公·右奉宸內供奉沙叱忠義, 遼東壯傑, 名蓋於狼河"(『全唐文』 卷242, 李嶠1, p.2451 略同)라고 하여 사타충의를 "遼東壯傑, 名蓋於狼河"라고 표현하고 있는데, 이 역시 사타충의가 백제 출신이었다는 사실을 고려한 표현일 것이다.

8) 馬馳·姜淸波, 2000, 「沙吒忠義的族出及事迹考」, 『春史卞麟錫教授停年紀念論叢』, 論叢刊行委員會 編, 곤오원, pp.43-45.

9) 김현숙, 2003, 「6~7세기 高句麗史에서의 靺鞨」, 『강좌 한국고대사 10-고대사 연구의 변경』, 한국고대사회연구소 편, 가락국사적개발연구원(2005, 「말갈에 대한 지배 방식」, 『고구려의 영역지배방식 연구』, 모시는사람들 재수록) 등 참조. 아울러 관련 연구사는 김현숙, 2018, 「'고구려사에서의 말갈' 연구의 현황과 과제」, 『동북아역사논총』 61 참조.

10) 「大唐故遼陽郡王李公(多祚)墓誌銘」(氣賀澤 4142). 관련 자료 목록은 氣賀澤保規 編, 2017, 『新編 唐代墓誌所在総合目録』, 明治大學東アジア石刻文物研究所, pp.160-161 참조(이하, 唐代墓誌資料는 氣賀澤保規의 목록 참조).

11) 張乃翥·張成渝, 1994, 「讀龍門山新出土的唐李多祚墓志」, 『洛陽大學學報』 1994-3, p.55; 張乃翥·張成渝, 1999, 「洛陽龍門山出土的唐李多祚墓志」, 『考古』 1999-12, p.77; 『新獲』, p.232; 『龍門』, p.122 등 참조. 단, 「이다조묘지」의 출토 시기 및 형태 등에 대해서는 일부 차이가 있는데, 이 글에서는 일단 張乃翥·張成渝의 1994년 논문을 기준으로 작성하였다.

12) 일례로 李獻奇는 「李多祚墓誌」를 분석하면서 『新唐書』 卷110, 李多祚傳, p.4124의 "李多祚, 其先靺鞨酋長, 號'黃頭都督'"을 근거

있다. 기존 연구들에서는 대체로 이를 정관 19년(645) 태종의 고구려 원정 당시 고구려의 蓋牟城을 함락시킨 후 그곳에 '蓋州'를 설치한 사실[13]과 연결시켜 이해하고 있다. 즉, 이다조 일가는 고구려 치하에서 대대로 말갈추장을 세습하며 오몽주도독을 역임하였던 가문으로 입당 이후 당이 고구려의 개모성에 설치한 개주를 그 출신지로 삼았다는 것이다.[14] 그러나 이는 일차적으로 「이다조묘지」를 최초 보고한 張乃翥·張成渝가 자의적으로 이다조의 출신지를 '개주'로 잘못 판독한 것에서 비롯된 해석인데,[15] 혹자의 지적처럼 「이다조묘지」에는 그 출신지로 '개주'가 아니라 명확히 '개천'이라 하고 있기 때문에[16] '개천' 자체에 대한 해석에서부터 그 출신을 재검토할 필요가 있다고 판단된다.[17]

이 글에서는 이상의 문제의식에 입각하여 우선 「이다조묘지」의 정확한 이해를 위해 선행연구를 참조하

로, 이다조가 黑龍江 하류 일대에서 활동하던 東黑水靺鞨 黃頭部 酋帥의 후예라고 주장하였다(李獻奇, 1994, 「唐李多祚墓誌考釋」, 洛陽市第二文物工作隊 編, 李獻奇·黃明蘭 主編, 『畫像磚·石刻·墓誌研究』, 中州古籍出版社, p.241; 洛陽市第二文物工作隊 編, 李獻奇·郭引强 編著, 1996, 『洛陽新獲墓誌』, 文物出版社, p.233). 그러나 이는 『新唐書』 卷219, 室韋傳, pp.6176-6177의 "室韋, … 地據黃龍北, 傍猺越河, 直京師東北七千里, 東黑水靺鞨, 西突厥, 南契丹, 北瀕海. … 分部凡二十餘. 曰嶺西部·山北部·黃頭部 … "를 오독한 것으로, 이다조가 흑수말갈 출신이라는 주장은 성립할 수 없다.

13) 『資治通鑑』 卷197, 太宗 貞觀 19년(645) 4월 條, 中華書局, pp.6219-6220; 『資治通鑑』 卷198, 太宗 貞觀 19년 6월 條, p.6223(『舊唐書』 卷199上, 高麗傳, p.5323; 『新唐書』 卷200, 高麗傳, p.6190; 『新唐書』 卷43下, 地理志7下, 羈縻州, p.1128 略同). 한편, 『舊唐書』 卷39, 地理志2, 河東道, 澤州 條, p.1478; 『新唐書』 卷39, 地理志3, 河東道, 澤州·高平郡 條, p.1008에는 고조 무덕 원년(618)~태종 정관 원년(627) 隋의 長平郡에서 개칭된 '蓋州'가 확인되지만 이다조의 출신지와는 무관하다고 판단된다.

14) 송기호, 2003, 「粟末靺鞨의 원류와 扶餘系 집단 문제」, 『한반도와 만주의 역사와 문화』, 서울대학교출판부(2011, 『발해 사회문화사 연구』, 서울대출판문화원, pp.95-96에 재수록); 孫昊, 2017, 「靺鞨族群變遷研究 — 以扶餘·渤海靺鞨的歷史關系爲中心」, 『史林』 2017-5, p.60; 권은주, 2018, 「고구려 멸망과 요동지역 말갈인의 향배」, 『대구사학』 133, pp.22-23; 林澤杰, 2023, 앞의 논문, pp.22-25 등.

15) 張乃翥·張成渝, 1994, 앞의 논문, pp.55-56; 張乃翥·張成渝, 1999, 앞의 논문, pp.77-78. 단, 張乃翥·張成渝는 이다조의 출신지를 '蓋州'로 판독하면서도 정작 그 위치는 遼寧省 蓋縣(지금의 遼寧省 營口市 蓋州市)에 비정하였다. 아울러 이곳이 수당 시기 내부한 말갈 부락을 안치하던 營州 관할이었다고 하면서 이다조가 수말에 무리를 이끌고 내속하여 영주에 천사되었다가 이후 당의 국성인 이씨에 사성된 粟末靺鞨 突地稽와 동일한 말갈부락에 속한다고 주장하였다. 李長莉, 2012, 「唐靺鞨將領李多祚考論」, 東北師範大學碩士論文, pp.9-12에서도 이를 받아들였는데, 고종 총장 원년(668) 당·신라 연합군에 의해 고구려가 멸망하기 전까지 遼寧省 蓋縣 일대는 고구려 建安城의 관할이었을 뿐만 아니라 이 지역이 蓋州로 개칭된 시기 역시 金 章宗 明昌 6년(1195) 이후이기 때문에(『金史』 卷24, 地理志上, 東京路·蓋州 條, p.556) 이러한 주장은 성립할 수 없다.

16) 최진열, 2015, 「조영(祚榮)의 종족(種族)과 고구려」, 『발해 국호 연구 — 당조가 인정한 발해의 고구려 계승 묵인과 부인』, 서강대학교출판부, pp.365-366. 이렇듯 「이다조묘지」에 기록된 그 출신지는 '蓋川'이 명확함에도 불구하고 '蓋州'로 판독된 까닭은 묘지 자체의 글자가 잘못 각석되었을 가능성을 전제한 것으로 추정되는데, 이다조와 함께 경룡정변 과정에서 피살된 이다조의 조카 李承嗣의 墓誌, 즉 「大唐故李府君(承嗣)墓誌銘」(氣賀澤 4143)에도 그 출신지로 명확히 '蓋川'을 언급한 것으로 볼 때 잘못 각석되었을 가능성은 낮다고 판단된다.

17) 최진열, 2015, 앞의 논문, pp.364-368에서도 마찬가지로 '蓋川' 자체에 대한 해석을 통해 이다조의 출신을 검토한 바 있다. 구체적으로 遼川, 扶餘川 등의 몇 가지 사례를 바탕으로 '川' 자에 하천이 아닌 평지 혹은 지역의 의미가 있다고 하면서 고구려의 지명 가운데 '蓋' 자가 포함된 지명의 인근 지역을 가리키는 용법으로 파악한 후 이다조의 출신지로 기록된 '蓋川'을 고구려 개모성의 인근 지역으로 해석하였다. 이민수, 2017, 「高句麗 遺民 李他仁의 族源과 栅城 褥薩 授與 배경에 대한 고찰」, 『대구사학』 128, pp.148-150에서도 기본적으로 이러한 해석을 받아들였는데, 여기서 더 나아가 이다조의 선조들이 도독을 역임한 '烏蒙州'를 발해가 拂涅故地에 설치하였다고 하는 '蒙州'(『新唐書』 卷219, 渤海傳, p.6182, "地有五京·十五府·六十二州. … 拂涅故地爲東平府, 領伊·蒙·沱·黑·比五州")와 연결시켜 이다조가 拂涅靺鞨 출신일 것으로 추정하였다.

여 판독과 역주를 진행한 후, 이다조의 출신과 관련한 기존 견해를 재검토하여 삼한의 귀종이자 말갈추장이었던 '말갈계 고구려인'[18] 이다조의 출신을 재해석해 보고자 한다.

II. 「李多祚墓誌」의 판독과 역주

1991년 「이다조묘지」의 발견 이후 현재까지 중국에서 출간된 다수의 자료집에 「이다조묘지」의 탁본 및 판독문이 수록되었다. 우선 1994년 묘지를 수장한 龍門石窟研究院의 張乃翥·張成渝가 「이다조묘지」를 최초 보고한 이후,[19] 1996년 출간된 『洛陽新獲墓誌』에 탁본·판독문과 더불어 간략한 해설이 수록되면서 자료에 대한 초보적인 소개가 이루어졌고,[20] 이어서 1999년 『全唐文補遺』6, 2000년 『全唐文新編』21, 2011년 『洛陽出土少數民族墓誌彙編』에 각각 판독문이 수록되었으며, 같은 해인 2011년에는 「이다조묘지」를 최초 보고한 張乃翥의 『龍門區系石刻文粹』에도 탁본이 수록되었다.[21] 「이다조묘지」의 상태가 비교적 온전한 편이라 판독 자체에는 큰 어려움이 없지만, 기존 판독문 간에 일부 이견이 있어 이하에서는 관련 자료집을 참조하여 재판독을 진행한 후 역주를 덧붙여 「이다조묘지」의 정확한 이해를 시도하고자 한다.

---

18) 이 글에서는 종족적으로 말갈인이지만 정치적으로 고구려에 예속되었던 고구려화된 말갈인이라는 의미에서 '말갈계 고구려인'이라는 용어를 사용하였다.

19) 張乃翥·張成渝, 1994, 앞의 논문; 張乃翥·張成渝, 1999, 앞의 논문.

20) 『新獲』, p.53 및 pp.232-233. 단, 『新獲』, pp.232-233의 「이다조묘지」 해설은 李獻奇, 1994, 앞의 논문에 의거한 것이다.

21) 『補遺』 6, p.383; 『新編』 21, p.14886; 『民族』, pp.229-230; 『龍門』, p.122.

1. 「이다조묘지」의 판독

【「이다조묘지」 탁본】[22)]

【「이다조묘지」 판독안】

15	14	13	12	11	10	9	8	7	6	5	4	3	2	1	
	嗚	畢	禮	酉	年	𢦏	五	督	都	稱	王	五	軍	大	①
	呼	地	也	遷	嵗	但	日	贈	督	列	諱	十	上	唐	②
	哀	無	嗣	葬	次	享	薨	右	祖	代	多	户	柱	故	③
	𢦏	追	姪	于	癸	年	扵	武	利	班	祚	封	國	鎮	④
	何	恐	承	洛	丑	不	長	衛	烏	師	盖	王	遼	軍	⑤
	其	陵	風	州	九	永	安	將	蒙	封	川	墓	陽	大	⑥
	罔	谷	女	河	月	海	春	軍	州	爵	人	誌	郡	將	⑦
	極	推	尼	南	壬	内	秋	王	都	所	也	銘	王	軍	⑧
		遷	意	縣	戌	同	五	以	督	頼	忠		食	行	⑨
		紀	滿	伊	朔	嗟	十	神	父	曾	誠		恒	右	⑩
		德	等	汭	二	即	有	龍	辯	祖	久		州	羽	⑪
		音	崩	鄉	十	以	四	三	烏	訥	著		實	林	⑫
		於	天	之	四	先	嗚	年	蒙	烏	功		封	軍	⑬
		泉	靡	平	日	天	呼	七	州	蒙	績		八	大	⑭
		路	想	原	乙	二	哀	月	都	州	遠		百	將	⑮

【釋文】

〈蓋石〉

大唐故」遼陽郡」王李公」墓誌銘」

〈誌石〉

大唐故鎮軍大將軍·行右羽林軍大將」軍·上柱國·遼陽郡王·食恒州實封八百」五十戶封王墓誌銘.

王諱多祚, 蓋川[1]人也. 忠誠久著, 功績遠」稱, 列代班師, 封爵所賴. 曾祖訥, 烏[2]蒙州」都督. 祖利, 烏[3]蒙州都督. 父辯, 烏[4]蒙州都」督, 贈右武衛將軍. 王以神龍三年七月」五日薨於長安, 春秋五十有四. 嗚呼哀」哉! 但享年不永, 海內同嗟. 即以先天二」年歲次癸丑九月壬戌朔二十四日乙」酉, 遷葬于洛州 河南縣 伊汭鄉之平原」, 禮也. 嗣姪承風·女尼意滿等, [5]崩天靡想」, 畢地無追, 恐陵谷推遷, 紀德音於泉路」. 嗚呼哀哉, 何其罔極.

22) 『新獲』, p.53. 판독 과정에서 『龍門』, p.122에 수록된 탁본도 교차 확인하였다.

【釋文註】[23]

[1] '川'(『新獲』, 『補遺』, 『新編』, 『民族』). '州'(張乃翥·張成渝 1994, 1999).

[2-4] '烏'(張乃翥·張成渝 1994, 『新獲』, 『補遺』, 『新編』, 『民族』). '爲'(張乃翥·張成渝 1999).

[5] '山'(『新獲』). 뒤이은 '崩'의 '山'을 잘못 판독한 것으로 판단된다.

2. 「이다조묘지」의 역주

【譯文】

〈蓋石〉

大唐 故 遼陽郡王 李公의 墓誌銘.

〈誌石〉

大唐 故 鎭軍大將軍[1]·行右羽林軍大將軍[2]·上柱國[3]·遼陽郡王[4]·食恒州實封八百五十戶[5] 封王의 墓誌銘.

왕은 휘가 多祚이고 蓋川人[6]이다. 충성은 오랫동안 저명하였고 공적은 멀리까지 알려졌으며, 누대에 걸쳐 개선하여[7] 봉작을 얻게 되었다.[8] 증조 訥은 烏蒙州都督이었다. 조부 利는 烏蒙州都督이었다. 부친 辯은 烏蒙州都督,[9] 贈右武衛將軍[10]이었다. 왕이 (중종) 신룡 3년(707) 7월 5일 長安에서 훙거하니,[11] 춘추 54세였다. 아! 슬프도다, 다만 향년이 오래되지 않아 海內가 모두 탄식하였다. 이윽고 (현종) 선천 2년(713) 세차 계축 9월 임술삭 24일 을유[12]에 洛州 河南縣 伊汭鄕의 평원[13]으로 이장하니, 예에 부합하였다. 후사인 조카 承風과 비구니인 딸 意滿 등[14]은 하늘이 무너져 호소할 데가 없게 되었고 땅이 다하여 뒤따를 데가 없게 되었다. 구릉과 골짜기가 변할까 두려워 德音을 泉路에 기록하노라. 아! 슬프구나, 그 망극함을 어이할까.

【譯文註】

[1] 진군대장군[鎭軍大將軍]: 종2품 무산관이다.

[2] 행우우림군대장군[行右羽林軍大將軍]: 직사관으로 北衙禁軍의 하나인 右羽林軍의 장관인 대장군(정3품)이다. 좌·우우림군의 대장군은 北衙禁兵에 관한 법령을 통령하고 左·右廂 飛騎의 의장을 통섭하며 각 조의 직무를 통괄하는 일을 관장한다.[24]

『구당서』 이다조전에 의하면 이다조는 "젊어서 軍功으로 右羽林軍大將軍의 직위를 맡아 전후로 禁兵

23) 『新獲』: 『洛陽新獲墓誌』, 『補遺』: 『全唐文補遺』, 『新編』: 『全唐文新編』, 『民族』: 『洛陽出土少數民族墓誌彙編』, 張乃翥·張成渝 1994: 「讀龍門山新出土的唐李多祚墓志」, 張乃翥·張成渝 1999: 「洛陽龍門山出土的唐李多祚墓志」.

24) 『唐六典』 卷25, 諸衛府, 左·右羽林軍 條, 中華書局, p.643.

을 관장하며 北門에서 宿衛한 지 20여 년이었다"[25]고 하는데, 『구당서』·『신당서』 이다조전에 신룡 원년(705) 정월 정변을 획책하던 장간지가 이다조를 회유하며 나눈 대화 도중 이다조 스스로 고종의 은혜를 입어 북문에서 숙위한 지 30년째라고 답한 것으로 볼 때[26] 이다조는 대략 고종 후반기인 675년을 전후한 시기 20대 초반 무렵부터 북아금군으로 북문에서 숙위하였던 것으로 판단된다.

[3] 상주국[上柱國]: 정2품 훈관이다.

[4] 요양군왕[遼陽郡王]: 종1품 봉작이다. '군왕'은 원칙적으로 황친 가운데 황태자의 아들 및 친왕의 아들로서 은택을 입은 자에게 수여된 봉작이었으나 국가에 큰 공적을 세운 경우 특별히 庶姓(異姓)에게도 수여되었는데, 이성에게 수여될 수 있는 최고의 봉작이었다.[27] 당 초에는 이성에게 군왕을 수여하는 경우가 거의 없었으나, 무측천 시기 이후로 이성에 대한 군왕의 수여가 증가하여 숙종 시기 이후로 점차 남발되었다고 한다.[28] 이다조는 신룡 원년(705) 정월 신룡정변 공신들에 대한 논공행상의 일환으로 遼陽郡王(종1품)에 進封되었다.[29]

[5] 식항주실봉팔백오십호[食恒州實封八百五十戶]: 식봉은 봉작의 수여에 수반하여 그 등급의 차이에 따라 일정 수의 課戶가 납부해야 하는 租賦를 수봉자에게 급여하는 제도로, 군왕의 경우 5천 호의 식봉이 사여되었다.[30] 다만, 대부분의 식봉은 명칭이 있더라도 실제가 없어 봉작과 마찬가지로 그 지위만을 나타내는 명예적 성격이 강하였는데, 실제 과호가 사여되어 그 조부를 취득할 수 있는 경우에만 통례적으로 '(食)實封' 혹은 '(食)實戶'라고 하였다.[31] 『구당서』, 『신당서』에는 신룡정변 공신들에 대한 논공행상으로 요양군왕의 봉작과 더불어 이다조에게 식실봉 600호 혹은 800호를 사여하였다고 하는데,[32] 「이다조묘지」에 기록된 하북도 항주의 식실봉 850호가 정확할 것이다.

[6] 개천인[蓋川人]: 이다조의 출신지이다. 기존 연구에서는 '蓋川'을 '蓋州'로 잘못 판독하여 遼寧省 蓋縣(지금의 遼寧省 營口市 蓋州市)에 비정하거나[33] 정관 19년(645) 태종의 고구려 원정 당시 고구려의 蓋牟城을 함락시킨 후 설치한 '蓋州'로 해석하기도 하였다.[34] 그러나 「李多祚墓誌」는 물론 이다조의 조

---

25) 『舊唐書』 卷109, 李多祚傳, p.3296, "少以軍功歷位右羽林軍大將軍, 前後掌禁兵, 北門宿衛二十餘年."

26) 『舊唐書』 卷109, 李多祚傳, p.3296; 『新唐書』 卷110, 李多祚傳, p.4125.

27) 『唐六典』 卷2, 尙書吏部, 司封郎中·員外郎 條, p.37, "皇太子諸子並爲郡王. 親王之子承恩澤者亦封郡王."; 『通典』 卷31, 職官13, 歷代王侯封爵, 大唐 條, 中華書局, p.869, "太子男封郡王, 其庶姓卿士功業特盛者, 亦封郡王."

28) 『陔餘叢考』 卷17, 唐時王爵之濫, 河南人民出版社, p.322.

29) 『舊唐書』 卷7, 中宗本紀, 神龍 원년(705) 정월 條, p.136; 『舊唐書』 卷109, 李多祚傳, p.3296; 『新唐書』 卷110, 李多祚傳, p.4125; 『資治通鑑』 卷207, 中宗 神龍 원년(705) 정월 條, p.6582.

30) 『唐六典』 卷2, 尙書吏部, 司封郎中·員外郎 條, p.37.

31) 『唐六典』 卷2, 尙書吏部, 司封郎中·員外郎 條, p.37, "然戶·邑率多虛名, 其言食實封者, 乃得眞戶."; 『通典』 卷19, 職官1, 封爵, 大唐 條의 原註, p.488, "並無其土, 加實封者, 乃給租庸."; 『通典』 卷31, 職官13, 歷代王侯封爵, 大唐 條, p.869, "… 並無官土. 其加實封者, 則食其封. 分食諸郡, 以租調給."

32) 『舊唐書』 卷7, 中宗本紀, p.135에서는 "賜實封六百戶"라고 하지만, 『舊唐書』 卷109, 李多祚傳, p.3296에서는 "食實封八百戶", 『新唐書』 卷110, 李多祚傳, p.4125에서는 "食實戶八百"이라고 한다.

33) 張乃翥·張成渝, 1994, 앞의 논문, pp.55-56; 張乃翥·張成渝, 1999, 앞의 논문, pp.77-78; 李長莉, 2012, 앞의 논문, pp.9-12.

카 「李承嗣墓誌」에서도 이다조 일가의 출신지를 '蓋川'으로 명시하고 있는 것으로 볼 때 고구려 개모성에 설치한 개주와는 무관하다고 판단된다. 한편, 이러한 측면에서 일부 연구에서는 '蓋川' 자체에 대한 해석을 시도하여 구체적으로 '川' 자를 하천이 아닌 평지 혹은 지역의 의미로 이해하고 고구려의 지명 가운데 '蓋' 자가 포함된 지명의 인근 지역을 가리키는 용법으로 파악하여 결론적으로 개모성 인근 지역의 의미로 해석하기도 하였다.[35] 다만, '蓋川'의 의미에 대해서는 재고의 여지가 없지 않은데, 자세한 사항은 후술한다.

[7] 누대에 걸쳐 개선하여[列代班師]: 이다조는 일찍이 20대 초반 무렵인 고종 후반기부터 북아금군 소속으로 북문에서 숙위하는 한편,[36] 수차례 당의 대외전쟁에 참전하여 군공을 세웠다. 이다조의 대외전쟁 참전과 관련한 가장 이른 시기의 기록은 고종 후반기의 명장 裴行儉(619~682) 휘하의 편장·비장에서 출발하여 훗날 명장의 반열에 올랐던 장수들 가운데 한 명으로 이다조가 언급된 것이 최초이다.[37] 이 무렵 이다조가 구체적으로 어떠한 전투에 참전하였는지는 명확히 알 수 없지만, 배행검이 고종 상원 3년(676)~영순 원년(682) 서·북방 변경의 吐蕃, 西突厥, 東突厥 등을 수차례 토벌하였던 것[38]에 미루어 볼 때 이다조 역시 배행검을 따라 이러한 토벌전 등에 참전하였을 것으로 추정된다.

이후 무측천 시기부터 이다조의 대외전쟁 참전이 구체적으로 확인되는데, 당시 이다조는 북방의 突厥(제 2 돌궐제국)을 비롯하여 동북방의 契丹, 黑水靺鞨, 室韋 등과의 대외전쟁에 수차례 참전하였다. 무측천 수공 3년(687) 8월 돌궐의 阿史那骨咄祿(일테리쉬 카간)과 阿史德元珍(톤유쿠크)이 朔州를 침략하자 燕然道行軍大總管 黑齒常之의 부장으로 黃花堆에서 돌궐을 대파한 것[39]을 시작으로 흑수말갈을 토벌하고[40] 장수 2년(693) 실위의 반란을 평정[41]하였다. 이후 아사나골돌록 사후 즉위한 돌궐의 默啜(카파간 카간)이 장수 3년(693) 납월 靈州를 침략하자[42] 장수 3년(694) 2~3월[43] 朔方道行軍大總

34) 송기호, 2003, 앞의 논문, pp.95-96; 孫昊, 2017, 앞의 논문, p.60; 권은주, 2018, 앞의 논문, pp.22-23; 林澤杰, 2023, 앞의 논문, pp.22-25.

35) 최진열, 2015, 앞의 논문, pp.364-368; 이민수, 2017, 앞의 논문, pp.148-150.

36) 『舊唐書』 卷109, 李多祚傳, p.3296; 『新唐書』 卷110, 李多祚傳, p.4125.

37) 『舊唐書』 卷84, 裴行儉傳, p.2805, "行儉嘗所引偏裨, 有程務挺·張虔勗·崔智辯·王方翼·党金毗·劉敬同·郭待封·李多祚·黑齒常之, 盡爲名將, 至刺史·將軍者數十人. 其所知賞, 多此類也." 『新唐書』 卷108, 裴行儉傳, p.4089; 『資治通鑑』 卷203, 高宗 永淳 원년(682) 4월 條, p.6408 略同.

38) 『舊唐書』 卷84, 裴行儉傳, pp.2802-2805; 『新唐書』 卷108, 裴行儉傳, pp.4086-4088.

39) 『資治通鑑』 卷204, 武則天 垂拱 3년(687) 7월 條, p.6445, "突厥骨篤祿·元珍寇朔州, 遣燕然道大總管黑齒常之擊之, 以左鷹揚大將軍李多祚爲之副, 大破突厥於黃花堆, 追奔四十餘里, 突厥皆散走磧北."(『舊唐書』 卷109, 黑齒常之傳, p.3295; 『新唐書』 卷110, 黑齒常之傳, p.4122 略同). 『舊唐書』 卷194上, 突厥傳, p.5167; 『新唐書』 卷215上, 突厥傳上, p.6044 참조.

40) 『新唐書』 卷110, 李多條傳, p.4125, "討黑水靺鞨, 誘其渠長, 置酒高會, 因醉斬之, 擊破其衆." 이다조의 흑수말갈 토벌에 관해서는 魏國忠·孫正甲, 1985, 「唐與黑水靺鞨之戰」, 『社會科學戰線』 1985-3 참조.

41) 『新唐書』 卷110, 李多條傳, p.4125, "室韋及孫萬榮之叛, 多祚與諸將進討, 以勞改右羽林大將軍, 遂領北門衛兵." 그 시점은 『新唐書』 卷219, 室韋傳, p.6177; 『資治通鑑』 卷205, 武則天 長壽 3년(693) 臘月 條, p.6493에 무측천 장수 2년(693)이라고 한다.

42) 『新唐書』 卷4, 武則天本紀, 長壽 3년(693) 臘月 條, p.94; 『資治通鑑』 卷205, 武則天 長壽 3년(693) 臘月 條, p.6493.

43) 『新唐書』 卷4, 武則天本紀, 長壽 3년(694) 2~3월 條, p.94; 『資治通鑑』 卷205, 武則天 長壽 3년(694) 2~3월 條, pp.6493-6494.

管 薛懷義 휘하 18將軍 가운데 한 명으로 威化道總管에 임명되어 참전하였으나, 당시 돌궐이 초원으로 퇴각하면서 별다른 성과를 거두지는 못하였다.[44] 이어서 만세통천 원년(695) 5월 거란의 李盡忠과 孫萬榮이 봉기하여 營州를 함락하자, 曹仁師·張玄遇·麻仁節 등과 더불어 28將軍의 일원으로 참전하여 거란을 토벌하였으나 대패하였다.[45] 이후 거란의 봉기를 진압하고 세력을 확대한 묵철이 성력 원년(698) 8월 媯·檀州를 침략하자 天兵中道大總管 武重規 휘하의 天兵西道後軍總管에 임명되었고,[46] 같은 해 9월 묵철이 趙州를 침략하자 河北道行軍元帥 李顯(황태자) 휘하 河北道後軍總管에 임명되어 출전하였으나 역시 별다른 성과를 거두지는 못하였다.[47] 이렇듯 이다조는 고종 후반기~무측천 시기 당의 북방 및 동북 변경에서 일어난 대외전쟁에서 번장으로 활약하였는데, 「이다조묘지」에서는 이를 압축적으로 "누대에 걸쳐 개선하였다"고 표현하였던 것으로 보인다.

[8] 봉작을 얻게 되었다[封爵所賴]: 『구당서』 중종본기에는 "右羽林大將軍·遼國公 李多祚를 遼陽郡王에 進封하고 實封六百戶를 사여하였다"[48]고 하여 요양군왕으로 진봉되기 이전 이다조가 이미 요국공의 봉작을 지니고 있었음이 확인된다. '국공'(종1품)은 원칙적으로 사왕·군왕의 자손으로서 봉작을 승습한 자에게 등급을 낮추어 수여한 봉작이었는데, 이외에 특별한 사유가 있을 경우 庶姓(異姓)에게도 수여되었다.[49] 이다조가 정확히 어느 시기에 어떠한 사유로 요국공의 봉작을 받았는지는 명확하지 않지만, "누대에 걸쳐 개선하여 봉작을 얻게 되었다"는 「이다조묘지」의 내용으로 볼 때 무측천 시기 돌궐, 거란 등과의 대외원정에서 세운 군공으로 요국공의 봉작을 받았던 것으로 추정된다.

[9] 오몽주도독[烏蒙州都督]: 이다조의 증조 訥, 조부 利, 부친 辯이 대대로 세습한 칭호로서, 그 해석에 있어서는 몇 가지 가능성을 고려해 볼 수 있다.[50]

---

44) 『舊唐書』 卷183, 薛懷義傳, p.4742, "長壽二年, 默啜復犯塞, 又以懷義為代北道行軍大總管, 以李多祚·蘇宏暉為將. 未行, 改朔方道行軍大總管, 以內史李昭德為行軍長史, 鳳閣侍郎·平章事蘇味道為行軍司馬, 契苾明·曹仁師·沙吒忠義等十八將軍以討之. 未行虜退, 乃止." 『舊唐書』 卷194上, 突厥傳上, p.5168; 『新唐書』 卷215上, 突厥傳上, p.6045 참조.

45) 『舊唐書』 卷6, 武則天本紀, 萬歲通天 원년(696) 5월 條, p.125, "營州城傍·契丹首領·松漠都督李盡忠與其妻兄歸誠州刺史孫萬榮殺都督趙文翽, 舉兵反, 攻陷營州. 盡忠自號可汗. 乙丑, 命鷹揚將軍曹仁師·右金吾大將軍張玄遇·右武威大將軍李多祚·司農少卿麻仁節等二十八將討之."(『新唐書』 卷4, 武則天本紀, 萬歲通天 원년 5월 條, p.96; 『資治通鑑』 卷205, 武則天 萬歲通天 원년 5월 條, pp.6505-6506 略同). 『舊唐書』 卷199下, 契丹傳, pp.5350-5351; 『新唐書』 卷219, 契丹傳, pp.6168-6169 참조.

46) 『新唐書』 卷4, 武則天本紀, 聖曆 원년(698) 8월 條, pp.98-99, "突厥寇邊. 戊子, 左豹韜衛將軍閻知微降于突厥, 寇邊. … 司屬卿武重規為天兵中道大總管, 沙吒忠義為天兵西道前軍總管, 幽州都督張仁亶為天兵東道總管, 左羽林衛大將軍李多祚·右羽林衛大將軍閻敬容為天兵西道後軍總管, 以擊突厥"(『舊唐書』 卷6, 武則天本紀, 聖曆 원년 8월 條, p.127; 『資治通鑑』 卷206, 武則天 聖曆 원년 8월 條, p.6533 略同.) 『舊唐書』 卷194上, 突厥傳上, p.5169; 『新唐書』 卷215上, 突厥傳上, pp.6045-6046 참조.

47) 『新唐書』 卷4, 武則天本紀, 聖曆 원년(698) 9월 條, p.99, "戊辰, 突厥寇趙州, 長史唐波若降于突厥, 刺史高叡死之. 突厥寇相州, 沙吒忠義為河北道前軍總管, 將軍陽基副之, 李多祚為後軍總管, 大將軍富福信為奇兵總管, 以禦之"(『舊唐書』 卷6, 武則天本紀, 성력 원년 9월 條, p.127; 『資治通鑑』 卷206, 武則天 聖曆 원년 8월 條, pp.6534-6535 略同). 『舊唐書』 卷194上, 突厥傳上, p.5169; 『新唐書』 卷215上, 突厥傳上, p.6046 참조.

48) 『舊唐書』 卷7, 中宗本紀, 神龍 원년(705) 정월 條, p.136.

49) 『唐六典』 卷2, 尚書吏部, 司封郎中·員外郎 條, pp.37-38, "其嗣王·郡王及特封王子孫承襲者, 降授國公. … 其國公皆特封焉."

50) 王義康은 정관 20년(646) 6월 무렵 校尉 宇文法이 烏羅護·靺鞨에 파견되었다가 薛延陀 阿波設의 군사를 동쪽 경계에서 만나자

첫째, 『구당서』·『신당서』 이다조전에서 그 선조가 대대로 말갈추장이었다는 기록과 연결시켜[51] 이다조의 선조들이 세습한 말갈부락의 추장을 중국식 지방관에 비유하여 표현하였을 가능성이다. 이때 '烏蒙'은 이다조 일가가 거느린 말갈부락의 명칭으로 해석할 수 있는데,[52] 실제로 (隋) 『北蕃風俗記』에 의하면 수 문제 개황 연간(581~600) 고구려와의 군사적 충돌에서 패배한 粟末靺鞨 厥稽部 渠長 突地稽가 忽使來部·窟突始部·悅稽蒙部·越羽部·步護賴部·破奚部·步步括利部 등 8부를 이끌고 중국으로 내부하였다고 하여[53] 소위 '말갈 7부'의 하나인 속말말갈 내부의 각 '小部'마다 고유의 부락명을 지니고 있었음이 확인된다.[54]

둘째, "三韓貴種"이었던 이다조 일가가 말갈계 고구려인이었다는 측면에서 중국으로 내부하기 이전 고구려에서 역임한 지방관의 칭호를 중국식 지방관에 비유하여 표현하였을 가능성이다. (唐) 『高麗記』에 의하면 고구려의 지방지배는 일반적으로 '城'을 단위로 하여 중층적으로 편제되었다고 하는데[55] 그렇다면 이때의 '烏蒙'은 고구려성의 명칭으로 해석할 수 있을 것이다.[56] 이는 당대 고구려인의 묘지에서 입당 이전 고구려에서 역임한 지방관의 칭호를 중국식 지방관에 비유하여 표현한 사례가 다수 확인된다는 사실을 통해 뒷받침할 수 있다. 일례로 「高欽德墓誌」에 의하면[57] 고흠덕(677~733)의 증조 瑗, 조부 懷가 고구려에서 建安州都督을 세습하였다고 하는데, 이때의 건안주도독이란 고구려 서부 변경의 대성이었던 건안성의 지방관인 建安城褥薩을 가리키는 것으로 이해되고 있다.[58]

말갈을 거느리고 이들을 격파하였다는 기록(『資治通鑑』 卷198, 太宗 貞觀(646) 6월 條, p.6237)과 연결시켜 이다조의 선조들이 세습한 오몽주도독을 설연타의 멸망 전후 당이 그 부락 본토에 설치한 기미부주의 장관으로 해석하였고(王義康, 2011, 「唐代經營東北與突厥」, 『陜西師範大學學報』 2011-2(2012, 『唐代邊疆民族與對外交流』, 黑龍江教育出版社, p.114에 재수록)), 최진열은 이다조의 선조들이 烏蒙州都督을 세습하였던 데에서 蓋牟城 부근에 '烏蒙城'이 존재하였을 것이며 당에 귀부한 이후 이다조 조상들의 거주지였던 '烏蒙'을 따서 烏蒙州都督이란 관직이 주어졌을 것이라고 하였다(최진열, 2015, 앞의 논문, p.367). 이는 이다조의 선조들이 세습한 '오몽주도독'을 입당 이후 당이 수여하였다고 파악하는 견해들인데, 이다조의 생몰년(654~707)을 바탕으로 그 증조-조부-부친의 활동 시기를 어림잡으면 대략 6세기 후반~7세기 초반으로 거슬러 올라간다는 점에서 오몽주도독은 일단 입당 이전 고구려 시기의 칭호로 보는 것이 합리적이라 판단된다.

51) 張乃翥·張成渝, 1994, 앞의 논문, pp.55-56; 張乃翥·張成渝, 1999, 앞의 논문, pp.77-78.

52) 권은주, 2018, 앞의 논문, p.22.

53) 『太平寰宇記』 卷71, 河北道 20, 燕州 條, 中華書局, pp.1436-1437.

54) 『舊唐書』 卷39, 地理志2, 河北道, 愼州 條, p.1522에는 무덕 연간(618~626) 초 營州都督府 관하의 羈縻州로서 涑沫靺鞨 烏素固部落으로 愼州를 설치하였다고 하는데, 여기서의 '烏素固部落' 역시 粟末部 내부 小部의 명칭이었을 것이다.

55) 『翰苑』 蕃夷部, 高麗, 동북아역사재단, p.188, "官崇九等, [注: 『高麗記』曰, '又其諸大城置傉薩, 比都督. 諸城置處閭近支, 比刺史, 亦謂之道使. 道使治所名之曰備. 諸小城置可邏達, 比長史. 又城置婁肖, 比縣令.]" 『舊唐書』 卷199上, 高麗傳, p.5319; 『新唐書』 卷220, 高麗傳, p.6186 略同.

56) 최진열, 2015, 앞의 논문, p.367.

57) 「唐右武衛將軍高府君(欽德)墓誌銘」(氣賀澤 5310), "公諱欽德, 字應休, 渤海人也. 曾祖瑗, 建安州都督. 祖懷, 襲爵建安州都督"(『隋唐五代』 洛陽 - 10, p.69; 『彙編』 下, p.1416).

58) 이외에도 「大唐右領軍將軍·贈右驍衛大將軍李他仁墓誌銘」, "于時授公柵州都督兼揔兵馬, 管一十二州高麗, 統卅七部靺鞨."(『한인』 자료 p.278, p.281, 역주 p.349); 「大周故冠軍大將軍·行左豹韜衛翊府中郎將高府君(玄)墓誌銘」(氣賀澤 2852), "曾祖寶, 任本州都督. 祖方, 任平壤城刺史."(『隋唐五代』 洛陽 - 6, p.214; 『續集』, p.317); 「大周冠軍大將軍·行左淸道率府頻陽折衝都尉高乙德墓誌」,

이러한 여러 가능성을 종합적으로 고려해 볼 때 이다조의 선조들이 세습한 '烏蒙州都督'은 말갈부락의 추장으로 정치적으로 예속되었던 고구려에서 역임한 지방관의 칭호를 중국식 지방관에 비유하여 표현한 것이 아닌가 추정된다.[59]

[10] 증우무위장군[贈右武衛將軍]: 이다조 부친의 贈官으로, 南衙禁軍의 하나인 右武衛의 차관(종3품)이다. 좌·우무위의 장군은 여타의 남아금군과 마찬가지로 장관인 대장군과 더불어 궁정의 경비·호위에 관한 법령을 통령하고 의장을 감독하며 각 조의 직무를 총괄하는 일을 관장한다. 한편, 좌·우무위는 무측천 광택 원년(684) 左·右鷹揚衛로 개칭되었다가 중종 신룡 원년(705) 다시 옛 명칭을 회복하였다.[60]

[11] 왕이 신룡 3년(707) 7월 5일 장안에서 홍거하니[王以神龍三年七月」五日薨於長安]: 「이다조묘지」에서는 이다조의 사망 경위에 대하여 침묵하고 있으나, 『구당서』·『신당서』 이다조전 등에 의하면 이다조는 신룡 3년(707) 7월 5일(경자일) 황태자 이중준이 일으킨 경룡정변을 주동하였다가 정변의 와중에 당 장안성 궁성의 북문인 현무문 아래에서 휘하 우림병에게 살해되었다고 한다. 당시의 구체적인 상황을 『구당서』 이다조전에서는 다음과 같이 기술하고 있다. "節愍太子가 武三思를 살해할 때 이다조는 羽林大將軍 李千里 등과 함께 군사를 이끌고 따랐다. 태자가 이다조에게 먼저 玄武樓 아래에 이르게 하였는데, 황상이 무삼사를 살해한 이유를 물으면 마침내 군사를 거두어 싸우지 않길 바랐기 때문이었다. 당시 宮闈令 楊思勗이 현무루 위에서 황제를 시봉하면서 그 선봉을 막길 청하였다. 이다조의 사위 羽林中郎將 野呼利가 先軍總管이었는데, 양사욱이 칼을 빼 그를 베자 군사들이 크게 무너졌다. 이다조는 순식간에 좌우에 살해되었고 그 두 아들도 죽임을 당했으며 그 일가는 적몰되었다."[61]

[12] 이윽고 선천 2년 세차 계축 9월 임술삭 24일 을유[卽以先天二年歲次癸丑九月壬戌朔二十四日乙酉]: 이다조를 장안에서 낙양으로 예를 갖추어 장사지낸 날이다. 단, 현종 선천 2년(713) 9월은 신유삭이고 24일은 갑신으로, 간지에 하루의 오차가 있다.

경룡정변의 실패로 장안에서 피살된 이다조는 당륭정변의 성공으로 위후 일파가 주살된 직후인 예종 당륭 원년(710) 7월 폐서인된 이중준을 절민태자로 추시할 때 함께 복권되었는데, 다만 당시 조정 일각에서는 이중준과 이다조 등에 대한 복권에 반대하는 여론도 없지 않았던 것으로 보인다. 즉,

---

"祖岑, … 遷受遼府都督. 父孚, … 任海谷府都督."(『한인』 자료 p.154, p.156, 역주 p.170) 등의 사례가 확인된다.

59) 한편, 이민수는 지명의 유사성을 바탕으로 발해가 拂涅故地에 설치하였다고 하는 '蒙州'가 '烏蒙州'에서 유래하였을 것으로 추정하였고(이민수, 2017, 앞의 논문, p.148), 林澤杰은 '蓋牟'(개모)와 '烏蒙'(우몽)의 한국어 발음이 근접하고 이다조의 籍貫을 '蓋州'라고 보아 烏蒙州가 어쩌면 蓋牟城을 가리킬지도 모른다고 하였는데(林澤杰, 2023, 앞의 논문, p.23), 수긍하기 어렵다.

60) 『唐六典』 卷24, 諸衛, 左·右武衛 條, p.620.

61) 『舊唐書』 卷109, 李多祚傳, p.3297(『新唐書』 卷110, 李多祚傳, pp.4125-4126 略同). 이외에도 『舊唐書』 卷7, 中宗本紀, 神龍 3년(707) 7월 條, p.144; 『新唐書』 卷4, 中宗本紀, 神龍 3년(707) 7월 條, p.110; 『舊唐書』 卷86, 節愍太子重俊傳, pp.2837-2838; 『新唐書』 卷81, 節愍太子重俊傳, p.3595; 『資治通鑑』 卷208, 中宗 神龍 3년(707) 7월 條, pp.6611-6612 참조.

『舊唐書』·『新唐書』 韋湊傳 등에 의하면, 太府少卿 韋湊가 부황에 대한 이중준의 '悖逆'과 군주에 대한 이다조의 '犯君'을 이유로 이중준의 시호를 1자로 고칠 것을 청하면서 이다조의 죄를 사면[放]할 수는 있어도 신원[雪]할 수는 없다고 상주하였던 것이다. 당시 당륭정변으로 복위한 예종은 이러한 위주의 상주에 대하여 동의하면서도 이미 명령이 시행되어 바꾸기 어렵다는 이유로 이다조에 대한 복권을 강행하면서 동시에 조정 일각의 반대 여론을 의식하여 이다조에 대한 관직 추증 논의만 정지시켰다고 한다.[62] 이렇듯 복권에 대한 조정 일각의 반대 여론으로 인하여 예종 당륭 원년(710) 이다조에 대한 복권이 이루어졌음에도 이 시기 이다조를 예를 갖추어 개장하는 데까지는 이르지 못하였던 것으로 보인다. 그러던 중 선천정변의 성공으로 태평공주 일파가 주살된 직후인 현종 선천 2년(713) 9월에 이르러서야 현종에 의해 이다조를 장안에서 낙양으로 이장할 수 있었던 것으로 보인다.[63]

[13] 낙주 하남현 이예향의 평원[洛州河南縣伊汭鄉之原]: 「李多祚墓誌」가 출토된 이다조의 장지로, 대략 당 낙양성 남쪽 伊水 인근의 龍門山 일대로 비정된다.[64] 2003년 「李多祚妃弘農楊氏墓誌」, 2006년 「李承嗣墓誌」의 출토로 이다조의 비 홍농 양씨와 조카 이승사 역시 이곳에 매장되었음이 확인되었는데,[65] 아마도 이곳이 이다조 일가의 묘역이었을 것으로 추정된다. 한편, (淸) 徐松의 『唐兩京城坊考』에서는 당 낙양성의 洛水 북쪽 및 東城 동쪽의 第二南北街, 즉 徽安門東街의 思恭坊에 우우림군대장군·요양군왕 이다조의 사택이 있었다고 한다.[66] 아마도 이다조 생전의 주 활동 지역이자 그의 사제가 위치한 곳이 낙양이었기 때문에 이다조 사후 장안에서 낙양으로 이장한 것으로 추정된다.

[14] 후사인 조카 승풍과 비구니인 딸 의만 등[嗣姪承風·女尼意滿等]: 경룡정변의 와중에 이다조 본인은 물론 두 아들과 사위까지 모두 피살되자, 이다조를 이장할 때 살아남은 일가 중에 후사를 이은 조카 이승풍과 비구니가 된 딸 의만 등이 주관한 것으로 보인다. 『구당서』·『신당서』 이다조전 등에 의하면, 신룡정변의 논공행상 당시 부친 이다조의 공적으로 衛尉少卿에 배수된 아들 李承訓과 이름을 알 수 없는 또 다른 아들, 그리고 羽林中郎將으로 경룡정변에 참여하였다가 宮闈令 楊思勗에게 피살된 말갈인 사위 野呼利 등이 모두 이다조와 함께 살해되었고 그 일가는 적몰되었다고 한다.[67] 또한 「李承嗣墓誌」에 의하면 이다조의 또 다른 조카 左屯衛翊府左郎將 李承嗣 역시 마찬가지로 경룡정변에

62) 『舊唐書』 卷101, 韋湊傳, pp.3142-3145 참조(『新唐書』 卷118, 韋湊傳, pp.4265-4266; 『資治通鑑』 卷210, 睿宗 景雲 원년(710) 10월 條, pp.6657-6658 略同). 한편, 林澤杰, 2023, 앞의 논문, pp.26-28에서는 예종 당륭 원년(710) 7월 당륭정변 직후 이루어진 이다조의 복권에 대한 예종의 모호한 태도를 당시 황위 계승의 정통성 문제와 관련지어 설명하고 있다.

63) 林澤杰, 2023, 앞의 논문, pp.28-31에서는 현종 선천 2년(713) 9월 이루어진 이다조의 이장을 선천정변 직후 정권을 장악한 현종이 정치적으로 번장을 안배하고 북아금군을 통제하려던 조치의 일환으로 해석하고 있다.

64) 愛宕元, 1981, 「唐代兩京鄉里村考」, 『東洋史研究』 40-3, p.450, pp.469-470, p.478-479의 '洛陽郊區鄉比定圖'.

65) 「大唐故陽夫人墓誌銘」(氣賀澤 5833), "遷葬於河南府河南縣伊汭鄉之原"(『河洛』 上, p.319); 「大唐故李府君(承嗣)墓誌銘」(氣賀澤 4143), "葬於洛州河南縣伊汭鄉之平原, 禮也"(『秦晉』 2, p.424).

66) 『唐兩京城坊考』 卷5, 東京·外郭城, 中華書局, p.173.

67) 『舊唐書』 卷109, 李多祚傳, p.3297; 『新唐書』 卷110, 李多祚傳, p.4125.

참여하였다가 살해되었던 것으로 보인다.[68] 당률에 의하면 "謀反 및 大逆한 자는 모두 斬하고, 父 및 16세 이상의 子는 絞하며, 15세 이하의 (子) 및 母女·妻妾·祖孫·兄弟·姉妹 혹은 部曲·資財·田宅은 모두 沒官한다. … 伯叔父·兄弟의 子는 모두 流 3,000里에 처한다"[69]고 하여 모반·대역죄의 처벌을 규정하고 있는데, 이러한 賊盜律의 규정으로 볼 때 경룡정변 실패 이후 이다조의 처나 딸 등은 몰관,[70] 조카는 유형 3,000리에 처해졌으나 예종 즉위 직후 이다조의 복권으로 사면되었을 것으로 보인다.[71]

III. 靺鞨系 高句麗人 李多祚의 출신

「이다조묘지」의 판독과 역주를 통해 이다조의 출신은 '蓋川'이 분명하고 이때의 '개천'은 태종 정관 19년(646) 고구려의 개모성을 함락시키고 설치한 '개주'와는 무관하다는 것을 알 수 있다. 그렇다면 「이다조묘지」의 '개천'은 어떻게 이해해야 할까? 관련하여 혹자는 '개천' 자체의 해석을 통해 개모성의 인근 지역을 가리킨다고 해석하기도 하였지만,[72] 이 문제를 해결하려면 무엇보다도 「이다조묘지」의 '개천'이라는 명칭이 과연 어떠한 맥락에서 이다조의 출신지로 기록된 것인지 파악할 필요가 있다고 판단된다. 이를 위해 이하에서는 우선 당대 이민족 묘지들의 출신 표기 양상을 검토함으로써 이 문제에 접근해 보고자 한다.

(1)′ 「阿羅憾墓誌」

군은 휘가 阿羅憾으로, 望族의 波斯國人이다.[73]

″ 「泉獻誠墓誌」

68) 「李承嗣墓誌」에서도 그 사망 경위에 대해서는 침묵하고 있지만, 「大唐故李府君(承嗣)墓誌銘」(氣賀澤 4143), "公以神龍三年七月五日終"(『秦晉』 2, p.424)이라고 하여 이다조와 같은 날 사망한 것으로 볼 때 이승사도 이다조와 함께 경룡정변의 와중에 피살되었던 것으로 짐작된다.

69) 『唐律疏議』 卷17, 賊盜律1, '謀反大逆' 條, 中華書局, p.321.

70) 「大唐故陽夫人墓誌銘」(氣賀澤 5833)에는 "大唐開元卅九年歲次丙午正月己酉朔三日, 故遼陽郡王李多祚妃弘農楊氏, 遷葬於河南府河南縣伊汭鄉之原"(『河洛』 上, p.319)이라고 하는데, 비록 연호와 간지가 불일치하여 정확한 이장 시기는 불분명하지만 대략 현종 개원 연간(713~741)이라면 이다조의 비 홍농 양씨는 이다조 사후 살아남아 몰관되었다가 사면되었을 것으로 추정된다.

71) 林澤杰, 2023, 앞의 논문, pp.24-25 참조.

72) 최진열, 2015, 앞의 논문, pp.364-368; 이민수, 2017, 앞의 논문, pp.148-150에서는 '川' 자를 하천이 아닌 평지 혹은 지역의 용법으로 이해한 후 고구려의 지명 가운데 '蓋' 자가 포함된 지명의 인근 지역, 결론적으로 개모성 인근 지역을 가리킨다고 해석하였다. 그러나 '川' 자를 평지 혹은 지역의 용법으로 이해한다고 하더라도 「이다조묘지」의 '개천'을 '蓋' 자가 포함된 고구려의 여러 지명 중 개모성 인근 지역으로만 단정할 근거가 없을 뿐만 아니라 고종 총장 원년(668) 고구려의 멸망 이후 당이 안동도호부를 설치하여 고구려 고지를 기미부주로 편제하면서 이미 개모성 지역에 '蓋牟州'를 설치한 사실을 고려하면 「이다조묘지」의 '개천'을 과연 개모성과 연결시킬 수 있을지 의문이다.

73) 「大唐故波斯國大酋長·右屯衛將軍·上柱國·金城郡開國公波斯君(阿羅憾)丘之銘」, "君諱阿羅憾, 族望, 波斯國人也."((淸) 端方, 『陶齋藏石記』 卷21, p.9(『石刻史料新編』 1-11, p.8187)).

군은 휘가 獻誠이고 자도 獻誠으로, 그 선조가 高勾驪國人이다.[74]

(2)′「李謹行墓誌」

공은 휘가 謹行이고 자도 謹行으로, 그 선조가 무릇 肅愼의 후예이자 涑沫의 후손이다.[75]

″「李范墓誌」

공은 휘가 范이고 자가 弘則으로, 契丹 烏丸人이다.[76]

(3)′「邵公夫人高氏墓誌」

부인은 성이 高氏이고 渤海人이다. 齊의 뭇 후예가 저명한 令族으로 대대로 전해져 왔던 것은 家諜에 상세하므로 여기서는 갖추어 적지 않겠다.[77]

″「諾思計墓誌」

칙서로 성과 이름을 내려준 盧庭賓은 范陽郡의 望(族)으로, 扶餘府大首領이었다.[78]

(4)′「慕容曦皓墓誌」

공은 휘가 曦皓이고 자도 曦皓로, 京兆 長安人이다. 이전에는 昌黎에 속하여 遼右로 피하였으나 玄宗朝에 특별히 音誥를 발하여 神州에 예속하였다.[79]

″「泉毖墓誌」

휘는 毖이고 자가 孟堅으로, 京兆 萬年人이다.[80]

(5)′「契苾嵩墓誌」

공은 휘가 嵩이고 자가 議節이다. 선조는 海女의 아들로 漠北 ■烏德建山에서 나왔다.[81]

---

74) 「大周故左衛大將軍·右羽林衛上下·上柱國·卞國公·贈右羽林衛大將軍泉君(獻誠)墓誌銘」(氣賀澤 3421), "君諱獻誠, 字獻誠, 其先高勾驪國人也."(『彙編』 上, pp.984-985).

75) 「大唐故右衛員外大將軍·燕公(李謹行)墓誌銘」(氣賀澤 2518), "公諱謹行, 字謹行, 其先蓋肅慎之苗□, 涑沫之後也."(『隋唐五代』 陝西 - 3, p.101; 『續集』, pp.282-283).

76) 「大唐故左屯衛郎將李公(范)墓誌銘」, "公諱范, 字弘則, 契丹烏丸人也."(『陝西考古』, p.19, pp.236-237).

77) 「大唐邵府君故夫人高氏墓銘」(氣賀澤 7275), "夫人姓高氏, 渤海人也. 齊之諸裔也, 著令族世傳, 家諜詳矣, 此無備焉."(『新獲』, p.81, p.258).

78) 「故投降首領諾思計」(氣賀澤 6345), "勅賜盧性(姓?), 名庭賓, 望范陽郡, 扶餘府大首領."(『隋唐五代』 陝西 - 4, p.9; 『續集』 p.610).

79) 「唐故慕容府君(曦皓)墓誌銘」(氣賀澤 7186), "公諱曦皓, 字曦皓, 京兆長安人. 故屬昌黎, 僻在遼右, 玄宗朝, 特發音誥, 隸於神州."(『隋唐五代』 陝西 — 4, p.37; 『續集』, p.697).

80) 「唐故宣德郎驍騎尉淄川縣開國子泉君(毖)誌銘」(氣賀澤 5320), "諱毖, 字孟堅, 京兆萬年人也"(『隋唐五代』 洛陽 — 10, p.71; 『彙編』 下, pp.1417-1418).

81) 「大唐故契苾公(嵩)墓誌銘」(氣賀澤 5131), "公諱嵩, 字議節, 先祖海女之子, 出於漠北□烏德建山焉"(『隋唐五代』 北京— 1, p.159;

″「僕固乙突墓誌」

공은 휘가 乙突로, 朔野 金山人이다. 무릇 鐵勤의 別部이다.[82]

이상, 당대 이민족 묘지의 출신 표기 양상은 대략 다섯 가지 유형으로 구분된다. 첫째, 원래의 출신 국가 명칭을 표기하는 경우인데, 예컨대 (1)′ 고종 현경 연간(656~661) 사산조 페르시아의 멸망 이후 입조한 波斯國大酋長 阿羅憾(616~710)[83]이 "波斯國"의 望族이었다는 것이나 (1)″ 고종 건봉 원년(666) 형제들과의 권력 투쟁에서 패하여 무리를 이끌고 귀순한 高句麗 太大莫離支 泉男生의 아들 泉獻誠(651~692)[84]의 선조가 "高勾驪國" 사람이라는 것 등이 그 사례이다.[85] 둘째, 종족 혹은 부락 명칭을 표기하는 경우인데, 예컨대 (2)′ 수 문제 개황 연간(581~600) 고구려와의 군사적 충돌에서 패배한 후 부락을 이끌고 내부한 粟末靺鞨 厥稽部 渠長 突地稽의 아들 李謹行(620~683)[86]이 옛 "肅愼"의 후예이자 말갈 7부의 하나인 "涑沫"의 후손[87]이라는 것이나 (2)″ 태종 정관 2년(628) 조공한 契丹 大賀部落聯盟의 君長 大賀摩會의 아들로서 장안에서 숙위하다가 사망한 李范(620~640)[88]이 "契丹 烏丸" 사람이라는 것[89] 등이 그 사례이다.[90] 셋째, 사성이나 모칭 등의

『彙編』 下, pp.1374-1375).

82) 「大唐金微都督僕固府君(乙突)墓志」, "公諱乙突, 朔野金山人, 蓋鐵勤之別部也"(楊富學, 2014, 「蒙古國新出土僕固墓志研究」, 『文物』 2014-5, pp.77-78, p.97).

83) 「大唐故波斯國大酋長·右屯衛將軍·上柱國·金城郡開國公波斯君(阿羅憾)丘之銘」, "顯慶年中, 高宗天皇大帝, 以功績可稱, 名聞□言, 出使召來至此, … "((淸) 端方, 『陶齋藏石記』 卷21, p.9(『石刻史料新編』 1-11, p.8187)).

84) 「大周故左衛大將軍·右羽林衛上下·上柱國·卞國公·贈左羽林衛大將軍泉君(獻誠)墓誌銘」(氣賀澤 3421)에는 "曾祖大祚, 本國任莫離支, … 祖蓋金, 本國任太大對盧, … 父男生, 本國任太大莫離支, 率衆歸唐, … "(『彙編』 上, pp.984-985)이라고 하며, 그 부친 泉男生(634~679)의 墓誌, 즉 「大唐故特進泉君(男生)墓誌」(氣賀澤 2278)에는 "乾封元年, 公又遣子獻誠入朝"(『隋唐五代』 洛陽一 6, p.50; 『彙編』 上, pp.667-669)라고 한다. 아울러 『新唐書』 卷110, 泉男生傳, p.4123 참조.

85) 유사한 사례로는 「大周故左武威衛大將軍·檢校左羽林軍·贈左玉劍衛大將軍·燕國公黑齒府君(尙之)墓誌文」(氣賀澤 3269), "府君諱常之, 字恒元, 百濟人也."(『隋唐五代』 洛陽 - 7, p.147; 『彙編』 上, pp.941-943); 「大唐故忠武將軍·行左領軍衛郎將裴府君(沙)墓誌」(氣賀澤 4811), "公諱沙, 字鉢羅, 踈勒人也."(『隋唐五代』 洛陽 - 9, p.133; 『彙編』 下, pp.1304-1305); 「贈尙衣奉御井府君(眞成)墓誌之銘」(氣賀澤 5366), "公姓井, 字眞成. 國號日本."(『補遺』 9, p.445); 「有唐故金府君(日晟)墓誌銘」(氣賀澤 7324), "公姓金氏, 諱日晟, 字日用, 新羅王□之從兄."(『西市』 中, pp.622-623) 등이 있다.

86) 「大唐故右衛員外大將軍·燕公(李謹行)墓誌銘」(氣賀澤 2518)에는 "曾祖□, 祖□, 並代爲蕃長. 父稽, 左衛大將軍·燕州刺史·耆國公."(『隋唐五代』 陝西 - 3, p.101; 『續集』 pp.282-283)라고 하는데, 여기서 이근행의 부친 稽는 『舊唐書』 卷199下, 靺鞨傳, pp.5358-5359; 『新唐書』 卷110, 李謹行傳, p.4122의 突地稽를 가리킨다. (隋) 『北蕃風俗記』에 의하면, 突地稽는 粟末靺鞨 厥稽部 渠長으로 수 문제 개황 연간(581~600) 고구려와의 전투에서 패하여 厥稽部·忽使來部·窟突始部·悅稽蒙部·越羽部·步護賴部·破奚部 ·步步括利部 등 8部의 勝兵 수천 인을 거느리고 고구려 扶餘城의 서북쪽에서 중국으로 내부하였다고 한다(『太平寰宇記』 卷71, 河北道 20, 燕州 條, pp.1436-1437).

87) 『舊唐書』 卷199下, 靺鞨傳, p.5358에는 "靺鞨, 蓋肅愼之地, 後魏謂之勿吉, 在京師東北六千餘里"라고 하여 수당 시기의 말갈이 옛 숙신의 고지에 거주하였다고 한다. 따라서 「李謹行墓誌」의 숙신은 말갈의 대칭으로 사용된 것으로 판단된다. 한편, 『隋書』 卷81, 靺鞨傳, p.1821에 의하면, 수당 시기의 말갈은 粟末部, 伯咄部, 安車骨部, 拂涅部, 號室部, 黑水部, 白山部 등의 소위 말갈 7부가 알려져 있었다.

88) 「大唐故左屯衛郎將李公(范)墓誌銘」에는 "曾祖纈, 齊授八部落大蕃長, … 祖畢, 屬隨運肇基, 輸誠內附. … 詔授契丹大蕃長. … 加授左光祿大夫·左衛大將軍·封長松郡公. 父摩會, … 以武德元年授本部八蕃君長, 仍賜鼓纛, 加上柱國·左武衛將軍·封長松公"(『陝西考

사유로 명문거족의 군망을 표기하는 경우인데, 예컨대 (3)′ 고종 총장 원년(668) 당·신라 연합군에 의해 멸망한 직후 포로로 압송된 高句麗 寶藏王의 증손녀 高氏(731~772)[91]가 "渤海人"이라고 하여 '渤海高氏'를 모칭한 것[92]이나 (3)″ 현종 개원 연간(713~741) 무렵 투항한 말갈 扶餘府大首領 諾思計(?~748, 盧庭賓)가 사성을 받은 후 "范陽郡"의 望族이라고 하여 '范陽盧氏'를 모칭한 것[93] 등이 그 사례이다.[94] 넷째, 입당 이후의 적관을 표기하는 경우인데, 예컨대 (4)′ 고종 용삭 3년(663) 토번에 멸망한 후 부락을 이끌고 내부한 吐谷渾可汗 慕容諾曷鉢의 증손 慕容曦皓(708~762)[95]가 "京兆 長安" 사람이라는 것이나 (4)″ 앞서 언급한 고구려 태대막리지 천남생의 증손이자 천헌성의 손자인 泉毖(708~729)[96]가 "京兆 萬年" 사람이라는 것 등이 그 사례이

古』, p.19, pp.236-237)이라고 하여 이범의 증조 纈, 조부 畢, 부친 摩會가 북제, 수, 당으로부터 契丹大蕃長(즉, 契丹 大賀部落聯盟의 君長) 등에 제수되었다고 한다. 여기서 이범의 부친인 摩會는 『冊府元龜』 卷977, 外臣部, 降附, p.11311에서 정관 2년(628) 4월 그 부락을 거느리고 내항한 契丹 大賀摩會와 동일인이다(『舊唐書』 卷199下, 契丹傳, p.5350; 『新唐書』 卷219, 契丹傳, p.6168 略同).

89) 『新唐書』 卷219, 契丹傳, p.6167에는 "契丹, 本東胡種, 其先為匈奴所破, 保鮮卑山"이라고 하여, 거란이 본래 東胡의 종족이며 그 후예인 鮮卑에서 갈라져 나왔다고 한다. 오환 역시 선비와 마찬가지로 동호의 후예인데, 「李范墓誌」의 오환은 거란의 대칭으로 사용된 것으로 이해된다.

90) 유사한 사례로는 「大唐故交河公主孫·突騎施奉德可汗王子光緒墓誌銘」, "永泰元年二月日突騎施質子光緒卒. … 突騎施蓋烏孫之后, 自西漢以來, 與中國通爲婚姻之舊, 皇家撫柔殊俗, 亦以交河公主降焉. 光緒即公主之孫·奉德可汗之子"(西安市文物保護考古研究院, 2013, 「西安西郊唐突騎施奉德可汗王子墓發掘簡報」, 『文物』 2013-8, pp.17-18) 등이 있다.

91) 「大唐邵府君故夫人高氏墓銘」(氣賀澤 7275)에는 "夫人姓高氏, 渤海人也. 齊之諸裔也, 著令族世傳, 家諜詳矣, 此無備焉. 曾祖皇朝鮮王. 祖諱連, 皇封朝鮮郡王. 父震, 定州別駕. … 夫人卽別駕府君之第四女也"(『新獲』, p.81, p.258)라고 하여 고씨가 朝鮮王(즉, 보장왕)의 증손녀이자 定州別駕 高震의 제4녀라고 하는데, 그 부친 高震(701~773)의 墓誌, 즉 「唐開府儀同三司·工部尙書·特進·右金吾衛大將軍·安東都護·郯國公·上柱國高公(震)墓誌銘」(氣賀澤 7478)에도 "公諱震, 字某, 渤海人"(『彙編』 下, p.1814)이라고 하여 발해고씨를 모칭하고 있다.

92) 이외에도 고구려 출신의 고씨 중에는 발해고씨를 모칭하는 사례가 다수 확인되는데, 예컨대 「唐右武衛將軍高府君(欽德)墓誌銘」(氣賀澤 5310), "公諱欽德, 字應休, 渤海人也. 曾祖瑗, 建安州都督. 祖懷, 襲爵建安州都督"(『隋唐五代』 洛陽 - 10, p.69; 『彙編』 下, p.1416); 「唐故安東副都護高府君(遠望)墓誌銘」(氣賀澤 6153), "君諱遠望, 字幼敏, 先殷人也. … 比干以忠諫而死, 故其子去國, 因家于遼東焉. … 卽君始祖也. 其地逼烏丸·鮮, 接夫餘·肅愼. 東征西討, 其邑里或遷于河北, 勃海高氏則其宗盟, 或留於漠南. 曾祖懷, 唐雲麾將軍·建安州都督. 祖千, 唐左玉鈐衛中郎·襲爵建安州都督. 父欽德, 襲建州都督·皇右武衛將軍·幽州副節度知平盧軍事, … 君卽將軍第一子也."(『河洛』 上, p.357; 『補遺』 8, p.47) 등의 사례가 확인된다.

93) 조재우, 2022, 「말갈 투항수령 낙사계에 대하여 — 「諾思計墓誌」의 분석을 중심으로」, 『목간과 문자』 28, pp.136-147.

94) 유사한 사례로는 「唐故右威衛將軍·上柱國王公(景曜)墓誌銘」(氣賀澤 5417), "公諱景曜, 字明遠, 其先太原人. 昔當晉末, 鵝出于地, 公之遠祖, 避難海東. 洎乎唐初, 龍飛在天, 公之父焉, 投化歸本. 亦由李陵之在匈奴, 還作匈奴之族, 蘇武之歸於漢. 卽爲漢代之臣. 公之族代播遷, 亦其類也"(『隋唐五代』 洛陽 - 10, p.102; 『彙編』 下, pp.1441-1442); 「李君(永定)墓誌」(氣賀澤 6574), "公諱永定, 隴西人也. 其先出自秦將, 家於成紀, 漢代則猨臂禦戎, 晉日則凉王踐極. 考其枝葉, 皆傳五等之尊, 察以波瀾, 世有叄邊之貴. 曾祖延, 皇朝本蕃大都督·兼赤山州刺史. 祖大哥, 雲麾將軍·左鷹揚大將軍·兼玄州刺史, … 父仙禮, 寧遠將軍·玄州昌利府折衝, … 公即寧遠君之長子也."(『隋唐五代』 北京 - 1, p.194; 『續集』 pp.634-636) 등이 있다.

95) 「唐故慕容府君(曦皓)墓誌銘」(氣賀澤 7186)에는 "曾祖□, 大父忠烈, 考宣超, 世襲可汗, □□海國王, … "(『隋唐五代』 陜西 — 4, p.37; 『續集』, p.697)라고 하는데, 이러한 모용희호의 가계는 『舊唐書』 卷198, 吐谷渾傳, pp.5300-5301; 『新唐書』 卷221上, 吐谷渾傳, p.6227-6228에 慕容諾曷鉢 - 慕容忠 - 慕容宣超 - 慕容曦皓로 기록되어 있다.

96) 「唐故宣德郎驍騎尉淄川縣開國子泉君(毖)誌銘」(氣賀澤 5320)에는 "曾祖, 特進·卞國讓公男生, 祖, 左衛大將軍·卞國莊公獻誠, 父, 光祿大夫·衛尉卿卞國公隱. … 粤以開元十七年歲次己巳九月四日, 終於京兆府興寧里之私第, 春秋二十有二"(『隋唐五代』 洛陽 —

다.[97] 다섯째, 상징적 지명으로 그 출신을 표기하는 경우인데, 예컨대 (5)′ 태종 정관 6년(632) 부락을 이끌고 내부한 鐵勒 契苾部의 酋長 契苾何力의 손자 契苾嵩(?~730)[98]의 선조가 "漠北 烏德建山"에서 나왔다는 것이나 (5)″ 태종 정관 20년(646) 설연타의 멸망 이후 당의 기미지배에 편입된 鐵勒 僕固部(혹은 僕骨)의 酋長 歌濫拔延의 손자 僕固乙突(635~678)[99]이 "朔野 金山" 사람이라는 것 등이 그 사례이다.[100]

물론 이외에도 당대 이민족 묘지의 출신 표기 양상은 다양하게 확인되지만, 「이다조묘지」의 '개천'을 이해하는 데에 있어 주목되는 것은 (5) 상징적 지명으로 그 출신을 표기하는 경우이다. 그 사례로 제시한 (5)′ 「契苾嵩墓誌」의 "漠北 烏德建山"은 고비사막 이북의 외튀켄 산지(오늘날의 몽골 항가이 산맥 일대로 추정), (5)″ 「僕固乙突墓誌」의 "朔野 金山"은 북방의 알타이산을 뜻하는데, 이는 철륵 계필부나 복고부가 당에 내부하기 이전 돌궐에 정치적으로 신속하였던 데에서 돌궐의 중심지나 발상지를 가리키는 상징적인 지명(예컨대 漠北, 朔野, 長城, 陰山, 金山, 烏德建山 등)을 그 출신지로 표기한 것으로 사료된다. 「이다조묘지」의 '개천' 역시 유사한 맥락으로 이해될 수 없을까?

그러한 측면에서 주목되는 것이 당대 고구려인의 묘지에서 고구려 건국설화(주몽설화)의 요소를 함축적으로 표현한 부분이다.[101]

> 「泉獻誠墓誌」
>
> 군은 휘가 獻誠이고 자도 獻誠으로, 그 선조는 高勾驪國人이다. 무릇 큰 물결이 넓게 퍼지니 곧 강의 후손이요, 밝은 후손이 선대를 빛내니 바로 해의 자손이다. 가지와 잎이 무성하고

10, p.71; 『彙編』 下, pp.1417-1418)라고 하여, 천비가 京兆府 萬年縣 관하 興寧坊의 私第에서 사망하였다고 한다. 『冊府元龜』 卷97, 帝王部, 獎善, 高宗 咸亨 원년(670) 6월 條, p.1057에 "乃賜男生興寧坊之田第及美女寶貨"라고 하여 경조부 흥녕방에 천남생의 사제가 있었던 것이 확인되기 때문에 이미 천남생 시기부터 京兆府 萬年縣에 편적되었을 것으로 추정된다.

97) 이외에도 「大唐左屯衛將軍弓高侯史公(善應)墓誌銘」(氣賀澤 292), "公諱善應, 字智遠, 河南洛陽人. … 本起突厥山, 因以爲號. 曾祖頡傑娑那可汗, 祖乙史波羅可汗, … 詳諸國史, 可得略焉. 父褥檀特勤, 隨開皇中, 因使入朝, … 君即第四子也"(王慶衛, 2014, 「新見唐代突厥王族史善應墓誌」, 『古代史與文物研究』 2014-4, pp.50-51); 「唐故餘杭郡太夫人泉氏墓誌」, "夫人錢唐人也. … 曾祖獻誠, 左武衛大將軍. 大父同濟, 司農卿. 烈考玄隱, 衛尉卿."(拜根興 저 / 장원섭 역, 2023, 「새로 발견된 餘杭郡太夫人 泉氏 墓誌 고찰」, 『목간과 문자』 30, pp.399-404(原刊: 『文博』 2022-3)) 등의 사례가 확인된다.

98) 「大唐故契苾公(嵩)墓誌銘」(氣賀澤 5131)에는 "祖何力, … 母謂公曰, ' … 比聞大唐聖君, 六合歸之, 四夷慕義, 將汝歸附, 汝意如何?' 公跪而言曰, '實有誠心, 若至中華, 死而不恨.' 將部落入朝, 姑臧安置, 後移京兆, 望乃萬年. 授右領軍衛將軍. … "(『隋唐五代』 北京一1, p.159; 『彙編』 下, pp.1374-1375)라고 한다. 아울러 『舊唐書』 卷109, 契苾何力傳, p.3291; 『新唐書』 卷110, 契苾何力傳, p.4117; 『新唐書』 卷217下, 回鶻傳下, p.6142 참조.

99) 「大唐金微都督僕固府君(乙突)墓志」에는 "祖歌濫拔延, 皇朝左武衛大將軍·金微州都督. 父思匐, 繼襲金微州都督."(楊富學, 2014, 앞의 논문, pp.77-78, p.97)라고 한다. 아울러 『舊唐書』 卷121, 僕固懷恩傳, p.3477; 『新唐書』 卷224上, 僕固懷恩傳, p.6365; 『新唐書』 卷217下, 回鶻傳下, p.6140 등 참조.

100) 유사한 사례로는 「大周故冠軍大將軍·歸義可汗阿史那(感德)誌」(氣賀澤 2897), "可汗諱感德, 字尙山, 長城陰山人也"(『龍門』, p.84; 『補遺』 8, p.302); 「大周故右領軍常樂府果毅執失府君(奉節)墓誌之銘」(氣賀澤 914), "公諱奉節, 字履貞, 漠北陰山人也"(『隋唐五代』 陝西一1, p.29; 『補遺』 3, p.362) 등이 있다.

101) 당대 고구려인 묘지의 고구려 건국설화를 비롯한 고구려 관련 전승에 대해서는 장병진, 2020, 「고구려 유민 묘지명의 고구려 관련 전승과 그 계통」, 『역사와 현실』 117, pp.4-15 등 참조.

울창해져 대대로 蕃相이 되었다. … (중략) … 그 詞에 이르길, 바닷가 동쪽 옛날에 朱蒙이 있었도다, 강을 건너 나라를 세우니 대대로 이어진 공업이 높고도 높구나. 대대로 이어진 공업을 높이고 높인 것은 동방의 자손이니 자손들이 누군가 하면 진실로 泉氏로다.[102]

「천헌성묘지」에서는 그 선조가 "高勾驪國" 사람이라고 하여 고구려 출신임을 분명히 하는 동시에 가문의 연원을 밝히면서 "강의 후손[河之孫]"이자 "해의 자손[日之子]"이라 표현하고 있는데, 여기서 말하는 '강의 후손', '해의 자손'이란 두말할 나위 없이 고구려 건국설화에서 시조 주몽이 천제의 아들이자 하백의 외손을 표방한 것을 고려한 표현이다.[103] 아울러 "강을 건너 나라를 세웠다[濟河建國]"는 것 역시 주몽이 부여에서 도망쳐 남하하던 중 물고기와 자라의 도움으로 강을 건너 고구려를 건국하였다는 고구려 건국설화의 기본적인 서사 구조를 압축적으로 표현한 것이다. 이외에도 당대 고구려인의 묘지에는 「천헌성묘지」와 마찬가지로 고구려 건국설화의 요소가 적지 않게 확인되는데,[104] 특히 「천남산묘지」에서는 고구려 건국설화와 더불어 부여 건국설화(동명설화)의 요소도 표현되어 주목된다.

「泉男産墓誌」
군은 휘가 男産으로 遼東 朝鮮人이다. 옛날 東明이 氣에 감응하여 淲川을 건너 나라를 열었고, 朱蒙이 해에 잉태되어 浿水에 임하여 도읍을 열었다. … (중략) … 가문을 잇고 성씨를 받았으니, 군은 그 후예이다. … (중략) … 그 詞에 이르길, 넓고 신령한 바다에 온갖 냇물이 모이듯 東明의 후예가 진실로 朝鮮을 이루었도다.[105]

「천남산묘지」에서는 부여의 시조 동명과 고구려의 시조 주몽을 언급하고 있는데, 선행연구에서 지적하였

102) 「大周故左衛大將軍·右羽林衛上下·上柱國·卞國公·贈右羽林衛大將軍泉君(獻誠)墓誌銘」(氣賀澤 3421), "君諱獻誠, 字獻誠, 其先高勾驪國人也. 夫其長瀾光派, 則河之孫, 燭後光前, 乃日之子. 枝葉森鬱, 世爲蕃相. … 其詞曰, 海濱之東兮昔有朱蒙, 濟河建國兮世業崇崇. 崇崇世業, 扶木枝葉, 枝葉伊何, 諒曰泉氏."(『彙編』 上, pp.984-985).

103) 「廣開土王碑」, "惟昔始祖鄒牟王之創基也, 出自北夫餘, 天帝之子, 母河伯女郎"(『譯註』 I, p.7); 「牟頭婁墓誌」, "河泊之孫, 日月之子, 鄒牟聖王, 元出北夫餘"(『譯註』 I, p.93); 「集安高句麗碑」, "始祖鄒牟王之創基也. □□□子, 河伯之孫"(『集安』, p.11) 등에서 볼 수 있듯이, 5세기 무렵의 고구려인들 스스로 시조 추모왕을 천제의 아들이자 하백의 외손이라 인식하고 있었음이 확인된다.

104) 예컨대 「大周故鎭軍大將軍·行左金吾衛大將軍·贈幽州都督·上柱國·柳城郡開國公高公(質)墓誌銘」(氣賀澤 3319)에는 "公諱質, 字性文, 遼東朝鮮人也. 青丘日域, 聳曾構而凌霄, 滄海谷王, 廓長源而繞地. 白狼餘祉, 箕子之苗裔寔繁, 玄鱉殊祥, 河孫之派流彌遠"(『한인』 자료 p.116, p.121, 역주 pp.122-123)이라고 하여 "검은 자라의 특별한 상서로 하백 후손의 지류가 멀리까지 미쳤다[玄鱉殊祥, 河孫之派流彌遠]"고 하고, 「大周冠軍大將軍·行左清道率府頻陽折衝都尉高乙德墓誌」에도 "諱德, 卞國東部人也. 昔火政龍, 興炎靈虜, 據三韓競霸, 四海騰波. 白日降精, 朱蒙誕孽, 大治燕土, 正統遼陽, 自天而下, 因命爲姓, 公家氏族, 卽其後也."(『한인』 자료 p.154, p.156, 역주 p.170)라고 하여 "밝은 해가 정기를 내려 주몽이 탄생하였다[白日降精, 朱蒙誕孽]"고 한다.

105) 「大周故金紫光祿大夫·行營繕大匠·上護軍·遼陽郡開國公泉君(男産)墓誌銘」(氣賀澤 3463), "君諱男産, 遼東朝鮮人也. 昔者東明感氣, 踰淲川而啓國, 朱蒙孕日, 臨浿水而開都. … 其詞曰, 於廓靈海, 百川注焉, 東明之裔, 寔爲朝鮮."(『隋唐五代』 洛陽一7, p.204; 『彙編』 上, pp.995-996).

듯이 이때 "氣에 감응[感氣]"하여 탄생한 동명과 "해에 잉태[孕日]"되어 탄생한 주몽을 대비하여 동명과 주몽을 명확히 구분하면서도 "동명의 후예가 진실로 朝鮮(즉, 고구려의 대칭)을 이루었도다"라고 하여 동명의 후예인 주몽이 고구려를 건국하였음을 표현함으로써[106] 고구려인 천남산 가문의 연원을 서술하고 있다. 이렇듯 고구려의 시조 주몽이 부여의 시조 동명의 후예라는 인식은 고구려의 기원을 서술하며 동명설화를 인용한 『梁書』 高句麗傳 등에서 명확히 확인된다.[107]

> 高句驪는 그 선조가 東明에게서 나왔다. 東明은 北夷 櫜離王의 아들이다. 離王이 출행하였을 때 그 侍兒가 후궁에서 임신하였는데, 離王이 돌아와 그녀를 죽이고자 하였다. 侍兒가 말하길 "이전에 하늘 위 큰 달걀만한 氣가 떠있는 것을 보았는데, 나에게 내려와 임신하게 되었습니다."라고 하였다. 왕은 그녀를 가두었는데, 이후 마침내 아들을 낳았다. 왕이 그 아이를 돼지우리에 가두었는데, 돼지가 입김을 불어넣어 죽지 않자 왕이 신이하다고 여겨 마침내 거두어 기르게 하였다. (동명이) 장성하여 활을 잘 쏘자 왕이 그 용맹함을 꺼려 다시 그를 죽이고자 하였는데, 東明이 마침내 달아나 남쪽에 淹滯水에 이르러 활로 수면을 치자 물고기와 자라가 모두 떠올라 다리를 만들었고 동명이 이를 밟고 건널 수 있게 되어 夫餘에 이르러 왕이 되었다. 그 후손의 지파가 句麗種이다.[108]

이를 통해 사실 여부를 차치하고서라도 당대인들은 고구려가 부여에서 출자하였다는 인식을 가지고 있었음을 알 수 있는데, 이러한 인식 아래 「천헌성묘지」나 「천남산묘지」를 찬술한 당대인들[109]은 부여 건국설화와 고구려 건국설화의 요소를 통해 천헌성과 천남산 가문이 동명과 그 후예인 주몽에게서 연원한 고구려인이라는 것을 강조한 것이라고 할 수 있다. 즉, 당대 고구려인 묘지에 표현된 고구려 건국설화(주몽설화)와 부여 건국설화(동명설화)의 요소는 고구려 자체를 상징하는 표현으로 기능한 것이다.

이상의 사실을 염두에 두고 「천헌성묘지」와 「천남산묘지」의 내용을 다시 살펴보면, 「천헌성묘지」에서 주몽이 "강을 건너 나라를 세웠다[濟河建國]"는 구절과 「천남산묘지」에서 동명이 "호천을 건너 나라를 열었다[踰淲川而啓國]"는 구절이 주목된다. 여기서의 "河"("淲川")는 고구려 건국설화(부여 건국설화)의 서사 구조에서 주몽(동명)이 부여(북이 고리국)에서 도망쳐 고구려(부여)를 건국할 때 일종의 난관으로 작용하고

---

106) 장병진, 2016, 「「泉男産墓誌」의 역주와 찬술 전거에 대한 고찰」, 『고구려발해연구』 55, pp.52-54.

107) 부여 동명설화와 고구려 주몽설화와 관련하여 『양서』 고구려전의 사료적 성격에 대해서는 이성시 저/이병호·김은진 역, 2022, 「『양서』 고구려전과 동명왕 전설」, 『고대 동아시아의 민족과 국가』, 삼인, pp.77-110 참조.

108) 『梁書』 卷54, 高句麗傳, p.801.

109) 「천헌성묘지」의 경우 "朝議大夫·行文昌膳部員外郎·護軍 梁惟忠撰"이라고 하여 당인이 찬술한 것이 분명한 반면, 「천남산묘지」의 경우 찬자가 명확하지 않다. 「천남산묘지」의 찬자와 관련하여 일각에서는 묘지 말미에 기록된 "通直郎·襄城縣開國子 泉光富, 年十八"을 근거로 천남산의 아들(혹은 손자)로 추정되는 천광부를 「천남산묘지」의 찬자라고 보기도 하지만, 장병진은 「천남산묘지」의 고구려 건국설화 및 관제 등에 관한 서술이 『後漢書』, 『周書』 등 중국사서를 바탕으로 작성되었다는 사실에 근거하여 「천남산묘지」의 찬자를 당인으로 추정하였다(장병진, 2016, 앞의 논문, pp.52-58).

있는데, 고구려 건국설화(부여 건국설화)의 기본적인 서사 구조를 인지하고 있었던 당대인들에게 있어 이 강은 어쩌면 고구려 자체를 상징하는 지명으로도 인식되지 않았을까?

주지하듯이, 부여 건국설화(동명설화)와 고구려 건국설화(주몽설화)에 등장하는 이 강은 전승 전거에 따라 다양한 명칭으로 확인된다.

부여 건국설화(동명설화)		고구려 건국설화(주몽설화)	
『論衡』 吉驗篇[110]	掩淲水	「廣開土王碑」[111]	奄利大水
『魏略』[112]	施掩水(掩施水?)	『魏書』 高句麗傳[113]	大水
『後漢書』 夫餘傳[114]	掩㴬水	『隋書』 高麗傳[115]	大水
『梁書』 高句麗傳[116]	淹滯水	『北史』 高句麗傳[117]	大水
『隋書』 百濟傳[118]	淹水	『三國史記』 高句麗本紀[119]	淹㴬水
『北史』 百濟傳[120]	淹滯水	『三國遺事』 紀異[121]	淹水

110) 『論衡校釋』 卷2, 吉驗篇, pp.88-89, "北夷橐離國王侍婢有娠, … 東明走, 南至掩淲水, 以弓擊水, 魚鼈浮為橋, 東明得度. 魚鼈解散, 追兵不得渡. 因都王夫餘, 故北夷有夫餘國焉."

111) 「廣開土王碑」, "惟昔始祖鄒牟王之創基也, 出自北夫餘, 天帝之子, 母河伯女郎. 剖卵降世, 生而有聖, ■■■■, ■■命駕, 巡幸南下, 路由夫餘奄利大水. 王臨津言曰, '我是皇天之子, 母河伯女郎, 鄒牟王, 爲我連葭浮龜.' 應聲卽爲連葭浮龜. 然後造渡, … "(『譯註』 Ⅰ, pp.7-8).

112) 『三國志』 卷30, 魏書, 夫餘傳의 裴松之注, p.842, "『魏略』曰: 舊志又言, 昔北方有高離之國者, … 東明走, 南至施掩水, 以弓擊水, 魚鼈浮為橋, 東明得度, 魚鼈乃解散, 追兵不得渡. 東明因都王夫餘之地."

113) 『魏書』 卷100, 高句麗傳, pp.2213-2214, "高句麗者, 出於夫餘, 自言先祖朱蒙. 朱蒙母河伯女, 為夫餘王閉於室中, … 朱蒙乃與烏引·烏違等二人, 棄夫餘, 東南走. 中道遇一大水, 欲濟無梁, … 於是魚鼈並浮, 為之成橋, 朱蒙得渡, 魚鼈乃解, 追騎不得渡. … 號曰高句麗, 因以為氏焉."

114) 『後漢書』 卷85, 夫餘傳, pp.2810-2811, "初, 北夷索離國王出行, … 東明奔走, 南至掩㴬水, 以弓擊水, 魚鼈皆聚浮水上, 東明乘之得度, 因至夫餘而王之焉."

115) 『隋書』 卷81, 高麗傳, pp.1813, "高麗之先, 出自夫餘. 夫餘王嘗得河伯女, … 朱蒙棄夫餘東南走. 遇一大水, 深不可越. … 於是魚鼈積而成橋, 朱蒙遂渡. 追騎不得濟而還."

116) 『梁書』 卷54, 高句麗傳, p.801, "高句驪者, 其先出自東明. 東明本北夷櫜離王之子. 離王出行, … 東明乃奔走, 南至淹滯水, 以弓擊水, 魚鼈皆浮為橋, 東明乘之得渡, 至夫餘而王焉. 其後支別為句驪種也."

117) 『北史』 卷94, 高句麗傳, pp.3110-3111, "高句麗, 其先出夫餘. 王嘗得河伯女, … 朱蒙乃與焉違等二人東南走. 中道遇一大水, 欲濟無梁. … 於是魚鼈為之成橋, 朱蒙得度. 魚鼈乃解, 追騎不度. … 號曰高句麗, 因以高為氏."

118) 『隋書』 卷81, 百濟傳, pp.1817-1818, "百濟之先, 出自高麗國. 其國王有一侍婢, … 及長, 高麗王忌之, 東明懼, 逃至淹水, 夫餘人共奉之."

119) 『三國史記』 卷13, 高句麗本紀, 始祖東明聖王 條, "始祖東明聖王, 姓高氏, 諱朱蒙. 先是, 扶餘王解夫婁, … 朱蒙乃與烏伊·摩離·陜父等三人爲友, 行至淹淲水, 欲渡無梁. … 於是, 魚鼈浮出成橋, 朱蒙得渡. … 國號高句麗, 因以高爲氏."(이병도 역주, 1996, 『삼국사기 상』, 을유문화사, p.341).

120) 『北史』 卷94, 百濟傳, pp.3118, "百濟之國, 蓋馬韓之屬也, 出自索離國. 其王出行, … 東明乃奔走, 南至淹滯水, 以弓擊水, 魚鼈皆為橋, 東明乘之得度, 至夫餘而王焉."

121) 『三國遺事』 卷1, 紀異, 高句麗, "『國史』高麗本紀云, '始祖東明聖帝, 姓高氏, 諱朱蒙. 先是, 北扶餘王解夫婁, … 於是蒙與烏伊等三人爲友, 行至淹水, … 於是, 魚鼈成橋, 得渡而橋解, 追騎不得渡. 至卒本州, 遂都焉. … 國號高句麗, 因以高爲氏. … '"(강인구 외,

동일 계통의 고구려 건국설화를 수록한 『위서』, 『수서』, 『북사』 고구려전에서 구체적인 명칭 없이 그저 "大水"라고만 한 것을 제외하면, 부여 건국설화와 고구려 건국설화에 등장하는 이 강은 "掩淲水"(『논형』), "施掩水"(『위략』), "掩㴲水"(『후한서』 부여전, 『삼국사기』 고구려본기), "淹滯水"(『양서』 고구려전, 『북사』 백제전), "淹水"(『수서』 백제전, 『삼국유사』 기이), "奄利大水"(「광개토왕비」) 등의 명칭으로 나타난다. 비록 그 전승 전거에 따라 다양한 명칭으로 나타난다고 하더라도 모두 '掩'(혹은 淹, 奄) 자를 공유하고 있는 것으로 보아 동일한 강을 표현한 것을 알 수 있는데, 주목되는 것은 부여 건국설화와 고구려 건국설화에 등장하는 이 강이 고구려 시기에 또 다른 이칭으로도 불렸다는 사실이다.

> 동명이 달아나 남쪽에 掩㴲水에 이르러 [李賢注: 지금 高麗에는 蓋斯水가 있는데, 이 강으로 의심된다.][122]

『후한서』 부여전의 동명설화를 기술한 부분에서 (唐) 章懷太子 李賢(654~684)은 "掩㴲水"에 주석을 달아 엄사수가 고구려의 "蓋斯水"라고 하였는데, 엄사수의 '掩'과 개사수의 '蓋'가 뜻이 상통하고 '㴲'와 '斯'가 음이 상통한 데에서 기인한 것이라 생각된다. 이는 『삼국사기』 고구려본기에서 "淹㴲水"에 대하여 "일명 蓋斯水로, 지금의 鴨綠 동북쪽에 있다"라는 주석과도 일치한다.[123] 즉, 고구려 건국설화와 부여 건국설화에 등장하는 상징적 지명인 '掩㴲水'가 고구려 시기에 '蓋斯水'라고도 불렸다면, '엄사수'의 이칭인 '掩水'(혹은 '淹水') 역시 '蓋水', 즉 '蓋川'으로 불렸을 가능성도 있지 않을까?

요컨대 「이다조묘지」에서 그 출신지로 기록된 '개천'은 부여 건국설화와 고구려 건국설화에서 동명과 주몽이 남하하는 과정에서 건넜다는 '엄사수', 즉 '개사수'를 달리 표현한 것이라 추정된다. 「이다조묘지」의 찬자는 고구려 건국설화 속 상징적인 지명을 통해 비록 종족적으로는 말갈인이었지만 정치적으로는 고구려에 예속되었던 '말갈계 고구려인' 이다조의 출신을 표기하였던 것은 아니었을까? 그리고 이러한 출신으로 말미암아 당대인들은 이다조를 '삼한의 귀종'이라 지칭하였던 것은 아니었을까?

Ⅳ. 맺음말

이 글에서는 「이다조묘지」를 중심으로 7세기 후반 북아금군에 소속되어 돌궐·거란 등과의 대외원정에서 번장으로 활약하다가 8세기 초 당의 궁정정변에 휩쓸리며 비극적 운명을 맞이한 '말갈계 고구려인' 이다

2002, 『譯註 三國遺事 Ⅰ』, 한국정신문화연구원, pp.199-200).

122) 『後漢書』 卷85, 夫餘傳, pp.2810-2811, "東明奔走, 南至掩㴲水, [李賢注: 今高麗中有蓋斯水, 疑此水是也.] 以弓擊水, 魚鼈皆聚浮水上, 東明乘之得度, 因至夫餘而王之焉."

123) 『三國史記』 卷13, 高句麗本紀, 始祖東明聖王 條, "行至淹㴲水 [一名蓋斯水, 在今鴨綠東北.]"(이병도 역주, 1996, 앞의 책, p.341). 이외에도 『三國史記』 卷37, 雜志, 地理3, 三國有名未詳地分 條에는 "掩淲水 [或云蓋斯水]"(위의 책, p.281)라고 한다.

조(654~707)의 출신에 대하여 분석하였다.

「이다조묘지」에서 이다조의 선조들이 대대로 세습하였다고 하는 "오몽주도독"의 경우, 수당 시기의 말갈이 소위 말갈 7부 내부의 각 소부마다 고유한 부락 명칭이 있었다는 사실을 고려하면 이다조 일가가 거느린 말갈 부락의 명칭이거나 혹은 이다조 일가가 말갈계 고구려인이었다는 측면에서 고구려 지방지배의 거점 단위였던 고구려성의 명칭에서 유래한 것으로 추정되는데, 이는 이다조 일가가 대대로 말갈 부락의 추장으로서 정치적으로 고구려에 예속되어 일정 지역을 다스렸던 것을 중국식 지방관에 비유하여 표현한 것으로 이해된다.

또한 당대 이민족 묘지의 출신 표기 양상을 검토한 결과 「이다조묘지」에서 그 출신으로 기록된 "개천"은 상징적 지명으로 그 출신을 표기하는 사례들과 유사한 맥락으로 사용된 것으로 판단된다. 그러한 측면에서 「천헌성묘지」와 「천남산묘지」를 찬술한 당대인들이 고구려 건국설화(주몽설화)와 부여 건국설화(동명설화)에서 고구려(부여)의 시조 주몽(동명)이 부여(북이 고리국)에서 남하하여 '엄사수'를 건너 고구려(부여)를 건국하였다는 서사 구조를 함축적으로 표현한 구절을 통해 그 일가가 고구려인이라는 사실을 강조하였던 사실을 고려하면, 「이다조묘지」의 '개천' 역시 동일한 맥락에서 '엄사수'의 이칭인 '개사수'를 표현한 것이라 판단된다. 즉, 「이다조묘지」의 '개천'은 당대인들이 고구려 건국설화에 등장하는 상징적 지명을 통해 종족적으로 말갈인이었지만 정치적으로 고구려에 예속되어 있었던 삼한의 귀종이자 말갈추장이었던 '말갈계 고구려인' 이다조의 출신을 표현하였던 것이다.

투고일: 2024.04.30.	심사개시일: 2024.05.31.	심사완료일: 2024.06.10.

참고문헌

1. 사료

(晉) 陳壽 撰, (宋) 裴松之 注, 『三國志』(1959, 北京: 中華書局).

(宋) 范曄 撰, (唐) 李賢 等注, 『後漢書』(1965, 北京: 中華書局).

(北齊) 魏収 撰, 『魏書』(1974, 北京: 中華書局).

(唐) 姚思廉 撰, 『梁書』(1973, 北京: 中華書局).

(唐) 魏徵·令狐德棻 撰, 『隋書』(1973, 北京: 中華書局).

(唐) 李延壽, 『北史』(1974, 北京: 中華書局)

(後晉) 劉昫 等 撰, 『舊唐書』(1975, 北京: 中華書局).

(宋) 歐陽修·宋祁 撰, 『新唐書』(1975, 北京: 中華書局).

(元) 脱脱 等 撰, 『金史』(1975, 北京: 中華書局).

(宋) 司馬光 編著, (元) 胡三省 音註, 『資治通鑑』(1956, 北京: 中華書局).

(唐) 長孫無忌 等 撰, 『唐律疏議』(劉俊文 點校, 1983, 北京: 中華書局).

(唐) 李林甫 等 撰, 『唐六典』(陳仲夫 點校, 1992, 北京: 中華書局).

(唐) 杜佑 撰, 『通典』(1988, 北京: 中華書局).

(宋) 樂史 撰, 『太平寰宇記』(王文楚 等 點校, 2007, 北京: 中華書局).

(淸) 徐松 撰/(淸) 張穆 校補, 『唐兩京城坊考』(方嚴 點校, 1985, 北京: 中華書局).

(唐) 張楚金 撰/雍公叡 注, 『翰苑』(동북아역사재단 한국고중세사연구소 편, 2018, 『역주 한원』, 서울: 동북아역사재단).

(宋) 李昉 等 編, 『文苑英華』(1996, 北京: 中華書局).

(宋) 王欽若 等 編纂, 『冊府元龜』(周勛初 等 校訂, 2006, 南京: 鳳凰出版社).

(淸) 董誥 等 編, 『全唐文』(1983, 北京: 中華書局).

(漢) 王充, 『論衡』(黃暉 校釋, 1990, 『論衡校釋』, 北京: 中華書局).

(淸) 趙翼 著, 『陔餘叢考』(欒保群·呂宗力 校點, 2003, 石家庄: 河北人民出版社).

(淸) 端方 編, 『陶齋藏石記』(林榮華 校編, 1977, 『石刻史料新編』 1-11, 臺北: 新文豐出版公司).

(高麗) 金富軾, 『三國史記』(이병도 역주, 1996, 『삼국사기 상·하』, 서울: 을유문화사).

(高麗) 一然, 『三國遺事』(강인구 외, 2002, 『譯註 三國遺事』, 서울: 한국정신문화연구원).

2. 자료집

한국고대사회연구소 편, 1992, 『譯註 韓國古代金石文 Ⅰ(고구려·백제·낙랑 편)』, 서울: 가락국사적개발연구원. (약칭: 『譯註』)

권덕영, 2021, 『재당 한인 묘지명 연구 자료편, 역주편』, 성남: 한국학중앙연구원출판부. (약칭: 『한인』)

洛陽古代藝術館 編/陳長安 主編, 1991, 『隋唐五代墓誌匯編 洛陽卷 — 6·7·9·10』, 天津: 天津古籍出版社. (약칭: 『隋唐五代』 洛陽)
王仁波 主編, 1991, 『隋唐五代墓誌匯編 陝西卷 — 1』, 天津: 天津古籍出版社. (약칭: 『隋唐五代』 陝西)
吳鋼 主編, 1991, 『隋唐五代墓誌匯編 陝西卷 — 3·4』, 天津: 天津古籍出版社. (약칭: 『隋唐五代』 陝西)
張寧 主編, 1991, 『隋唐五代墓誌匯編 北京卷 — 1』, 天津: 天津古籍出版社. (약칭: 『隋唐五代』 北京)
周紹良 主編, 1992, 『唐代墓誌彙編 上·下』, 上海: 上海古籍出版社. (약칭: 『彙編』)
周紹良·趙超 主編, 2001, 『唐代墓誌彙編續集』, 上海: 上海古籍出版社. (약칭: 『續集』)
陝西省古籍整理辦公室 編, 吳鋼 主編, 1996·1999·2005·2007, 『全唐文補遺 3·6·8·9』, 西安: 三秦出版社. (약칭: 『補遺』)
周紹良 主編, 2000, 『全唐文新編 21』, 長春: 吉林文史出版社. (약칭: 『新編』)

趙君平·趙文成 編, 2007, 『河洛墓刻拾零 上』, 北京: 國家圖書館出版社. (약칭: 『河洛』)
趙君平·趙文成 編, 2012, 『秦晉豫新出墓誌蒐佚 2』, 北京: 國家圖書館出版社. (약칭: 『秦晉』)
張乃翥 輯, 2011, 『龍門區系石刻文萃』, 北京: 國家圖書館出版社. (약칭: 『龍門』)
洛陽市第二文物工作隊 編/李獻奇·郭引强 編著, 1996, 『洛陽新獲墓誌』, 北京: 文物出版社. (약칭: 『新獲』)
李永強·余扶危 主編, 2011, 『洛陽出土少數民族墓誌彙編』, 北京: 河南美術出版社. (약칭: 『民族』)
胡戟·榮新江 主編, 2012, 『大唐西市博物館藏墓誌 中』, 北京: 北京大學出版社. (약칭: 『西市』)
陝西省考古研究院 編, 2019, 『陝西省考古研究院新入藏墓誌』, 上海: 上海古籍出版社. (약칭: 『陝西考古』)
集安市博物館 編著, 2013, 『集安高句麗碑』, 長春: 吉林大學出版社. (약칭: 『集安』)

氣賀澤保規 編, 2017, 『新編 唐代墓誌所在総合目録』, 東京: 明治大學東アジア石刻文物研究所.

3. 저서

김현숙, 2005, 『고구려의 영역지배방식 연구』, 서울: 모시는사람들.
노태돈, 1998, 『한국사를 통해 본 우리와 세계에 대한 인식』, 서울: 풀빛.
송기호, 2011, 『발해 사회문화사 연구』, 서울: 서울대학교출판문화원.
이성시 저 / 이병호·김은진 역, 2022, 『고대 동아시아의 민족과 국가』, 서울: 삼인.
최진열, 2015, 『발해 국호 연구 — 당조가 인정한 발해의 고구려 계승 묵인과 부인』, 서울: 서강대학교출판부.

王義康, 2012, 『唐代邊疆民族與對外交流』, 哈爾濱: 黑龍江教育出版社.

4. 논문

권덕영, 2014, 「唐 墓誌의 고대 한반도 삼국 명칭에 대한 검토」, 『한국고대사연구』 75.

권덕영, 2016, 「고대 동아시아의 삼한-삼국 계승의식의 정립 과정」, 『역사와 경계』 99.
권은주, 2018, 「고구려 멸망과 요동지역 말갈인의 향배」, 『대구사학』 133.
김현숙, 2018, 「'고구려사에서의 말갈' 연구의 현황과 과제」, 『동북아역사논총』 61.
吳佩佩, 2023, 「『舊唐書』·『新唐書』 李多祚傳 등 譯註」, 『동국사학』 78.
이민수, 2017, 「高句麗 遺民 李他仁의 族源과 柵城 褥薩 授與 배경에 대한 고찰」, 『대구사학』 128.
장병진, 2016, 「「泉男産墓誌」의 역주와 찬술 전거에 대한 고찰」, 『고구려발해연구』 55.
장병진, 2020, 「고구려 유민 묘지명의 고구려 관련 전승과 그 계통」, 『역사와 현실』 117.
조재우, 2022, 「말갈 투항수령 낙사계에 대하여 — 「諾思計墓誌」의 분석을 중심으로」, 『목간과 문자』 28.

李獻奇, 1994, 「唐李多祚墓誌考釋」, 『畫像磚·石刻·墓誌研究』, 洛陽市第二文物工作隊 編/李獻奇·黃明蘭 主編, 鄭州: 中州古籍出版社.
李長莉, 2012, 「唐靺鞨將領李多祚考論」, 東北師範大學碩士論文.
林澤杰, 2023, 「李多祚與八世紀初唐政局之變」, 『唐都學刊』 2023-1.
馬馳·姜清波, 2000, 「沙吒忠義的族出及事迹考」, 『春史卞麟錫教授停年紀念論叢』, 論叢刊行委員會 編, 부산: 곤오원.
拜根興 저 / 장원섭 역, 2023, 「새로 발견된 餘杭郡太夫人 泉氏 墓誌 고찰」, 『목간과 문자』 30(原刊: 『文博』 2022-3).
西安市文物保護考古研究院, 2013, 「西安西郊唐突騎施奉德可汗王子墓發掘簡報」, 『文物』 2013-8.
孫昊, 2017, 「靺鞨族群變遷研究 — 以扶餘·渤海靺鞨的歷史關系爲中心」, 『史林』 2017-5.
楊富學, 2014, 「蒙古國新出土僕固墓志研究」, 『文物』 2014-5.
王慶衛, 2014, 「新見唐代突厥王族史善應墓誌」, 『古代史與文物研究』 2014-4.
魏國忠·孫正甲, 1985, 「唐與黑水靺鞨之戰」, 『社會科學戰線』 1985-3.
張乃翥·張成渝, 1994, 「讀龍門山新出土的唐李多祚墓志」, 『洛陽大學學報』 1994-3.
張乃翥·張成渝, 1999, 「洛陽龍門山出土的唐李多祚墓志」, 『考古』 1999-12.

愛宕元, 1981, 「唐代兩京鄉里村考」, 『東洋史研究』 40-3.
林美希 저 / 정병준 역, 2023, 「唐代 前期 宮中政變을 둘러싼 北衙의 동향」, 『동국사학』 77(原刊: 『史觀』 164, 2011).

〈中文摘要〉

關于“三韓貴種”靺鞨人李多祚的出身
— 以〈李多祚墓志〉的分析爲中心 —

曺在佑

李多祚(654~707)是高宗、武則天時期隸屬於北衙禁軍, 在與突厥、契丹等的對外戰爭中活躍, 後被捲入8世紀初中宗時期發生的兩次宮廷政變(即, 神龍政變、景龍政變), 遭遇悲劇命運的靺鞨蕃將。

根據兩唐書李多祚傳等文獻史料, 推測李多祚是高句麗出身的靺鞨人, 1991年中國河南省洛陽市龍門石窟附近出土〈李多祚墓誌〉後, 對其出身提出了多種見解。〈李多祚墓誌〉記載他是“蓋川人”, 其曾祖、祖、父世襲了“烏蒙州都督”, 以往研究是〈李多祚墓誌〉的“蓋川”大體上被理解爲是指高句麗的蓋牟城。

但是, 根據對唐代異民族墓誌出身標記樣相的分析, 〈李多祚墓誌〉的“蓋川”與用象徵性地名標記其出身的事例相似。從這種觀點來看, 本文關注了〈泉獻誠墓誌〉、〈泉男産墓誌〉等唐代高句麗人墓誌中含蓄地表現高句麗建國傳說(朱蒙傳說)、扶餘建國傳說(東明傳說)中的要素的部分。特別是根據高句麗(扶餘)始祖朱蒙(東明)從扶餘(北夷橐離國)南下建立高句麗(扶餘)的過程中出現的“掩淲水”的別稱是高句麗時期的“蓋斯水”的事實, 就是〈李多祚墓誌〉的“蓋川”可能是唐人通過高句麗建國傳說(扶餘建國傳說)中登場的象徵性地名表現了李多朝的出身。即, 〈李多祚墓誌〉的“蓋川”表現了, 李多祚是種族上是靺鞨人, 但在政治上隸屬於高句麗的“靺鞨系高句麗人”。

▶ 關鍵詞: 〈李多祚墓志〉、蓋川、三韓貴種、靺鞨、高句麗

논 문

신라왕경 출토 목간의 수종분석 현황과 보존처리

이보현*

<국문초록>

국내에서 출토된 고대 목간은 약 660점으로 주로 신라와 백제지역에서 출토되었다. 그중 가야지역을 제외한 경주지역에서 출토된 신라왕경 목간은 약 114점에 이른다. 하지만 전체 출토량에 비해 수종분석이 보고된 사례는 극히 드물다. 이는 목간이 다른 목제유물에 비해 수종분석의 접근 자체가 매우 까다롭다는 것을 방증한다.

지금까지 신라왕경지역에서 출토된 목간 114점 중 45점이 분석되었다. 분석된 45점 가운데 월성해자에서 소나무, 밤나무, 감나무 3종이 확인되었고, 나머지 4개 유적에서는 모두 소나무 1종만 확인되었다. 전제 수종점유율은 소나무가 95.5% 이상 가장 많았고, 다음으로 밤나무, 감나무가 각각 2.2%를 차지하였다. 소나무는 우리 주변에서 쉽게 구할 수 있고, 표면이 부드러워 가공이 쉽고, 재색이 밝아 먹으로 글을 쓸 경우 쉽게 눈에 띄는 장점이 있다.

월성해자 병오년 출토 목간과 인왕동 사지 출토 목간의 보존처리 과정은 처리전 조사 - 물리적세척 - 화학적 세척 - 알코올 치환 - 강화처리 - 건조처리 순으로 진행되었다. 건조처리는 진공동결건조기를 이용하였으며, 진공동결건조처리는 조절건조에 비해 형태 변형과 재색 변화가 적고 시간이 단축되는 장점이 있다.

마지막으로 신라왕경 출토 목간 총 114점 중 수종분석이 완료된 45점은 전체 출토량에 비해 39.5% 밖에 이루어지지 않았다. 이미 보존처리가 완료되어 국가귀속 된 유물을 대상으로 시료채취를 하는 것은 어려움이 뒤따름으로 수종분석의 접근이 더욱 힘들 것으로 예상된다. 하지만 향후 출토되는 목간의 지속적인 수

* 국립해양유산연구소 유물과학팀 학예연구사

종분석을 통해 시대별, 지역별 재료의 특성과 수종의 흐름, 식생의 다양성까지도 연구될 것이라 기대한다.

▶ **핵심어: 신라왕경, 목간, 수종분석, 현황, 보존처리**

I. 서론

목간(木簡)은 종이가 발명되기 이전 나무에 쓴 문자·표기·기록 등을 의미한다. 우리나라는 중국, 일본과 더불어 동아시아 한자문화권에 속한 나라로 고대로부터 한자를 사용하여 나무에 글을 썼다. 나무를 잘라 만든 형태도 매우 다양하며, 용도와 기능에 따라 목간의 제작도 달리하였다.

우리나라 목간은 1975년 안압지(현 동궁과 월지) 발굴에서 최초로 발견되었으며, 이후 함안 성산산성 발굴조사에서는 최다 수량의 목간이 출토되었다. 목간은 1차 사료가 되는 기록물로써 그 시대의 년대는 물론 국가행정, 관료체계, 생활상, 유통, 신앙 등 다양한 내용을 담고 있다. 목간은 역사의 흐름에 한 기준을 제시할 뿐만 아니라 향후 생활사 복원 등에 있어 중요한 역할을 한다.

우리나라 출토 목간은 우물이나 연못, 해자(인공 도랑), 집수정과 같이 진흙과 뻘층으로 구성된 특수한 환경에서만 출토되기 때문에 흔히 접할 수 있는 유물은 아니다.

지금까지 국내에서 출토된 고대 목간은 약 660점[1)]에 이르며, 주로 신라와 백제지역에 집중되어 있다. 신라 목간은 경주 중심의 왕경 목간과 함안 성산산성의 지방 목간을 포함하고 있어 백제 목간에 비해 수량이 월등히 많지만, 전체 출토량에 비해 수종분석이 된 사례는 드물다.

따라서 본 고에서는 신라왕경 출토 목간을 중심으로 수종분석 결과와 현황을 알아보고, 보존처리 방법도 살펴보고자 한다.

II. 수종분석 현황

1. 월성해자 출토 목간

월성해자 목간은 1985~1986년 발굴조사가 이루어진 '다'구역에서 집중적으로 출토되었고, 이후 2016~2017년 '다'구역 1~3호 해자의 정밀조사에서도 다수의 목간이 출토되었다.

그간 월성해자 출토 목간의 수량은 학자들마다 견해가 달랐다. 그 이유는 어디까지를 목간으로 인정할 것이냐의 문제였다. 최초 기록된 발굴보고서 및 고고학 분야에서는 적외선 촬영에 의해 묵서가 확인되지 않더라도 목간의 형태와 기능을 갖추고 그림, 표식을 위한 묵흔이 남아 있는 경우 목간으로 보고하였다. 반

---

1) 오택현·이재환, 2023, 「백제·신라 목간의 집계와 범례의 제안」, 『목간과 문자』 30, 한국목간학회.

면 문자학, 기록학, 목간학 등에서는 문자로 된 서사가 명확한 경우에만 목간으로 인정하였으나, 최근 2023년 발표된 『목간과 문자』 30호에 목간의 정의를 내리고 있어 이에 따랐다.[2)]

따라서 필자는 발굴보고서에 보고된 서사가 확인된 목간 외 형태를 갖추었으나 묵서가 없는 경우, 그림이나 표식을 포함한 경우를 모두 목간의 수종분석 대상에서 제외하고, 다른 분석연구자의 결과와 필자의 분석 결과를 집계하여, 수종분석 결과를 파악하였다.

표 1. 월성해자 출토 목간의 수량과 수종분석 결과

	소장처	출토위치	목간수량	수종결과	수종수량	출토년도
1	국립경주 문화재 연구소	'나' 구역 '다' 구역	29점	*Pinus densiflora* spp. *Castanea crenata* spp. *Diospyros* spp.	27 1 1	1984~1985
2		4호 해자	1점	*Pinus densiflora* spp.	1	2003
		'다' 구역	7점	*Pinus densiflora* spp.	7	2016~2017
3		'다' 구역	1점	-	-	2018

월성해자 출토 목간은 총 38점으로 1점을 제외하고 수종분석이 완료되었다.

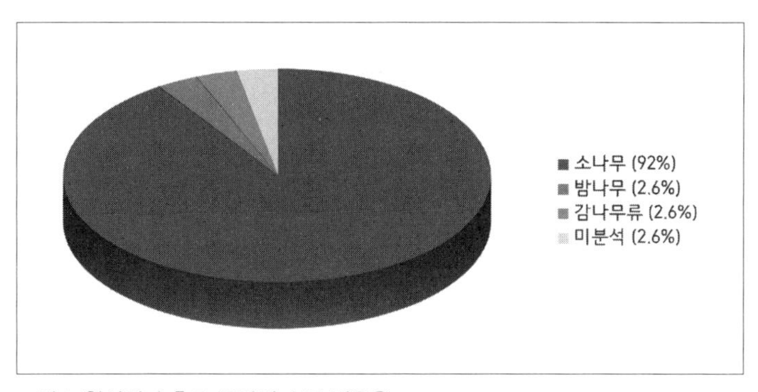

그림 1. 월성해자 출토 목간의 수종 점유율

월성 해자 목간의 수종은 소나무가 92%로 높은 점유율을 나타내고 있다. 함안 성산산성 출토 목간도 소나무가 높은 점유율을 나타내듯[3)], 우리나라에서 출토되는 목간은 소나무의 비율이 굉장히 높다. 이는 당시 소나무는 주변에서 쉽게 구할 수 있을 뿐 아니라 가공이 용이한 장점이 있어 목간의 수종으로 선호하였음을 알 수 있다.

2. 동궁과 월지(안압지) 출토 목간

동궁과 월지에서 출토된 목간도 월성해자 목간과 같이 목간을 판단하는 기준에 따라 수량의 차이가 나타난다. 안압지 발굴조사 보고서에 따르면 묵서흔이 존재하여 판독이 가능한 목간은 51점으로 되어 있다.[4)]

2) 위의 논문, p.232.
3) 박상진·강애경, 2004, 「성산산성 출토 목간의 수종」, 『한국의 고대 목간』, 국립창원문화재연구소.
4) 문화공보부 문화재관리국, 1978, 『안압지 발굴조사보고서』, p.285.

이후 국립경주문화유산연구소 참고자료에서 찾아낸 안압지 목간은 17점으로 보고되어 있으나,[5] 앞에서 언급한 바와 같이 『목간과 문자』에서 정의한 것에 따라 행방을 알 수 없는 4점을 포함하여 최종 66점으로 집계하였다.

현재 국립경주박물관에 소장 중인 안압지 출토 목간은 수종분석이 이루어지지 않은 상태이며, 국립경주문화유산연구소의 안압지 목간만으로 볼 때 모두 소나무로 100%의 점유율을 보인다.

표 2. 안압지 출토 목간의 수량과 수종분석 결과

	소장처	목간수량	수종결과	수종수량	출토년도
1	국립경주문화재연구소	5점	*Pinus densiflora* spp.	5	1973~1975
2	국립경주박물관	66점[6] 이상	-	-	

3. 인왕동사지(傳 인용사지) 출토 목간

인왕동사지 발굴조사에서 우물 총 13기와 동·서쪽에 각 1기씩 연지가 확인되었다. 우물 및 동·서 연지에서는 복숭아 씨, 생선뼈 등 다양한 동·식물유체가 확인되었으며, 그중 우물10의 상층부 제토작업에 의한 물채질에서 목간 1점이 발견되었다. 그 외 소형배, 남근목, 두레박, 방망이, 목기, 어망추, 주칠기 등 다양의 목제유물도 출토되어, 목간은 소나무로 식별되었다.[7]

표 3. 인왕동사지 출토 목간의 수량과 수종분석 결과

	소장처	출토위치	목간수량	수종결과	수종수량	출토년도
1	국립경주 문화재연구소	우물 10	1점	*Pinus densiflora* spp.	1	2008

4. 경주 황남동 376 출토 목간

경주 황남동 376 통일신라시대 유적은 발굴조사 결과 수혈유구 3기, 우물 3기, 목주열, 목책, 담장 등과 숯돌, 구리·유리 도가니 등이 출토되어 공방유적으로 보고 있다. 그중 1호 수혈 내에서 목간 3점, 목제 빗 2점, 목기 등 목제유물이 발견되었다. 목간은 총 3점이나 목간의 크기와 재색을 비교해 보았을 때 1점이 2편으로 나누어진 것으로 보고 있다. 출토 목제품에 대한 전반적인 수종조사가 이루어졌으나,[8] 목간에 대한

5) 국립경주문화재연구소, 2009, 「부록2-월성해자·안압지 목제유물 추가조사」, 『연보 제19호(2008)』.

6) 오택현·이재환, 2023, 앞의 논문, 〈별표〉 pp.232, 254-256.

7) 이보현, 2013, 「전인용사지 출토 수침목재유물의 보존처리 및 수종분석」, 『전인용사지 발굴조사 보고서 Ⅰ·Ⅱ』, 국립경주문화재연구소.

8) 강애경, 2002, 「황남동 376 유적 출토 목질유물의 수종 및 보존처리」, 『경주 황남동 376 통일신라시대 유적』, 동국대학교 경주캠퍼스 박물관.

수종분석 결과는 공식적으로 누락되어 있다.

표 4. 황남동 376 출토 목간의 수량과 수종분석 결과

	소장처	출토위치	목간수량	수종결과	수종수량	출토년도
1	국립경주 박물관	1호 수혈	3점	-	3	1994

5. 국립경주박물관 미술관 부지 출토 목간

월성의 동남쪽에 위치한 국립경주박물관의 미술관 부지로 1998년 발굴조사 진행되었다. 신라시대 가장 큰 남북도로와 동서도로가 확인되었으며, 우물에서는 목간과 두레박 등 다양한 목제품들이 출토되었다. 목간은 총 4점으로 보고되어 있으나 이후 적외선 조사에서 묵흔이 남아있는 목간은 3점으로 보고 있다. 출토 목제품에 대한 전반적인 수종조사가 이루어졌으나,[9] 목간에 대한 수종분석 결과는 없다.

표 5. 국립경주박물관 출토 목간의 수량과 수종분석 결과

	소장처	출토위치	목간수량	수종결과	수종수량	출토년도
1	국립경주 박물관	우물	3점	-	3	1998

6. 국립경주박물관 남측부지 출토 목간

국립경주박물관 남측 부지 유적은 현재 영남권수장고가 위치한 영역으로 2011년부터 2012년까지 발굴조사가 실시되었다. 발굴조사 과정에서 통일신라시대 왕경유적과 관련된 도로, 건물지, 배수시설, 우물 등이 확인되었으며, 우물 총 11기 중 1기만 내부조사를 실시하였다. 토층별로 토기, 복숭아씨, 동물뼈, 두레박, 칠기, 목제 빗 등 다양한 목제유물이 출토되었으며, 가장 아래층에서 목간 2점이 출토되었으나 묵서가 남아 있는 1점만 목간으로 분류되었다. 눈금새김 목간은 한 면에 짧은 눈금 9개, 10번째 긴눈금이 그어진 목자의 형태로 서사흔이 남아있으나 판독은 불가하다.[10] 서사 기록이 확실한 목간임에도 불구하고 3단면의 채취가 어려워 수종분석이 불가능하였으며[11] 다른 목제유물들은 수종분석이 완료되었다.

9) 강애경, 2002, 「국립경주박물관부지내 우물 출토 목질유물의 수종식별 및 보존처리」, 『국립경주박물관부지내 발굴조사보고서』, 국립경주박물관.

10) (재)신라문화유산연구원, 2014, 『경주 인왕동 왕경유적2 - 국립경주박물관 남측부지(2차)』, p.222.

11) 이효선, 2014, 「국립경주박물관 남측부지 유적출토 목제품의 보존처리와 수종분석」, 『경주 인왕동 왕경유적2 - 국립경주박물관 남측부지(2차)』, (재)신라문화유산연구원, p.431.

표 6. 경주박물관 남측부지 출토 목간의 수량과 수종분석 결과

	소장처	출토위치	목간수량	수종결과	수종수량	출토년도
1	국립경주 박물관	1호 우물	1점	-	1	2011

7. 傳황복사지 출토 목간

傳황복사지는 경주 낭산일원 정비사업의 일환으로 2016년부터 2021년까지 발굴조사가 진행되었다. 황복사지에서는 삼층석탑, 금동불, 십이지신상 기단의 건물지, 회랑, 배수로, 도로, 동·서귀부, 연못 등 다양한 유물 및 유구들이 확인되었다. 특히 2호 연지 서편 바닥에서 소형 수혈내부에서 목간과 목제 자가 출토되었으며, 2호 우물에서는 다량의 수침목재가 출토되어 수종분석이 실시되었다.[12)]

목간은 소나무, 목제 자는 뽕나무로 확인되었다.

표 7. 전 황복사지 출토 목간의 수량과 수종분석 결과

	소장처	출토위치	목간수량	수종결과	수종수량	출토년도
1	(재)성림 문화재연구원	2호 연지	1점	*Pinus densiflora* spp.	1	2018

8. 경주 황룡사 남측 도로 출토 목간

신라왕경 핵심유적에 대한 복원·정비사업의 일환으로 2015년부터 2016년까지 발굴조사가 이루어졌다. 도로와 광장, 대지조성층, 우물, 지진구, 배수로, 옛길, 폐와무지, 소성유구등 다양한 생활유적이 확인되었으며, 목제유물은 동서도로 측구에서 주로 출토되었다. 목제유물은 도장 1점, 목간 1점, 빗 2점, 목제품 2점이 확인되었으며, 목간의 수종은 소나무로 밝혀졌다.[13)]

표 8. 황룡사 남측도로 출토 목간의 수량과 수종분석 결과

	소장처	출토위치	목간수량	수종결과	수종수량	출토년도
1	(재)신라문화 유산연구원	동서도로 측구	1점	*Pinus densiflora* spp.	1	2015~2016

12) 강애경, 2023, 「경주 전황복사지II 출토 목재 유물의 수종분석과 보존처리」, 『경주 전황복사지 II』, (재)성림문화재연구원, p.512.

13) (재)신라문화유산연구원, 2018, 『황룡사 광장과 도시 I -황룡사 대지와 후대유구-』, p.63.

III. 보존처리

1. 처리전 조사

1) 월성해자 출토 '병오년' 목간

월성해자 병오년 출토 목간은 2016년 5월에서 출토되었다. 전체적인 형태는 홀형 목간으로 앞면과 뒷면에 묵서가 되어 있다. 무술년(戊戌年)과 병오년(丙午年)이라는 간지가 확인되었는데 병오년을 목간의 제작 시점으로 보고 있다. 따라서 병오년인 526년 또는 586년으로 제작년대로 추정하고 있으며, 당시 수도인 신라에 지방 사람을 동원하여 그들을 강하게 통제했다는 내용을 담고 있다.[14]

길이: 247㎜ 너비: 51㎜ 두께: 12㎜

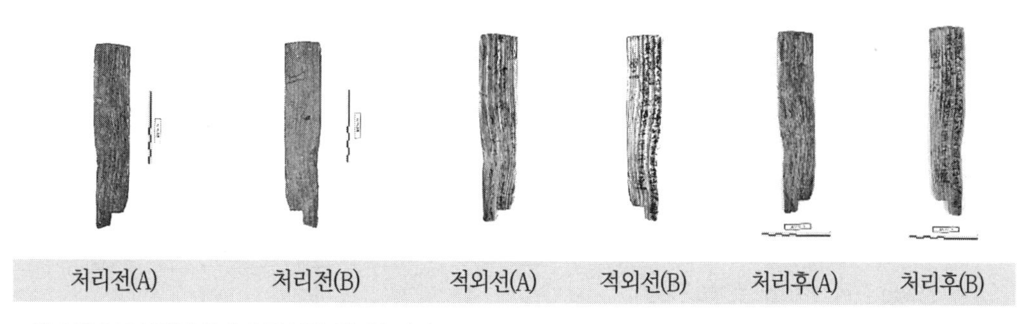

그림 2. 병오년 목간의 처리전, 적외선, 처리후 사진

출토 당시 표면에는 진흙이 덮여 있었으며, 부분적으로는 코발트색, 상아색, 적갈색 등의 표면 철산화물이 생성된 상태였다. 서사면은 정목(곧은결)으로 가공되었으며, 조재 세포가 수축됨에 따라 만재의 나이테가 오히려 두드러져 있다. 이는 목재 표면에 미세한 요철(凹凸)을 형성함에 따라 묵흔에도 영향을 끼친다. 또한 병오년 목간은 폐기과정에서 끝부분을 'ㄱ' 자로 인위적으로 깎아낸 것이 특징이다. 목간의 본격적인 세척에 앞서 디지털 카메라(Canon MarkⅡ)로 처리전 상태를 촬영한 후, 적외선 촬영(FUJIFILM X-T1, HAMAMATSU C158, HAMAMATSU C2847-국립가야문화재연구소)을 통해 묵서를 확인하고, 광학현미경(Nikon-ECLIPSE LV100, Nikon DS-Fil)을 이용하여 수종분석을 진행하였다.

수종은 소나무로 식별되었으며 해부학적 특징은 다음과 같다. 횡단면상 연륜경계가 명확하고 수직수지구와 방사조직이 관찰된다. 방사단면에서 가도관의 유연벽공은 대부분이 1열이며, 방사가도관에는 거치상 비후가 현저하며, 방사유세포 내 직교분야벽공은 창상형이다. 접선단면에서는 수평수지구를 포함한 방추

14) 국립경주문화재연구소, 2019, 『한성에서 만나는 신라월성』.

형방사조직이 관찰된다. 창상벽공과 방사가도관에 거치상비후를 갖는 소나무속의 경송류로 식별되었다.

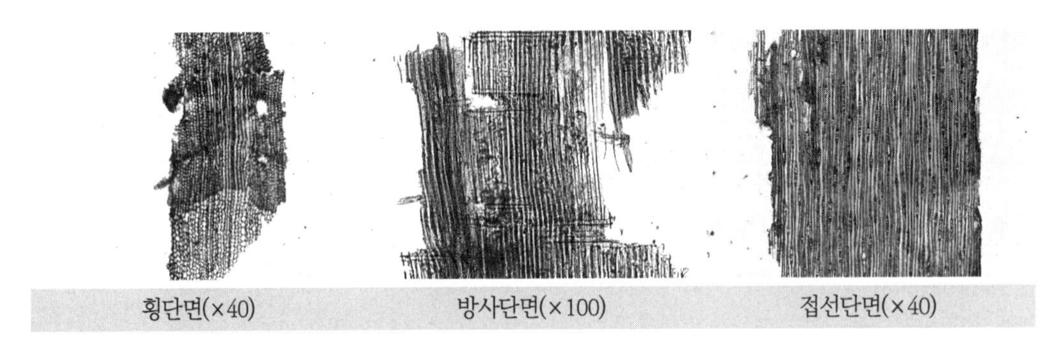

그림 3. 병오년 목간의 소나무 프레파라트

2) 인왕동사지 출토 '대용왕' 목간

목간은 양면에 묵서가 남아있고, 앞면에는 한 줄로 반대면은 두 줄로 서사되어 있는데, 반대면의 경우에는 서로 다른 방향으로 서사된 것이 특징이다. 단면은 장방형으로 나이테를 3개 포함하고, 아래쪽으로 내려갈수록 끝을 뾰족하다.

목간의 첫머리에 '大龍王' 으로 시작되어 주술적 의례로 활용된 목간으로 추정하고 있다.[15]

길이: 158㎜ 너비: 13.8㎜ 두께: 7.7㎜

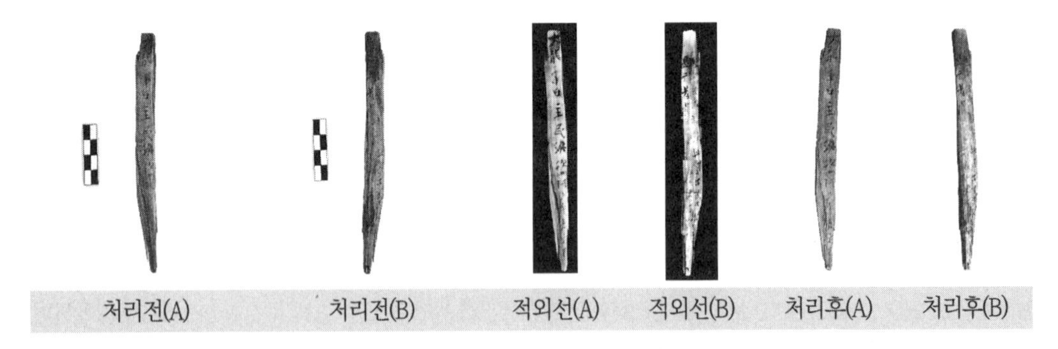

그림 4. 인왕동사지 목간의 처리전, 적외선, 처리후 사진

인왕동사지 목간은 현장에서 묵서를 확인한 후, 바로 보존처리를 위한 과학적 조사를 실시하였다. 목간 표면에는 검은색의 오염물과 산화물이 분포되어 있었다. 목간의 본격적인 세척에 앞서 디지털 카메라

15) 이재환, 2022, 「신라왕경 출토 목간의 내용」, 『신라왕경목간』, 국립경주문화재연구소.

(Canon MarkⅡ)로 처리전 상태를 촬영한 후, 적외선 촬영(FUJIFILM X-T1, HAMAMATSU C158, HAMAMATSU C2847-국립가야문화재연구소)을 통해 묵서를 확인하고, 광학현미경(Nikon-ECLIPSE LV100, Nikon DS-Fil)을 이용하여 수종분석을 진행하였다.

인왕동사지 목간의 수종도 소나무류로 분석되었다. 횡단면상 연륜경계는 나타나지 않지만 가도관으로 형성되어 있어 침엽수임을 알 수 있으며, 수직수지구가 관찰된다. 방사단면에서는 가도관의 유연벽공은 1열을 이루고 있으며, 방사가도관에 거치상비후가 잘 발달해 있으며, 방사유세포 내 벽공은 창상형벽공을 나타내고 있다. 접선단면에서는 수평수지구와 방추형방사유세포가 관찰되어 최종적으로 소나무로 식별되었다.

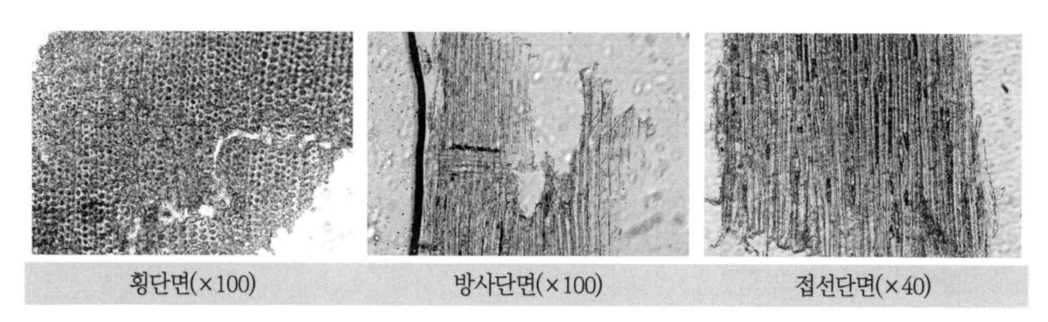

그림 5. 인왕동사지 목간의 소나무 프레파라트

2. 이물질 세척

유물 표면의 흙, 모래, 유기물, 산화물 등을 제거하기 위해 세필붓, 이쑤시개, 분무기를 이용하여 물리적인 세척을 하였다. 목간의 경우 일반 목제유물과는 달리 확대경이나 현미경 아래에서 붓을 쓸어내리지 않고, 톡톡 건드리듯이 제거한다.[16] 목간을 경사지도록 놓고, 세척물이 자연스럽게 아래로 흘려 보내도록 하였다. 간혹, 초음파 세척을 이용하여 목간을 세척하는 경우가 있는데, 묵서 목간, 칠기, 대나무 재질에 있어서는 초음파세척을 피하는 것이 좋다.

3. EDTA-2Na 함침

1차 이물질 세척에 이어 2차 세척은 화학약품을 이용하여 목재 내부의 무기질이온 등을 제거하였다. EDTA(Ethylene diamine tetra acetic acid) 2% 함침 후 약품이 남아있지 않도록 충분히 세척하였다.

16) 이보현, 2021, 「한국 목간의 과학적 보존처리와 연구현황」, 『나무에서 종이로 서사매체의 변화와 고대 동아시아』, 경북대학교 인문학술원 HK+사업단 제4회 국제학술대회.

4. T-butanol 치환

효과적인 진공동결건조를 위해 알코올 탈수와 치환 과정을 거친다. T-butanol은 물과 알코올에 비해 어는점(25℃)이 낮아 동결작업에서 시간을 줄여줄 뿐 아니라 유물의 변형을 최소화 할 수 있다. T-butanol을 이용하여 10-30-50-70-100%에 이르기까지 단계별로 치환하였다.

5. P.E.G 강화처리

T-Butanol을 용매로 P.E.G 4000으로 강화처리 하였다. 40~50℃ 항온수조에서 10일을 주기로 5-10-20-30-40% 까지 점차적으로 농도를 올려 매회 중량변화를 측정하였다.

표 9. 병오년 목간 중량변화표

단계	처리전	T-B 10%	T-B 30%	T-B 50%	T-B 70%	T-B 100%	PEG 5%	PEG 10%	PEG 20%	PEG 30%	PEG 40%
중량(g)	105.94	104.5	104.58	101.29	96.99	89	84.85	86.13	88.7	91.15	95.77

표 10. 인왕동사지 목간 중량변화표

단계	처리전	T-B 10%	T-B 30%	T-B 50%	T-B 70%	T-B 100%	PEG 5%	PEG 10%	PEG 20%	PEG 30%	PEG 40%
중량(g)	8.6	9.25	10	10.15	8.69	11.7	11.15	11.29	11.66	11.92	12.93

6. 진공동결 건조처리

진공동결건조법은 유물 내부의 수분을 단기간에 승화시켜 건조하는 것으로 알루미늄 호일에 감싸 스텐레스 밧트에 유물을 올리고 -40~50℃에서 12시간 이상 예비동결하였다. 예비냉동이 완료되면 진공동결기 선반온도를 -40℃로 낮춘 후 조금씩 온도를 올려가며 동결건조를 진행하였다. 건조 후 유물 표면에 남은 P.E.G는 붓으로 털어 중탕한 에틸알코올로 닦아 표면을 마무리 하였다.

두 목간의 보존처리 결과는 다음과 같다. '병오년' 목간의 경우 처음 발굴현장에서 출토된 상태는 진흙과 오염물이 뒤덮여 있어 문자식별이 어려웠으나 물리적세척을 통해 어느 정도 문자를 식별하게 되었다. '대용왕' 목간의 경우 목재 내부에 남아있는 철산화물의 영향으로 일부 검게 남아있던 부분이 화학적세척에 의해 본래의 재색으로 돌아왔다. 이는 목재 재색과 묵흔의 대비를 통해 문자판독에 효율성을 보다 높였다고 할 수 있다. 또한 점진적 강화처리를 통해 수침목재의 외형을 유지시켰으며, 진공동결건조를 통해 목간의 원재색을 살려냄에 따라 유물의 원형을 보존하였다.

Ⅳ. 결론 및 고찰

신라왕경 출토 목간의 수종분석 현황을 집계하면서 목간의 정의를 어디에 두느냐에 따라 수량이 변동이 컸다. 최초로 보고된 발굴보고서에는 출토된 목제품이 목간의 외형을 가졌거나, 적외선 촬영 결과를 통해 묵흔이 남아있으면 목간으로 분류하였고, 문자학에서는 목간의 외형을 가졌음에도 불구하고, 서체나 서사의 기록이 남아있지 않으면 목간의 수량에서 제외하는 경우도 있었다. 그리고 한 점의 목간이 여러점으로 분리된 상태에서 이어지는 중간 목편이 없을 경우도 목간의 수량을 집계하는데 어려움이 따른다. 안압지 추가 조사[17]에서 밝혀진 17점의 목간 가운데 직사각형의 투공 위·아래 묵선이 그어져 있을 경우는 적외선 상에서 선명한 표식이 존재하지만, 결국 목간으로 인정하지 않는 사례도 있었다. 따라서 필자는 최근 2023

표 11. 경주 신라왕경 출토 목간의 수종분석 현황

	출토지	출토수량	소나무	밤나무	감나무	미분석
경주 신라왕경 지역	월성해자	38	35	1	1	1
	동궁과월지	66	5			61
	인왕동사지	1	1			
	황남동 376	3				3
	경주박물관 미술관부지	3				3
	경주박물관 남측부지	1				1
	傳황복사지	1	1			
	황룡사 남측도로	1	1			
총 계		114	43	1	1	69
목간의 수종 점유율 (%)			95.5	2.2	2.2	-
목간의 수종 분석율 (%)			37.7	0.9	0.9	60.5

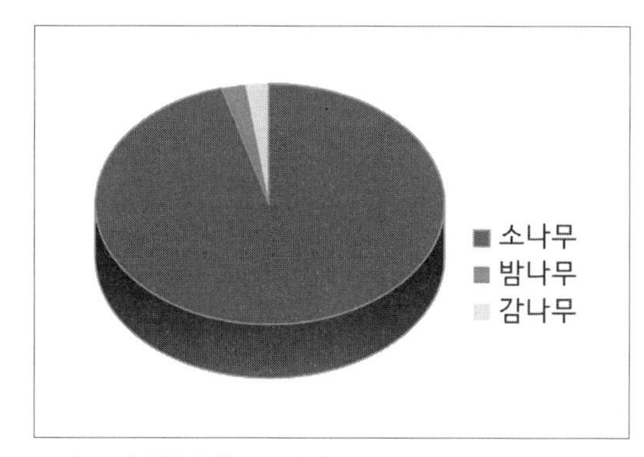

그림 6. 신라왕경 출토 목간의 수종 점유율

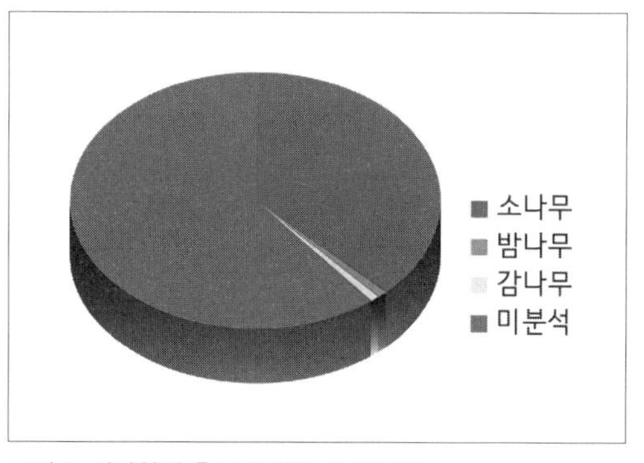

그림 7. 신라왕경 출토 목간의 수종분석율

17) 국립경주문화재연구소, 2009, 앞의 책

년 『목간과 문자』 30호에서 발표한 목간의 정의를 바탕으로 수량을 집계하고 정리하였다.

신라왕경 출토 목간은 지금까지 총 114점으로 집계되었으며, 그중에 45점이 수종분석 되었다. 수종은 소나무류가 가장 많았고, 밤나무, 감나무로 총 3종의 수종이 확인되었다. 침엽수인 소나무는 95.5% 이상의 높은 점유율을 나타내었고, 그 다음으로 활엽수인 밤나무와 감나무가 2.2%를 차지한다. 확인된 수종들은 대부분 우리 주변에서 흔히 볼 수 있는 나무들이며, 특히 목간의 제작에 있어 소나무가 집중적으로 사용되는 것을 알 수 있었다. 소나무는 쉽게 구할 수 있으며, 기건비중이 0.45로 가공이 쉽다. 95% 이상이 가도관으로 형성되어, 표면이 부드럽고, 재색이 밝아 먹으로 글을 쓸 경우 쉽게 눈에 띄는 장점이 있다. 소나무 목간의 선호도는 함안 성산산성의 수종분석 결과[18]에서도 재차 확인할 수 있다.

목간의 보존처리는 세척과 건조처리 과정이 매우 중요하다. 목간의 보존처리는 외형을 유지하기 위한 강화처리 과정도 물론 중요하지만 기록된 문자가 지워지지 않고 잘 남아 있도록 처리하는 것이 최선이다. 그러므로 처음 수습해온 목간을 세척할 때는 숙련된 처리자가 현미경을 보면서 표면을 세척해야만 한다. 자칫 방심할 경우 묵흔이 지워질 수 있고, 가도관이나, 도관에 낀 진흙을 제거하기 위해 초음파 세척을 하는 것은 매우 위험한 행위이다. 목간은 제작방법에 따라 그 형태가 매우 다양하다. 특히, 봉형 목간이나 다면형 목간은 가운데 수(pith)를 포함하고 있으므로 진공동결건조 시 할렬이 일어날 수도 있다. 수침목재는 목재를 구성하는 셀룰로오스와 헤미셀룰로오스 등이 분해되어 수분이 이를 대신한 상태로 높은 함수율을 가진다. 이에 세포 내 PEG와 같은 고분자 물질을 침투시켜 강화처리 한 후, 이를 빠르게 건조시켜 형태를 유지하고자 진동공결건조를 실시한다. 진공동결건조는 수분을 얼음으로 교체시켜 고체에서 기체로 승화시키는 작업이다. 진공동결건조는 매우 낮은 압력을 사용하여 수분을 제거하므로 목재 내부의 갑작스런 수분 이동은 할렬과 같은 건조결함[19]을 초래할 수 있다. 따라서 목간의 제작형태와 부후도에 따라 강화처리와 진공동결 주기를 잘 계획하는 것이 성공적인 보존처리로 이어질 수 있다.

이번 연구를 통해 신라왕경 출토 목간의 수종현황과 보존처리 방법에 대해 살펴보았다. 신라왕경 출토 목간은 출토량에 비해 60.5%나 분석이 되지 않았다. 국립박물관에 소장 목간의 경우 국가귀속이 된 상태라 적외선 촬영에 의한 재판독은 가능할 것이다. 하지만 파괴분석의 일환인 수종분석은 유물 보존을 위해 앞으로도 어려울 것 판단된다. 그러나 이미 수종분석이 완료된 신라 목간을 바탕으로 향후 백제, 가야 출토 목간의 수종연구에 대한 분석과 연구가 확대되기를 기대한다.

투고일: 2024.03.14. 심사개시일: 2024.05.31. 심사완료일: 2024.06.12.

18) 박상진·강애경, 2004, 앞의 책.

19) 목재의 수축은 섬유방향, 방사방향, 접선방향의 세 방향에 따라 수축이방성이 다르게 나타난다. 목재수축률은 섬유방향이 가장 작고 그 다음 방사방향, 접선방향이 가장 크게 나타난다. 목재는 표면부터 수분이 증발하게 되며 이때 수분경사가 일어나게 된다. 표층이 먼저 건조되어 수축을 시작하지만 내층은 높은 함수율에 상태에 있기에 이 수축에 저항하기 위해 내층과 표면층은 인장응력과 압축응력을 일으키는데 이를 건조응력이라 한다. 따라서 목재의 수축이방성과 건조응력에 따라 목재표면에 할렬과 건조결함이 일어날 수 있다.

참고문헌

강애경, 2002, 「황남동 376 유적 출토 목질유물의 수종 및 보존처리」, 『경주 황남동 376 통일신라시대 유적』, 동국대학교 경주캠퍼스 박물관.

강애경, 2002, 「국립경주박물관부지내 우물 출토 목질유물의 수종식별 및 보존처리」, 『국립경주박물관부지내 발굴조사보고서』, 국립경주박물관.

강애경, 2006, 「월성해자 출토 목간 및 목제품의 수종」, 『월성해자 발굴조사보고서 Ⅱ -고찰-』, 국립경주문화재연구소.

강애경, 2023, 「경주 전황복사지Ⅱ 출토 목재 유물의 수종분석과 보존처리」, 『경주 전황복사지 Ⅱ』, (재)성림문화재연구원.

국립가야문화재연구소, 2015, 『함안성산산성 목간 발굴에서 보존까지』.

국립경주문화재연구소, 2009, 「부록2-월성해자·안압지 목제유물 추가조사」, 『연보 제19호(2008)』.

국립경주문화재연구소, 2018, 「출토유물의 과학적 보존처리 및 분석」, 『연보 제28호(2017)』.

국립경주문화재연구소, 2019, 『한성에서 만나는 신라월성』.

국립경주문화재연구소, 2022, 『신라왕경목간』.

문화공보부 문화재관리국, 1978, 『안압지 발굴조사보고서』.

박상진·강애경, 2004, 「성산산성 출토 목간의 수종」, 『한국의 고대 목간』, 국립창원문화재연구소.

신라문화유산연구원, 2018, 『황룡사 광장과 도시Ⅰ-황룡사 대지와 후대 유구-』.

오택현·이재환, 2023, 「백제·신라 목간의 집계와 범례의 제안」, 『목간과 문자』 30, 한국목간학회.

이보현, 2013, 「전인용사지 출토 수침목재유물의 보존처리 및 수종분석」, 『전인용사지 발굴조사 보고서Ⅰ·Ⅱ』, 국립경주문화재연구소.

이보현, 2021, 「한국 목간의 과학적 보존처리와 연구현황」, 『나무에서 종이로 서사매체의 변화와 고대 동아시아』, 경북대학교 인문학술원 HK+사업단 제4회 국제학술대회.

이재환, 2022, 「신라왕경 출토 목간의 내용」, 『신라왕경목간』, 국립경주문화재연구소.

이효선, 2014, 「국립경주박물관 남측부지 유적출토 목제품의 보존처리와 수종분석」, 『경주 인왕동 왕경유적2 - 국립경주박물관 남측부지(2차)』, (재)신라문화유산연구원.

〈Abstract〉

Wood species analysis status and conservation treatment of wooden tablets
excavated from Silla's Royal Palace

LEE, Bo Hyun

There are approximately 660 ancient wooden tablets excavated in Korea, mainly from the Silla and Baekje regions. Among them, there are about 114 wooden tablets excavated from the Silla royal area excluding the Gaya area, but compared to the total amount excavated, there are very few cases in which wood species analysis has been reported. This proves that the approach to wood species analysis for wooden tablets is very difficult compared to other wooden artifacts.

So far, wood species analysis has been completed for 45 out of a total of 114 wooden tablets excavated from the Royal Palace of Silla. A total of 3 species of wooden tablets within the Silla Royal Palace were identified, 3 species were identified in Wolseong Moats, and 1 species were identified in Anapji Pond. *Pinus densiflora* spp. accounted for the largest share of tree species at over 95.5%, followed by *Castanea* spp., *Diospyros* spp. trees at 2.2%. Pine trees are easily available around us, have a soft surface, are easy to process, and are bright in color, making them easily noticeable when writing with ink.

The conservation treatment process for the wooden tablets excavated in the '丙午年' of Wolseong Moat and the wooden tablets excavated from the Inwang-dong site was carried out in the following order: pre-treatment irradiation - cleaning - chemical cleaning - alcohol substitution - strengthening treatment - drying treatment. The drying process was performed using a vacuum freeze dryer, and the vacuum freeze drying treatment has the advantage of reducing shape deformation and color change and shortening the time compared to controlled drying.

Lastly, only 39.5% of the wooden tablets excavated from Silla's royal palace were analyzed for wood species compared to the amount excavated. In the case of relics belonging to the state, access to wood species analysis will be even more difficult. However, it is expected that the characteristics of materials by period and region, the flow of wood species, and even the diversity of vegetation will be studied through continuous analysis of wood species of wooden tablets excavated in the future.

▶ Key words: Silla's Royal Palace, wooden tablets, wood species analysis, status, conservation treatment

논 문

서진 도량형의 발전 변화*

-郴州 晉簡을 중심으로-

戴衛紅**

方國花 譯***

〈국문초록〉

西晉 시기는 도량형에 중요한 변화가 일어난 시기이며 郴州 蘇仙橋 晉簡은 서진 시기의 도량형 실태를 깊이 탐구할 수 있는 1차자료이다. 晉武帝 泰始 10년(274)에 中書監 荀勖는 古尺, 즉 晉代 전에 정해진 尺에 의해 銅律呂를 만들어 운율을 조절하였으나 민간에 보급되지 않았으며 杜夔의 魏尺, 즉 晉代의 尺이 그대로 통용되었다. 東晉 시기의 尺은 晉代 전에 사용된 尺보다 약 1分2釐(1釐는 0.3㎜) 더 길어 晉代 전의 尺 길이에 변화되었다. 晉簡에 보이는 길이의 단위는 尺, 丈, 里, 步이고 그 기본 단위는 尺이다. 포목 단위는 匹, 寸, 分이 사용되었고, 토지 면적의 단위는 한나라의 전통 습관을 이어 頃, 畝, 步가 사용되었다. 晉簡에 보이는 벼와 쌀의 용량 단위는 斗, 升, 合, 勺, 撮, 抄, 圭, 來가 있는데 그 중의 抄, 圭, 來는 『漢書』 「律曆志」에 보이지 않는다. 郴州 晉簡은 "十圭를 抄(秒·抄·杪)로 하고, 十抄(秒·抄·杪)를 撮로 한다"와 같은 進法이 확인되는데 『隋書』 「律曆志」에 인용된 『孫子算經』의 진법 순서와 유사하다. 晉簡에는 돼지와 양의 무게를 재는 晉秤, 은과 같은 귀금속을 재는 吳秤이 등장했는데, 양자는 각각 대저울[杆秤]과 천평[天平秤]에 대응될 것이다. 晉秤은 斤을 무게 단위로 하고, 吳秤의 무게 단위에는 兩, 銖 외에 銖의 아랫단위인 絫도 있다. 이는 『漢書』 「律

---

* 이 논문은 중국 사회과학원 학과 건설 "登峰戰略" 資助計劃의 지원을 받아 수행된 연구임(DF2023YS15).

** 중국 사회과학원 고대사연구소·"古文字與中華文明傳承發展工程" 協同攻關創新平臺 연구원

*** 경북대학교 인문학술원 HK연구교수

曆志」 應劭注에 보이는 “十黍을 一銖로 하고, 六銖을 一分으로 하며, 四分이 一兩으로 된다’와 같은 단위와는 다르다. 사전을 찾아보면 鈙은 없고 錖이 보이는데, 전국 초나라 시기 이래, 沅陵 지역의 황금 계량 단위의 발달 상황과 桂陽郡이 銀 산출 지역이라는 점을 고려해 보면 鈙은 桂陽郡에서 비교적 오랜 역사를 가진 전통 귀금속 계량 단위일 가능성이 있다. 劉宋 시기의 白銀을 재는 南秤은 晉簡에 보이는 吳秤과 성격이 유사하여 吳秤을 계승한 것으로 추정한다.

▶ **핵심어: 도량형, 郴州 晉簡, 吳秤, 圭撮, 鈙**

I. 머리말

도량형은 일상적인 생산과 생활에서 매우 중요하며 항상 높은 관심을 받아왔다. 『禮記』「大傳」의 “聖人南面而治天下, 必自人道始矣. 立權度量”[1]과 같은 기록에서 확인되는 바와 같이 지배자는 도량형으로 자신의 통치를 공고했다. 진시황은 전국을 통일한 후, 도량형을 통일하는 조서를 공포하고 표준도량형기를 제작하여 배포했다. 이에 관해서는 “一法度衡石·丈尺, 車同軌, 書同文字”와 같은 기록에서 확인할 수 있다.[2] 전한 말기에 律曆 학자 劉歆은 『漢書』「律曆志」에서 선진 이래의 도량형 발전 상황을 정리하고 단위의 양과 자리올림, 표준기의 형태 및 관리 시스템을 자세히 기록했다. 삼국시대에는 대체로 후한 시기의 도량형 제도가 그대로 사용되었지만 단위 양이 증가되었다. 隋文帝는 전국을 통일하고 다시 도량형을 통일하여 그전에 증가했던 단위 양을 고정시켰다. 『九章算經』 등 十部算經의 註釋을 달고 『晉書』, 『五代史誌』의 「天文誌」, 「律曆志」, 「五行誌」를 쓴 천문역산가이자 수학가인 李淳風은 漢魏 시대에서 隋나라 시기까지의 도량형 변천과정을 상세히 고증하여 『隋書』「律曆志」에 수록하였다.

위진남북조 시대에는 정권마다 도량형의 구체적인 사용 상황이 다르며 도량형 수치에도 큰 차이점이 있었다. 출토 자료를 보면 이 시기의 도량형 실물은 그 전후 시기보다 양이 훨씬 적어 위진남북조시대의 도량형에 대한 연구를 진행함에 있어서 하나의 난제가 되었다.[3] 吳慧는 1992년에 발표한 글에서 위진남북조 시기부터 수나라 시기까지의 도량형 역사를 정리하고 荀勖이 太樂 八音, 前趙 시기 劉曜 光初 4년(321) 鑄渾天儀, 북위북주 및 수나라가 도량형을 개정한 대사건과 위진남북조 量器와 衡器의 실물 검증 등에 대해 서술했다.[4] 郭正忠은 『3-14세기 중국의 權衡度量』이라는 책에서 한위육조의 저울, 尺度, 용량기 제도를 고증하

---

1) 王文錦 譯解, 2016, 『禮記譯解·大傳第十六』, 中華書局, p.497.

2) [漢]司馬遷 撰/裴駰集 解/司馬貞 索隱/張守節 正義/中華書局編輯部 點校, 1982, 『史記』 卷六 「秦始皇本紀」, 中華書局, p.239.

3) 중국 고대 도량형의 발전에 대해서는 중국 國家計量總局·中國歷史博物館·故宮博物院, 1981, 『中國古代度量衡圖集』, 文物出版社; 丘光明, 1992, 『中國曆代度量衡考』, 科學出版社; 吳承洛, 1993, 『中國度量衡史』, 商務印書館; 丘光明·邱隆·楊平, 2001, 『中國科學技術史·度量衡史卷』, 科學出版社 참조.

4) 吳慧, 1992, 「魏晉南北朝隋唐的度量衡」, 『中國社會經濟史研究』 1992-3.

고 늦어도 후한말, 서진 시대에는 '고 저울[古秤]'과 '현 저울[今秤]'이라는 두 가지 다른 무게를 계량하는 제도가 병행되어 있었고, 魏晉 시기와 隋唐 시기에 사용된 대소 두 제도가 병용되었다고 지적했다.[5] 장사 주마루 오간이 출토되어 공개된 후, 于振波, 羅新, 黎石生 등 학자들은 삼국 오간의 吳平斛과 稟斛에 대해 논술하였는데 이 글에 의해 孫吳 시대 長沙 지역의 관청이 곡식 수입과 지출을 할 때에 사용한 다양한 양제를 알 수 있게 되었다.[6]

2003년 11월부터 2004년 2월 사이에 郴州市 문물처와 湖南省 문물고고연구소는 郴州市 蘇仙橋유적을 발굴했는데 후한에서 송원 시기까지의 우물 유적 11기가 발견되었다. 『湖南郴州蘇仙橋遺址發掘簡報』라고 하는 간략 보고서에 제10호 우물, 즉 J10에서 출토된 간독 163점이 수록되었다. 이 간독에는 元康, 永康, 太安 등과 같은 명확한 연도가 기재되어 있어 晉惠帝 司馬衷 시기에 속하며 서기 300년경의 간독이라는 것을 알 수 있다. 내용은 桂陽郡과 桂陽郡 관하의 각 현의 상황, 현의 규모와 官吏의 설치 및 수량등록, 지리·도로와 역·관청건물의 등록, 詔書 政令 또는 桂陽郡의 上奏 문서, 인구·토지·특산·부세·광물자원·제사 社稷의 신과 先農·改火에 관한 기록, 인문 故實 등 13개 항목이 있다.[7] 郴州 蘇仙橋 晉簡에는 한나라 이후에 흔히 사용되었던 審度, 嘉量, 權衡의 단위뿐만 아니라 문헌자료에서는 볼 수 없었던 서로 다른 무게의 계량 단위인 晉秤과 吳秤이 사용되었다. 周能俊은 2017년에 쓴 「六朝 桂陽郡의 白銀 채굴과 사용——郴州 晉簡을 중심으로」라는 글에서 桂陽郡의 吳秤과 晉秤 두 가지 계량 단위가 공존하는 이유에 대해 논했다. 그는 한나라 시기 말기의 전쟁으로 인해 新莽 이래에 채택된 계량 단위가 모호해지고, 西晉의 통치기간이 비교적 짧고 통제력이 제한적이었으며, 은을 산출하는 大郡으로서의 桂陽郡에 다량의 은이 유통분야에 존재하며 경제적 영향이 컸다는 점, 그리고 六朝 국가와 계양 관리들이 대중의 착취를 확대하기 위해 애매한 태도를 취했다는 점, 이러한 영향으로 인해 장기간에 걸쳐 桂陽郡의 기층 사회에 전한 시기의 측량 단위와 신망 이래의 측량 단위가 동시 병행하는 현상이 나타나게 되었다고 보고 있다.[8] 본문에서는 기존 연구를 바탕으로 郴州 蘇仙橋 晉簡에 나타난 길이, 용량, 무게 단위와 그 발전 변화 양상에 대해 논의하고자 한다.

II. 晉前尺과 晉今尺

『漢書』「律歷志」에 기록된 "度者, 所以度長短也, 本起黃鍾之長. 以子穀秬黍中者, 一黍之廣度之, 九十黍爲黃

5) 郭正忠, 2008, 『三至十四世紀中國的權衡度量』, 中國社會科學出版社.

6) 于振波, 2004, 『走馬樓吳簡初探』, 文津出版社, pp.228-233; 羅新, 2006, 「也說吳平斛」, 『吳簡研究』 제2집, 長沙簡牘博物館·北京吳簡研討班 編, 崇文書局, pp.192-200; 黎石生, 2016, 「走馬樓吳簡所見幣種·斛制補論」, 『故宮博物院院刊』 제5기.

7) 湖南省文物考古研究所·郴州文物處(주요 집필: 張春龍), 2009, 「湖南郴州蘇仙橋遺址發掘簡報」, 『湖南考古輯刊』 제8집, 湖南省文物考古研究所 편, pp.93-104. 이하 「簡報」로 약칭하고 특별한 설명이 없는 한, 아래에 인용된 내용은 모두 이 「簡報」를 출처로 한다.

8) 周能俊, 2017, 「六朝桂陽郡的白銀採掘與使用——以郴州晉簡爲中心」, 『求索』 2017-4.

鍾之長. 一黍爲一分, 十分爲一寸, 十寸爲一尺, 十尺爲一丈, 十丈爲一引, 而五度審矣."로부터 길이의 기본 단위는 "五度", 즉 分, 寸, 尺, 丈, 引으로 나뉘며 중등 크기의 기장[秬黍] 알맹이 1개를 기준으로 한다는 것을 알 수 있다.

삼국시대에 "天下大亂, 樂工散亡, 器法湮滅. 魏武(曹操)始獲杜夔, 使定音律, 夔依當時尺度, 權備典章."과 같은 기록이 보이는데,[9] 杜夔尺에 관해서는 『晉書』「律曆志」의 史臣, 즉 李淳風의 설명이 매우 명확하다. "魏景元四年, 劉徽注『九章』云: 王莽時劉歆斛尺弱於今尺四分五氂, 比魏尺其斛深九寸五分五氂."[10]로 적혀 있는 것으로 보아 杜夔尺은 劉歆斛尺보다 4分 5氂 더 길다는 것을 알 수 있다. 氂에 관해서는 賈誼의 『新書·六術』에 "數度之始, 始於微細. 有形之物, 莫細於毫. 是故立一毫以爲度始, 十毫爲發, 十發爲氂, 十氂爲分, 十分爲寸, 十寸爲尺, 備於六, 故先王以爲天下事用也."[11]로 적혀 있다. 氂는 『文獻通考』 권133, 「樂考六·魏尺」, 杨晨의 『三國會要』 권14, 「樂」에 "釐"로 쓰여 있다. "氂"는 "釐"와 통하고, "氂"는 明母, 宵部이며 "釐"는 來母, 之部이다. 明과 來는 성모가 가깝고, 宵와 之는 韻母에 겹치는 부분이 있어, 음이 서로 가까운 通假字 관계로 된다. 『禮記·經解』에는 "易曰: '君子愼始, 差若豪氂, 繆以千里.' 此之謂也."라고 적혀 있고, 『釋文』에는 "氂, 李其反, 徐音來. 本又作釐."라고 적혀 있다. 豪氂는 즉 毫釐이다. 이로부터 魏尺은 杜夔尺을 가리키며 왕망 때의 劉歆斛尺보다 4分 5氂 더 길다는 것을 알 수 있다. 진법은 1分이 10釐이고 100發, 1000毫에 해당된다. 현재 확인되는 한나라의 실물로부터 杜夔가 만든 척의 길이는 24.185㎝라는 것을 알 수 있다. 후대에 남아 있는 魏正始 쇠뇌틀[弩機]에 새겨진 尺(上虞羅 소장, 길이 24.45㎝)도 杜夔尺과 길이가 거의 비슷하다.[12]

서진 시기의 尺에 관해서는 音律이 관련되어 있으며 서진 때에 개혁이 있었다. 晉武帝 초기에는 여전히 魏나라 때의 尺을 그대로 사용하고 "遵而不革", 즉 이를 존중하고 바꾸지 않았다. 진무제 泰始 9년(273)의 기록을 보면 "中書監荀勖校太樂八音, 不和, 始知後漢至魏尺長於古四分有餘."라고 적혀 있고 이듬해에는 "依『周禮』製尺" 이라는 기록이 보이는데 이것은 古尺을 가리킨다. 古尺에 관해서는 "依古尺更鑄銅律呂, 以調聲韻"이라는 기록이 보인다. 이에 관해 『隋書』 권16, 「律曆志上」에는 "至泰始十年, 光祿大夫荀勖, 奏造新度, 更鑄律呂"라고 적혀 있다. 荀勖은 著作郎 劉恭에게 『周禮』에 의해 古尺을 만들도록 명하였고, 옛 이름은 晉前尺 또는 荀勖 律尺이었다. 荀勖 律尺의 尺度는 杜夔 魏尺보다 4分 5厘 5毫 짧다. 신망 銅斛, 建武 銅尺을 포함한 7개의 고대 기구와 대조해 보면 길이 차이가 없고 新莽尺과 같다. 그 길이는 23.1㎝에 달하며 진무제는 이를 樂律의 표준 尺度로 삼았다.

泰始 10년(274), 荀勖는 晉前尺으로 今尺(서진의 尺)을 교정하였는데 서진이 당시 사용하던 尺은 晉前尺보다 4分 반 더 길었다. 따라서 서진 사회에 유행했던 1尺의 길이는 현재의 24.2㎝로 추산된다. 그러나 荀勖 律尺에 의해 만든 律管이 조금 짧아 阮鹹은 "譏其聲高, 聲高則悲, 非興國之音"이라고 말했다. 晉나라 尺度가

9) [唐]魏徵, 1973, 『隋書』 권16, 「律曆志上」, 中華書局, p.395.

10) [唐]房玄齡, 1974, 『晉書』 권16, 「律曆志上」, 中華書局, p.491.

11) [西漢]賈誼 著/[明]何孟春 訂注/彭昊·趙勖 點校, 2010, 『賈誼集·新書·六術』, 嶽麓書社, p.95.

12) 吳慧, 1992, 앞의 논문.

민간에서 사용된 상황에 관해서는 『晉書』 「律曆志」의 史臣, 즉 李淳風에 의해 상세히 설명되어 있다.

> 元帝后, 江東所用尺, 比荀勖尺一尺六分二釐. 趙劉曜光初四年鑄渾儀, 八年鑄土圭, 其尺比荀勖尺一尺五分. 荀勖新尺惟以調音律, 至於人間未甚流佈, 故江左及劉曜儀表, 並與魏尺略相依準.[13]

이 기록으로부터 荀勖 尺은 오로지 음률 조절에 사용되고 민간에서는 아직 널리 알려져 있지 않았으며, 杜夔 魏尺, 즉 晉今尺이 사용되고 있었다는 것을 알 수 있다. 그러나 晉나라 王都가 남쪽으로 건너간 후, 江東에서 사용된 尺은 荀勖 尺보다 약 1分 2厘 더 길다.

荀勖가 만든 尺(晉前尺)은 민간에 전해지지 않았기 때문에 官私 모두 晉의 "今尺"이 사용되었다. 西晉 시기 "今尺"의 1尺은 오늘날의 24.2㎝에 해당하며, 1步=6尺=1.452m, 300 步 는 1里, 1里=435.6m로 계산된다.

1. 길이 단위 : 里, 步, 丈, 尺

郴州 蘇仙橋 晉簡 간문 중, 길이에 관한 것으로는 便縣, 晉寧縣 현정부 소재지의 규모, 桂陽郡 관하 각 현의 縣 경계, 郵亭驛 사이의 거리 등이 있다.

> 1-1 治便城周匝一里十五步高一丈五尺在郡北去郡
> 便令談隆 一百廿里北去江州一千四百八十里去京城三千五百一十里
> 領員吏一百六十一人卒十三人
> 1-2 治晉寧城周匝一里二百卌步高一丈五尺在郡東去
> 晉寧令周系 郡一百卅里去江州一千七百卅里去京城三千七百里
> 領員吏一百廿五人卒十二人
> 1-9 縣東界去縣八十里到臨武縣五十里
> 1-6 長連郵西到深浦亭十五里不在正路依己卯詔書省

위 4매의 간독에서 길이와 관련된 단위를 찾아보면 尺, 丈, 里, 步가 있는데 그중 기본 단위는 尺이다. 晉今尺을 24.2㎝로 계산하면 便縣의 둘레는 457.38m, 높이는 3.63m로 되고 晉寧縣의 둘레는 776.4m, 높이는 3.63m이다. 현재 가장 잘 보존된 淸나라의 현정부 소재지인[14] 湖北省 十堰市 鄖西縣의 현정부 소재지에서 북서쪽으로 70㎞ 떨어진 上津鎮의 上津 고성은 둘레 1236m, 성벽 높이 약 7m인데 이것과 비교하면 晉寧城과 便縣의 현정부 소재지는 규모가 작은 편이다.

---

13) 『晉書』 권16, 「律曆志上」, p.491.

14) 현존하는 성은 청나라 시기 嘉慶 7년(1802)에 축조된 것으로 명나라 시기의 옛 성터 북쪽에 위치하고 있다. [淸]程光第, 2001, 『中國地方誌集成: 湖北府縣誌輯·同治鄖西縣誌』, 江蘇古籍出版社, p.41.

2. 포목 단위: 匹, 丈, 尺, 寸, 分

蘇仙橋 晉簡에는 조세에 관한 기록도 보이는데, 이러한 조세 중에는 田租, 戶調에 사용된 비단, 천 등이 포함된다. 포목, 비단의 가세를 측정할 때 사용한 단위는 匹, 寸, 分이 있다.

1-24定餘三萬九千四百廿八匹六寸二分半

1-44今年戶調錦絹賈布一萬七千六百七十三匹別收責

2-296今年戶調綿絹賈布七千八百八十五匹二丈別收責付庫

서진 때의 戶調는 "丁男之戶, 歲輸絹三匹, 綿三斤, 女及次丁男爲戶者半輸. 其諸邊郡或三分之二, 遠者三分之一. 夷人輸賨布, 戶一匹, 遠者或一丈."으로 정해져 있다. 匹, 丈, 尺, 寸의 진법에 관해서는 『淮南子』「天文訓」에 다음과 같이 기록되어 있다.

古之爲度量輕重, 生乎天道. 黃鍾之律修九寸, 物以三生, 三九二十七, 故幅廣二尺七寸. 音以八相生, 故人修八尺. 尋自倍, 故八尺而爲尋. 有形則有聲. 音以數五, 以五乘八, 五八四十, 故四丈而爲匹. 匹者, 中人之度也, 一匹而爲製.[15]

"匹"은 五音과 八音·八風의 수를 곱한 것으로, 오팔 사십이므로 포백은 종종 4장을 한 필로 한다. 이 수치의 선택은 마침 천 한 필이 일반 성인의 옷을 만드는 데 필요한 천의 양이기도 하다. 그래서 옷을 재단할 때에는 한 필로 맞춤 제작하는 경우가 많다. 1필은 4장, 1장은 10尺, 1尺은 10寸이고, 寸 아래에는 分도 있는데 1寸=10分이다.

3. 토지 면적 단위: 頃, 畝, 步

중국은 농업으로 국가를 설립했기에 경작지 면적 계산은 항상 중요했으며 재산 점유, 조세, 搖役 등과 밀접한 관련이 있다. 『孔子家語』 卷5, 「五帝德」에는 황제가 "治五氣, 設五量, 撫萬民, 度四方"해야 한다는 내용이 적혀 있는데 이에 대해 魏나라 시기의 王肅의 注를 보면 "五量"은 權衡, 斗斛, 尺丈, 里步, 十百이라고 기재되어 있다.[16] 里步는 길이, 토지 면적과 관련이 있다. 畝里의 구체적인 측정은 『漢書』「食貨誌」에 "理民之道, 地著爲本. 故必建步立晦, 正其經界. 六尺爲步, 步百爲晦, 晦百爲夫, 夫三爲屋, 屋三爲井, 井方一裏, 是爲九夫. 八家共之, 各受私田百晦, 公田十晦, 是爲八百八十晦, 餘二十晦以爲廬舍."라고 기록되어 있다.[17] "晦"는 "畝"의 古字이며 步와 尺의 비율은 1步가 6尺, 100步가 1畝이다.

---

15) [漢]劉安 編(何寧 著), 1998, 『淮南子集釋』 권3, 「天文訓」, 中華書局, p.256.

16) 楊朝明·宋立林 主編, 2013, 『孔子家語通解·卷第五·五帝德 第二十三』, 齊魯書社, p.276.

17) [漢]班固 編, 1962, 『漢書』 권24, 「食貨志上」, 中華書局, p.1119.

郴州 晉簡에서 논밭 면적에 관한 간독의 판독문은 다음과 같다.

1-53縣領水田八百一十八頃一畝六十步

1-64領堤封水陸田十七萬一千三百五十七頃五十畝

2-387今年應田租者八百四頃五十六畝六十步定入租穀三萬二

위의 3매의 간독에는 水田과 堤封水陸田 두 가지 논에 대해 기재되어 있다. "堤封"이라고 하는 것은 "提封", "隄封"으로 쓰기도 하는데, 이는 동일한 의미의 다른 표기법이며, 구분 범위 내의 토지 면적을 집계한 것이다. 그 중, 1-53호 간독에 보이는 縣領水田의 수량과 1-64호 간독에 보이는 堤封水陆田의 수량을 보면 1-64호 간독에 집계된 논밭 면적은 이 군 전체의 領田 면적으로 추측할 수 있다. 논밭 면적의 단위는 여전히 한나라 시기 이래의 頃, 畝, 步이다.

III. 圭撮 및 기타 郴州 晉簡에 보이는 용량 단위

한대의 용량 단위는 『漢書』「律曆志」에 의하면 "量者, 龠·合·升·斗·斛也, 所以量多少也. 本起於黃鐘之龠, 用度數審其容, 以子穀秬黍中者千有二百實其龠, 以井水準其槩. 合龠爲合, 十合爲升, 十升爲斗, 十斗爲斛, 而五量嘉矣."[18]라고 기록되어 있다. 五量은 龠을 표준 용량 단위로 하며, 1斛=10斗=100升=1000合=2000龠으로 환산된다. 물의 비중으로 계산한다면 중국역사박물관에 소장되어 있는 후한 말기 光和 2년(179)의 大司農銅斛 용량은 20400㎖이다. 그럼 1升 당 204㎖가 되고, 1合은 오늘날의 20.4㎖에 해당한다.

위나라 시기의 陳留王 景元 4년(263), 劉徽가 注를 단 『九章算術』「商功」에는 그 당시의 실물을 검증한 결과가 "현재 大司農 斛 지름은 1尺3寸5分5釐이고, 깊이는 1尺이며, 용적은 1千4百41寸10分의 3이다. 王莽 銅斛은 今尺으로 깊이 9寸5分5釐이고, 지름 1尺3寸6分8釐7毫이다. 劉徽의 術로 계산하면 현재의 斛로 9斗7升4合을 용납하는데 이에는 이상한 점이 있다."와 같이 적혀 있다.[19] 王莽 시기의 銅斛 10斗는 劉徽가 있었던 시대의 9.74斗에 해당한다. 吳慧는 원주율로 계산한 결과, 魏斛는 1442.014세제곱寸이고, 1升은 14.42014세제곱寸이며, 魏尺을 24.185㎝(杜夔尺)로 계산하면 魏의 1升은 204㎖로 되어 新莽의 升보다 약간 크기에 魏斛는 후한 말기의 銅斛를 바탕으로 만들어졌다고 추정하고 있다.[20] 1989년 3월에 河南省 焦作市 西嘉禾屯에서 銅器가 여러 점 출토되었는데 그 중에는 "勺形器"가 두 점 포함되어 있다. 번호는 窖藏30과 窖藏29

18) 『漢書』 권21상, 「律曆志上」, p.967.

19) [元]馬端臨, 2011, 『文獻通考』 권133, 「樂考六」, 中華書局, p.4084, "當今大司農斛圓徑一尺三寸五分五釐, 深一尺, 積一千四百四十一寸十分之三. 王莽銅斛於今尺爲深九寸五分五釐, 徑一尺三寸六分八釐七毫. 以徽術計之, 於今斛爲容九斗七升四合有奇."

20) 吳慧, 1992, 앞의 논문.

이다. 이 器具는 口緣部와 腹部가 곧은 형태이고 平底이며 구연부에서 아래쪽으로 가늘고 긴 손잡이가 달려 있고 손잡이 끝부분에는 작은 구멍이 있어 銅勺과 분명히 다르다. 그 형태는 한나라의 측량기에 가깝다. 窖藏30은 조금 큰 편이고 상부 口徑은 8.2㎝, 하부 직경은 7.3㎝, 높이는 4.6㎝이며 두께를 계산하지 않으면 용량은 217.7㎖이다. 窖藏29는 조금 작은 편이며 口徑 3.9㎝, 하부 직경 2.4㎝, 높이 약 2.5㎝로 두께를 계산하지 않으면 용량은 20.6㎖이다. 韓茗은 두 용기가 한나라 시기 말기 曹魏의 1升과 1合에 부합한다고 한다.[21)]

西晉이 吳나라를 멸망시킨 후, 측량기의 크기가 빠른 속도로 커졌다. 현재 故宮博物院에 소장되고 있는 太康 3년에 만들어진 銅釜는 용량이 "一斗"인데 용적을 실측해보면 2526㎖이다. 1升의 용량이 252.6㎖로 된다고 보면 魏나라 시기의 升보다 약 24%, 新莽 시기의 升보다 28% 증가한 것으로 된다.[22)]

1. 용량 단위: 勺, 捎, 來의 출현

郴州 晉簡 중에 糧食 무게를 기재한 간독은 아래와 같다.

1-30千一百八十二斛五斗依丁亥詔書稻一斛

1-32一斗二升五合別收責輸付耒陽氐閣

1-20入米四斗五升合爲米一萬四千八百八十二斛

2-406十萬六千五百六十八斛七斗一升五合四勺三撮[23)]

2-113其一萬二千七百卌三斛九斗七升九合八勺四撮

2 - 338其九萬五千六百卌六斛二升一合三勺六捎六[24)]

2 - 319三升六合七勺四撮五捎六圭三來[25)]

위의 晉簡에 보이는 稻·米의 용량 단위는 斛·斗·升·合·勺·撮·捎·圭·來이다. 그 중 "圭撮"에 대해서는 『漢書』 권21, 「律曆志」에 "量多少者不失圭撮."로 기록되어 있다.[26)]

羅振玉·王國維에 의해 편찬된 『流沙墜簡』을 보면 이러한 용량 단위를 기록한 魏晉 시기의 간독이 수록되

---

21) 韓茗은 嘉禾屯 窖藏에서 출토된 銅升의 용량은 후한 말기의 升 용량에 더 가깝고 銅合의 용량은 후한 永平 大司農 銅合의 용량과 유사하며 양자는 10合을 1升으로 환산하는 양에 부합한다고 보고 있다. 따라서 이 두 銅量器의 시대는 후한 말기에서 조위, 늦어도 서진 전기로 볼 수 있으며 衡器의 연대와 거의 동일하다(韓茗, 2019, 「河南焦作嘉禾屯銅器窖藏年代及相關問題」, 『中原文物』 2019-2, pp.82-93).

22) 吳慧, 1992, 앞의 논문.

23) 郴州市博物館 編, 2023, 『郴州西晉簡牘選粹』, 上海辭書出版社, p.38.

24) 사진은 필자가 2023년 12월 13-15일에 개최된 「西晉簡牘之風華: 郴州簡牘書法研討會」에 참석할 때에 郴州博物館에서 촬영한 것이며 판독문은 박물관에서 제시한 것이다.

25) 이 판독문은 張春龍 씨의 가르침에 의함.

26) 『漢書』 권21, 「律曆志」, p.956.

어 있다.

百一十三斛七斗六升六合三撮三秒𥝩[27]

이 간독에는 “合” 아래의 단위인 “勺”이 기록되어 있지 않지만 “撮” 아래의 단위로 “秒”가 적혀 있다. 長沙 走馬樓吳簡에도 “勺·撮·圭”가 보인다.

□□丘男子區布, 佃田四町, 凡九畝, 皆二年常限. 旱不收, 畝收布六寸六分. 凡爲布五尺九寸四分, 准入米二斗九升七合, 五年二月二日付倉吏潘慮. 其旱田畝收錢卅七, 凡爲錢三百九十六錢, 准入米三斗二升七合五勺, 五年二月二日付倉吏潘慮畢. 嘉禾五年三月三日, 田戶曹史張惕·趙野·陳通校. (嘉禾吏民田家莂四·四八八)
集凡乘餘及新入雜吳平斛米三萬三千八斛一斗五升二合八勺二撮(貳·7211)
·集凡領連空米五萬六千六百廿六斛四斗七升三合二勺五撮三圭(肆·1227)
領黃龍二年粢租米九百八十五斛七斗四升四合二勺三撮三圭(肆·1293)[28]

長沙 走馬樓吳簡과 蘇仙橋 晉簡을 보면 合 아래에 勺이 있고 勺 아래에는 撮, 撮 아래에는 圭가 있다. 圭撮 이외에 流沙墜簡과 郴州 晉簡에는 “秒”, “捎”, “𥝩”도 적혀 있다. 勺에 관해서는 『說文解字』 권14, 勺部에 “挹取也. 象形, 中有實, 與包同意. 凡勺之屬皆從勺. 之若切.”라고 기록되어 있고 段玉裁의 注에 “枓也. 二字依『玄應書』 卷四補. 「木部」 枓下云勺也. 此云勺, 枓也. 是爲轉註. 考老之例也. 『考工記』勺一升. 注曰 : 勺, 尊斗也. 斗同枓. 謂挹以注於尊之枓也. 『士冠禮』注亦云 : 尊斗, 所以𣂪酒也. 今皆譌尊升, 不可通矣. 『詩』 : 酌以大斗. 毛云 : 長三尺, 謂其柄……勺是器名. 挹取者, 其用也.”라고 해석되어 있다.

捎에 관해서는 『說文解字』 手部에 “自關以西, 凡取物之上者爲撟捎. 從手肖聲.”이라고 적혀 있고 『揚子·方言』에는 “撟捎, 選也.”라고 적혀 있는데 이에 대해 郭璞은 주를 달아 “此妙擇積聚者也.”라고 설명하고 있다. 따라서 捎자는 도량형을 나타내는 小와 관련이 없다고 할 수 있다. 梢자는 『說文解字』에 “梢, 木也. 从木肖声.”으로 기록되어 있고 이에 대한 段玉裁의 주에는 “『廣韻』曰: 梢·船舵尾也. 又枝梢也. 此今義也.”라고 적혀 있다. 이외에 稍자는 『說文解字』 禾部에 “出物有漸也. 從禾肖聲.”이라 해석되어 있고 段玉裁 주에는 “稍之言小也, 少也. 凡古言稍稍者皆漸進之謂. 『周禮』稍食, 祿稟也. 云稍者, 謂祿之小者也.”라고 적혀 있다. 글자 의미로 보면 우듬지[枝梢]를 뜻하는 梢와 小, 少의 뜻을 갖고 있는 稍자가 “圭撮”과 같은 작은 부피 용량의 단위

27) 羅振玉·王國維 編著, 1993, 『流沙墜簡·廩給 41』, 中華書局, p.168. 도판은 侯燦·楊代欣 編著, 1999, 『樓蘭漢文簡紙文書集成 第一冊』, 天地出版社, p.432.

28) 長沙市文物考古研究所·中國文物研究所·北京大學歷史學系, 1999, 『嘉禾吏民田家莂』, 文物出版社; 長沙簡牘博物館 等, 2007, 『長沙走馬樓三國吳簡·竹簡(貳)』, 文物出版社; 走馬樓吳簡整理組 等, 2011, 『長沙走馬樓三國吳簡·竹簡(肆)』, 文物出版社.

로 사용하기에 더 적합하다.

圭 아래의 단위는 來이며, 『說文解字』 권5 來部에 "周所受瑞麥來麰. 一來二縫, 象芒朿之形"이라고 적혀 있어 그 본래의 뜻은 주나라 사람들이 받은 상서로운 보리[瑞麥]였다는 것을 알 수 있다. 麥 한 줄기에 이삭이 두개 달렸다는 뜻이다(篆文 의 부분).

2. 圭撮의 용량 및 진법

圭와 撮의 구체적인 용량이나 계량 물체는 후세에 전해진 문헌자료를 보면 시대에 따라 변화가 있었다는 것을 알 수 있다. 위에서 인용한 『漢書』 권21, 「律曆志」을 보면 "量多少者不失圭撮"이라고 기록되어 있는데 이에 대해 應劭는 "圭, 自然之形, 陰陽之始也. 四圭曰撮, 三指撮之也."라고 하며, 孟康은 "六十四黍爲圭"[29]라 하였다. 기원 400년 전후에 편찬된 『孫子算經』 상권에는 이에 관련된 기록으로 "量之所起, 起於粟. 六粟爲一圭, 十圭爲一撮, 十撮爲一抄, 十抄爲一勺, 十勺爲一合, 十合爲一升, 十升爲一斗, 十斗爲一斛"[30]이 있다. 그러나 唐高宗 顯慶元年(656)에 편찬된 『隋書』 「律曆志」에 인용된 『孫子算術』을 보면 "六粟爲圭, 十圭爲秒, 十秒爲撮, 十撮爲勺, 十勺爲合."[31]으로 적혀 있다. 唐代宗 재위 시기(763년-779년)에 편찬된 『夏侯陽算經』 「辨度量衡」에는 "十粟爲一圭, 十圭爲一撮, 十撮爲一抄, 十抄爲一勺, 十勺爲一合"[32]으로 기록되어 있다. 元和 5년(810)에 저술한 慧琳의 『音義』 권25, 『大般涅槃經』 제10권 「滿足八斛」조에 인용된 『孫子筭經』에는 "量之所起, 初起於粟, 六粟爲一圭, 六十粟爲一撮, 六百粟爲一杪, 六千粟爲一勺, 六萬粟爲一合, 六十萬粟爲一升, 六百萬粟爲一斗, 六千萬粟爲一斛"[33]이라고 적혀 있다.

이상 5가지 문헌자료의 기록으로 보았을 때 『漢書』의 五量은 龠을 기본 표준 용량 단위로 하고 "以子穀秬黍中者千有二百, 實其龠"으로 표준 측량기 龠 용량의 물품이나 수량을 측량하는 근거로 하고 있다. 하지만 『漢書』의 應劭 주, 孟康 주를 보면 늦어도 후한 말기에는 圭가 용량의 기본 단위 중 하나가 되었다는 것을 알 수 있다. 후한 말기의 應劭 注에는 圭撮이 보이는데 그 진법은 四圭를 一撮으로 하고 있다. 그러나 삼국시대 위나라의 학자 孟康 注에는 "六十四黍爲圭"로 되어 있어 黍를 용기 측정 표준으로 삼았다는 것을 알 수 있다. 『孫子算經』이 편찬될 때에는 粟가 黍를 대체하고 측정 표준으로 되었다.

전세문헌자료에 기록된 圭 위의 용량 단위를 보면, 『隋書』 「律曆志」에 인용된 『孫子算經』에는 "圭·秒·撮"이 보이고, 『孫子算經』, 『夏侯陽算經』 「辨度量衡」, 『音義』에 인용된 『孫子筭經』에는 "圭·撮·抄(또는 杪)"가 보인다. 秒는 다른 세 문헌자료에 보이는 抄·杪 와 다르지만, 漢魏六朝 시대에는 좌부변 禾와 木, 扌의 형태

---

29) 『漢書』 권21, 「律曆志」, p.957.

30) 錢寶琮 點校, 2021, 『孫子算經』·『算經十書』, 中華書局, p.281. 錢寶琮은 「孫子算經提要」에서 『孫子算經』의 저술 시대를 서기 400년경으로 보고 있다.

31) 『隋書』 권16, 「律曆志」, p.409.

32) 錢寶琮 點校, 2021, 『夏侯陽算經』·『算經十書』, 中華書局, p.551. 錢寶琮은 「夏侯陽算經提要」에서 『夏侯陽算經』는 唐代宗의 재위 시기(763-779)에 저술되었다고 보고 있다.

33) [唐]慧琳, 『一切經音義』 卷25, 『大正新修大藏經』 第54冊(1933, 大藏出版株式會社, p.471).

가 비슷하여 자주 혼용되었다. 예를 들어 북위 시기의 元寧墓誌에 새겨진 글을 보면 "稍加位號, 遷授輕車將軍"의 "稍"자는 "" 형태로 쓰여 있어 抄와 杪는 좌부변이 혼용되어 이체자로 될 수 있다고 볼 수 있다. 앞에서 소개한 流沙墜簡을 보면 "秒"로 판독된 글자는 ""로 되어 있는데 우부방 부분의 묵흔이 선명하지 않다. 이 글자에 대해 沙畹은 "杪"로 판독하고 , 王國維는 『孫子算經』을 인용하여 "秒"로 판독하였다. 글자 의미를 보면 秒는 『說文解字』 禾部에 보이는 "禾芒也"에 대한 段玉裁의 注에 "禾有秒, 秋分而秒定. 『淮南書』秒作蔈亦作標. 按"艸"部雲, 蔈, 末也. 禾芒曰秒, 猶木末曰杪."라고 적혀 있다. 이 秒자와 뜻이 유사한 것은 杪자이다. 杪에 대하여 『說文解字』의 해석 "木標末也."에 대한 段玉裁의 주에는 "『方言』曰: 杪, 小也. 木細枝謂之杪. 郭(璞)注: 言杪梢也. 按引伸之凡末皆曰杪. 『王制』言歲之杪是也."라고 적혀 있다. 글자 뜻과 자형으로 볼 때, 다른 세 문헌자료에 인용된 『孫子算經』의 抄·杪와 『隋書』「律曆志」에 인용된 『孫子算經』의 秒는 아마도 동일한 측정 단위일 것이다.

실생활에서 사용되는 蘇仙橋 晉簡을 보면 여기에 대응되는 글자는 捎자이다. 그런데 글자 형태를 보면 居延漢簡 262.018호 간독에 기록된 "八十五斡稍大斥呼不(事)"의 稍자는 "" 형태로 쓰여 있고[34], 居延漢簡 041.034호 간독에 기록된 "第偕舍稍至去餘二百八十五穬麥八百八十斛遮要"의 稍자는 "" 형태로 되어 있다[35]. 이 두 간독의 "稍"자는 오른쪽의 "少" 부분이 절반 이상을 차지하고 있는데 아마도 옮겨 적을 때에 오른쪽의 "肖"를 "少"로 획수를 줄여서 썼을 가능성이 있다. 글자 뜻을 보면 肖자는 『說文解字』에는 "骨肉相似也. 從肉, 小, 意兼聲"으로 적혀 있고, 『揚子·方言』에는 "趙肖, 小也."라고 적혀 있다. 少자에 대해서는 『說文解字』에 "不多也. 从小, 丿声."으로 적혀 있는데 段玉裁 주에는 "不多則小. 故古少·小互训通用."이라고 해석되어 있다. 小는 그 뜻이 肖, 少와 서로 통한다고 볼 수 있다. 자료를 옮겨 적을 때에 稍, 梢를 捎로 혼동하고, 稍, 捎를 秒, 抄로 간략화, 또는 잘못 적었을 수 있다는 점을 고려하면, 郴州 蘇仙橋 晉簡의 捎와 전세문헌자료에 보이는 秒, 抄는 동일한 측량 단위라고 확정할 수 있다.

그런데 『隋書』「律曆志」에 인용된 『孫子算經』의 圭·秒·撮 3자의 진법 관계는 다른 문헌자료와 다르다. 청나라의 永瑢 등이 저술한 『四庫全書總目』에는 이미 이 점을 주목하여 "『隋書』中所引與史傳往往多合. 蓋古書傳本不一, 校訂之儒各有據證, 無妨參差互見也."[36]와 같은 기록을 남기고 있다. 앞서 郴州 晉簡의 捎자가 전세문헌자료에서 秒, 抄, 杪자로 서사되고, 동일한 단위를 나타낸다는 것에 대해 서술했다. 그럼 출토자료인 郴州 晉簡 2-319호 간독은 『隋書』「律曆志」에 인용된 『孫子算經』의 진법과 가장 가까우며 "十圭爲捎(秒·抄·杪), 十捎(秒·抄·杪)爲撮, 十撮爲勺"과 같은 기록은 실생활에서 사용되는 계량 진법이라고 할 수 있다. 그런데 현재에 전해진 『孫子算經』, 『夏侯陽算經』「辨度量衡」, 慧琳 『音義』에 인용된 『孫子筭經』에 언급된 圭, 撮, 抄(秒·杪)의 진법 관련 내용은 실생활에서 사용되는 것과 다를 수 있다고 볼 수 있다.

兩漢 시대에는 겉곡과 가공식량 그리고 다양한 종류의 곡식 간의 상호 환산 문제를 해결하기 위해 大小

34) 簡牘整理小組 편, 2016, 『居延漢簡(叄)』, 中央研究院歷史語言研究所, p.150.

35) 簡牘整理小組 편, 2014, 『居延漢簡(壹)』, 中央研究院歷史語言研究所, p.137.

36) 『四庫全書總目』 권107, 「子部十七·天文算法類二·算書·孫子算經三卷」, 中華書局, p.903.

石과 같은 곡물 측량 제도가 만들어졌다.[37] 長沙走馬樓吳簡에도 吳平斛과 廩斛의 차이가 있다. 『三國志』 권1, 「魏書·武帝紀」의 裴松之 주에 인용된 『曹瞞傳』에는 "常討賊, 廩穀不足, 私謂主者曰: '如何?' 主者曰: '可以小斛以足之.' 太祖曰: '善.' 後軍中言太祖欺眾, 太祖謂主者曰: '特當借君死以厭眾, 不然事不解.' 乃斬之, 取首題徇曰: '行小斛, 盜官穀, 斬之軍門.'"과 같은 기록이 보인다.[38] 이 사료로 볼 때, 위나라 시대에도 大小斛을 실행하였을 가능성이 있고, 특히 관청에서 창고의 곡물을 낼 때 小斛을 사용하였을 것으로 생각된다. 郴州 晉簡에는 창고의 出納 장부에 대한 언급이 거의 없고 平斛, 廩斛과 같은 측량 단위가 확인되지 않고 있지만 서진 시대에 吳나라 시기와 같은 吳平斛과 廩斛이 존재하지 않았다고 단정할 수는 없다.

Ⅳ. 五權 및 기타 郴州 晉簡의 계량기구와 계량단위

서진 시대에는 척도와 측량기가 커졌을 뿐만 아니라 무게 단위[衡重]도 변했다. 荀勖가 법도를 고치고 "檢得古尺"하여 "短世所用四分有餘"라는 것을 발견했을 때, 國子祭酒이자 右軍將軍인 裴頠는 저울이 옛날과 달라서 의사 처방에 문제가 생겼으므로 백성을 구하기 위해 저울을 다시 정해야 한다고 건의했다. 裴頠는 "'宜改諸度量. 若未能悉革, 可先改太醫權衡. 此若差違, 遂失神農·岐伯之正. 藥物輕重, 分兩乖互, 所可傷夭, 爲害尤深. 古壽考而今短折者, 未必不由此也.' 卒不能用."이라고 건의했다.[39] 이 사료는 『晉書』와 『宋書』의 「律曆志上」에는 "元康中, 裴頠以爲醫方民命之急, 而稱兩不與古同, 爲害特重, 宜因此改治權衡. 不見省."이라고 기록되어 있다.[40] 이 때는 晉惠帝 元康(290-299) 연간이었는데 기록에 "卒不能用", "不見省"으로 되어 있는 것으로 보아 裴頠의 건의를 조정에서 받아들이지 않았다는 것을 알 수 있다. 당시에는 "今稱兩"과 "古稱兩" 모두가 사용되었던 것이다.

1. 晉簡에 보이는 晉秤과 吳稱

蘇仙橋 晉簡에는 先農祭에 사용된 돼지[豬]와 羊 고기의 무게, 은으로 환산했을 때의 은 무게가 쓰여 있어 晉惠帝 때의 계량을 이해하는데 직접적인 재료를 제공하였다. 『郴州西晉簡牘選粹』에는 관련 간독이 6매 수록되어 있다.

---

37) 代國璽, 2019, 「試論西北漢簡所見大小石的幾個問題」, 『考古』 2019-3.

38) 『三國誌』 卷1, 「魏書·武帝紀」, 中華書局, p.55.

39) 『晉書』 卷35, 「裴頠傳」, p.1042. "稱"에 관해서는 『說文解字』에 "銓也. 從禾爯聲."이라고 적혀 있고 段玉裁의 注에는 "銓也. 銓者, 衡也. 聲類曰: '銓所以稱物也.' 稱俗作秤."이라고 적혀 있다. "秤"에 관해서는 『廣韻』에 "昌孕切, 稱去聲. 正斤兩也. 俗稱字."라고 적혀 있다. 본고에서는 문헌자료에 사용된 글자체를 그대로 사용한다. 따라서 문헌자료에 "晉稱", "吳稱", "南稱"과 같이 기록되어 있는 경우, "稱" 글자체로 표기한다.

40) [梁]沈約, 1974, 『宋書』 卷11, 「律曆志上」, 中華書局, p.219.

3-148 : 賭一頭 直銀三朱

3-149 : 先農賭一頭剔得晉秤肉一百廿五斤

3-193 : 右賭羊各一頭爲吳稱銀合一兩二朱

3-194 : 羊一頭 直銀三朱

3-199 : 右賭二頭羊二頭直吳稱銀合三兩一銖二鈙

3-219 : 右賭二頭羊二頭直吳稱銀三兩二銖二鈙[41)]

위의 간독 6매 중에 3-149호 간독에는 先農祭를 위해 잡은 돼지 한 마리에서 얻어지는 고기의 무게를 기록하고 있다. 3-148호 간독과 3-194호 간독에는 돼지, 양 한 마리의 값이 기록되어 있다. 3-193, 3-199, 3-219호 간독에는 돼지와 양의 수와 그 가치가 기록되어 있다. 이외에 필자가 郴州博物館을 방문했을 때, 다른 6매의 간독이 이 6매의 간독과 성격이 같고, 어느 하나 또는 몇 개의 장부에 속한다는 것을 발견했다.

3-165 : 羊一頭卌八斤一頭廿二斤

3-168 : 賭一頭晉秤一百一十三斤□一頭九十七斤

3-195 : 羊一頭胛骨得卅斤

3-213 : 豬一頭晉秤一百五十八斤

4-100 : 羊一頭剔稱晉秤卌二斤

4-149 : 直銀三銖[42)]

이상 6매의 간독 중에 4-149호 간독의 "直銀"은 은으로 환산했을 때의 가치에 해당하며, 3-193·3-148, 3-194, 3-199, 3-219호 간독과 같은 장부일 것으로 생각된다. 3-165, 3-168, 3-195, 3-213·4-100호 간독과 3-149호 간독에는 모두 양, 돼지의 무게와 발라낸 고기, 견갑골[胛骨]의 무게가 기록되어 있어 같은 장부일 것으로 추정된다. 이미 『簡報』에 게재된 간독 중에는 "謹條社稷賭羊賈如牒"이 적힌 1-14호 간독과 "謹條祠先農賭羊如牒"이 3-189로 간독이 포함되어 있는데, 돼지와 양의 값어치가 적힌 간독은 아마도 1-14호 간독의 세목과 小計일 가능성이 있고, 양(고기, 견갑골), 돼지(고기)의 무게를 기록한 간독은 3-189호 간독의 세목에 속할 가능성이 있다.

위의 간독을 보면 "晉秤"과 "吳稱" 두 가지 다른 "稱(秤)"이 등장한다. 그 중 "晉秤"은 3-149·3-168·3-213·4-100호 간독에 보이는데 돼지나 돼지고기, 양, 양고기의 무게를 표시하는 데에 사용되었다. "吳稱"은 3-193·3-199·3-219호 간독에 보이며 白銀과 같은 귀금속의 무게를 표시하는 데에 사용되었다.

도량형 앞에 "吳"를 붙이는 사례는 長沙走馬樓吳簡에서도 확인된다. "吳平斛"이라는 용어가 長沙走馬樓

41) 郴州市博物館 編, 2023, 앞의 책, p.157.

42) 이상 6매의 간독은 郴州博物館에서 조사할 때에 사진을 찍고 판독문을 작성한 것이다.

吳簡에 보이는데 이것은 관청이 곡물을 공급할 때 사용된다. 이와 관련해서 于振波는 "平斛과 稟斛은 서로 다른 부피 단위로, 平斛은 당시에 통용된 부피 단위이고, 稟斛은 관청이 식량을 배급할 때 사용한 부피 단위이다. 그 목적은 식량을 보존하고 계량하는 과정에서 발생하는 손실을 식량 배급자에게 전가하기 위한 것이다. 平斛과 稟斛의 표준 환산율은 0.96:1, 즉 1稟斛 = 0.96平斛이다"라는 설을 제시하고 있다.[43] 羅新은 "간독에 보이는 吳平斛은 새롭게 정해진, 삼국시대 吳나라 지역의 부피 단위이며, 米穀을 수납하는 부피 단위이다. 吳平斛의 吳의 기원은 三吳, 즉 吳나라의 吳이다. 부피 단위에 관한 새로운 제도를 시행하는 목적은 창고의 저장 및 운송 중에 발생할 수 있는 손실을 곡물 생산자와 납세자에게 전가하기 위한 것이다. 稟斛은 전통적인 계량 제도로, 원래는 長沙에서 통용되었으나 후한 시기에 보편화되었을 것으로 추정되며 곡식 出庫 시의 계량제이다."라고 주장하고 있다.[44] 한편 黎石生은 "吳平斛은 黃武年 초기에 孫權이 吳나라를 세울 때에 확정된 것이다. 吳는 이 斛에 관한 제도가 吳나라 시기에 시행된 것이며 魏나라, 또는 蜀나라의 계량 제도가 아니다."라고 한다.[45] 저자는 于振波의 平斛과 稟斛에 관계에 대한 설, 및 설정 목적, 환산율에 대한 설에 찬동하고 黎石生의 吳平斛의 吳가 吳나라의 계량제라는 주장에도 동의한다.

吳秤과 晉秤이 함께 사용되는 사례는 저자 불명인 『抱朴子神仙金汋經』에서도 찾아볼 수 있다. 이 문헌자료에는 "金汋還丹"이라는 丹方이 "上黃金十二兩, 水銀十二兩, 取金鑪作屑, 投水銀中令和合. 乃以清水洗之十過也. 加雄黃·硝石, 各二兩."으로 기록되어 있다. 이 기재 내용에 관해서는 그후에 저자 자신이 "古者秤重, 今所謂吳秤者是晉秤. 殊不知起魏, 武帝作之, 以賞賜軍功, 金銀半斤耳. 今秤此藥, 宜用古秤計之."라는 주를 달아 놓았다.[46] 내용으로 보아 『抱朴子神仙金汋經』은 남북조나 隋唐 시기의 道士가 葛洪이라는 이름으로 저술한 것으로 보인다. 저자 자신의 주에는 "吳秤", "晉秤", "古秤"이 등장하는데, "古秤"은 "吳秤", "晉秤"보다 무겁다. 그런데 얼마만큼 더 무거운지는 알 수 없다. 주에 보이는 "今所謂吳秤者是晉秤"이라는 설명으로부터 "晉秤"과 "古秤" 양자는 혼용되었다는 것으로 보인다.

蘇仙橋 晉簡에서는 "晉稱"과 "吳稱"이 서로 다른 측량 기구의 명칭으로 사용되고 있어 晉惠帝 재위 기간, 즉 서력 300년 전후에, 280년에 西晉이 吳나라를 멸망시키고 통일한 지 20년이 지나서도 귀금속의 측량에는 여전히 吳나라 시기의 측량 기준을 적용했을 것으로 보인다. 周能俊은 앞서 소개한 글에서 "簡文에 보이는 吳秤의 측량 단위치는 裴頠이 언급한 稱兩古制, 즉 秦나라와 전한 시기에 사용된 측량 단위일 것이다. 吳稱이라는 이름이 사용된 이유는 秦나라와 전한 시기의 측량 단위치가 孫權이 桂陽郡을 통치하던 시기에 다시 민간에서 널리 사용되었기 때문이며, 이에 桂陽郡 사람들은 이를 吳稱으로 부르게 되었을 것이다."라고 주장하고 있다.[47] 그러나 저자는 이 "吳稱"은 吳나라 시기에 계속해서 사용된 은과 같은 귀금속을 측량하는 도구라고 보고 있으며, 이는 裴頠이 언급한 稱兩古制, 즉 秦나라와 전한 시기의 측량 단위와 동일한지에 대

43) 于振波, 2004, 앞의 책, pp.228-233.

44) 羅新, 2006, 앞의 논문, pp.192-200.

45) 黎石生, 2016, 앞의 논문.

46) 『抱樸子神仙金汋經』, 『正統道藏』 洞神部眾術類斯字號涵芬樓本 第593冊, 新文豐本 第32冊, 저자 불명.

47) 周能俊, 2017, 앞의 논문.

해서는 확실하지 않다고 생각한다.

"稱"에 관해서는 『說文解字』에 "銓也. 從禾爯聲. 春分而禾生. 日夏至, 晷景可度. 禾有秒, 秋分而秒定. 律數 : 十二秒而當一分, 十分而寸. 其以爲重 : 十二粟爲一分, 十二分爲一銖. 故諸程品皆從禾."라고 적혀 있다. 春秋 시기 중후반에 楚나라는 이미 소형의 木衡銅環權이란 무게를 다는 기구[衡器]를 만들어 황금이나 화폐 등의 무게를 달았다. 완전한 한 세트에는 環權이 총 10개 존재하며 대체로 一銖·二銖·三銖·六銖·十二銖·一兩·二兩·四兩·八兩·一斤과 같이 배수로 증가한다. 고고학자 高至喜의 통계에 의하면 湖南省의 長沙, 常德, 衡陽 등 지역만 보아도 1949년부터 1972년 사이에 101기의 楚나라 묘장에서 천평과 분동이 출토되었다고 한다.[48] 1990년 가을에는 湖南省 沅陵縣 太常鄉에서 발견된 제1016호 楚墓에서 분동이 5매 출토되었는데 그 중 제5호 분동에는 "分細益"라는 명문이 보인다.[49] 이로부터 당시 사람들의 일상생활에서 천평은 이미 보편적으로 사용되었음을 알 수 있다.

1989년 3월, 河南省 焦作市 西嘉禾屯에서 출토된 銅器에는 저울판과 저울추가 하나씩 있다. 韓茗은 이것을 손잡이를 중앙에 고정하지 않고 하나의 저울추로 무게를 재는 대저울을 것으로 보고 있다. 이 저울은 늦어도 위진 시대까지 거슬러 올라갈 수 있다.[50]

郴州 蘇仙橋 晉簡의 晉稱은 주로 돼지와 양의 무게를 측정하는 데 사용되는 반면, 吳稱은 주로 은을 측정하는 데 사용되었다. 郴州 晉簡과 문헌자료에는 모두 桂陽郡이 白銀의 생산지로 기록되어 있으며[51] 돼지와 양의 가치는 돈이 아닌 은으로 계산되어 있다. 남조 송나라 시게에 이르러서도 桂陽郡과 인접한 始興郡에서는 여전히 은을 유통화폐로 사용했다. 『宋書』「徐豁傳」을 보면 徐豁가 始興太守 때, 元嘉 3년(426)에 상주한 문장에 "中宿縣俚民課銀, 一子丁輸南稱半兩. 尋此縣自不出銀, 又俚民皆巢居鳥語, 不閒貨易之宜, 每至買銀, 爲損已甚. 又稱兩受入, 易生奸巧, 山俚愚怯, 不辨自申, 官所課甚輕, 民以所輸爲劇. 今若聽計丁課米, 公私兼利."라고 적혀 있다.[52] 이로부터 남조 宋나라 시기의 조정이 始興郡 中宿縣의 백성에게 은을 賦課하였으며 그 수가 적지 않고 "一子丁輸南稱半兩"에 달했음을 알 수 있다. 始興郡은 桂陽郡의 동남쪽에 위치하고 있으며, 漢唐 시기 문헌자료에는 始興郡이 은의 산지로 기록된 곳이 흔히 보인다. 그러나 中宿縣은 은을 생산하지 않아 백성들은 은을 사서 세금을 내야 했던 것이다. 이로부터 은은 이때 이미 은의 생산 지역과 그 주변에서 유통되는 화폐였으며, 은화를 사고팔 때 양을 재는 과정에서 차액이 생겨 "易生奸巧", 즉 사기 행위가 발생하기 쉬었음을 조정 관리들도 이미 파악하고 있었다는 것을 알 수 있다. 또한 여기서 말하는 은을 재는 측량기인 "南稱"은 남조 송나라에서 일반적으로 사용된 측량기와는 다르고 晉簡에 기록된 "吳稱"과 성격이 유사하며 "吳稱"에서 계승되었을 가능성이 있다.

---

48) 高至喜, 1972, 「湖南楚墓中出土的天平法馬」, 『考古』 1972-4.

49) 郭偉民, 1994, 「沅陵楚墓新近出土銘文砝碼小識」, 『考古』 1994-8; 郭偉民·湖南省文物考古研究所·沅陵縣文管所, 1994, 「湖南沅陵楚墓出土青銅砝碼」, 『考古』 1994-8.

50) 韓茗, 2019, 앞의 논문, pp.82-93.

51) 周能俊, 2017, 앞의 논문.

52) 『宋書』 卷92, 「良吏·徐傳豁」, 中華書局, p.2266.

"南稱"은 唐高宗 顯慶 4년(659)에 편찬된 『唐本草』에도 등장하는데, 이 "南稱"은 漢晉 시기의 측량제로 기록되어 있다.

> 古秤皆複, 今南秤是也. 晉秤始後漢末以來, 分一斤爲二斤, 一兩爲二兩耳. 金銀絲綿並與藥同, 無輕重矣. 古方惟有仲景而已涉今秤. 若用古秤作湯, 則水爲殊少, 故知非複秤, 爲用今者耳.[53)]

이 기록과 비슷한 내용을 李時珍의 『本草綱目』에서도 찾아볼 수 있다. 『本草綱目』의 "序例"에는 위와 같은 내용의 구절이 인용된 앞부분에 "蘇恭曰"이라는 세 글자가 보인다. 명나라 시기의 李時珍이 보기에 이 구절은 당나라의 蘇恭, 즉 蘇敬에 의한 것이다. 郭正忠은 후세에 전해진 『本草經集註』의 여러 판본은 모두 당나라의 蘇敬에 의한 설명을 梁나라의 陶弘景이 쓴 것으로 기록하고 지적했다.[54)] 이 사료에는 "古秤", "南秤", "晉秤", "今秤"이 보이는데, 한약을 달일 때의 물과 약재의 비율로 볼 때 "南秤"과 "古秤"은 複稱이고, "晉秤"과 "今秤"은 複稱이 아니며, 晉秤의 측량 기준은 후한 말기 이후에 변화가 있었다. 이른바 "分一斤为二斤 , 一两为二两"은 古稱을 기준으로 한 것이다. 또한 蘇恭의 관점에서는 "金銀絲綿並與藥同", 즉 금은과 견직물[絲綿]의 무게를 재는 저울은 약을 다는 저울과 같다.

당나라 시기의 孫思邈의 『千金要方』에도 약 저울에 대한 비슷한 서술이 보인다. 해당 부분만을 제시하면 "古秤惟有銖兩而無分名, 今則……六銖爲一分, 四分爲一兩……此則神農之秤也. 吳人以二兩爲一兩, 隋人以三兩爲一兩. 今依四分爲一兩秤爲定."[55)]이라고 기록되어 있다. 蘇恭보다 조금 늦은 시기의 당나라 名醫 王燾도 『外臺祕要』에 『千金要方』을 인용하여 "吳人以二兩爲一兩, 隋人以三兩爲一兩"이라고 적어 두었다.[56)] 郭正忠은 "今秤은 晉秤의 1근, 즉 古秤 혹은 南秤의 2근이다. 三國 兩晉 이래의 대소 두 종류의 저울 제도[權衡]의 계량 관계는 이로 인해 밝혀졌다."고 하였다.[57)]

무게를 측량하는 기구의 종류로 볼 때, 『唐本草』에 보이는 "複秤"은 무엇을 가리키는 것일까? 郭正忠은 "複秤"이 천평이라고 하고, 晉秤은 複秤이 아닌 대저울[桿秤]로 봐야 하는데, 晉秤은 후한 말기 이후에 시작되어, 대저울의 시작 시간을 최소한 후한 말까지 앞당길 수 있다고 지적했다.[58)] 필자도 이 관점에 동의한다. 이를 바탕으로 郴州 晉簡의 "晉稱"과 "吳稱"을 추정한다면 이는 대저울과 천평에 대응된다고 볼 수 있다.

2. 兩·銖·鈙: 吳나라의 은 측량 단위

先秦 시대의 금과 은은 무게를 재야 하는 계량 화폐에 속한다. 戰國 중기 전후의 楚나라에서는 금화를 측

---

53) 郭正忠, 2008, 앞의 책, p.18.

54) 위의 책, pp.23-24.

55) 孫思邈 著/魏啟亮·郭瑞華 點校, 1999, 『備急千金要方』 卷1, 「論合和第七」, 中醫古籍出版社, p.21.

56) 王燾 著/王淑民 校注, 2011, 『外台要祕方』 卷31, 「用藥分兩煮湯生熟法則一十六首」, 中國醫藥科技出版社, p.546.

57) 郭正忠, 2008, 앞의 책, pp.23-24.

58) 위의 책, pp.23-24.

정할 때 益, 兩 등 무게 단위를 사용했는데 1兩은 약 지금의 15.6g, 1益은 1斤, 즉 16兩으로 지금의 약 250g이다.[59] 郭偉民은 "鈞益" 분동 등은 비교적 많은 양의 금을 계량하는 데 사용되었고, 沅陵 楚墓에서 출토된 "分細益" 분동은 소량의 금을 계량하는 데 사용되었다고 보고 있다.[60] 秦나라 시기 이후의 금과 은은 여전히 계량 화폐에 속하였다.

『漢書』「律曆志」의 기록을 보면 "衡者, 平也; 權者, 重也……權者, 銖·兩·斤·鈞·石也, 以秤物平施, 知輕重也. 古有黍·絫·錘·錙·鍰·鉤·鋝·鎰之目…權本起於黃鍾之重. 一龠容千二百黍, 重十二銖. 兩之爲兩, 二十四銖爲兩, 十六兩爲斤, 三十斤爲鈞, 四鈞爲石. 五權謹矣."라고 적혀 있다.[61] 衡과 量은 밀접한 관련이 있으며 여전히 "一龠容千二百黍"을 표준으로 하고 衡은 무게 "十二銖"를 기본값으로 하기에 그 진법은 "二十四銖爲兩, 十六兩爲斤, 三十斤爲鈞, 四鈞爲石"으로 되어 더 이상 부피나 길이와 같은 십진법이 아니게 되었다. 先秦 시기부터 漢唐까지 權衡에 관한 진법은 항상 1石 = 4鈞 = 120斤이었고, 16兩을 1근으로 하는 측량 제도는 민국 초까지 계승되었다.[62] "黍絫"에 관련하여 應劭는 "十黍爲絫, 十絫爲一銖."라고 하는데 "絫"는 "累"의 古體字이다. 『漢書』「律曆志」와 『隋書』「律曆志」 衡權의 이 어구에 대한 기록은 거의 동일하다. 상세하고 간략한 구분이 있을 뿐이다.

1927년 甘肅省 定西縣(지금의 定西市) 秤鉤驛에서는 新莽 시대의 구리 저울(銅權衡)이 총 7점 출토되었는데 그 내역은 저울대[衡杆] 1, 갈고리[鉤] 1, 저울추[權] 5개이다. 현재 中國國家博物館에는 그 중에 저울대와 石, 9斤의 環權(도넛형 權)만 남아 있다. 5개의 구리 環權은 1斤의 무게가 241-250g이며 평균 245.4g이다. 中國國家博物館에 소장되어 있는 한나라 시기의 "光和大司農銅權"은 한대의 도량형 기준을 추산하는 권위 있는 측량기로 여겨지고 있다. 이것은 12斤 權인데, 무게는 2996g이기에 1근 약 250g으로 된다. 한나라의 斤과 兩은 16진법이기에, 16兩 1斤이므로 1兩은 15.625g이다.

吳承洛은 『中國度量衡史』에서 三國, 晉 모두가 漢나라의 측량제[衡製]를 계승했다고 논술했다. 현재 故宮博物院에 소장되어 있는 西晉 太康 3년(282년)의 구리 가마[銅釜]에는 "右尚方造一斗銅釜, 重九斤七兩"이라는 글이 새겨져 있는데 그 무게는 2208g이므로 1斤 약 234g으로 된다.[63] 현재 天津藝術博物館에 소장되어 있는 太康 銅升에는 "太康四年二月尚方造銅升, 重四兩十二銖, 第四"라는 명문이 보이고 무게는 97.6g이므로

59) 後德俊, 1997, 「關於楚國黃金貨幣稱量的補充研究——從楚墓出土的三組有銘青銅砝碼談起」, 『中國錢幣』 1997-1.

60) 郭偉民·湖南省文物考古研究所·沅陵縣文管所, 1994앞의 논문.

61) 『漢書』 卷21, 「律曆志」, p.956.

62) 楊榮春의 『十六國時期高昌郡的度量衡』에 제시된 高昌 시기의 斤兩 대응 관계는 수치에 약간의 문제가 있다. "取官四斛, 爲絲十三兩"을 근거로 1斛을 絲 3.25兩(13兩÷4=3.25兩)이라고 하였다. 또한 "十一斛, 作絲二斤三兩半(2.35斤)"으로부터 11斛이 絲 35.75兩(11×3.25兩=35.75兩)으로 된다고 계산하고, 2.35斤=35.75兩이란 등식을 구했다. 따라서 1斤=35.75÷2.35≈15.213兩으로 된다. 이 진법(15.213兩≈1斤)은 漢·魏晉 시기의 진법과 차이가 있지만 여전히 "十六兩爲斤(16兩=1斤)"에 가깝다. 그러나 "作絲二斤三兩半(2.35斤)"의 계산을 할 때, 楊榮春은 斤과 兩을 십진법으로 계산하여 계산에 문제가 생긴 것이다. "取官四斛, 爲絲十三兩", "十一斛, 作絲二斤三兩半"으로부터 斛은 11÷4=2.75로 되며 絲는 13×2.75兩=35.75兩=2斤3.5兩으로 된다. 그럼 1斤=16.125兩으로 된다.

63) 國家計量總局·中國歷史博物館·故宮博物院, 1981, 앞의 책, p.187.

1斤 약 347.6g이 된다.[64] 또한 太康 4년 “右尚方銅升”은 새겨진 중량을 현재 중량으로 환산하면 1兩의 무게가 약 16.111g으로 되고, 1斤은 약 257.8g이 된다. 太康 8년(287)의 “右尚方銅水升”에 새겨진 중량을 현재 중량으로 환산하면 1兩의 무게는 약 13.575g, 1斤의 무게는 약 217.2g이 된다. 丘光明은 『三國至隋代權衡總述』에서 西晉 시기의 太康 시기 계량기 4개의 측정 단위 값이 크게 다르다고 지적하고 이러한 수치는 단순히 평균을 취하는 방법을 택해서 처리해서는 안 되며 어느 하나를 취사선택할 수도 없어서 임시로 三國, 晉나라가 모두 후한의 제도를 계승한 것으로 보는 것이 비교적 타당하다고 했다.[65] 郭正忠은 “西晉尚方秤은 右尚方秤의 약 1.5배가 되는데, 이 비율은 ‘齊以古秤一斤八兩爲一斤’이라고 하는 李淳風의 명언을 떠올리게 한다. 실제로 齊나라 보다 200여 년 앞선 太康 시대에 西晉 시기의 ‘尙方’ 명문 표준 계량기를 주조할 때 사용했던 ‘晉秤’ 1斤은 동시대의 ‘右尙方’ 명문을 주조할 때에 사용된 ‘古秤’ 1斤8兩에 해당한다.”라고 논술하고 있다.[66]

위에서 소개한 晉秤으로 돼지나 양의 무게를 측정한 것에 대해 기록한 6매의 간독에는 모두 “斤”을 무게 측정 단위로 사용하고 있다. 3-148, 3-194, 4-149호 간독에는 돼지와 양의 가치를 은으로 환산해서 기록하고 있는데 그 측정 단위는 銖이다. 3-193, 3-199, 3-219호 간독과 같이 小計 내용이 기록된 간독에는 돼지와 양의 가치를 환산한 은의 무게가 “吳稱”으로 표시되어 있다. 무게 측정 단위는 “两”, “銖” 뿐만 아니라 “銖” 아래의 단위 “[illegible]”도 사용되고 있다. 『簡報』에서는 이 글자를 “鈫”로 판독하고 있는데 이는 『漢書·律曆志』 및 應劭의 주에 보이는 “十絫(累)爲一銖”와 단위가 다르다. “鈫”에 관해서는 『說文解字』와 『康熙字典』에는 보이지 않는다. 『說文解字』 金部에는 “銎”가 보이는데 『廣韻』에는 “冬毒切”, 『集韻』에는 “都毒切, 音篤”, 『玉篇』에는 “觼舌”로 해석되고 있어 계량과는 관련성이 없는 것 같다. 戰國 시기 초나라 이후, 沅陵 지역에서는 황금 계량이 발달되었고 白銀은 생산지인 桂陽郡의 유통 화폐로 사용되었을 가능성이 있다는 점을 고려할 때, 필자는 이 계량 단위가 桂陽郡의 비교적 전통적인 계량 단위일 수 있다고 추정한다.

白銀과 같은 유통되는 귀금속 측정 못지않게 중요한 것은 裴頠이 상주한 “民命之急”의 한의학 처방전의 약재 측량이다. 위에서 인용한 『唐本草』에는 蘇恭이 “金銀絲綿並與藥同”, 즉 금은과 견직물의 무게를 재는 저울은 약재용 저울과 같은 무게로 보고 있다고 기록되어 있다. 그러나 약재 계량은 실제로 兩 아래에 銖가 사용되는 경우는 거의 없고, 分이 사용된다. 후한 말기의 張仲景이 지은 『金匱要略』 권5, 「中風歷節」과 권6, 「血痹虛勞」에는 이미 “兩” 아래의 단위로 “分”을 사용했다는 기록이 남아 있다. 예를 들어, “薯蕷丸方”에는 “薯蕷三十分”, “人參七分”이 보이고, “侯氏黑散方”에는 “菊花四十分”, “白朮十分”이 보인다.[67] 張仲景보다 80년 이상 늦은 시기의 晉나라 名醫 葛洪의 『肘後備急方』에서도 “分”을 조제량 단위로 사용한 곳이 많이 보이며, “分”과 “兩”을 병용한 곳도 있다. 예를 들어, “治卒五屍”에는 “龍骨三分, 梨蘆二分, 巴豆一分”이 적혀 있고,

64) 위의 책, p.187.

65) 丘光明, 1992, 앞의 책, p.440.

66) 郭正忠, 2008, 앞의 책, p.10.

67) 張仲景 著/劉藹韻 譯注, 2010, 『金匱要略譯注』, 上海古籍出版社, pp.88·163.

다른 처방에는 "雄黃一分", "乾薑·附子各一兩, 桂二分" 등이 적혀 있다. 이러한 처방전 사례로부터 보았을 때, 후한 말기에서 晉代까지 兩과 分은 이미 처방전에 흔히 사용되는 용량 단위였다는 것을 알 수 있다. 梁나라 시기의 陶弘景(456~536)은 『本草經集註』에 "古秤惟有銖兩, 而無分名. 今則以十黍爲一銖, 六銖爲一分, 四分成一兩, 十六兩爲一斤. 雖有子穀秬黍之制, 從來均之已久, 正爾依此用之"라는 기록을 남겼다.[68] 吳慧는 한나라 시대에 이미 量制와 衡制에 小制가 있고 약재 무게를 재는 데에는 小制가 사용되었으며, 위진남북조 시대에도 여전히 小制가 사용되어 약재에는 일반 시장에 사용된 저울의 10분의 1밖에 되지 않는 藥秤이 사용되었다고 보고 있다.[69]

V. 맺음말

본고에서 논술한 내용으로부터 서진은 도량형의 중요한 변화기였다고 볼 수 있다. 晉武帝泰始 10년(274)에 中書監 荀勖은 古尺에 의해 銅 律呂를 다시 주조하고 聲韻을 조정하였다. 이로 인해 조정과 유식자들의 도량형에 대한 관심을 불러일으켰다. 출토된 도량형 실물이 제한되어 있고 전세문헌의 기록에 서로 다른 점이 있기 때문에 우리는 서진 시대의 실제 생활에 사용된 도량형에 대해 알고 있는 바가 많지 않다. 郴州 蘇仙橋 晉簡은 우리에게 서진의 도량형 실태를 깊이 검토할 수 있는 자료를 제공해 주고 있다. 이미 발표된 郴州 蘇仙橋 晉簡에는 便縣, 晉寧縣 소재지의 규모, 桂陽郡 관하 각 현의 縣 경계, 郵亭驛 사이의 거리를 기록한 간독이 포함되어 있다. 이러한 간독에는 길이의 단위인 尺, 丈, 里, 步가 보이는데 그 기본 단위는 尺이었다. 賦稅簡에는 調로 사용된 布匹·絹帛의 측량 단위인 匹·寸·分이 적혀 있다. 경작지 면적에 관한 단위는 한대 이래에 사용된 頃, 畝, 步를 답습하여 계속 사용되었다. 晉簡에 보이는 쌀과 벼의 용량 단위는 斛·斗·升·合·勺·撮·捎·圭·來가 있는데 그 중의 勺·捎·來는 『漢書』「律曆志」에 보이지 않는다. 진법에 관한 기록을 보면 郴州 晉簡에 나타난 "十圭爲捎(秒·抄·杪), 十捎(秒·抄·杪)爲撮, 十撮爲勺"은 『隋書』「律曆志」에 인용된 『孫子算經』의 진법 순서와 유사하다. 전세문헌자료 『孫子算經』·『夏侯陽算經』「辨度量衡」·慧琳 『音義』에 인용된 『孫子筭經』에 기록된 "圭·抄(秒·杪)·撮"의 진법 순서는 실제 생활에서 사용된 것과 다른 것으로 추정된다. 晉簡에는 先農祭에 사용된 돼지와 양의 무게, 및 그 값을 백은으로 환산했을 때의 가치가 기록되어 있는데, 이 시기에는 돼지(돼지고기)와 양(양고기, 양 뼈)의 무게를 재는 데에는 晉秤이 사용되었고 은과 같은 귀금속은 吳秤이 사용되었다. 吳秤은 吳나라 시기에 은과 같은 귀금속을 측량하기 위해 사용했던 기구일 것이며, 裴頠가 논한 秤两古制, 즉 秦나라와 전한이 사용하는 측량 단위와 같은 것인지에 대해서는 확실하지 않다. "晉稱"과 "吳稱"은 막대 저울과 천평에 대응되는 것으로 보인다. 晉稱은 斤을 중량 단위로 하며, 吳秤의 중량 단위에는 兩, 銖 뿐이 아니라 銖 아래의 단위 錖도 사용되었다. 이는『漢書』「律曆志」 및 應

68) 張繼, 2014, 「中醫傳世和出土文獻度量衡用語探析」, 『中國臨床研究』 2014-12.

69) 吳慧, 1992, 「秦漢時期度量衡的幾個問題」, 『中國史研究』 1992-1.

劭 주에 기록된 "十絫(累)爲一銖"와 다르다. 『說文解字』 金部에는 銖가 보이지 않고 錖가 보이나, 戰國 시기 초나라 이후, 沅陵 지역에서는 황금 계량이 발달되었고 桂陽郡이 銀 생산지인 점을 고려할 때, 필자는 銖가 桂陽郡에서 오래 사용된 비교적 전통적인 귀금속 계량 단위일 것으로 추정한다. 남조 송나라에서 사용된 白銀 무게를 재는 南稱은 晉簡의 吳稱과 성격이 비슷하며 吳稱을 계승한 것일 가능성도 있다.

투고일: 2024.06.04. 심사개시일: 2024.06.04. 심사완료일: 2024.06.14.

참고문헌

1. 자료, 단행본

賈誼 著/[明]何孟春 訂注/彭昊·趙勖 點校, 2010,『賈誼集·新書·六術』, 嶽麓書社.

簡牘整理小組 편, 2014,『居延漢簡(壹)』, 中央研究院歷史語言研究所.

簡牘整理小組 편, 2016,『居延漢簡(叁)』, 中央研究院歷史語言研究所.

國家計量總局·中國歷史博物館·故宮博物院, 1981,『中國古代度量衡圖集』, 文物出版社.

郭正忠, 2008,『三至十四世紀中國的權衡度量』, 中國社會科學出版社.

『大正新修大藏經』, 1933, 大藏出版株式會社.

羅振玉·王國維 編著, 1993,『流沙墜簡』, 中華書局.

劉安 編(何寧 著), 1998,『淮南子集釋』, 中華書局.

馬端臨, 2011,『文獻通考』, 中華書局.

班固 編, 1962,『漢書』, 中華書局.

房玄齡, 1974,『晉書』, 中華書局.

『四庫全書總目』, 中華書局.

司馬遷 撰/裴駰集 解/司馬貞 索隱/張守節 正義/中華書局編輯部 點校, 1982,『史記』, 中華書局.

『三國誌』, 中華書局.

沈約, 1974,『宋書』, 中華書局.

孫思邈 著/魏啟亮·郭瑞華 點校, 1999,『備急千金要方』, 中醫古籍出版社.

楊朝明·宋立林 主編, 2013,『孔子家語通解』, 齊魯書社.

吳承洛, 1993,『中國度量衡史』, 商務印書館.

王文錦 譯解, 2016,『禮記譯解』, 中華書局.

王燾 著/王淑民 校注, 2011,『外台要祕方』, 中國醫藥科技出版社.

于振波, 2004,『走馬樓吳簡初探』, 文津出版社.

魏徵, 1973,『隋書』 권16,「律曆志上」, 中華書局.

長沙簡牘博物館·北京吳簡研討班 編, 1992,『吳簡研究』 제2집, 崇文書局.

長沙簡牘博物館 等, 2007,『長沙走馬樓三國吳簡·竹簡(貳)』, 文物出版社.

長沙市文物考古研究所·中國文物研究所·北京大學歷史學系, 1999,『嘉禾吏民田家莂』, 文物出版社.

張仲景 著/劉藹韻 譯注, 2010,『金匱要略譯注』, 上海古籍出版社.

錢寶琮 點校, 2021,『孫子算經』·『算經十書』, 中華書局.

錢寶琮 點校, 2021,『夏侯陽算經』·『算經十書』, 中華書局.

程光第, 2001,『中國地方誌集成: 湖北府縣誌輯·同治鄖西縣誌』, 江蘇古籍出版社.

走馬樓吳簡整理組 等, 2011,『長沙走馬樓三國吳簡·竹簡(肆)』, 文物出版社.

丘光明, 1992,『中國曆代度量衡考』, 科學出版社.

丘光明·邱隆·楊平, 2001,『中國科學技術史·度量衡史卷』, 科學出版社.

郴州市博物館編, 2023,『郴州西晉簡牘選粹』, 上海辭書出版社.

侯燦·楊代欣 編著, 1999,『樓蘭漢文簡紙文書集成』, 天地出版社.

2. 논문

高至喜, 1972,「湖南楚墓中出土的天平法馬」,『考古』 1972-4.

郭偉民, 1994,「沅陵楚墓新近出土銘文砝碼小識」,『考古』 1994-8.

郭偉民·湖南省文物考古研究所·沅陵縣文管所, 1994,「湖南沅陵楚墓出土青銅砝碼」,『考古』 1994-8.

代國璽, 2019,「試論西北漢簡所見大小石的幾個問題」,『考古』 2019-3.

黎石生, 2016,「走馬樓吳簡所見幣種·斛制補論」,『故宮博物院院刊』 제5기.

吳慧, 1992,「秦漢時期度量衡的幾個問題」,『中國史硏究』 1992-1.

吳慧, 1992,「魏晉南北朝隋唐的度量衡」,『中國社會經濟史研究』 1992-3.

張繼, 2014,「中醫傳世和出土文獻度量衡用語探析」,『中國臨床研究』 2014-12.

周能俊, 2017,「六朝桂陽郡的白銀採掘與使用——以郴州晉簡爲中心」,『求索』 2017-4.

韓茗, 2019,「河南焦作嘉禾屯銅器窖藏年代及相關問題」,『中原文物』 2019-2.

湖南省文物考古研究所·郴州文物處, 2009,「湖南郴州蘇仙橋遺址發掘簡報」,『湖南考古輯刊』 제8집, 湖南省文物考古研究所 편.

後德俊, 1997,「關於楚國黃金貨幣稱量的補充研究——從楚墓出土的三組有銘青銅砝碼談起」,『中國錢幣』 1997-1.

〈Abstract〉

Study on The Development and Change of Weights and Measures in Western Jin Dynasty: Wooden Tablets from the Western Jin Dynasty Unearthed in Chenzhou as the Center

Dai Weihong

The Western Jin Dynasty was a period of significant changes in weights and measures. The Wooden Tablets from the Western Jin Dynasty Unearthed in Suxianqiao of Chenzhou provide us with first-hand materials to deeply explore the actual state of weights and measures in Western Jin. The Wooden Tablets relate to the length units of chi, zhang, li, step, its basic unit is "chi"; The units of cloth are still pieces, inches and minutes; The units of land volume still follow the "hectares", "mu" and "steps" since the Han Dynasty. The capacity units for weighing rice include Hu, Dou, Sheng, He, Spoon, Cuo, Shao, Gui, and Lai, among which "Spoon, Shao and Lai" are not recorded in historical records of previous dynasties. In the Wooden Tablets from the Western Jin Dynasty, the "Jin scale" was used to weigh pigs and sheep, while the "Wu scale" to weigh precious metals such as silver. There may be a distinction between pole scales and balance scales between the two; Jin scale uses "jin" as the weight unit; The weighing unit of Wu scale not only includes "Liang" and "Zhu", but also includes "鍜" that is not recorded in historical records. Considering the development of gold weighing in the Yuanling area since the Warring States period and the fact that Guiyang County is a silver producing area, the author suspects that it may be a traditional precious metal weighing unit with a relatively long history of use in Guiyang County; The Southern Scale used by Liu Song to weigh silver is similar in nature to the term "Wu Scale" in the Wooden Tablets from the Western Jin Dynasty, and it is also possible that it has been continued by the "Wu Scale".

▶ Key words: Weights and Measures, Wooden Tablets from the Western Jin Dynasty Unearthed in Chenzhou, weight unit

신출토 문자자료

양주대모산성 원형집수시설 출토 목간

최근 중국에서 출토된 주요 간독 소개

양주대모산성 원형집수시설 출토 목간*

-양주대모산성 13차 발굴조사-

김병조**
고재용***

<국문초록>

양주대모산성은 경기도 양주시 백석읍 일대의 대모산(해발 213m) 정상부에 조성된 테뫼식 석축산성으로 현재 확인되는 성벽은 7세기 이후 통일신라시대에 축조된 것으로 판단된다. 목간이 출토된 원형집수시설은 산성 내 상단부에서 확인되었으며, 2023년 실시한 양주대모산성 13차 발굴조사를 통해 조사되었다.

원형집수시설은 조사지역의 평탄대지에 위치하는데 평면형태는 원형으로 4단 이상의 석축을 계단식으로 축조하였다. 바닥면은 박석시설되어 있고, 벽체는 장방형 혹은 세장방형으로 치석된 석재를 종평적하여 바른층쌓기하여 조성하였다. 목간은 바닥면에서 가까운 최하층의 점토층에서 확인되었다. 출토양상으로 보아 목간은 원형집수시설의 축조가 완료되고 물이 채워진 상태로 준설되어 사용되던 시점에 인위적으로 던져서 입수된 것으로 추정된다.

원형집수시설의 목간 외 출토유물은 퇴적된 내부토에서 매몰된 석재들과 함께 통일신라시대(9~10C)의 기와가 다량 확인되었고, 목간이 출토된 최하층에서는 경질토기류와 함께 다양한 목기류가 공반되었다. 목기류는 가공된 건축자재 혹은 절구공이 등 생활도구의 일부로 추정되며, 약 30㎝ 크기의 배모양도 같이 출

* 이 글은 한국목간학회 제43회 정기발표회 발표문 '양주대모산성 원형집수시설 출토 목간'을 수정·보완한 것임.
** 기호문화유산연구원 조사연구팀장
*** 기호문화유산연구원장

토된 것이 특징적이다.

출토된 목간은 길이 30.8㎝, 너비 6.13㎝, 두께 8.05~5.19㎝의 크기로 원통형 목재를 사용하였다. 종방향으로 총 8개의 면을 깎아내었으며, 목간의 상부와 하부에도 모를 줄여가면서 면을 다듬은 흔적이 확인된다. 목간의 구성은 대칭되는 8개의 면에 사람모양 그림 1면, 7개의 면에 8행의 묵서, 공란의 1개면으로 구성되어 있다. 글자수는 총 123자 이상으로 한국목간학회와 함께 진행한 2차례의 판독 결과, '政開三年丙子四月九日', '辛亥歲卄六茂登' 등 절대연대 확인이 가능한 기록이 확인되었으며, 의례행위와 관련된 내용도 일부 판독이 되고 있다. 향후 추가적인 판독과 내용 검토를 통해 목간이 출토된 원형집수시설의 용도와 유구가 위치한 산성 내 상단부의 공간구성 성격파악도 보완될 수 있을 것으로 기대된다.

▶ **핵심어: 양주대모산성, 원형집수시설, 목간, 통일신라, 태봉**

Ⅰ. 머리말

양주대모산성은 양주시 백석읍 일대의 대모산(해발 213m) 정상부에 조성된 테뫼식 석축산성으로 둘레는 약 1.4㎞, 내부면적은 57,742㎡이다. 입지적 특징은 병풍처럼 자리하고 있는 북동쪽의 불곡산(466.4m)과 남서쪽의 호명산(425m) 사이에 위치하고 있으며, 산성 내부는 동고서저의 지형적 특징을 갖추고 있다. 대모산성에서 북서쪽으로는 양주시 광적면부터 동두천까지, 남동쪽으로는 의정부시 녹양동부터 서울특별시 송파구의 롯데월드타워까지 조망이 가능하다. 이처럼 광범위한 가시권역이 형성되어 있어 한강과 임진강 유역을 연결하는 고대 교통로 상의 거점이 될 수 있었던 전략적 요충지이다. 양주대모산성은 1993년 경기도 기념물 제143호로 관리되다가 2013

도면 1. 양주대모산성 주변 고대 교통로(양주대모산성 종합정비계획, p.57)

년 사적 제526호로 지정되었다.

양주대모산성에 대한 최초 발굴조사는 1980~1984년 국립문화재연구소에서 5차례에 걸쳐 북문지 주변 성벽부터 남문지 일대까지 학술조사를 하였고, 이후 1995년과 1998년에 한림대학교 박물관에서 동문지와 서문지 일대를 조사하였다. 2013년 6월 양주대모산성이 사적으로 지정되면서 2016년 종합정비계획이 수립되었고 정비계획에 따른 학술조사가 2018년부터 (재)기호문화재연구원(현 기호문화유산연구원)에 의해 시작되었다. 현재 양주대모산성의 명확한 형태와 성격규명을 위해 성벽구간 및 성내 평탄지 일대 등을 중심으로 정밀발굴조사가 진행되고 있으며, 성벽의 축조양상, 성내시설, 배수체계 등의 복원과 3D·라이더촬영, GPS측량 등 계측기기를 통한 정밀한 기록을 병행 해나가고 있다. 특히, 2019~2020년에는 서문지 주변 완사면에서 건물지 및 방형집수시설이 발굴되어 산성 내 생활양상 및 배수체계를 검토해 볼 수 있는 주요 계기가 되었다. 또한 2023년에는 동성벽구간에서 체성벽·2차성벽·보강석렬·보강토 순서의 축조양상이 확인되었고, 성내 상단부의 원형집수시설에서 태봉국의 연호가 묵서된 목간이 출토되어 절대연대를 보여주는 중요한 자료가 확인되었다. 이 글에서는 목간이 출토된 원형집수시설의 발굴 당시 현황과 조사 내용 그리고 목간의 세부 사진과 더불어 한국목간학회와 함께 2차례에 걸쳐 진행된 판독 안 등에 대해 보고하고자 한다.

II. 양주대모산성 13차 발굴조사 현황

1. 양주대모산성의 문헌 및 고지도 기록

양주대모산성에 관한 역사기록은 문헌과 고지도에서도 확인되고 있다. 문헌에는 16C부터 7차례 이상 '대모산성'에 관한 기록이 확인되고 있으며, 고지도에는 17C부터 8차례 이상 대모산성 혹은 고성으로 표시된 것이 확인되었다.

사진 1. 대모산성 주변 원경(Google Earth 편집)

문헌 기록은 아래와 같다.

1530년, 신증동국여지승람(新增東國輿地勝覽) 11권 양주목(楊州牧)편	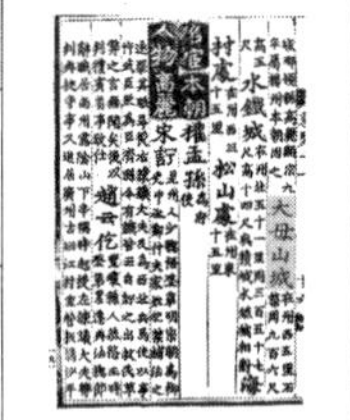
『大母山城 在州西五里 石築 周九百六尺 高五尺』 = "대모산성은 주 서쪽 5리에 있으며, 석축이다. 둘레는 9백 6척이고, 높이는 5척이다."	
유사기록 : 만기요람(萬機要覽, 1808년), 여도비지(輿圖備誌, 1853~1856년), 대동지지(大東地志, 1861~1866년)	
1842~1843년, 경기지(京畿誌)	
『大母山城 在州西五里 邑內面 旱則祈雨於此』 = "대모산성은 주 서쪽 5리에 있으며, 읍내면이 가물면 이곳에서 기우제를 지낸다."	
유사기록 : 경기읍지(京畿邑誌, 1871년)	
1942년, 조선보물고적조사자료(朝鮮寶物古蹟調査資料)	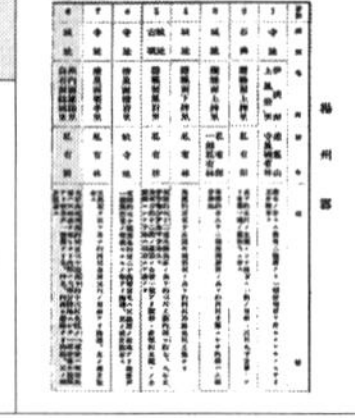
주내면 유양리, 백석면 방성리의 사유전인 대모산성의 둘레는 약 430間, 높이 약 13尺. 북부의 일부분은 절석, 기타는 천연석을 사용. 내부는 대부분 경지로 일부분 풀이 자라있음. 빈우물 1개소 있음. 북·서북·서남에 통로 있음. 도기 및 기와 파편 산포	

고지도에 표시된 기록은 아래와 같다.

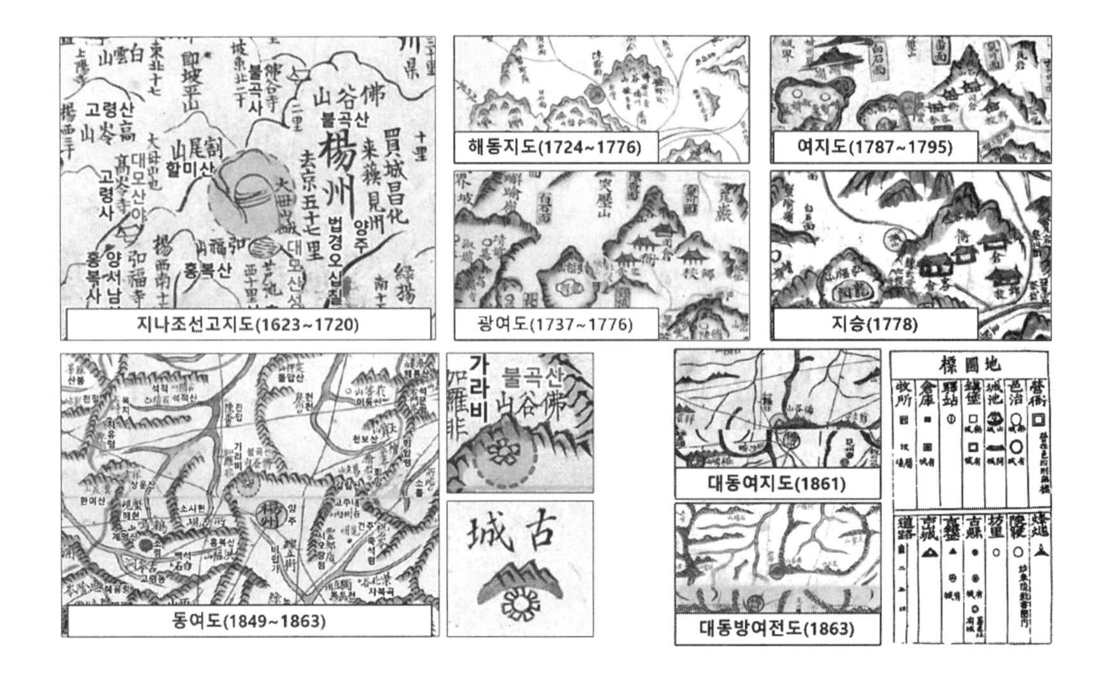

해동지도(1724~1776) 여지도(1787~1795) 지나조선고지도(1623~1720) 광여도(1737~1776) 지승(1778) 동여도(1849~1863) 대동여지도(1861) 대동방여전도(1863)

2. 양주대모산성 13차 발굴조사 현황

양주대모산성 13차 발굴조사는 양주시에서 진행하는 양주대모산성(사적 제526호)의 종합정비계획과 관련하여 실시된 학술조사이다.

13차 발굴조사의 조사범위는 행정구역상 경기도 양주시 백석읍 방성리 789 외 4필지에 해당하며, 총 조사면적은 1,600㎡(동성벽구간 및 성내 상단부 : 1,000㎡ + 북서쪽 성내 하단부 : 600㎡)이다. 현장조사는 2023년 3월 7일부터 3월 24일까지 실조사일수 6일간의 일정으로 시굴조사를 진행하여 유구의 대략적인 범위와 층위양상을 파악한 뒤, 2023년 5월 17일부터 동년 12월 27일까지 정밀발굴조사를 진행하였다.

조사방법은 산성 전체에 설정되어 있는 그리드 측량을 바탕으로 조사지역 내에 10×10m 크기의 그리드를 구획하였다. 각 그리드의 내부 토층둑과 조사지역 전체 중심토층둑을 설정한 후, 유구확인층까지 층위양상에 맞춰 수직평면하강제토작업을 진행하였다. 유구는 우선 평면형태를 확인하고 퇴적양상 검토를 위한 내부토층둑을 설정하여 내부조사를 진행하였다. 각 조사단계마다 3D촬영과 GPS측량을 실시하여 1차 기록을 남기고 조사가 완료되면 유구의 실측과 조사내용을 현장에서 약장으로 기록하였다.

정밀발굴조사 결과, 동성벽구간 및 성내 상단부 일대에는 체성벽·2차성벽·보강석렬·보강토 등 성벽의 축조양상과 건물지 및 원형집수시설 등 성내시설이 확인되었고, 북서쪽 성내 하단부 일대에는 7~8C의 유물이 확인되는 대지조성면과 9~10C 유물이 확인되는 중복된 층위 양상이 확인되었다. 또한 조사지역 경계부의 Pit 내에서 7C 이전의 선대 유구 및 유물이 일부 확인되어 정확한 위치 및 양상을 기록해 두었다. 출토유물은 7~10C에 포함되는 통일신라시대의 토기, 기와, 철제류, 목기류 등이 다양하게 출토되었으며, 주요 출토유물로는 부가구연대부장경호를 비롯한 신라계 토기와 명문기와, 목간, 주형목기 등이 있다.

자세한 현황은 다음과 같다.

표 1. 13차 발굴조사 그리드 內 유구 및 유물 현황

<table>
<tr><th>조사지역</th><th>그리드</th><th>유구</th><th>수량</th><th>출토유물</th></tr>
<tr><td rowspan="10">동성벽구간 및
성내 상단부
(해발205~213m)</td><td>S1E4</td><td rowspan="3">성벽
(체성벽, 2차성벽, 보강석렬,
암거시설)</td><td rowspan="3">1</td><td rowspan="3">개, 대부완, 고배, 태선문·격자문·어골문기와, 철겸, 등자(호등) 등</td></tr>
<tr><td>S1E5</td></tr>
<tr><td>S1E6</td></tr>
<tr><td>S2E4</td><td rowspan="2">건물지</td><td rowspan="2">2</td><td rowspan="4">개, 대부완, 고배, 벼루편, 무문·선문·격자문·어골문·복합문기와, 명문와, 철정, 철촉, 등</td></tr>
<tr><td>S2E5</td></tr>
<tr><td>S2E6</td><td rowspan="2">석렬</td><td rowspan="2">5</td></tr>
<tr><td>S2E7</td></tr>
<tr><td>S3E3</td><td rowspan="2">집수시설</td><td rowspan="2">1</td><td rowspan="3">편구병편, 경질토기편, 무문·선문·격자문·어골문·복합문기와, 명문와, 목간, 주형목기 등</td></tr>
<tr><td>S3E4</td></tr>
<tr><td>S3E5</td><td>수혈</td><td>1</td></tr>
</table>

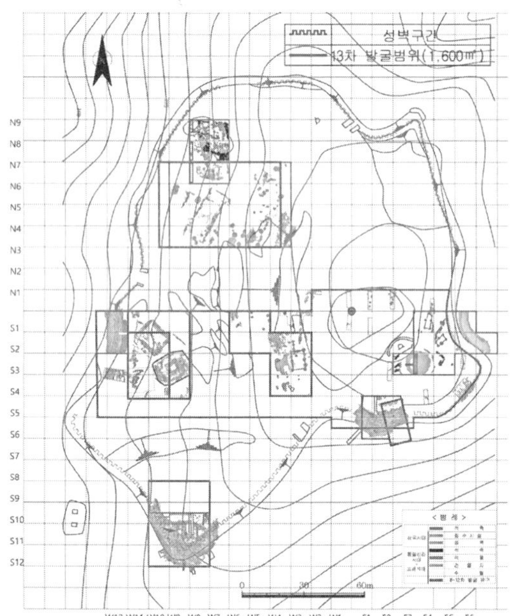

도면 2. 조사지역 현황도

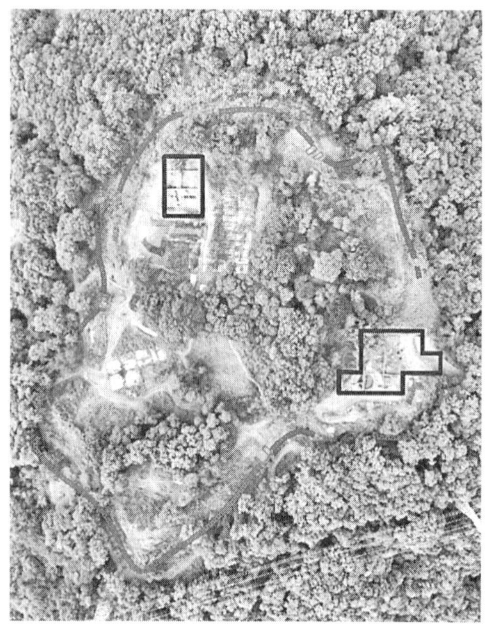

도면 3. 조사지역 일대 항공사진(2023년)

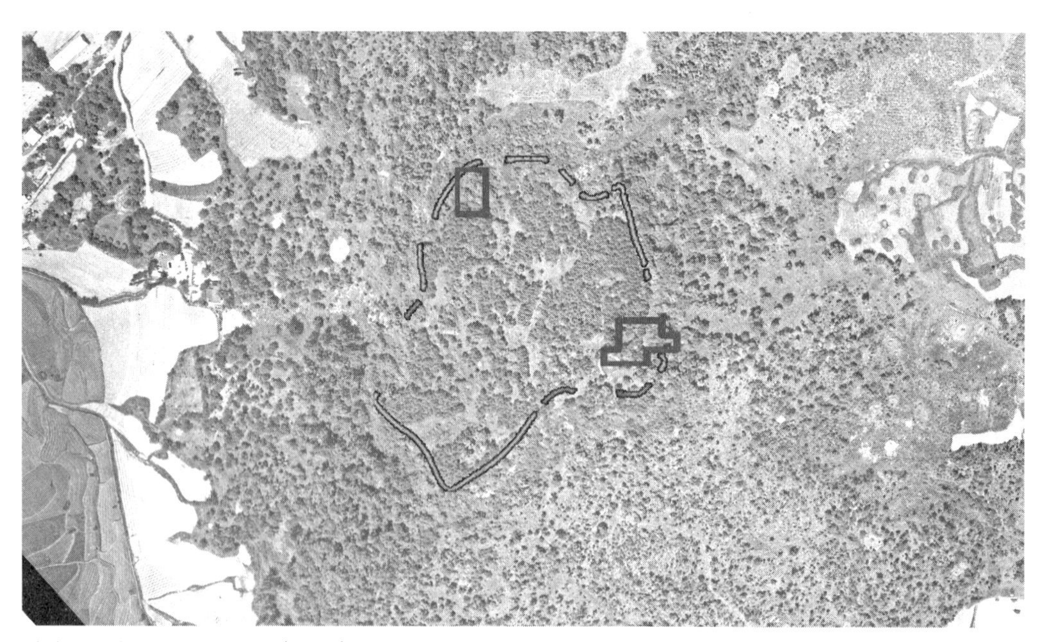

사진 2. 조사지역 일대 항공사진(1979년)

조사지역	그리드	유구	수량	출토유물
북서쪽 성내 하단부 (해발170~180m)	N9W7	성벽(내성벽)	1	부가구연대부장경호, 개, 소호, 완, 파수호편, 경질토기편, 무문·선문·격자문·어골문·복합문기와, 명문와, 철제고리, 철솥 등
	N9W8	적심초석	2	
	N8W7			
	N8W8	석축	3	
	N7W7			
	N7W8	석렬	13	

1) 동성벽구간 및 성내 상단부

(1) 성벽

대모산성의 상단부 동쪽에 위치한 성벽구간으로 그리드(10×10m) 4칸에 걸쳐 확인되었다.

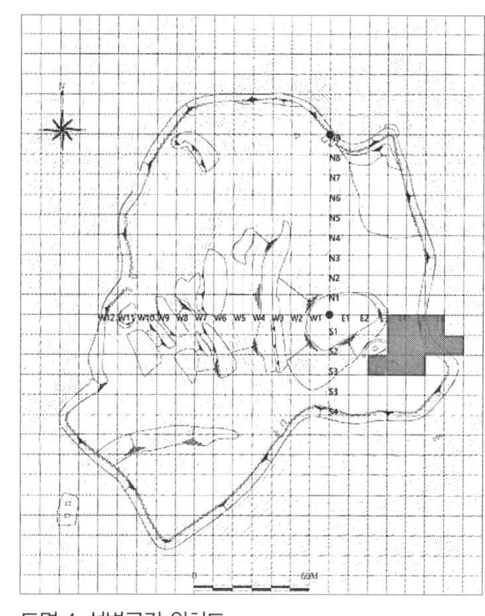

도면 4. 성벽구간 위치도

평면형태는 산성 내부로 완만한 곡선을 이루고 있다. 직상방에서 살펴보면, 체성벽의 내·외면석과 채움석, 체성벽 외벽에 덧붙여 축조된 2차성벽, 2차성벽 최하단의 보강석렬까지 확인되었다. 성벽의 외부에서 입면을 살펴보면, 바닥면부터 1~2단의 보강석렬과 약 30단의 2차성벽이 확인된다. 또한 체성벽은 4~5단의 면석이 잔존하고 있으며, 그 위로 면석이 이탈되어 채움석이 노출되어 있는 상태이다.

금번 조사된 성벽구간의 총 연장길이는 33.2m, 총 잔존높이는 9m, 전체 폭은 약 7m이며, 2차성벽의 높이는 약 6m이다. 사용된 면석의 크기는 약 15×40㎝ 정도이고, 채움석은 약 13×40㎝ 정도의 할석 등을 사용하였다.

성벽의 조사방법은 우선 상부의 잡목과 수풀을 제거하여 표토면에서 유구의 양상을 파악하였고, 경계부에 Pit를 설치하여 전체적인 층위양상을 검토한 뒤, 전면 제토를 시작하였다. 성벽구간은 Pit 내에서 유구의 형태파악이 가능했기에 성벽을 한 번에 노출시키기보다는 1.5m 깊이로 단계적 평면하강방식을 균일하게 진행하였다.

성벽의 축조양상은 체성벽→2차성벽→보강석렬→보강토 순으로 관찰된다.

체성벽의 면석은 장방형으로 치석한 화강암 석재를 '品'형태로 수직에 가깝게 '바른층쌓기'하였으며, 내

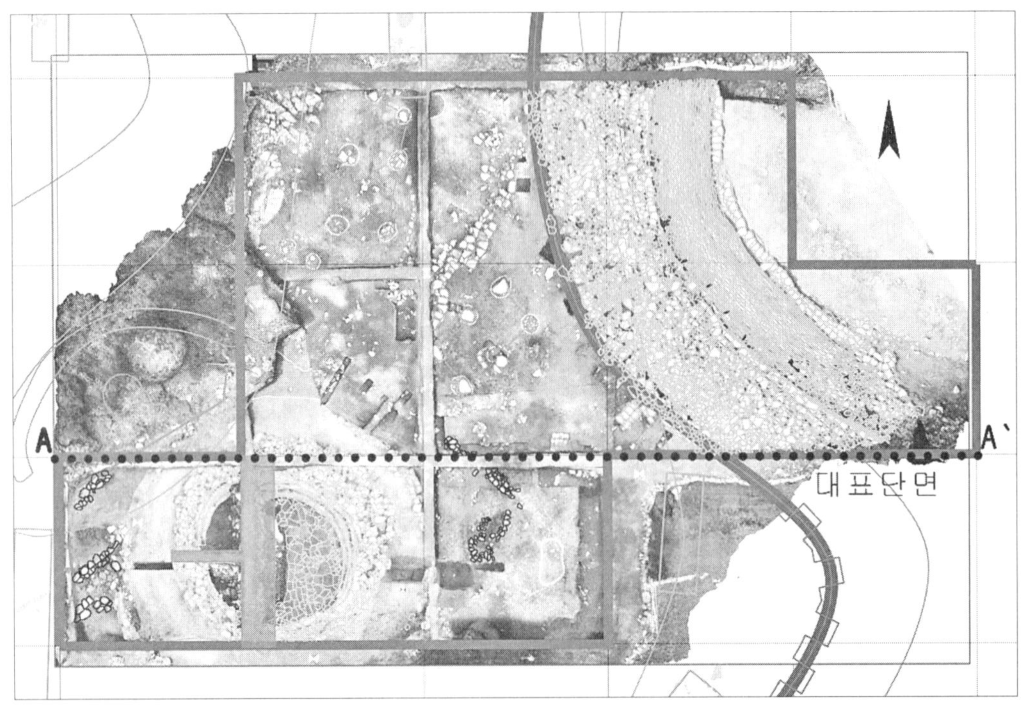

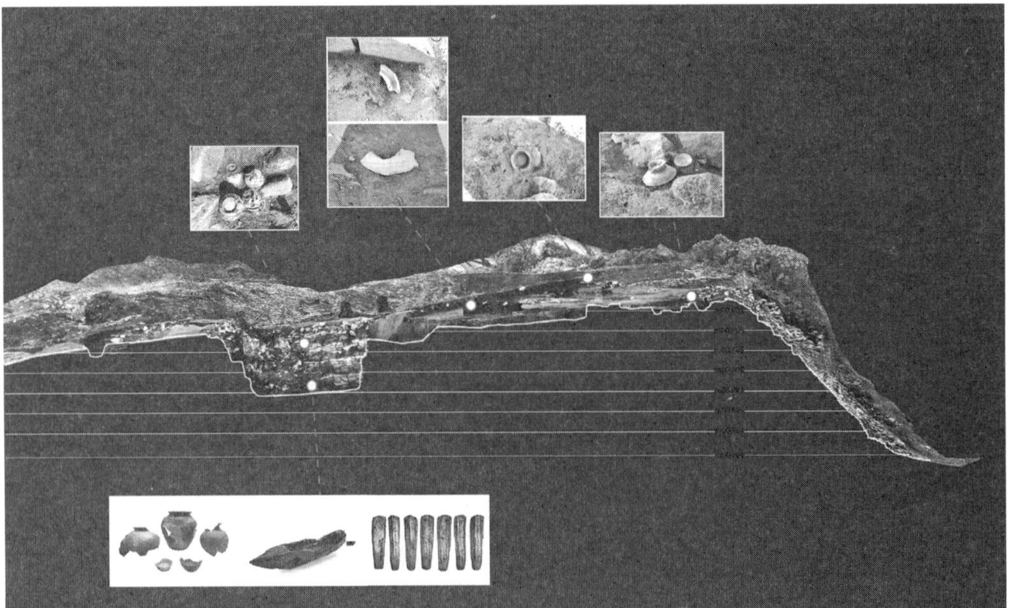

도면 5. 동성벽구간 및 성내 상단부 현황 및 중심토층 단면도

사진 3. 동성벽구간 원경

부에는 크기가 정연하지 않은 북돌·심석·잡석 등의 할석을 채워 축조하였다.

2차성벽은 장방형 혹은 세장방형으로 정교하게 치석된 화강암 석재를 체성벽과 같은 방식으로 쌓았으며, 내부에는 체성벽보다 상대적으로 작은 크기의 할석과 사질점토를 채워 축조하였다. 최하단부터 5~10㎝정도씩 점차 들여쌓기를 하였으며, 약 62°의 각도를 유지하고 있다. 단면 형태는 계단식의 직각삼각형에 가깝다. 2차성벽 상부에는 1.8m 간격으로 수직기둥홈이 확인된다. 수직기둥홈의 기능은 상부구조물의 지지대 혹은 성벽 축조시 비계목으로 사용되었을 것이 추정되나 추가적인 검토가 필요한 상태이다.

보강석렬은 방형 혹은 장방형의 대형 석재를 2차성벽 최하단석 앞으로 50㎝ 정도 내어 축조하였다. 동쪽 치가 끝나는 지점부터 북쪽 2차성벽을 따라 계속 연장되고 있다.

출토유물은 통일신라시대(중심연대 8C)의 선문·격자문·복합문 등의 와편과 개·대부완·고배 등 토기편 등이 소량 수습되었으며, 철제 호등, 철겸 등이 상부에서 확인되었다.

사진 4. 동성벽구간 및 성내 상단부 원경(동→서)

사진 5. 동성벽구간 및 성내 상단부 원경(서→동)

사진 6. 동성벽 입면

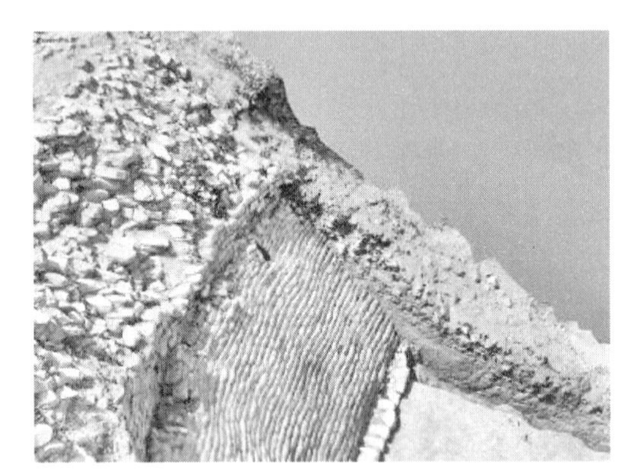
사진 7. 동성벽구간 전체 층위양상

사진 8. 동성벽구간 세부 토층

(2) 원형집수시설

원형집수시설은 동쪽 성내 상단부 남서쪽의 그리드(10×10m) 4칸에 걸쳐 확인되었다.

북동쪽으로 성벽구간의 내성벽과 이격거리 12m 정도 떨어져 있으며, 성벽과 집수시설 사이 공간에 건물지, 암거시설, 석렬 등이 위치한다.

평면형태는 원형으로 직상방에서 보면 동심원을 이루고 있다. 외곽으로는 30~60㎝ 크기의 치석된 석재와 할석들을 2~3단 바깥으로 면맞춤하여 원형으로 축조하였다. 외곽 석렬에서 약 2m 정도 안쪽에서 다시 석렬이 안쪽으로 면맞춤하여 원형으로 축조되었다. 전체 지름은 18m, 잔존 깊이는 3.6m 이상이며, 내부 호안석축의 상부 지름은 11m이다. 현재 4개의 단이 확인되며, 원래 5개의 단으로 축조되었을 것으로 판단된다. 한 단의 구성은 장방형 혹은 세장방형의 치석된 석재를 '品'형태로 '수직바른층쌓기'하였고, 단이 바뀔 때마다 약 25㎝정도 들여쌓기하여 단면은 계단식이다.

조사방법은 구획된 그리드 내에서 수직평면하강조사를 실시하여 유구의 평면형태와 범위를 확인하고, '十'형태의 중심토층을 설정하였다. 최초에 중심토층에 맞춰 Pit조사를 시도하였으나, 퇴적된 층위에 매몰된 대형석재가 빼곡하여 Pit조사를 멈추고 '十'형태의 중심토층 우측 하단부부터 4분법조사를 진행하였다. 중심토층을 유지한채 층위와 호안석축 벽면을 검토하며 바닥석까지 하강하였다. 층위양상을 검토하여 9차례의 하강조사를 계획하고 전체적인 내부조사를 진행하였다. 층위양상을 기준으로 계획된 9차례의 하강조사면은 평면상에서 양상을 기록하기 위해 3D촬영(메타쉐이프)과 GPS측량을 활용하여 수시로 기록하였다.

축조양상을 살펴보면 우선, 대지를 지름 18m, 깊이 3.6m 크기의 평면형태 원형으로 사선 또는 계단식으로 굴광하고 30~90㎝ 크기의 대형 할석을 편평하게 바닥석으로 시설하였다. 바닥면은 상부면을 맞춰 편평하게 박석시설을 하였으나, 석재를 치석하지 않고 깨진면을 맞춰 축조하였다. 바닥석을 시설한 뒤, 벽체는 30~60㎝ 크기로 치석된 장방형의 석재를 '品'형태로 '수직바른층쌓기'하였으며, 30~60㎝×20~25㎝×10~15㎝ 크기의 세장방형의 판석을 쌓아 한 단을 마감하였다. 총 높이 80~90㎝의 한 단을 축조한 뒤, 같은 방법으로 잔존하는 4개 단을 약 25㎝씩 들여쌓기하였다. 원형은 5차례에 걸쳐 단을 내고, 지표면 상부로도 한 단 정도 더 축조되었을 것으로 추정되나, 현재는 4단까지만 뚜렷이 확인된다. 호안석축의 면석 내부로는 20~50㎝ 크기의 할석들을 채움석으로 축조한 양상이 상부에서 확인된다. 채움석 외부로는 굴광면까지 황갈색 점질토를 밀도있게 채웠으며, 토층에서 판축행위는 확인되지 않았다. 가장 외곽으로는 상부에 20~30㎝×40~50㎝ 크기의 할석을 바깥쪽으로 면맞춤하여 마감하였다.

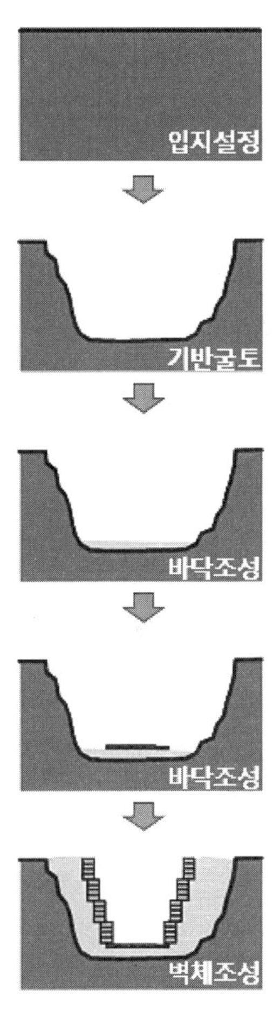

그림 1. 축조과정

퇴적양상은 최하층 바닥면에서 약 60㎝ 두께로 침전된 유기물과 점질토, 기와, 토기 등이 퇴적되어 있고, 그 위로 40~100㎝ 내외의 대형 석재가 80㎝ 두께로 퇴적되어 있다. 대형석재가 퇴적된 층 상부에는 5~10㎝ 두께의 펄층에 가까운 흑갈색 점질토층이 형성되어 있으며, 그 위층으로 30㎝ 내외의 소형 할석들이 퇴적되어 있다. 소형 할석 퇴적층 위로 50㎝ 내외의 중형 석재가 중심부근으로 집중되어 퇴적되어 있으며, 중심부에는 너비 80㎝, 깊이 1m의 'U'형태로 되파기하고 흑갈색 사질점토가 퇴적된 층이 확인된다. 나일론면끈 등이 토층에서 확인되는 것으로 보아 근대에 매몰된 층으로 판단된다. 그 위로는 근대에 복토된 것으로 판단되는 갈색 사질점토층이 확인된다.

출토유물은 7지층 이하의 퇴적된 내부토에서 매몰된 석재들과 함께 통일신라시대(9~10C)의 기와가 다량 확인되었다. 최하층 내부토(10지층)에서는 명문와를 비롯한 선문·격자문·복합문기와 등이 출토되었다. 또한 최하층 바닥면(10-5지층)에서는 경질토기와 함께 일부 목기가 확인되었다. 목기는 가공된 건축자재 혹은 절구공이 등 생활도구의 일부로 추정되며, 배모양의 주형목기와 약 30㎝ 크기의 원통형 목간이 출토

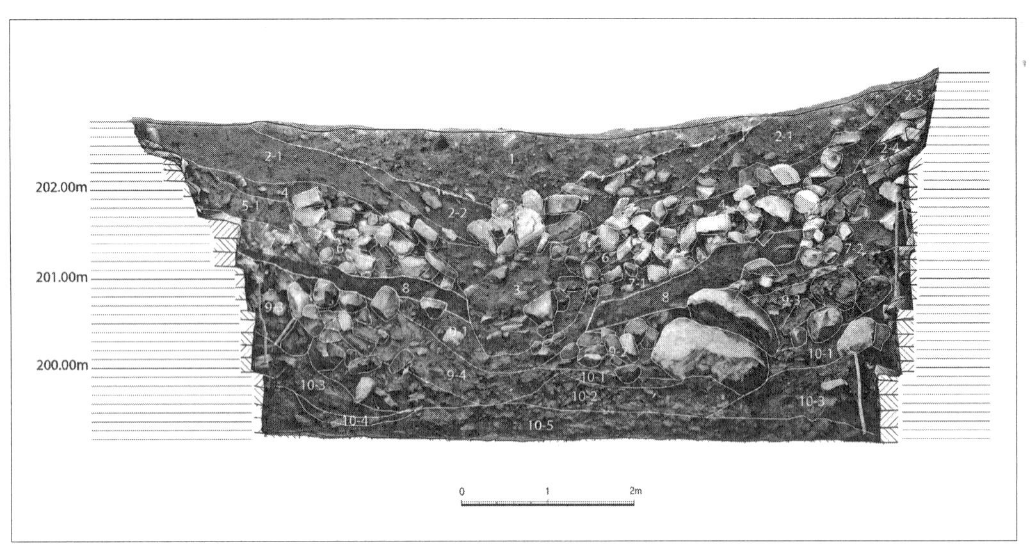

도면 6. 원형집수시설 층위양상(1/40)

된 것이 특징적이다. 목간의 출토위치가 바닥면인 것으로 보아, 원형집수시설은 목간이 폐기 혹은 매장되는 시점에도 준설되어 사용되고 있던 것으로 판단된다. 목간의 형태는 원통형 나무에 8개의 면을 깎은 뒤 글과 그림을 빼곡히 묵서하였다.

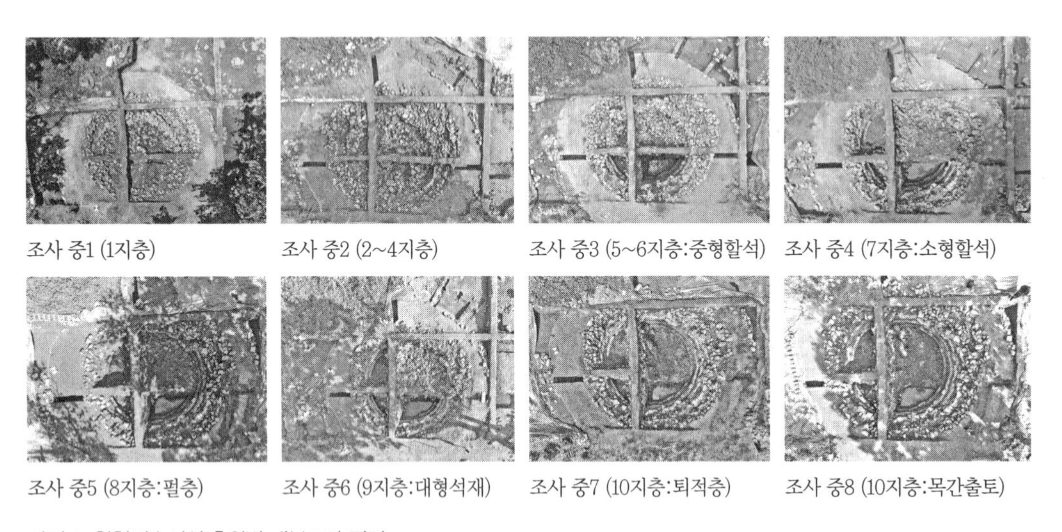

조사 중1 (1지층) 조사 중2 (2~4지층) 조사 중3 (5~6지층:중형할석) 조사 중4 (7지층:소형할석)

조사 중5 (8지층:펄층) 조사 중6 (9지층:대형석재) 조사 중7 (10지층:퇴적층) 조사 중8 (10지층:목간출토)

사진 9. 원형집수시설 층위별 내부조사 전경

사진 10. 조사 중9 (바닥석 노출)

사진 11. 조사 중9 (원경)

사진 12. 원형집수시설 호안석축 전경

사진 13. 원형집수시설 호안석축 세부

사진 14. 놋그릇 일괄(2지층)

사진 15. 기와(7지층)

사진 16. 기와(9지층)

사진 17. 목간 (10-5지층)

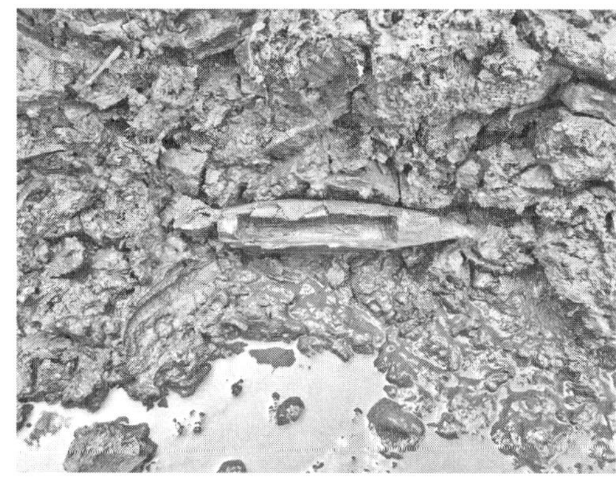
사진 18. 주형목기(10-5지층)

사진 19. 경질토기류(10-5지층)

III. 양주대모산성 원형집수시설 출토 목간의 특징

원형집수시설의 목간은 참나무류의 원통형 목재를 종방향으로 면을 깎아내었다. 인위적으로 깎은 면은 총 8개면으로 2개의 넓은 면은 대칭을 이루고 있다. 목간 상부와 하부에도 모를 줄여가면서 면을 깎아 다듬은 형태가 특징적이다.

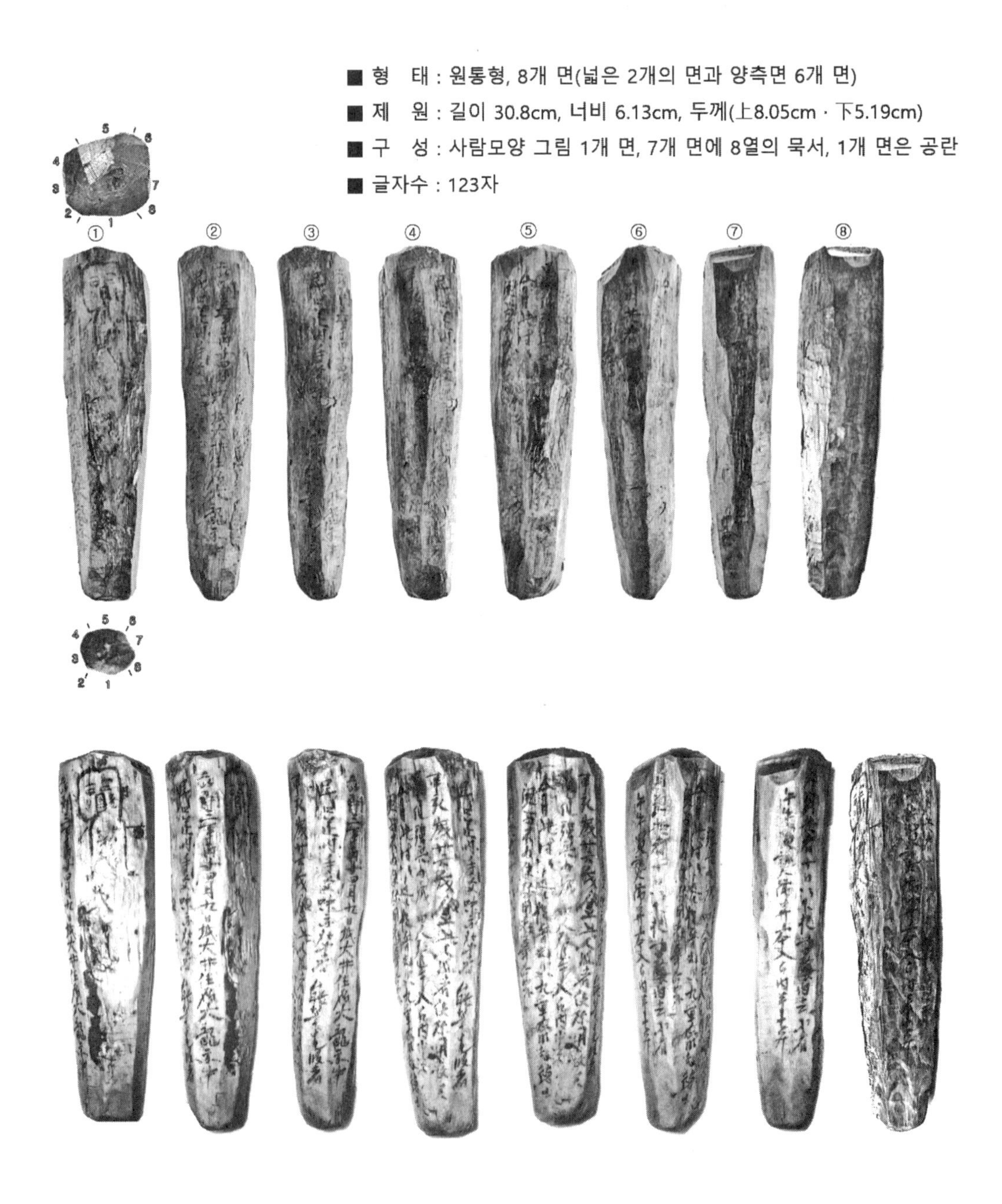

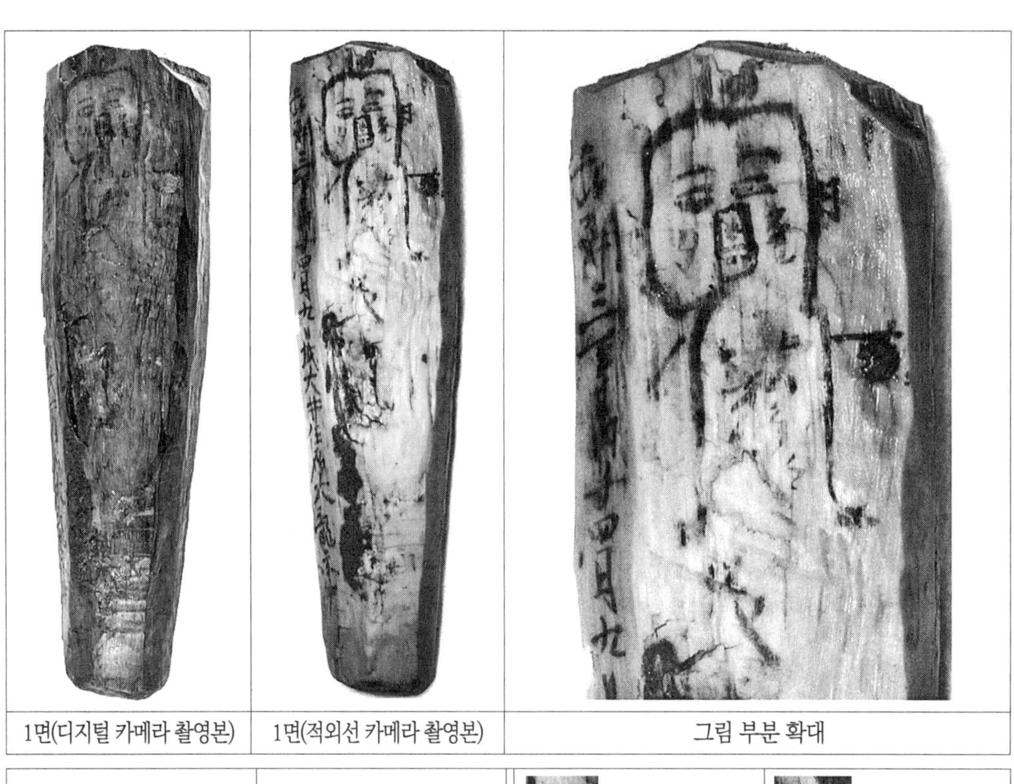

1면(디지털 카메라 촬영본) | 1면(적외선 카메라 촬영본) | 그림 부분 확대

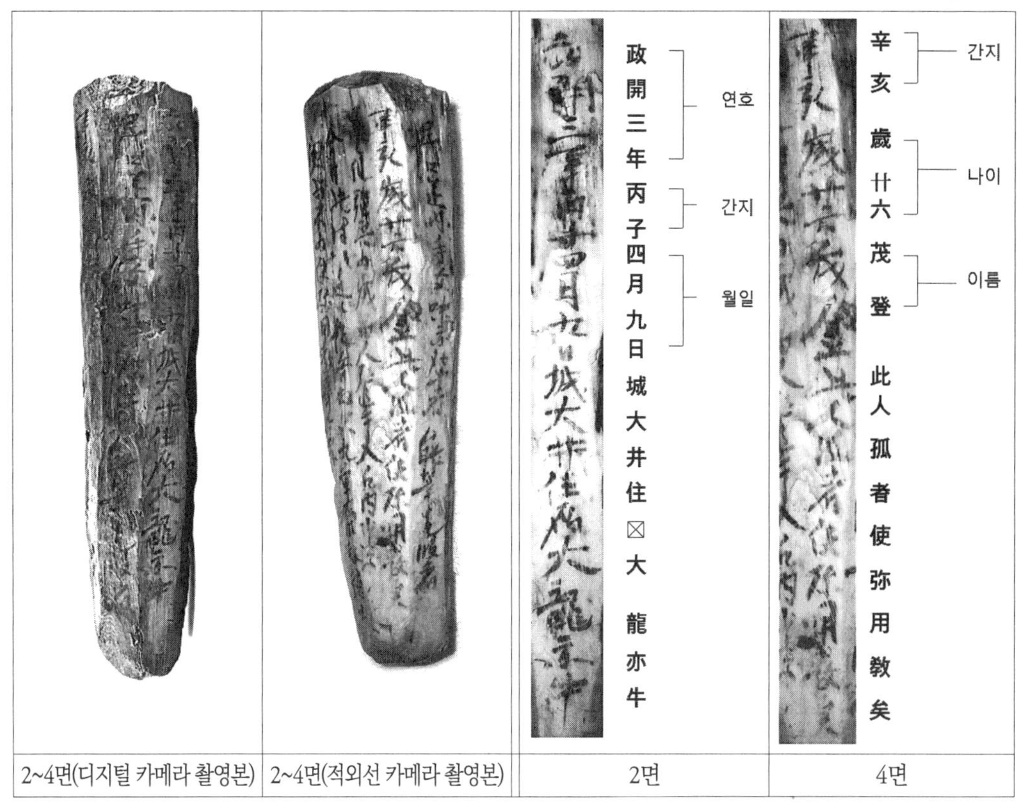

2~4면(디지털 카메라 촬영본) | 2~4면(적외선 카메라 촬영본) | 2면 | 4면

Ⅳ. 목간 판독안

성내 상단부 원형집수시설의 최하층에서 출토된 목간은 2023년 10월 6일 발견 직후 수분증발방지 및 응급보존처리를 하고 3D촬영 및 적외선촬영을 당일 실시하였다.

표 2. 목간 판독안

Ⅷ행	Ⅶ행	Ⅵ행	Ⅴ행			Ⅳ행	Ⅲ행	Ⅱ행	Ⅰ행	
			3	2	1					
공란	午	月	□ 閑閉	今	□ 最昇罡足	辛	□ 昇罡民	政		1
	牛	朔	人	□ 月日	乙	亥	口	開		2
	買	共	□ 当与	此	□ 化几	歲	□ 送逆波	三		3
	□ 燮寇	者	不	時	强	卄	內	年		4
	停	十	爲	以	□ 惡兵喪	六	手	丙		5
	弃	日	使	咎	□ 九力	茂	爻	子		6
	本	以	弥	□ 從促	□ 歲滅	登	味	四		7
	入	下	□ 用同	□ 兵告齋	□ 此四	此	亦	月		8
	斤	□ 把杷	教	□ 幻相拜	人	人	祭	九		9
	內	■	□ 葺宰	□ 史只	在	孤	者	日		10
	牛	■	九	九	追	者	能	城		11
	弃	內	□ 日川	重	二	使	□ 等筆幸	大		12
		去	□ 如內	大	入	弥	□ 主至生	井		13
		□ 省登等眷	□ 下外不	川	九	用	□ 段波彼收	住		14
				教	內	教	者	□ 爲在所		15
				德	□ 小中水	矣		大		16
				云	矣			龍		17
								亦		18
								□ 牛中		19

목간의 내용 파악을 위해 2023년 11월 20일부터 21일까지 1박 2일의 일정으로 기호문화유산연구원에서 목간 긴급판독회를 개최하였고, 주보돈·조인성·권인한·방국화·백종오·윤용구·이재환의 1차 목간 판독이 진행되었다. 2024년 1월 19일에는 국립중앙박물관에서 열린 한국목간학회 제43회 정기발표회에서 양주대모산성 원형집수시설 출토 목간을 소개하였다. 한국목간학회 주관으로 자유토론 형식의 2차 판독이 진행되었다. 2024년 1월 27일에는 한국목간학회 제43회 정기발표회의 내용을 기반으로 이용현의 양주대모산성 태봉 다각 목간 판독시안이 진행되었다. 목간의 판독은 다각도의 비교·검토를 통해 추가적인 연구가 필요할 것이며, 앞으로 판독안의 내용도 검토가 이루어져야 할 것이다.

총 2차례의 판독회의를 거친 목간 판독안은 〈표 2〉와 같다.

목간의 판독된 내용을 일부 살펴보면 다음과 같다.

> '정개 3년(916) 병자 4월 9일, 성(城)의 대정(大井)에 살고 계신 대룡(大龍)님. 또 소 ... 고기를 보내니 손수 만든 제수를 맛보십시오. 또한 제사지내는 자는 능□(能□), □□하는 자는 신해년(생) 나이 26세 무등이니, 이 사람은 [고]자([孤]者)로서 가르침(教)을 쓰도록 합니다.'

위의 목간 내용에서는 916년 4월 9일의 절대연대가 기록되어 있으며, 목간이 제작될 당시에 원형집수시설을 큰우물이라고 인지하고 있고, 우물에 용이 살고 있을 것이라고 생각했다는 점이 나타난다. 명확한 판독내용이 아직 확인되지는 않았지만, 묵서의 내용은 의례행위의 과정과 목적이 주된 내용일 것으로 판단된다.

V. 맺음말

양주대모산성 원형집수시설은 평면형태 원형, 단면형태 계단형의 신라~통일신라(7~9C)의 전형적인 집수시설로서 그 축조공정이 쉽지 않아 산성의 기초단계에서부터 계획적인 축조기술이 필요한 유구이다. 이러한 원형집수시설에서 출토된 목간은 통일신라시대의 기와 및 토기와 더불어 최하층의 점질토층에서 약 29점 이상의 다양한 목기류와 같이 공반되어 출토되었다. 목기류는 절구공이 등의 생활유물과 주형목기, 주부목간 등의 의례유물들로 구성되어 있다.

특히, 목간은 총 8면으로 구성되었고 그림이 있는 면과 여백인 면을 제외한 나머지 6면에 8행의 글씨가 묵서되어 있으며, 총 글자수는 123자 이상으로 구성되어 있다. 목간의 2면에 적혀있는 '정개 3년 병자 4월 9일'(政開三年丙子四月九日)의 '政開'(914~918)는 태봉국 궁예(? ~ 918년)의 마지막 연호이며, 정개 3년은 916년을 의미한다. 목간의 4면에 적혀있는 '신해세입육무등'(辛亥歲廿六茂登)에서는 신해년 태생의 26세 "무등(茂登)"이라는 사람이 등장하는데, 신해년은 891년으로 정개 3년(916년) 시점에 26세로 계산되어 목간의 제작 시점과 일치한다.

절대연대가 기록된 목간의 출토로 미루어 볼 때 원형집수시설의 중심 사용 시기 및 준설시기, 성내 상단부의 공간구성과 그 성격이 어떠하였는지 추정할 수 있는 단서가 되었다. 이와 함께 향후 진행될 정밀발굴조사에서도 기존의 목간 출토상황을 고려하여 원형집수시설의 내부조사가 면밀하게 이루어져야 할 것이며, 발굴조사와 병행하여 추가로 판독되는 목간의 내용들을 분석 및 검토하여 원형집수시설의 구체적 성격과 성내 상단부 공간의 조성 등의 규명에 성과가 있도록 발전적 연구를 기대한다.

투고일: 2024.04.24. 심사개시일: 2024.05.31. 심사완료일: 2024.06.10

참고문헌

국립문화재연구소·한림대학교박물관, 1990, 『양주 대모산성 발굴보고서』.

한림대학교박물관, 2002, 『양주 대모산성-동문지·서문지-』.

(재)기호문화재연구원, 2021, 『양주 대모산성 발굴조사-8·9차 발굴조사 보고서 합본-』.

(재)기호문화재연구원, 2022, 『양주 대모산성 발굴조사-10차 발굴조사 보고서-』.

(재)기호문화재연구원, 2023, 『양주 대모산성 발굴조사-11차 발굴조사 보고서-』.

한림대학교박물관, 2023, 『양주 대모산성-1980년~1984년 발굴조사 신규 보고 유물-』.

(재)기호문화재연구원, 2023, 「양주 대모산성(사적 제526호) 12차 발굴(시굴)조사 결과보고서」.

(재)기호문화유산연구원, 2024, 「양주 대모산성(사적 제526호) 13차 발굴(시굴)조사 약식보고서」.

전혁기, 2017, 「고대 성곽 집수시설의 성격과 변천」, 한신대학교 한국사학과 석사학위논문.

백종오, 2020, 「한국고대 산성의 집수시설과 용도-한강유역 석축 집수지를 중심으로-」, 『木簡과 文字』 25, 한국목간학회.

〈Abstract〉

The Wooden Document excavated from Yangju Daemosanseong circular water collection facility

Kim, Byung Jo
Ko, Jae Yong

Yangju Daemosanseong Fortress is a Teme-style stone fortress built on the top of Daemosan Mountain (elevation 213m) in Baekseok-eup, Yangju-si, Gyeonggi-do. The walls that are currently identified are believed to have been built during the Unified Silla period after the 7th century. The circular water collection facility where the wooden tablet was excavated was identified at the upper part of the fortress, and was investigated through the 13th excavation survey of Yangju Daemosanseong Fortress conducted in 2023.

The circular water collection facility is located on a flat land in the survey area, and its plan is circular, with four or more levels of stonework built in a stepped manner. The floor is made of thin stone, and the walls are made of rectangular or elongated stones, laid vertically and horizontally in proper layers. Wooden Document were identified in the lowest clay layer close to the floor. Judging from the excavation pattern, it is presumed that the wooden Document was obtained by artificially throwing it when the construction of the circular water collection facility was completed and dredged and used in a state filled with water.

Excavated artifacts other than the wooden Document from the circular water collection facility were found to contain a large number of roof tiles from the Unified Silla period (9~10C) along with stones buried in the deposited interior soil, and in the lowest layer where the wooden Document were excavated, various wooden tools were found along with hard earthenware. It has been done. The wooden utensils are presumed to be part of processed building materials or household tools such as mortars, and it is characteristic that a ship model measuring about 30cm was also excavated.

The excavated wooden Document was made of cylindrical wood, measuring 30.8 cm in length, 6.13 cm in width, and 8.05 to 5.19 cm in thickness. A total of eight sides were carved out in the longitudinal direction, and traces of the sides being trimmed while reducing the edges can be seen on the top and bottom of the wooden frame. The composition of the wooden Document consists of one side with a human figure on eight symmetrical sides, eight lines of ink writing on seven sides, and one blank side. The total number of characters is more than 123, and as a result of two readings conducted together with the The Korean Society for the Study of Wooden Documents, records that can be confirmed with absolute dates, such as '政開三年丙子四月九日' and '辛亥歲卄六茂登', were confirmed. and some of the contents related to ritual activities are also being interpreted. In the future, through additional reading and review of contents, it is expected that the purpose of the circular water collection facility where the wooden Document was excavated and the nature of the spatial composition of the upper part of the fortress where the remains are located will be supplemented.

▶ Key words: Yangju Daemosanseong Fortress, circular water collection facility, Wooden Document, Unified Silla, Taebong

신출토 문자자료

최근 중국에서 출토된 주요 간독 소개

−한반도 자료와의 연결을 모색하며−

방윤미*

<국문초록>

본 연구는 2023년 중국에서 출토되거나 공개된 간독(목간) 자료를 국내에 소개하고, 한반도에서 발견된 간독 연구와의 연결점을 탐구함으로써 국내 간독 연구에 기여하고자 한다. 최근 한반도에서의 간독 발견은 한국 고대사 연구에 새로운 활력을 불어넣었지만, 출토된 자료의 절대적인 수량이 한정적이며 대부분 단편적이므로 이해의 일치가 어려운 상황이다. 따라서 중국의 간독 자료와의 비교를 통해 보다 포괄적인 이해를 도모할 필요성이 제기된다. 중국 간독의 출토 현황을 정리하고 소개함으로써 국내 간독 연구에 일조할 수 있기를 기대한다.

▶ **핵심어: 간독, 진한, 중국고대사, 한반도 출토 목간, 2023년**

Ⅰ. 들어가며

국내외를 막론하고 최근 중국 고대사 연구는 간독[1]을 빼놓고는 이야기할 수 없다. 간독을 이용한 연구논

* 서울대학교 박사과정

1) 한국과 일본학계에서는 주로 '목간'이라고 지칭하지만 중국학계에서는 '간독'이라는 명칭을 사용한다. 본고의 주제는 중국의 자료이므로 본고에서는 '간독'으로 통일하겠다.

문 서두에서는 '쏟아지는 대량의 새로운 간독 자료', 간독을 통해 '역사가 다시 쓰이고 있다'와 유사한 표현을 심심치 않게 찾을 수 있다. 〈운몽수호지진간〉을 필두로 20세기 후반이래 발굴된 간독은 일일이 열거할 수 없을 정도로 많다. 바로 작년인 2023년에도 다량의 간독이 새로 발견되었다.[2] 이에 본고에서는 2023년에 새롭게 발견된 간독 소식을 전하는 한편, 이미 발굴된 자료 중에서 새롭게 공개된 자료를 아울러 소개해 보고자 한다. 우선 Ⅱ장에서는 한눈에 보기 쉽게 목록을 표로 작성하여 출토 시기·지역·시대·내용을 간략하게 소개한 뒤, Ⅲ장에서는 한반도 출토 자료와 연계성이 짙은 주제 위주로 자료를 선정·정리하여 살펴보겠다.

Ⅱ. 2023년 새로운 자료 목록

2023년 새로 출토된 자료와 공개된 자료를 모두 아우르면 19건에 달한다.[3] 대략의 내용은 [표 1]에 정리되어 있고[4] 자세한 내용은 주제별로 Ⅱ장에서 후술할 것이기 때문에 여기서 부연할 필요가 없을 것 같다. 다만 이 중 2023년에 새로 출토된 자료는 국내 연구자들에게 비교적 생소할 뿐만 아니라, 단 1년 동안 중국에서 새로 발굴된 자료가 얼마나 많고 다양한지 보여줄 수 있는 사례이기 때문에 간략하게 설명하겠다.

2023년에 새로 출토된 간독은 湖北省 1건([표 1]의 번호15), 湖南省 2건(번호16, 19), 重慶市 1건(번호17), 雲南省 1건(번호18) 총 5건이다. [표 1]을 보아도 알 수 있듯,[5] 전체적으로 간독 출토지가 호북과 호남 두 성에 집중되어 있는 것은 사실이나 2023년에 한해서는 다른 해에 비해서 다양한 지역에서 새로운 간독 자료가 출토되었다고 할 수 있다. 간독의 연대로 보아도 戰國 楚부터 秦, 漢, 三國 吳나라 때의 것까지 다양하다. 내용도 각종 관문서, 사법문서, 사상서, 의학서, 매장과 관련된 告地書·遣策 등 각 방면을 아우르고 있다. 이들 자료는 대부분 아직 보고서가 나오지 않았기 때문에[6] 주로 지역 신문이나 관련 기관 소식을 통해 단편적인 내용만 공개된 상황이다. 향후 발굴보고서가 나오면 더 자세한 내용을 알 수 있을 것이다.

---

2) 현재까지 발굴된 간독은 약 50만 매 정도로 추산되며(윤재석 등, 2022, 『중국목간총람(上)』, 서울: 주류성, p.29) 본고에 소개된 자료를 단순히 계산하면, 글자가 없는 간독을 제외하고도 2023년 한해에만 6,000여 매가 새로 발굴되었다. 철합을 거치면 매수가 줄겠지만 여전히 수천 매에 달할 것으로 예상된다.

3) 일부 출간 자료는 출간일이 2022년으로 되어 있지만 시중에 나온 것은 2023년 초였기 때문에 사실상 2023년에 공개된 자료라고 판단되어 목록에 포함하였다.

4) 동일 분류 내에서는 시대순으로 배열하였다.

5) 2023년 출토·공개된 간독 19건 중 과반 이상의 건수가 호북과 호남 兩省에서 출토된 것이었다. 이는 지금까지 출토된 간독 전체로 확대하여도 마찬가지이다. 50만 매에 달하는 중국 간독 다수가 호북과 호남 兩省에서 출토되었다.

6) 이중 〈진가취초간〉이 출토된 秦家嘴楚墓M1093에 대해서는 2024년 2월호 『江漢考古』에 발굴간보가 실렸다(荊州博物館, 2024, 「湖北荊州秦家嘴墓地M1093發掘簡報」, 『江漢考古』 2024-02).

표 1. 2023년 출토·공개 간독

번호	분류	간독	출토시기	출토 지점	시대	내용
1	2023년 일부 공개된 자료(논문)	王家嘴楚簡[7]	2021	湖北 荊州	戰國 楚	『詩經』,「孔子曰」, 樂譜 등 竹簡 3,200매[8]
2		黃山漢簡[9]	2002~2004	湖北 荊州	秦末~漢初	質日 57매, 遣冊 24매 등 竹簡 81매, 裁判文書 木觚 9매
3		印台漢簡[10]	2021	湖北 荊州	西漢 初	遣冊, 曆譜, "責"字簡 등 竹簡 100여 매
4		花園新村遺址出土東漢劾物木觚[11]	2020	浙江 余姚	東漢 永平17년 (74)	"天帝使者" 方術 관련 木觚 1매
5		化音漢墓出土木牘[12]	2016	甘肅 臨澤	東漢 初	衣物疏 木牘 1매
6	2022년 말~2023년 정식 출간된 자료(도서)	北京大學藏秦簡牘[13]	2009 (홍콩에서 기증)	湖北 일대 추정	秦	質日·日書·算書·道里書·醫方·九九術·制衣書·官箴書類·志怪故事·文學性文獻·帳簿 등 죽간 761매, 목간21매, 목독6매, 죽독4매, 목과1매
7		益陽兔子山七號井簡牘[14]	2013	湖南 益陽	西漢 高祖~惠帝	長沙國 益陽縣 官文書(字書·乘法表 등의 習字簡, 戶籍·徒隸作簿 등의 簿籍, 私人書信 등) 2,392매[15]
8		郴州西晉簡牘[16]	2003~2004	湖南 郴州	西晉 惠帝	機構設置·賦稅·人口·遊驛·里程·地理·政務·詔書·政令 등 900여 매
9		天回醫簡[17]	2012	四川 成都	西漢 初	醫方

7) 蔣魯敬·肖玉軍, 2023,「湖北荊州王家嘴M798出土戰國楚簡《詩經》概述」,『江漢考古』2023-02; 趙曉斌, 2023,「湖北荊州王家嘴M798出土戰國楚簡〈孔子曰〉概述」,『江漢考古』2023-02; 肖玉軍, 2023,「湖北荊州王家嘴798號楚墓發掘簡報」,『江漢考古』2023-02.

8) 묘실 내에서 수합한 간독의 편호는 3,200매에 달하지만 원래는 800매 정도의 수량으로 추측된다고 한다(肖玉軍, 2023, 앞의 논문, p.9).

9) 陳程, 2023,「湖北荊州黃山墓地M576發掘簡報」,『江漢考古』2023-02; 謝春明, 2023,「湖北荊州黃山M576出土竹簡和木觚」,『江漢考古』2023-02.

10) 羅廷, 2023,「湖北荊州印台墓地M159、M160發掘簡報」,『江漢考古』2023-02.

11) 孫聞博 等, 2023,「浙江餘姚花園新村遺址出土東漢劾物木觚」,『文物』2023-06.

12) 王衛東, 2023,「甘肅臨澤化音漢墓發掘簡報」,『中國國家博物館館刊』2023-02.

13) 北京大學出土文獻研究所 編, 2023,『北京大學藏秦簡牘』, 上海: 上海古籍出版社.

14) 湖南省文物考古研究院 等 編, 2023,『益陽兔子山七號井西漢簡牘』, 上海: 上海古籍出版社.

15) 이는 張春龍, 2021,「湖南益陽兔子山遺址七號井發掘簡報」,『文物』2021-06에 따른 것으로 無字簡을 포함한 수치다. 有字簡은 2,302매이며 削衣의 비중이 높다고 한다.

16) 郴州市博物館, 2023,『郴州西晉簡牘選粹』, 上海: 上海辭書出版社.

번호	분류	간독	출토시기	출토 지점	시대	내용
10		南越木簡[18]	2004~2005	廣東 廣州	西漢 文帝	南越國 제도와 왕궁 생활 관련 기록 100여 매
11		睡虎地西漢簡·質日[19]	2006	湖北 雲夢	西漢 文帝	墓主 “越人”의 14년치(기원전170-157) 質日
12		張家山漢墓竹簡〔三三六號墓〕[20]	1985	湖北 荊州	西漢 文帝	律令·質日·遣冊·食氣·「盜跖」·祭祀 관련 내용 등 竹簡 827매
13		走馬樓西漢簡[21]	2003	湖南 長沙	西漢 武帝	長沙國 官文書 2천여 매. 爰書·劾狀·計書·簿籍·律令·券書·案錄·私人信件 등
14		懸泉漢簡(參)[22]	1990~1992	甘肅	漢代	懸泉置遺址 출토 문서(治書·律令·科品·九九表·簿籍·爰書·劾狀·符·傳·檄·曆譜·字書·醫方·相馬經·佚書 등)18,000여 매
15	2023년 새로 발굴된 자료	秦家嘴M1093楚簡[23]	2023	湖北 荊州	戰國 楚	先秦시기 “書”類·“語”類·諸子·數學·醫藥·畜牧·文學·日書 등 각종 문헌 竹簡 3,910매[24]
16		湖南長沙秦末殘簡牘[25]	2023	湖南 長沙	秦末~漢初	官文書, 殘簡牘 200편.
17		武隆關口一號墓木牘[26]	2023	重慶 武隆	西漢 惠帝	御史 “昌”의 무덤 출토, 干支木牍 23매·告地書·遣策
18		河泊所遺址漢簡[27]	2023	雲南 昆明	漢代	河泊所遺址는 滇國의 도읍과 益州郡·滇池縣 治所. 각종 官文書·往來文書·司法文書·戶版·名籍·書信·典籍 등 2천여 매
19		渡頭古城遺址簡牘[28]	2023	湖南 郴州	三國 吳	2,000여 매 중 有字簡牘 120여 매. 券書·賬簿·名刺·書信 등

17) 天回醫簡整理組 編, 2022, 『天回醫簡』, 北京: 文物出版社.

18) 廣州市文物考古研究院 等 編, 2022, 『南越木簡』, 北京: 文物出版社.

19) 湖北省文物考古研究院 等 編, 2023, 『睡虎地西漢簡牘(壹)』, 上海: 中西書局.

20) 荊州博物館 編, 2022, 『張家山漢墓竹簡〔三三六號墓〕』, 北京: 文物出版社.

21) 長沙簡牘博物館 等 編, 2023, 『長沙走馬樓西漢簡牘選粹』, 長沙: 岳麓書社.

22) 甘肅簡牘博物館 等 編, 2023, 『懸泉漢簡(叁)』, 上海: 中西書局.

23) 荊州博物館, 2024, 앞의 논문.

24) 철합을 하면 1,200~1,500매가 될 것으로 예상된다(荊州博物館, 2024, 앞의 논문, p.17).

25) “湖南年度考古放榜, 長沙'成績單'亮眼”, 長沙晚報 2024-01-30(https://baijiahao.baidu.com/s?id=1789470572928551465&wfr=spider&for=pc)

26) “重慶首次發現明確紀年西漢早期墓葬出土'干支木牘'等文物600餘件”, 杭州網 2023-12-06(https://news.hangzhou.com.cn/gnxw/content/2023-12/06/content_8655387.htm)

27) “漢代如何治理西南邊疆？雲南這批出土簡牘有新發現”, 新華網 2023-03-20(http://www.xinhuanet.com/2023-03/20/c_1129447595.htm); “漢代治理西南邊地的文獻見證, 河泊所簡牘釋讀取得初步進展” 2023-03-24 (https://mp.weixin.qq.com/s/-fpJcy5HDbWDjRbZbRNZQw)

III. 주제별 자료 상세 소개

1. 구구단

현재까지 중국에서는 '九九表' 또는 '九九術'이라고 지칭하는 소위 구구단 간독이 적지 않게 발견되었다. 이러한 간독 현황에 대해서는 이미 국내 학술지에도 누차 소개된 바가 있다.[29] 특히 『목간과 문자』에만 2차례에 걸쳐 중국의 구구단 간독이 소개되었는데, 이는 한반도와 일본에서도 구구단 간독이 발견된 것과 무관하지 않아 보인다.[30] 즉 중국의 수많은 간독 자료 중에서도 구구단 간독에 대한 국내 간독 연구자 및 한국사 연구자들의 관심이 상대적으로 높다는 방증일 것이다. 이에 최근 새롭게 발견된 구구단 간독을 첫 번째 주제로 삼아 소개하고자 한다.

2020년 『목간과 문자』 25에 게재된 다이웨이홍의 논문에 따르면 당시까지 출토된 중국의 구구단 간독은 21건으로 집계된다.[31] 여기에 2022년[32]과 2023년[33]에 새로 발견 혹은 공개된 2건의 구구단 간독을 추가하면 중국의 구구단 간독은 총 23건에 달한다. 그중에서도 2023년의 신자료를 중심으로 간략하게 소개하겠다.

이전까지 발견된 구구단 간독 중 가장 오래되면서[34] 동시에 완전한 것은 〈이야진간〉 구구단이었다. 〈이야진간〉 구구단의 양식은 한반도와 일본에서 출토된 구구단 간독 양식의 원형이라고 할 수 있다.[35] 그런데 최근 〈이야진간〉과 비슷한 시기의 간독인 〈북대진간〉에서도 구구단 죽간과[36] 구구단 목독이[37] 각각 1개씩 나왔다. 단수의 차이는 있지만 구구단의 순서나 기본 양식은 〈이야진간〉과 〈북대진간〉 구구단 간독 모두 사실상 동일하다. 우측에서 좌측으로, 상단에서 하단으로의 방향에 따라 "九=八十一 八九七十二 七九六十三 …… 二九十八"의 순으로 9단을 나열한 뒤, 8단을 "八=六十四 七八五十六 …… 二八十六"으로 나열하고, 또 7단을 "七=卌九 …… 二七十四"의 순으로 나열하는 식으로 마지막 "二=而四 一=而二 二半而一"까지 서술한 다

---

28) "近萬枚吳簡、六朝時期重要衙署, 湖南郴州渡頭古城有重大發現", 湖南國際頻 2023-12-22(https://baijiahao.baidu.com/s?id=1785978171881466884&wfr=spider&for=pc)

29) 蕭燦 저/송진영 역, 2016, 「고대 중국의 수학 간독의 출토상황과 문서서식 및 연구 근황-진한시기의 九九表과 算數書를 중심으로-」, 『목간과 문자』 17, 한국목간학회; 다이웨이홍, 2020a, 「중국 출토 구구표 자료 연구」, 『목간과 문자』 25, 한국목간학회; 윤재석, 2022, 「秦漢代의 算學教育과 '구구단' 木簡」, 『동서인문』 19, 경북대학교 인문학술원.

30) 다이웨이홍, 2020b, 「中·韓·日 삼국 出土 九九簡과 기층 사회의 數學 學習」, 『中央史論』 52, 중앙대학교 중앙사학연구소.

31) 다이웨이홍, 2020a, 앞의 논문, p.259.

32) 曹錦炎 等 主編, 2022, 『烏程漢簡』, 上海: 上海書畫出版社, p.287.

33) 荊州博物館, 2024, 앞의 논문, p.19.

34) 〈이야진간〉의 구구단 간독은 2개인데 서로 거의 비슷하다. (1) J1(6)1(湖南省文物考古研究所 編, 2012, 『里耶秦簡〔壹〕』, 北京:文物出版社, p.9) (2) 12-2130+12-2131+16-1335(里耶秦簡博物館 등 編, 2016, 『里耶秦簡博物館藏秦簡』, 上海: 中西書局, p.63)

35) 〈이야진간〉보다 시기적으로 더 이른 구구단 관련 자료로 清華大學 소장 戰國 楚簡 「算表」가 있지만, 붙여진 제목처럼 구구단보다는 곱셈표에 가까워, 한반도 및 일본에서 출토된 구구단과는 양식이 전혀 다르다(李均明·馮立昇, 2013, 「清華簡〈算表〉概述」, 『文物』 2013-08; 清華大學出土文獻研究與保護中心 編, 2013, 『清華大學藏戰國竹簡(肆)』, 上海: 中西書局, pp.12-15).

36) 北京大學出土文獻研究所 編, 2023, 앞의 책, p.504.

37) 위의 책, p.461.

음 "•凡千一百一十三字"와 같이 총계로 마무리하는 식이다(그림 1). 이는 〈이야진간〉과 〈북대진간 목독〉에서 완전히 동일하게 나타난다. 그런데 〈북대진간 죽간〉은 약간의 차이를 보인다. 마지막이 "一=而二"로 구구단이 끝나며 "二半而一"이 없다. 따라서 총계도 '1'이 줄어든 "凡千一百一十二字"가 된다(그림 2).

이렇게 새로 공개된 〈북대진간〉 구구단 자료 2개는 기존 구구단 간독 자료 연구에 새로운 시사점을 제공해 준다. 첫째, 같은 무덤에서 출토된 것으로 추정되는 〈북대진간〉 구구단 자료끼리 차이가 있다는 점이다. 이전까지 출토된 진한시대 구구단 간독 자료는 처음부터 끝까지 완정한 경우가 드물었다. 〈북대진간〉과 비교할 만한 건은 〈이야진간〉의 2개가 거의 유일하다. 상술하였듯 이 2개의 구구단은 마지막에 권점("•")과 "字"의 유무라는 차이를 제외하면 구구단과 총계가 서로 동일하고, 〈북대진간 목독〉과도 거의 같다.

그렇다면 앞의 3개와 달리 "一=而二"로 구구단이 끝나고 총계가 "凡千一百一十二字"인 〈북대진간 죽간〉이 특이한 것일까? 이 차이가 의미하는 바는 무엇일까? 같은 무덤에서 출토되었을 것으로 추정되는 〈북대진간〉 내에서도 이런 차이가 있는 것은 단순히 초사자 개인의 기호 차이라고 보기는 어렵지 않을까? 게다가 기존의 구구단 자료 대부분이 불완정한 상태로 마지막 부분이 어떻게 끝나는지 알 수 없는 경우가 대부분임을 상기한다면, 〈북대진간 죽간〉을 유일한 예외라고 치부할 수 없다. 끝이 잔결되어 어떻게 끝나는지 알 수 없는 간독 중에서 〈북대진간 죽간〉처럼 "一=而二"로 구구단이 끝나고 총계가 "凡千一百一十二字"인 경우가 더 있었을 가능성도 배제할 수 없기 때문이다.

둘째, 2개의 〈북대진간〉 구구단 자료 모두 "一=而二"이 명확히 기재되어 있으므로, 기존 〈이야진간〉 및 서북지역 한간 출토 구구단에서 "一=而二"의 고석과 관련된 논란을 해결할 실마리를 제공해 줄 수 있다. 이 논란은 "一=而二"의 "="이 중문부호인가 아니면 숫자 "二(2)"인가의 문제이다. 만약 "一=而二"의 "="를 중문부호로 본다면 "一=而二"은 1+1=2를 나타낸 것이라고 볼 수밖에 없다. 하지만 나머지 구구단이 모두 곱셈으로 되어 있는 것을 생각하면 매우 이상한 현상이다. 이를 의식한 학자 중에는 뒤에 이어지는 "二半而一"까지 합쳐 마지막 2개는 사실 곱셈이 아니라 1+1=2, ½+½=1의 덧셈이라고 설명하기도 하였다.[38] 혹은 "一=而二"의 "="는 중문부호가 아니라 "二"를 잘못 쓴 것이며 이 구구단은 1×2=2로 보아야 한다고 주장도 제기되었다.[39] 여기에 〈돈황한간〉 구구단(간2170)에 "一=而二"이 와야 할 자리에 적힌 "一一而一"의 고석 문제까지 더하면 상황은 더욱 복잡하다.[40] 각각의 주장을 논박하기에는 "一=而二"이 기재된 상호 대조할 만한 구구단 자료가 몇 개 없어 초사자의 단순 실수인지 여부조차 가려내기 쉽지 않았다.

하지만 〈북대진간〉 구구단 자료의 출현으로 이 문제는 일단락할 수 있을 것 같다. 추가된 〈북대진간〉 자료 2개에서도 모두 "一=而二"의 "="의 크기와 위치가 숫자 "二"와 확연히 다르기 때문이다. "二=而四"처럼 같은 구구단 내에서 "二"와 "="를 확실히 구분하고 있는데 헷갈릴 정도로 어려운 계산도 아닌 "一=而二"에서

38) 다이웨이홍, 2020a, 앞의 논문, p.264.

39) 이성규, 2019, 『수의 제국 진한: 계수와 계량의 지배』, 대한민국학술원, pp.62-63; 윤재석, 2022, 앞의 논문, p.32.

40) 윤재석, 2022, 앞의 논문, p.33, 각주 52. 저자는 정리소조가 〈이야진간〉 등 다른 구구단의 사례에 따라 "一一而一"을 "一一而二"로 고친 것을 반대하며, 이는 漢代 구구단에 1단이 가미되는 과정을 반영한 것으로 추정한다.

만 “二”를 “=”로 썼다고 보기 어렵고,[41] 복수의 구구단 간독에서 공통적으로 “一=而二”로 쓰고 있다는 것은 초사자 개인의 실수로 보기 어려우므로 “=”는 중문부호로 보는 것이 타당해 보인다. 그렇다고 중문부호라고 보는 학자들의 추정처럼 곱셈을 쓰다가 갑자기 마지막 2개의 구구단만 덧셈을 쓴다는 것도 어색한 해석이다. 특히 칭화대학 소장 전국시대 간독 〈산표〉에[42] 1단이 포함되어 있고 전체적으로 진한시대 구구단 간독의 범위를 넘어서는 곱셈 계산법이 사용되고 있었던 것을 보면, 당시에 이미 1단 곱셈을 충분히 인식하고 활용하고 있었던 것으로 보인다. 그런데도 굳이 구구단 말미에 덧셈을 덧붙이는 것은 이상하다. 결국 역시 어느 쪽의 해석이든 온전히 납득하기는 어렵다.

따라서 구구단 간독에 보이는 수식이나 총계상 ‘1’의 차이는 덧셈이나 곱셈의 문제가 아니라 다른 차원에서 접근해 볼 필요가 있다. 〈북대진간〉 “魯久次問數於陳起”라는 일종의 數論 문헌이 그 단서가 될 수 있다. 사실 〈북대진간 죽간〉 구구단은 목독 구구단과 달리 이 “魯久次問數於陳起”의 일부로 포함되어 있기 때문에 앞뒤 맥락을 함께 고려해야 한다. “魯久次問數於陳起”의 내용은 노구차가 진기라는 수의 대가에게 수에 대해 질문하고 진기가 대답하는 문답 형식으로 되어 있다. 이 문답에서는 단순히 계산상의 수학만 다루는 것이 아니라, 보다 고차원적으로 천하만물을 관통하는 것이 수의 본질적 가치임을 드러내고 있다.[43] 게다가 동한 시대 무덤에서 구구단 전돌이 발견된 것은 구구단이 사후 세계와도 연관될 수 있음을 드러내는 것 같다.[44] 즉 동아시아에 발견되는 구구단 간독 자료는 단순히 계산이나 암기를 위해 작성한 것이 아니라 어떤 특정한 목적을 담고 있는 것이고[45] 그 때문에 자료마다 약간의 차이가 발생하거나 종종 특정 구구단만 발췌하는 양상이 나타난 것이 아닐까 조심스럽게 추정한다.

한편 작년 5월 진가취M1093 전국시대 초나라 무덤에서 새롭게 출토된 구구단 죽간 1매는 학계의 큰 관심을 불러일으켰다. 앞서 소개한 〈북대진간〉의 경우 도판과 석문의 출간은 작년에 이루어졌지만 이미 2009년에 입수되어 관련 내용이 조금씩 알려져 있었던 반면, 〈진가취초간〉은 그야말로 땅속에서 막 꺼낸 새로운 자료다. 현재 발표된 〈진가취초간〉 구구단 자료는 단 1매에 불과한데, 도판과 석문이 공개되었다.[46] 이 간은 7단의 일부를 나타낸 것으로 보인다. “卅”, “廿”과 같은 숫자를 합문부호로 나타낸다는 점, 그리고 십의 자리와 일의 자리를 “又”로 연결하고 있는 점이 진한 구구단 간독과 차이가 있다.

---

41) 심지어 〈북대진간〉에서는 “二三而六”의 부분에 “三” 대신 “參”을 쓰고 있는데 앞의 “二”와 획이 잘 구별되지 않을 것을 우려한 것 같다. 이를 비추어 보면 구구단을 쓸 때 글자가 헷갈릴 수 있다는 점을 충분히 인지하고 있었던 것이고, 만약 “一=而二”가 “一二而二”의 誤記이며 이러한 실수가 자주 일어났다면 충분히 “貳”를 사용할 수도 있었을 것이다.

42) 李均明·馮立昇, 2013, 앞의 논문; 清華大學出土文獻研究與保護中心 編, 2013, 앞의 책, pp.12-15.

43) 이성규, 2019, 앞의 책, pp.28-41.

44) 위의 책, p.64.

45) 이를테면 일본 新潟縣 新潟市 大澤谷內 유적 출토 구구단 간독은 ‘五’라는 수가 거듭나오는 것을 피하기 위해 의도적으로 숫자를 틀리게 썼는데, 이는 동아시아에 5의 重數를 피하는 관념이 반영된 것이다. 이처럼 구구단 간독은 단순히 실용적인 목적으로만 만들어진 것이 아니라 당시 사람들이 가지고 있었던 수관념과 상징성을 담고 있었다. (윤선태, 2016, 「百濟의 ‘九九段’ 木簡과 術數學」, 『목간과 문자』 17, 한국목간학회, pp.22-24.)

46) 荊州博物館, 2024, 앞의 논문, p.19.

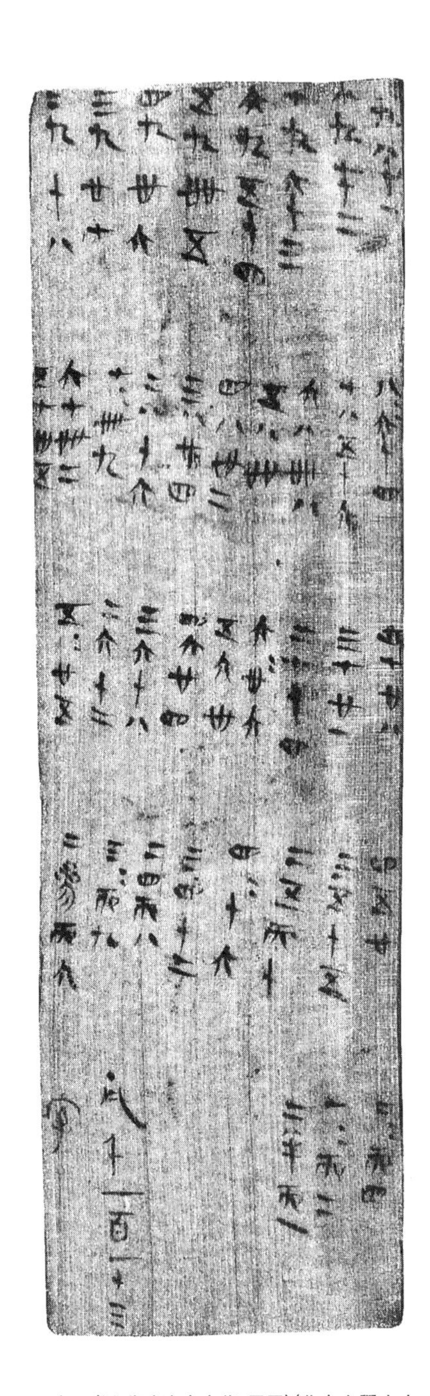

그림 1. 〈북대진간 九九術 목독〉(北京大學出土文獻硏究所 編, 2023, 앞의 책, p.461)

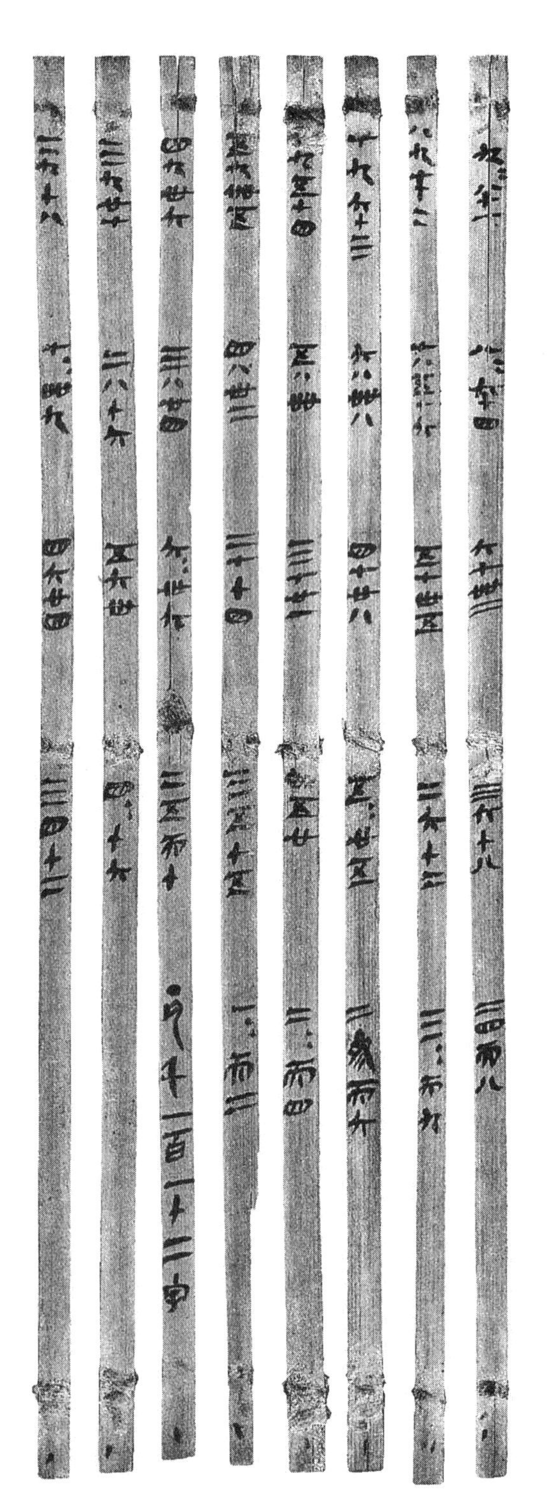

그림 2. 〈북대진간 算書 甲種 죽간 〉(北京大學出土文獻硏究所 編, 2023, 앞의 책, p.504)

간1645 "……二, 五七卅$_{=}$(三十)又五, 四七廿$_{=}$(二十)又八, 三七廿$_{=}$(二十)又一, ……"

〈진가취초간〉 구구단은 현존 가장 오래된 구구단 간독으로 알려졌던 〈이야진간〉보다 약 100년이나 이른 시기의 구구단이라는 점, 진한대 구구단과 서술상의 차이점이 보이는 초나라 계통의 구구단이라는 점에서도 큰 주목을 받고 있다. 또 〈진가취초간〉이 한창 정리 중인 관계로 향후 더 많은 구구단 간독이 발견될 가능성도 있다. 이처럼 앞으로 국내외에서 구구단 간독이 더 많이 출토될 가능성이 있다면, 중국과 한반도를 비롯한 고대 동아시아의 산수학 및 구구단과 관련된 역사 서술이 더욱 풍부해질 수 있을 것이다.[47]

2. 변경 지역의 군현 지배와 이민족

2023년에는 한대 변경 지역의 행정을 엿볼 수 있는 자료가 많이 공개되었다. 우선 『현천한간』 제3권 출간되었다.[48] 돈황 현천치는 일종의 역참으로 서쪽에서 오는 다양한 외국 빈객을 접대한 곳이다. 이곳에서 출토된 〈현천치한간〉은 한 제국의 서북 변경 경영을 재구성하게 해주는 주요한 자료이다. 20세기에 발굴되어 상당수가 예전에 공개된 자료이기는 하나 감숙간독박물관의 주도로 대대적으로 재정리가 되어 미공개 간독까지 아울러 차츰 발간되고 있는 중이다.

〈현천치한간〉이 한 제국의 서북 변경 경영을 보여주는 자료라면, 2023년 운남 하박소 유지에서는 소위 서남이 지역에서의 군현 지배를 보여주는 간독이 발굴되었다. 하박소 유지는 滇國의 도읍이였으며 益州郡과 滇池縣의 치소가 있었던 곳이다. 바로 이곳에서 2천여 매에 달하는 관문서가 발견되었다. 일부 간독에는 "滇國", "滇相", "滇丞", "滇廷" 등의 표현이 있는데 이는 한이 滇相 등의 관직을 설치하여 滇國을 다스렸음을 보여준다. 또 당시 익주군 관할 24개 현 중에서 절반에 달하는 12개의 현명도 확인되며, 다수의 호적 자료는 한이 익주군에서 이미 편호제민을 실시하고 있었음을 보여주는데, 이는 '낙랑군 호구부'를 연상시킨다.[49] 그밖에 "滇池以亭行"와 같은 기록에서 익주군에 이미 완전한 郵亭체계를 갖추고 있었던 것도 확인된다. 『논어』도 일부 발견되어 평양출토 『논어』처럼 변군으로의 유가 사상의 전래 상황도 알 수 있다.[50] 이처럼 〈하박소한간〉은 한이 서남이 지역에 익주군을 설치한 후 문서, 관직, 호적, 부역, 법률제도 등을 체계적으로 확대하여 서남 변경 지역을 지배하는 과정을 보여주는 중요한 자료로 향후 자세히 공개될 것이 기대된다. 무엇보다 익주군의 설치와 운영은 한이 고조선을 멸망시킨 뒤 설치한 한사군의 설치 및 운영을 밝힐

---

47) 이외에도 2013년에 발굴되어 2023년에 출간된 〈익양토자산한간〉에도 西漢 초기 구구단 간독이 포함되어 있는 등, 최근 새로 공개된 구구단 간독은 더 있다. 다만 기존 진한대 구구단 간독과 큰 차이가 없고 잔편이 많아 여기서는 굳이 상세히 소개하지 않았다.

48) 甘肅簡牘博物館 等 編, 2023, 앞의 책.

49) 김병준, 2008, 「낙랑군 초기 편호과정과 '胡漢稍別' -〈樂浪郡初元四年縣別戶口多少□□〉木簡을 단서로-」, 『목간과 문자』 1, 한국목간학회.

50) "漢代如何治理西南邊疆？雲南這批出土簡牘有新發現", 新華網 2023-03-20(http://www.xinhuanet.com/2023-03/20/c_1129447595.htm); "漢代治理西南邊地的文獻見證, 河泊所簡牘釋讀取得初步進展" 2023-03-24 (https://mp.weixin.qq.com/s/-fpJcy5HDbWDjRbZbRNZQw)

비교 대상이 되어 매우 유익한 자료가 될 수 있을 것이므로 한국 고대사 연구에도 큰 의미를 가진다.

〈현천치한간〉이 제국의 서북 변경, 〈하박소한간〉이 서남 변경의 지배와 관련이 있다면, 〈남월목간〉은 제국의 남쪽 변경과 밀접한 관련이 있는 자료이다. 〈남월목간〉은 서한 남월왕궁 유지에서 출토된 간독을 정리한 것으로, 武帝에 의해 멸망하기 이전, 즉 아직 남월이 건재하던 시기의 자료이기 때문에 제국의 변경 운영이나 이민족 지배와 직접적인 관련은 없다. 하지만 남월이 주변국으로서 진한의 제도를 어떻게 수용하고 변용하였는지를 엿볼 수 있는 귀중한 자료로서, 진한교체기에 성립되어 무제에 의해 멸망 당하고 군현 지배가 실시되었다는 공통점이 있는 위만조선의 모습을 추정하는데 도움이 될 수 있을 것이다.

한편 2023년에 출간된 〈주마루서한간〉은[51] 서한 무제 시기 長沙國의 관문서이다. 장사 지역은 현천치, 하박소 및 남월 지역만큼 편벽된 변경은 아니지만 제국의 남쪽에 치우친 제후왕국으로서 완전한 내지로 보기도 어렵다. 〈주마루서한간〉에는 이 지역에서의 제국의 이민족 지배와 관련하여 흥미로운 안건이 포함되어 있다. 정리소조는 이 안건을 "無陽鄉嗇夫襄人斂賨案"으로 명명하였는데, 향리가 관할 지역의 이민족으로부터 일종의 이민족 특별 세금(賨)을 거두는 과정에서 발생한 불미스러운 사건을 조사한 기록이다. 無陽鄉의 향색부 襄人은 상부로부터 관할 지역 이민족에게 세금을 거두라는 임무를 맡았다. 그런데 이민족 거주가 서로 멀리 떨어져 있고 가난하여 세금을 거두기가 쉽지 않아("夷聚里相去離遠, 民貧難得") 양인은 세금을 거두는 일을 현지인으로 추정되는 사오 共搞에게 위탁하였다.[52] 양인과 고가 이민족에게 거둔 세금의 품목은 제각각이었는데 五棒船이라는 작은 배, 정확히 무엇인지 알 수 없지만 특산품으로 보이는 腸, 돈, 곡식(粢米, 米) 등이었다.[53] 그러나 세금을 거두는 과정에서 물건이 양인에게 제대로 전달되지 않거나 물건을 받은 양인이 권서를 제때 써주지 않는 등의 문제가 발생하였다. 이에 관부에서는 세금을 납부한 사람들까지 소환하여 심문하였는데, 그중에서는 초나라 말을 전혀 하지 못하는 사람도 있어서("不能楚言") 통역(譯人)을 불러 심문에 참여시키기도 하였다.[54]

"無陽鄉嗇夫襄人斂賨案"의 문서가 완전한 상태로 발견된 것이 아니라 전후 사정을 전부 밝히기는 한계가 있다. 하지만 적어도 이 안건을 통해 장사 지역 이민족들이 세금으로 내고 있었던 다양한 물품과 액수를 확인할 수 있고, 또 관리가 세금의 수령을 현지인에게 위탁하여 중개자로 부리고 있었던 사실, 그리고 조사 과정에서 언어가 통하지 않는 이민족과의 소통을 위해 율령 규정에 따라 통역을 동원한 사례 등 제국 내의 이민족 지배 실태를 다방면으로 확인할 수 있어, 역시 한사군 설치 이후 통치 양태를 재현하는데 참고가 된다.

---

51) 長沙簡牘博物館 等 編, 2023, 앞의 책.

52) 공고는 종을 거두러 다니면서 "爲脽夷主襄人收賨"라고 말하였다. 즉 이민족끼리는 양인을 "無陽鄉嗇夫"가 아닌 "脽夷主"라고 불렀던 것을 알 수 있는데, 양인 역시 이 지역 이민족 출신이었거나, 혹은 이민족들의 거주지를 관할하는 관리를 이렇게 표현한 것일 수도 있다.

53) 다만 이러한 다양한 물품은 쌀(米)을 대신하여 낸 것으로 보인다. 모든 품목은 쌀의 무게로 환산되었고, 돈조차도 다시 쌀의 무게로 환산되었다.

54) 이 안건 관련 내용은 陳松長, 2023, 「長沙走馬樓西漢簡"襄人斂賨案"相關問題略論」, 『中國簡帛學國際論壇2023』에 잘 정리되어 있다.

3. 문서 행정

제국이 광활한 영토를 일괄적이고 효율적으로 통치하기 위해서는 문서 행정이 뒷받침되어야 함은 주지의 사실이다. 진한 제국 전역에서 발견되는 부적, 장부, 율령, 사법, 권서 등 다양한 종류와 방대한 수량의 관문서 간독 자료는 이를 증명해 주고 있다. 이러한 종류의 간독은 근래에도 다량 출토되어 더욱 풍부한 중국 고대사 연구를 가능하게 해주고 있다. 근래 한반도에서도 적지 않은 관문서가 발견되어 간독을 이용한 문서행정이 이루어지고 있었음이 밝혀졌다. 이는 진한시대 간독이라는 서사자료를 이용한 문서행정이 한반도로 수용되어 실시되었음을 시사한다. 고대 한반도에서의 문서행정을 규명하는데 고대 중국의 문서행정을 참고할 필요가 여기에 있다.[55]

이와 관련하여 본 발표문에서는 국내 한국사 연구자에게는 낯설 수 있는 質日이라는 자료를 소개하고자 한다. 질일은 진~서한 시기에 유행하였으나 후대에는 실전된 형식의 문헌으로, 1년치 역표에 개인의 공적·사적 업무를 기록한 것으로 일종의 일기 같은 것이다. 하지만 최근 새로 공개·발굴된 질일만 헤아려도 〈북대진간〉, 〈장가산336호한간〉, 〈황산한간〉, 〈수호지서한간〉 등 다수가 있는 만큼, 기층 관리에게 질일은 업무적으로나 개인적으로나 필수적인 문서였던 것 같다.[56] 진한간독에서 주로 보증을 위해 저당 잡힌 물건이나 사람을 의미하는 "質"자의 의미에 주목한다면, "질일"도 마찬가지로 무언가를 보증하기 위해 관리가 관부에 저당 잡힌 날짜이며, 여기서 '무언가'는 곧 '관리의 공로에 기초한 승진'이고, 이를 위해 관리는 자신의 활동을 빠짐없이 적어야 했다고 추정해 볼 수 있다.[57]

그중에서도 2023년에 출간된 〈수호지서한간〉 1권은 서한 文帝시기 지방 소리였던 "越人"이라는 인물이 14년(기원전170-157)간 연속으로 기록한 질일을 담고 있다.[58] 이를 통해 그가 1년에 최대 154일 출장을 나가기도 하였고, 업무상 과실로 인해 공로 성적이 삭감되기도 하였으며, 14년 동안 기층 단위에 머무르며 죽을 때까지 승진하지 못했던 사실도 알 수 있다.[59] 이러한 질일은 다른 관문서에서는 확인되지 않았던 다양한 행정 실상과 기층 관리의 생활을 가감 없이 보여주는 사료적 가치가 매우 높은 자료이다.

다음으로 2023년에 발굴된 간독 자료 중 학계의 큰 관심을 받고 있는 관문서로는 〈도두고성오간〉이 있다. 도두고성 유지 J1, J2에서 출토된 간독은 도합 9천여 매에 달한다. 그중 글자가 확인되는 간독은 1,620여 매로 추산되며 보존 상태도 상당히 좋다고 한다. 삼국시대 吳나라 孫權의 연호가 확인되며 당시 臨武縣의 행정문서로 추정된다. 과거 〈주마루오간〉의 발견으로 사료가 부족한 삼국시대의 새로운 일면을 확인할 수 있었는데, 이번 새로운 오간의 발견으로 해당 시대의 역사를 더욱 보충할 수 있게 되었다. 〈도두고성오

55) 김병준, 2018, 「월성 해자 2호 목간 다시 읽기-중국 출토 고대 행정 문서 자료와의 비교」, 『목간과 문자』 20, 한국목간학회.

56) 실제로 秦律에서 특정 공무를 할 때 반드시 '質日'을 만들고 行日을 기록하게 한 것을 확인할 수 있다(陳松長 主編, 2015, 『嶽麓書院藏秦簡(肆)』, 上海: 上海辭書出版社, 簡234, "□會獄治, 詣所縣官屬所執灋, 卽亟遣, 爲質日, 署行日, 日行六十里, 留弗亟遣過五日及留弗傳過").

57) 김병준, 2024년 1월 6일, 「讀《睡虎地西漢簡》有感」, "《睡虎地西漢簡牘·質日》成果發佈暨學術座談會" 발표문.

58) 湖北省文物考古研究院 等 編, 2023, 앞의 책.

59) 長江日報 2024.01.08.

간〉은 당시 이 지역 지방정권의 행정 및 그 변천 과정뿐만 아니라 진한에서 위진남북조로 넘어가는 시기의 사회발전을 보여주는 매우 귀중한 자료이다.[60]

4. 사상의 유통: 『논어』

앞서 한 제국의 서남 변경에 해당하는 운남성 출토 〈하박소한간〉에서 『논어』 일부가 발견되어 당시 이 지역에 유가 문헌이 유통되었음을 알 수 있다고 설명한 바 있다. 공개된 정보에 따르면 2건의 잔편에서 각각 "●季氏旅於"와 "能救與對曰不"라는 글을 확인할 수 있다. 『논어』 「八佾」의 "季氏旅於泰山. 子謂冉有曰: '女弗能救與?' 對曰: '不能.'"의 구절을 참고하면 이 잔편들은 하나의 간이었을 가능성이 크고 『논어』 「팔일」의 일부였을 것이다.[61]이처럼 서남 변군에서도 『논어』가 유전되고 있었다는 사실은 한반도에서도 종종 『논어』가 출토된 것을 연상시킨다.

한편 〈하박소한간〉보다 앞선 전국시대의 〈왕가취초간〉에서도 『논어』와 유사한 문헌이 발견되었다.[62] 이에 정리소조는 제목을 임시로 "孔子曰"이라고 명명하고 별고를 통해 비교적 상세히 소개하였다.[63] "孔子曰" 죽간의 훼손 상태는 심각한 편이다. 묘실에서 발견된 간은 1,000여 매이지만 원래는 330매 정도로 추정된다. 그중 보존 상태가 좋은 간은 110매 정도이다. 완전한 간은 길이 46㎝, 폭 0.6㎝이다. 글씨체로 보건대 적어도 6명의 초사자가 있었고 심지어 하나의 죽간 안에 서로 다른 필적이 확인된다. 일부 간의 배면에 卷題가 적혀 있기도 한데 모두 현행 『논어』에는 확인되지 않는다. 또 1권은 여러 篇으로 나뉘어 있는데 마지막 간에 "貳百□十又五篇"이라고 쓰여 있다. 1개의 편은 현행 『논어』의 1개 章에 상당하다고 한다. 또 다수가 "孔子曰"로 시작되며 상대적으로 긴 편은 다시 節로 나뉘어 있기도 하다. 이러한 〈왕가취초간〉은 『논어』의 성립 과정을 재고찰하는데 중요한 의의를 지닌다. 지금까지 알려진 바에 따르면 최근 출토된 『논어』는 〈定州漢簡〉 『논어』, 〈海昏侯墓竹簡〉 『논어』, 북한 평양 정백동한간 『논어』 3종이 있다. 〈왕가취초간〉 "공자왈"은 또 다른 1종으로 安徽簡 "仲尼曰"편과 유사한 부분이 있다.[64]

이상 현재 중국에서 시대와 지역을 막론하고 출토되고 있는 여러 『논어』 관련 간독을 종합하여 연구한다면 한반도 출토 『논어』 자료에 대해서도 새로운 자리매김을 할 수 있을 것으로 기대된다.

---

60) "近萬枚吳簡、六朝時期重要衙署, 湖南郴州渡頭古城有重大發現", 湖南國際頻 2023-12-22(https://baijiahao.baidu.com/s?id=1785978171881466884&wfr=spider&for=pc)

61) "漢代治理西南邊地的文獻見證, 河泊所簡牘釋讀取得初步進展" 2023-03-24 (https://mp.weixin.qq.com/s/-fpJcy5HDbWD-jRbZbRNZQw)

62) 정리소조는 〈왕가취초간〉을 내용에 따라 크게 3가지로 분류하였다. 첫 번째는 『詩經』 「國風」의 일부로 추정되고, 두 번째는 『논어』와 유사하며 공자의 언행을 기록하고 있다. 세 번째는 樂譜이다(肖玉軍, 2023, 앞의 논문, p.9). 그중 첫 번째 『詩經』에 관한 내용은 蔣魯敬·肖玉軍, 2023, 앞의 논문에 소개되어 있다.

63) 趙曉斌, 2023, 앞의 논문.

64) 〈진가취초간〉에서도 공자와 관련된 문헌이 출토되었다. 정리소조는 임시로 "孔子道秦穆公之事"로 명명하고 간략히 소개하였는데 공자가 진 목공과 公孫枝·百里奚가 치국과 집정 방면에서 이룬 사적에 대해 논하는 내용이라고 한다. 다만 공개된 정보가 너무 소략하여 이것이 제자백가 중 어떤 계열에 속하는지는 아직 불명확하다(荊州博物館, 2024, 앞의 논문, p.20).

5. 木觚

한반도 출토자료는 '다면목간'이라고도 불리는 木觚의 비중이 높은 것이 특징이다.[65] 중국에서도 적지 않은 목고가 출토되었으며 근래에도 눈길을 끄는 목고 2건이 공개·발굴되었다. 첫째로 〈황산간독〉에서는 재판문서로 보이는 목고 9매가 발견되었다(그림 3). 뒷1면은 평평하고 자흔이 없다. 나머지 앞의 1면은 3면

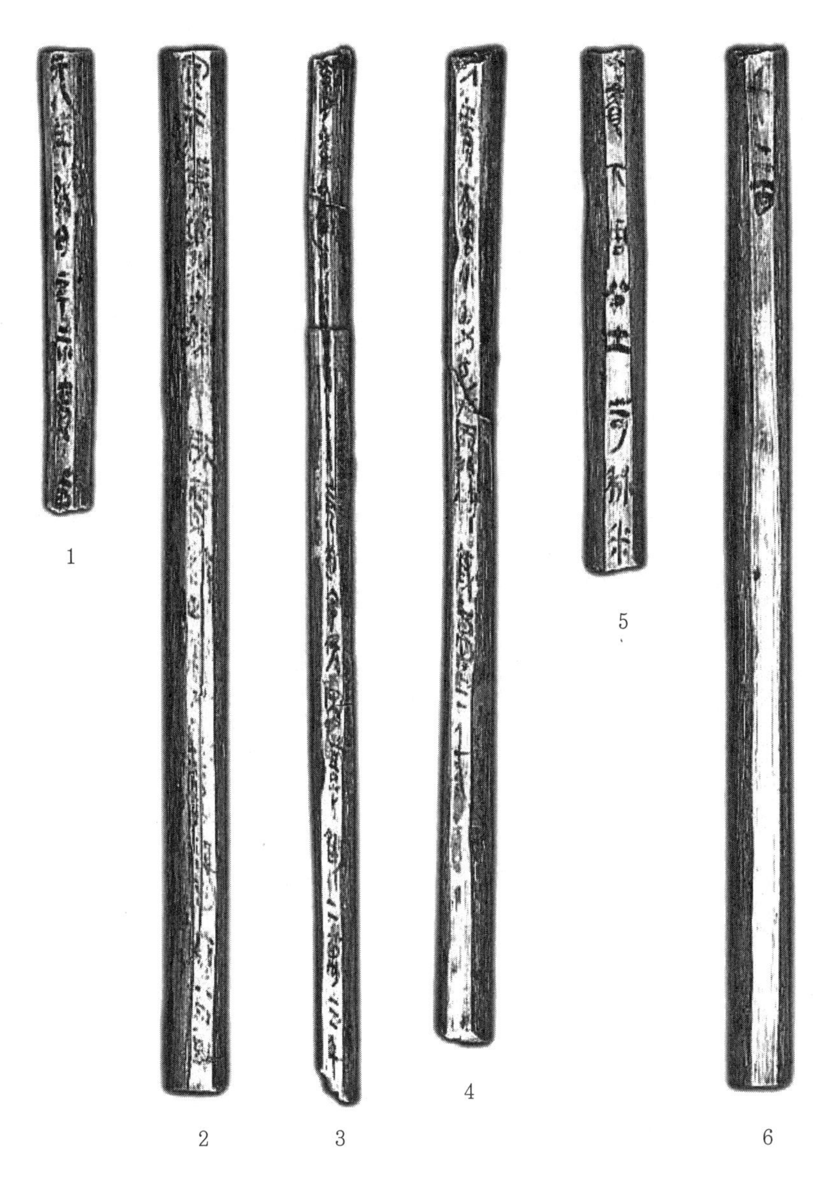

그림 3. 〈黃山木觚〉(謝春明, 2023, 앞의 논문, p.55)

65) 윤선태, 2019, 「한국 多面木簡의 발굴 현황과 용도」, 『목간과 문자』 23, 한국목간학회.

으로 깎은 다음 가운데에만 글을 썼다. 완전한 목고의 길이는 20㎝, 폭은 1㎝이다. 잔결이 매우 심해 정리소조가 정리과정을 거쳐 6매의 목고로 편철하였으며, "秦二世元年"의 기년이 보이고 "責錢", "罰錢" 등을 언급한 것을 보건대 진말 경미한 범죄안건에 대한 재판문서의 일종이지 않을까 추정하고 있다.[66] 그동안 〈악록진간〉, 〈장가산한간〉 등 적지 않은 진말~한초 재판문서가 출토되었다. 하지만 〈황산간독〉과 같이 목고 형태의 재판문서는 없었다. 만약 이 추정이 사실이라면, 〈황산간독〉은 내용적으로는 아주 새롭지 않을 수도 있지만, 유일한 목고 형태의 재판문서라는 점에서 매우 특별한 케이스가 된다. 한반도에서는 목고를 관문서로 활용한 사례가 많으므로 〈황산간독〉 목고 문서와의 연계성을 짚어볼 수 있다. 또 1면을 3면으로 깎아 가운데에만 서사한 이러한 형태의 목고 자체도 독특하기 때문에 동아시아에서 출토된 다양한 다면체 간독 연구에 있어서도 참고가 된다.

다음으로 화원 신촌 유지에서 출토된 동한 시대 목고가 있다(그림 4). 이 목고는 방술의 용도로 사용된 것 같다. 배면은 평면으로 글자가 없고, 정면은 5면으로 되어 있으며 오른쪽에서 왼쪽으로 5행을 적어 내려갔다. 중간보다 약간 위에 봉니를 위한 홈이 있고,[67] 목고 가운데에는 구멍이 하나 뚫려 있으며 朱砂가 확인된다. 길이는 46㎝, 폭은 4.2~5.5㎝, 두께 1~3.6㎝이다. 목고의 형태나 "天帝使者信臣告餘姚縣", "如律令" 등의 문구로 보건대 한대 관문서 양식을 반영하고 있는데, 이는 문서의 권위를 드러내기 위함으로 추정된다.[68] 이러한 문구는 후대 주술 간독의 표현과 유사하다는 점에서 주목할 만하다. 또 최근 양주 대모산성에서 출토되어 국내의 큰 관심을 받은 〈태봉 목고〉를 비롯

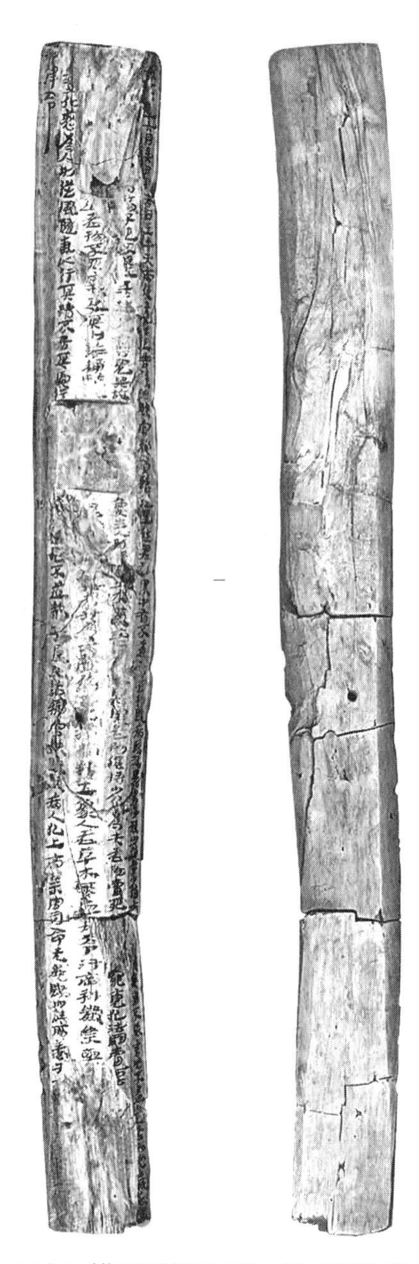

그림 4. 〈花園新村遺址東漢木觚〉 孫聞博 等, 2023, 앞의 논문, p.66)

66) 陳程, 2023, 앞의 논문; 謝春明, 2023, 앞의 논문.

67) 江蘇 출토 "天帝使者" 封泥의 존재를 상기하면 〈花園新村遺址東漢木觚〉에도 "天帝使者" 封泥가 있었을 것이다(孫聞博 等, 2023, 앞의 논문, p.68).

68) 孫聞博 等, 2023, 앞의 논문, p.66.

하여 한반도에서도 주술 용도로 사용된 목고가 여럿 출토되었으므로 그 연계성이 주목된다.[69)]

6. 율령

근래 중국에서는 진말~한초의 율령자료가 대거 발견되면서 진한시대 법전의 성립과 구성을 둘러싸고 학계의 뜨거운 논쟁이 펼쳐졌다.[70)] 이들 율령자료가 정리되어 2022년 말부터 현재까지 출간되고 있으며,[71)] 이에 따른 연구논문도 쏟아지고 있다.[72)]

우선 〈토자산한간〉[73)]에는 서한 惠帝 시기 律目과 당시 한대의 율이 "獄律"과 "旁律"이라는 두 개의 층차로 나뉘어 있었음을 보여주는 간독이 포함되어 있다.[74)] 〈장가산336호한간〉[75)]과 〈수호지서한간〉[76)]의 율령자료는 모두 文帝 시기의 것으로 아직 육형의 폐지나 유기 노역형으로의 전환 등의 형제 개혁이 이루어지기 전의 것이다. 따라서 국내에도 잘 알려진 呂后2년의 〈이년율령〉[77)]과 유사한 조문이 많아 서로 대조함으로써 편철이나 고석의 오류를 잡아내는데 큰 도움이 되고 있다. 또한 〈수호지한간〉의 경우 〈토자산한간〉과 마찬가지로 "□律", "旁律"의 구분이 보여 소위 한의 율전 체계를 둘러싼 논의를 진척시키는 자료이기도 하다. 여기에 선수본이 2021년에 출간되어[78)] 앞서 소개하지는 않았지만, 조만간 전문이 출간될 문제의 형제 개혁 이후의 〈호가초장한간〉이 더해진다면, 중국 고대법전의 역사가 다시 쓰일 수 있을 것으로 기대된다. 필자 본인의 주된 관심 분야 역시도 바로 이 율령자료이며 특히 율전의 성립과 맞물려 문제의 형제 개혁 전후 율령 체계의 형성 과정을 고찰한 바 있다.[79)]

고대 중국 율령을 둘러싼 새로운 논의는 동아시아 율령의 성립과 발전 그리고 수용이라는 측면에서 시사점이 있다. 과거 고대 한반도에서의 율령 수용은 일본의 사례를 의식하여 당 율령을 모델로 하였을 것이라는 전제 위에 연구된 바가 있다. 그러나 근래에는 금석문과 간독을 비롯한 다양한 자료를 통해 삼국의 율령은 낙랑군과의 접촉을 통해 진한대 율령을 수용한 것에서 출발, 장기간 점진적으로 정비해나간 것으로

---

69) "123자 적힌 궁예의 나라 흔적…'한반도 목간 중 글자 수 최다'", 연합뉴스 2023-11-28(https://www.yna.co.kr/view/AKR20231127148300005?input=1195m)

70) 이와 관련된 내용은 陳偉 저/방윤미 해제 및 번역, 2020, 「秦漢 簡牘에 보이는 律典 체계」, 『동아문화』 58, 서울대학교 동아문화연구소의 【해제】에 소개되어 있다.

71) 荊州博物館 編, 2022, 앞의 책; 湖南省文物考古研究院 等 編, 2023, 앞의 책; 湖北省文物考古研究院 等 編, 2023, 앞의 책.

72) 대표적으로 김병준, 2023a, 「진한(秦漢)시기 조령(詔令)의 반포와 령(令)의 정비」, 『인문논총』 80-2, 서울대학교 인문학연구원.

73) 湖南省文物考古研究院 等 編, 2023, 앞의 책.

74) 張忠煒·張春龍, 2020, 「漢律體系新論—以益陽兔子山遺址所出漢律律名木牘爲中心」, 『歷史研究』 2020-06.

75) 荊州博物館 編, 2022, 앞의 책.

76) 단 〈睡虎地西漢簡〉의 경우 '質日'자료만 1권으로 출판되고 율령자료는 아직 출간되지 않았다(湖北省文物考古研究院 等 編, 2023, 앞의 책).

77) 彭浩 等 主編, 2008, 『二年律令與奏讞書』, 上海: 上海古籍出版社.

78) 荊州博物館 編, 2021, 앞의 책.

79) 방윤미, 2023a 「秦·漢初 司寇 再考 — 女性司寇 문제를 중심으로」, 『중국고중세사연구』 67, 중국고중세사학회; 방윤미, 2023b, 「진한(秦漢) 형벌체계 형성과정의 일고찰 — 사구(司寇)의 기원과 '정형'(正刑)화 과정을 중심으로」, 『인문논총』 80-2, 서울대학교 인문학연구원.

밝혀졌다.[80] 비록 진한시대 법령이 처음에는 단행법령으로 반포되었어도 이것들이 축적되면 令集으로 묶여 정리되고 다시 율로 편제되는 등 다층적 정비가 이루어졌으며,[81] 일부 연구자는 진한율 역시 당율과 마찬가지로 법전의 형태로 존재했을 것이라고까지 이야기하고 있는 상황에서,[82] 새로운 진한율령 자료의 출토와 관련 연구는 한국사 연구에도 유익함이 있으리라 기대한다.[83]

Ⅳ. 나가며

이상 2023년 새로 공개 또는 발굴된 중국의 간독 자료를 소개하였다. 살펴보았듯 전체적으로 호남·호북 지역에 편중되어 있긴 하지만 다른 지역에서도 의미가 큰 간독이 대량 출토되었음을 확인할 수 있다. 시기적으로도 전국시대부터 삼국시대까지 다양하게 출토되었다. 간독의 형태, 재질, 기록된 내용도 매우 다양하다.

최근 한반도에서도 간독이 잇따라 발견되면서 한국 고대사 연구에 활력을 불어넣고 있다. 하지만 한반도 출토 간독의 절대적인 수량 자체는 많지 않고 대부분 단편적으로 발견되어 글자의 고석부터 문서의 성질에 이르기까지 이해의 일치가 쉽지 않다. 필연적으로 일본이나 중국 출토 간독과의 비교가 불가피한 상황이다. 본고에서 확인하였듯, 다행히 중국에서는 다양한 시대와 내용을 담고 있는 간독이 전국 각지에서 끊임없이 출토되고 있으며 그 수량도 압도적이다. 이들 자료를 충분히 활용할 수 있다면 한반도 출토 간독과 한국사 연구에 일조할 수 있을 것이다.[84]

투고일: 2024.06.14.　　심사개시일: 2024.06.16.　　심사완료일: 2024.06.24.

80) 김병준, 2023b, 「한국사와 동양사의 장벽 허물기-낙랑 연구의 사례」, 『관악사론』 3, 서울대학교 역사연구소, pp.59-61; 홍승우, 2015, 「목간 자료로 본 백제의 籍帳 문서와 수취제도」, 『한국고대사연구』 80, 한국고대사학회; 홍승우, 2016, 「고구려 율령의 형식과 제정방식-〈광개토왕비〉와 〈집안고구려비〉의 사례 분석」, 『목간과 문자』 16.

81) 김병준, 2023a, 앞의 논문.

82) 陳偉 저/방윤미 해제 및 번역, 2020, 앞의 논문, pp.319-326.

83) 고대 한반도에서 중국의 율령을 어떤 차원에서 어떤 형태로 수용한 것인가에 대해서는 더욱 엄밀한 연구가 필요하다(정병준, 2015, 「韓國 古代 律令 硏究를 위한 몇 가지 提言-近來의 '敎令制'說을 중심으로」, 『동국사학』 59, 국역사문화연구소).

84) 그동안 중국의 간독을 이용해 낙랑의 군현지배 및 행정체계를 설명하고, 또 삼국시대의 비문과 목간 역시 이러한 바탕 위에서 성립되었다는 점을 강조한 김병준의 일련의 연구가 있다. 이에 대해서는 김병준, 2023b, 앞의 논문을 참조.

참고문헌

1. 연구서

윤재석 등, 2022, 『중국목간총람(上)』, 서울: 주류성.

이성규, 2019, 『수의 제국 진한: 계수와 계량의 지배』, 대한민국학술원.

甘肅簡牘博物館 等 編, 2023, 『懸泉漢簡(叁)』, 上海: 中西書局.

廣州市文物考古研究院 等 編, 2022, 『南越木簡』, 北京: 文物出版社.

里耶秦簡博物館 等 編, 2016, 『里耶秦簡博物館藏秦簡』, 上海: 中西書局.

北京大學出土文獻研究所 編, 2023, 『北京大學藏秦簡牘』, 上海: 上海古籍出版社.

長沙簡牘博物館 等 編, 2023, 『長沙走馬樓西漢簡牘選粹』, 長沙: 嶽麓書社.

陳松長 主編, 2015, 『嶽麓書院藏秦簡(肆)』, 上海: 上海辭書出版社.

曹錦炎 等 主編, 2022, 『烏程漢簡』, 上海: 上海書畫出版社.

天回醫簡整理組 編, 2022, 『天回醫簡』, 北京: 文物出版社.

清華大學出土文獻研究與保護中心 編, 2013, 『清華大學藏戰國竹簡(肆)』, 上海: 中西書局.

郴州市博物館, 2023, 『郴州西晉簡牘選粹』, 上海: 上海辭書出版社.

彭浩 等 主編, 2008, 『二年律令與奏讞書』, 上海: 上海古籍出版社.

荊州博物館 編, 2021, 『荊州胡家草場西漢簡牘選粹』, 北京: 文物出版社.

荊州博物館 編, 2022, 『張家山漢墓竹簡〔三三六號墓〕』, 北京: 文物出版社.

湖南省文物考古研究所 編, 2012, 『里耶秦簡〔壹〕』, 北京: 文物出版社.

湖北省文物考古研究院 等 編, 2023, 『睡虎地西漢簡牘(壹)』, 上海: 中西書局.

湖南省文物考古研究院 等 編, 2023, 『益陽兔子山七號井西漢簡牘』, 上海: 上海古籍出版社.

2. 논문

김병준, 2008, 「낙랑군 초기 편호과정과 '胡漢稍別' -〈樂浪郡初元四年縣別戶口多少□□〉木簡을 단서로-」, 『목간과 문자』 1, 한국목간학회.

김병준, 2018, 「월성 해자 2호 목간 다시 읽기-중국 출토 고대 행정 문서 자료와의 비교」, 『목간과 문자』 20, 한국목간학회.

김병준, 2023a, 「진한(秦漢)시기 조령(詔令)의 반포와 령(令)의 정비」, 『인문논총』 80-2, 서울대학교 인문학연구원.

김병준, 2023b, 「한국사와 동양사의 장벽 허물기-낙랑 연구의 사례」, 『관악사론』 3, 서울대학교 역사연구소.

김병준, 2024년 1월 6일, 「讀《睡虎地西漢簡》有感」, "《睡虎地西漢簡牘·質日》成果發佈暨學術座談會" 발표문.

다이웨이홍, 2020a, 「중국 출토 구구표 자료 연구」, 『목간과 문자』 25, 한국목간학회.

다이웨이홍, 2020b, 「中·韓·日 삼국 出土 九九簡과 기층 사회의 數學 學習」, 『中央史論』 52, 중앙대학교 중앙사학연구소.
방윤미, 2023a, 「秦·漢初 司寇 再考 — 女性司寇 문제를 중심으로」, 『중국고중세사연구』 67, 중국고중세사학회.
방윤미, 2023b, 「진한(秦漢) 형벌체계 형성과정의 일고찰 — 사구(司寇)의 기원과 '정형'(正刑)화 과정을 중심으로」, 『인문논총』 80-2, 서울대학교 인문학연구원.
蕭燦 저/송진영 역, 2016, 「고대 중국의 수학 간독의 출토상황과 문서서식 및 연구 근황-진한시기의 九九表과 算數書를 중심으로-」, 『목간과 문자』 17, 한국목간학회.
윤선태, 2016, 「百濟의 '九九段' 木簡과 術數學」, 『목간과 문자』 17, 한국목간학회.
윤선태, 2019, 「한국 多面木簡의 발굴 현황과 용도」, 『목간과 문자』 23, 한국목간학회.
윤재석, 2022, 「秦漢代의 算學教育과 '구구단' 木簡」, 『동서인문』 19, 경북대학교 인문학술원.
정병준, 2015, 「韓國 古代 律令 研究를 위한 몇 가지 提言-近來의 '教令制'說을 중심으로」, 『동국사학』 59, 동국역사문화연구소.
陳偉 저/방윤미 해제 및 번역, 2020, 「秦漢 簡牘에 보이는 律典 체계」, 『동아문화』 58, 서울대학교 동아문화연구소.
홍승우, 2015, 「목간 자료로 본 백제의 籍帳 문서와 수취제도」, 『한국고대사연구』 80, 한국고대사학회.
홍승우, 2016, 「고구려 율령의 형식과 제정방식-〈광개토왕비〉와 〈집안고구려비〉의 사례 분석」, 『목간과 문자』 16, 한국목간학회.
羅廷, 2023, 「湖北荊州印台墓地M159、M160發掘簡報」, 『江漢考古』 2023-02.
謝春明, 2023, 「湖北荊州黃山M576出土竹簡和木觚」, 『江漢考古』 2023-02.
孫聞博 等, 2023, 「浙江餘姚花園新村遺址出土東漢劾物木觚」, 『文物』 2023-06.
王衛東, 2023, 「甘肅臨澤化音漢墓發掘簡報」, 『中國國家博物館館刊』 2023-02.
李均明·馮立昇, 2013, 「清華簡〈算表〉概述」, 『文物』 2013-08.
蔣魯敬·肖玉軍, 2023, 「湖北荊州王家嘴M798出土戰國楚簡《詩經》概述」, 『江漢考古』 2023-02.
張春龍, 2021, 「湖南益陽兔子山遺址七號井發掘簡報」, 『文物』 2021-06.
張忠煒·張春龍, 2020, 「漢律體系新論—以益陽兔子山遺址所出漢律律名木牘爲中心」, 『歷史研究』 2020-06
趙曉斌, 2023, 「湖北荊州王家嘴M798出土戰國楚簡〈孔子曰〉概述」, 『江漢考古』 2023-02.
陳松長, 2023, 「長沙走馬樓西漢簡"襄人斂賓案"相關問題略論」, 『中國簡帛學國際論壇2023』.
陳程, 2023, 「湖北荊州黃山墓地M576發掘簡報」, 『江漢考古』 2023-02
肖玉軍, 2023, 「湖北荊州王家嘴798號楚墓發掘簡報」, 『江漢考古』 2023-02.
荊州博物館, 2024, 「湖北荊州秦家嘴墓地M1093發掘簡報」, 『江漢考古』 2024-02.

3. 기타 자료

"123자 적힌 궁예의 나라 흔적…'한반도 목간 중 글자 수 최다'", 연합뉴스 2023-11-28.(https://www.yna.co.kr/view/AKR20231127148300005?input=1195m)

"2100年前西漢基層'公務員'日記重見天日, 15年未升遷, 最多一年出差154天", 長江日報 2024-01-08.

"近萬枚吳簡、六朝時期重要衙署, 湖南郴州渡頭古城有重大發現", 湖南國際頻 2023-12-22(https://baijiahao.baidu.com/s?id=1785978171881466884&wfr=spider&for=pc)

"重慶首次發現明確紀年西漢早期墓葬出土'干支木牘'等文物600餘件", 杭州網 2023-12-06(https://news.hangzhou.com.cn/gnxw/content/2023-12/06/content_8655387.htm)

"解密武隆西漢墓｜墓主人身份初步揭開: 漢惠帝御史, 名'昌'", 重慶日報 2023-12-15(https://baijiahao.baidu.com/s?id=1785332148104874606&wfr=spider&for=pc)

"湖南年度考古放榜, 長沙'成績單'亮眼", 長沙晚報 2024-01-30(https://baijiahao.baidu.com/s?id=1789470572928551465&wfr=spider&for=pc)

"漢代如何治理西南邊疆？雲南這批出土簡牘有新發現", 新華網 2023-03-20(http://www.xinhuanet.com/2023-03/20/c_1129447595.htm)

"漢代治理西南邊地的文獻見證, 河泊所簡牘釋讀取得初步進展" 2023-03-24 (https://mp.weixin.qq.com/s/-fpJcy5HDbWDjRbZbRNZQw)

〈Abstract〉

Introduction to the Recently Unearthed Bamboo and Wooden Slips in China
- Exploring Connections with Korean Peninsula Materials

Bang, Yun Mi

This study aims to introduce the recently excavated or disclosed bamboo and wooden slip (jiandu or mokkan) documents from China to the domestic audience and contribute to domestic bamboo and wooden slip research by exploring connections with the studies on the bamboo and wooden slips from the Korean Peninsula. While the recent discoveries of the bamboo and wooden slips on the Korean Peninsula have revitalized the ancient Korean history researches, the absolute quantity of excavated materials is limited, and most are fragmentary, making it difficult to achieve consensus in understanding. Therefore, there is a need to foster a more comprehensive understanding through comparison with bamboo and wooden slip documents from China. It is hoped that by summarizing and introducing the excavation status of bamboo and wooden slips in China, this research will contribute to domestic bamboo and wooden slip studies.

▶ Key words: bamboo and wooden slip, mokkan, ancient Chinese history, excavated mokkan on the Korean Peninsula, 2023

학술대회, 신년휘호, 신라향가연구독회, 자료교환

학술대회, 신년휘호, 신라향가연구독회, 자료교환

1. 학술대회

1) 한국목간학회 제43회 정기발표회

- 주최 : 한국목간학회
- 일시 : 2024년 1월 19일(금) 13:00~17:40
- 장소 : 국립중앙박물관 교육관 제1강의실
- 일정

13:30~13:40 : 인사말 - 한국목간학회장 및 박물관 관계자
13:40~15:00 : 양주대모산성 원형집수시설 출토 목간 - 김병조(기호문화재연구원)
15:00~16:10 : 근년 출토된 일본 목간에 대하여 - 小宮秀陵(獨協大學)
16:10~16:30 : 신년 휘호 및 휴식
16:30~17:40 : 국립중앙박물관 소장 무주강거사사경공덕기잔비 武周康居士寫經功德記殘碑의 복원 - 무주 시기 투루판 지역 소그드인 불교도의 대장경 조성 - 권영우(국립중앙박물관)

2) 한국목간학회 제 44회 정기발표회

- 주최 : 한국목간학회
- 일시 : 2024년 3월 8일(금) 13:00~18:00
- 장소 : 동국대학교 만해법학관 B163호
- 일정

13:00~13:10 : 인사말 - 한국목간학회장
13:10~14:20 : 출토문자로 본 능산리형석실의 역연대와 피장자 - 이주헌(前 국립문화재연구원)
14:20~15:30 : 谷城 泰安寺 寂忍禪師碑의 재검토 - 최연식(동국대학교)
15:30~15:40 : 휴식
15:40~16:50 : 선각대사비에 보이는 왕건과 궁예 - 판독 교정과 사실 유추 - - 하일식(연세대학교)

16:50~18:00 : 최근 중국에서 출토된 주요 간독 소개 - 한반도 자료와의 연결을 모색하며 - 방윤미(서울대학교)

3) 한국목간학회 제3회 한·중·일 목간연구 국제학술대회 - 동아시아 고대의 주술과 문자

- 주 최 : 한국목간학회, 중국사회과학원, 일본목간학회, 동아문화연구소, 포니정재단
- 후 원 : 기호문화유산연구원, 수도문물연구원, 전북문화유산연구원, 한국문화유산연구원
- 일시 : 2024.05.10.~11.
- 장소 : 동국대학교 혜화관 미래융합세미나실(320호)
- 일정

5월 10일(금)		
시간	주제	비고
13:00 ~ 13:10	등록 登錄	
13:10 ~ 13:20	인사말 및 환영사 致辞及欢迎词 あいさつと歓迎の辞	韓國木簡學會長, 中國 代表, 日本 代表
		社會 : 崔鉛植(東國大學校)
13:20 ~ 14:10	고구려 유적의 '井'자 출토 현황과 그 의미 高句丽遗址的"井"字出土现状及其意义 高句麗遺跡の「井」字出土現況とその意味	발표 : 余昊奎(韓國外國語大學校)
14:10 ~ 15:10	荆州胡家草場漢簡日書《詰咎》卷整理述要 형주 호가초장 한간 일서 《詰咎》권 정리 개요 荊州胡家草場漢簡日書《詰咎》巻の整理述要	발표 : 刘国胜(武汉大学 历史学院) 토론 : 琴載元(慶北大學校)
15:10 ~ 15:30	휴식	
15:30 ~ 16:30	談八角廊漢簡所見餘數占卜 팔각랑 한간에 보이는 여수 점복에 대하여 八角廊漢簡の余数占卜について	발표 : 程少轩(南京大学 文学院) 토론 : 金珍佑(慶北大學校)
16:30 ~ 17:00	上章과 投龍簡을 통해 본 도교 의례 文書의 특징 - 中國 中世의 道教를 보는 한 視覺 - 通过上章和投龙简看到的道教礼仪文件的特点 上章と投龍簡を通じて見た道教儀礼文書の特徴	발표 : 趙晟佑(Seoul大學校)
17:00 ~ 18:00	古代日本の呪符木簡 고대일본의 주부 목간 古代日本的咒术木简	발표 : 桑田訓也(奈良文化財研究所) 토론 : 오택현(한국학중앙연구원)

5월 11일(토)		
시간	주제	비고
		社會 : 李炳鎬(東國大學校)
09:20 ~ 09:50	한국 고대 산성 집수지 출토 주술 목간의 성격 韩国古代山城集水池出土的术木简的性质 韓国古代山城集水池出土の咒术木簡の性格	발표 : 金在弘(國民大學校)
09:50 ~ 10:50	尹灣漢簡〈占雨〉篇補遺 윤만한간 〈占雨〉편 보유 尹湾漢簡〈占雨〉篇の補遺	발표 : 曾磊 (中国社会科学院 古代史研究所) 토론 : 김용찬(전북대학교)
10:50 ~ 11:10	휴식	
11:10 ~ 12:00	東アジアから見た韓国木簡と祭祀遺跡 -所月里遺跡を中心に- 동아시아에서 본 한국목간과 제사유적 从东亚看到的韩国木简和祭祀遗址	발표 : 李成市(早稲田大学) 토론 : 김창석(강원대학교)
12:00 ~ 12:30	고대 한반도 呪術 관련 遺物에 보이는 人物 形象에 대하여 -楊州 大母山城 木簡을 中心으로- 关于古代韩半岛巫术相关文物中的人物形象 古代韓半島の呪術関連遺物に見られる人物の形状について	발표 : 李在晥(中央大學校)
12:30 ~ 14:00	중식 中食	
14:00 ~ 17:30	綜合討論	좌장 : 金秉駿(Seoul大學校) 발표자 및 토론자 전원
17:30 ~ 17:50	閉會	

4) 한국목간학회 제 45회 정기발표회

- 주최 : 한국목간학회
- 일시 : 2024년 6월 14일(금) 13:30~17:30
- 장소 : 동국대학교 혜화관 미래융합세미나실(320호)
- 일정

13:30~13:40 : 인사말 - 한국목간학회장

13:40~14:50 : '태봉 목간' 단상 - 조인성(경희대학교)

14:50~15:10 : 휴식

15:10~16:20 : 양주대모산성 출토 목간과 주형목기 - 방국화(경북대학교)

16:20~17:30 : 在唐 百濟 遺民 墓誌에 기록된 가족관계에 대한 검토 - 박지현(서울대학교)

2. 신년휘호

* 2024년 1월 19일
* 謙山 金榮基 先生

3. 신라향가연구독회

■ 일1월 모임

- 일　시 : 1월 13일(토) 15:00~18:00
- 장　소 : 중앙대학교 310관 904호
- 주　제 : 원가
- 특　강 : 박재민(숙명여대)
- 강연자 : 권인한(성균관대)

- 발제자 : 림성권(성균관대)

■ 2월 모임
- 일　시 : 2월 17일(토) 15:00~18:00
- 장　소 : 중앙대학교 310관 902호
- 주　제 : 헌화가, 도솔가
- 특　강 : 서영교(중원대)
- 강연자 : 권인한(성균관대)
- 발제자 : 림성권(성균관대)

■ 3월 모임
- 일　시 : 3월 9일(토) 15:00~18:00
- 장　소 : 중앙대학교 203관 609호
- 주　제 : 제망매가
- 특　강 : 신종원(한국학중앙연구원)
- 강연자 : 권인한(성균관대)
- 발제자 : 림성권(성균관대)

■ 4월 모임
- 일　시 : 4월 6일(토) 15:00~18:00
- 장　소 : 중앙대학교 203관(서라벌홀) 512호
- 주　제 : 안민가
- 특　강 : 윤선태(동국대), 향가와 사뇌가의 개념에 관한 提言
- 강연자 : 권인한(성균관대)
- 발제자 : 림성권(성균관대)

■ 5월 모임
- 일　시 : 5월 18일(토) 15:00~18:00
- 장　소 : 중앙대학교 102관 106호
- 주　제 : 찬기파랑가
- 특　강 : 서정목(서강대)
- 강연자 : 권인한(성균관대)
- 발제자 : 림성권(성균관대)

■ 6월 모임

- 일 시 : 6월 15일(토) 15:00~18:00
- 장 소 : 중앙대학교 203관 511호
- 주 제 : 도천수관음가
- 특 강 : 김지오(동국대)
- 강연자 : 권인한(성균관대)
- 발제자 : 림성권(성균관대)

4. 자료교환

日本木簡學會와의 資料交換

* 韓國木簡學會 『木簡과 文字』 31호 일본 발송

부 록

학회 회칙, 간행예규, 연구윤리규정

학회 회칙

제 1 장 총칙

제 1 조 (명칭) 본회는 한국목간학회(韓國木簡學會, The Korean Society for the Study of Wooden Documents)라 한다.

제 2 조 (목적) 본회는 목간을 비롯한 금석문, 고문서 등 문자자료와 기타 문자유물을 중심으로 한 연구 및 학술조사를 통하여 한국의 목간학 발전에 이바지함을 목적으로 한다.

제 3 조 (사업) 본회는 목적에 부합하는 다음의 사업을 한다.

1. 연구발표회
2. 학보 및 기타 간행물 발간
3. 유적·유물의 답사 및 조사 연구
4. 국내외 여러 학회들과의 공동 학술연구 및 교류
5. 기타 위의 각 사항의 사업을 수행하기 위해 필요한 사업

제 4 조(회원의 구분과 자격)

① 본회의 회원은 본회의 목적에 동의하여 회비를 납부하는 개인 또는 기관으로서 연구회원, 일반회원 및 학생회원으로 구분하며, 따로 명예회원, 특별회원을 둘 수 있다.

② 연구회원은 평의원 2인 이상의 추천을 받아 평의원회에서 심의, 인준한다.

③ 일반회원은 연구회원과 학생회원이 아닌 사람과 기관 및 단체로 한다.

④ 학생회원은 대학생과 대학원생으로 한다.

⑤ 명예회원은 본회의 발전에 크게 기여한 회원 또는 개인 중에서 운영위원회에서 추천하여 평의원회에서 인준을 받은 사람으로 한다.

⑥ 특별회원은 본회의 활동과 운영에 크게 기여한 개인 또는 기관 중에서 운영위원회에서 추천하여 평의원회에서 인준을 받은 사람으로 한다.

제 5 조 (회원징계) 회원으로서 본회의 명예를 손상시키거나 회칙을 준수하지 않았을 경우 평의원회의 심의와 총회의 의결에 따라 자격정지, 제명 등의 징계를 할 수 있다.

제 2 장 조직 및 기능

제 6 조 (조직) 본회는 총회·평의원회·운영위원회·편집위원회를 두며, 필요한 경우 별도의 위원회를 구성할 수 있다.

제 7 조 (총회)

① 총회는 정기총회와 임시총회로 나누며, 정기총회는 2년에 1회 정기적으로 개최하고 임시총회는 필요한 때에 소집할 수 있다.

② 총회는 회장이나 평의원회의 의결로 소집한다.

③ 총회는 평의원회에서 심의한 학회의 회칙, 운영예규의 개정 및 사업과 재정 등에 관한 보고를 받고 이를 의결한다.

④ 총회는 평의원회에서 추천한 회장, 평의원, 감사를 인준한다. 단 회장의 인준이 거부되었을 때는 평의원회에서 재추천하도록 결정하거나 총회에서 직접 선출한다.

제 8 조 (평의원회)

① 평의원은 연구회원 중 평의원회의 추천을 받아 총회에서 인준한 자로 한다.

② 평의원회는 회장을 포함한 평의원으로 구성한다.

③ 평의원회는 회장 또는 평의원 4분의 1 이상의 요구로써 소집한다.

④ 평의원회는 아래의 사항을 추천, 심의, 의결한다.

1. 회장, 평의원, 감사, 편집위원의 추천
2. 회칙개정안, 운영예규의 심의
3. 학회의 재정과 사업수행의 심의
4. 연구회원, 명예회원, 특별회원의 인준
5. 회원의 자격정지, 제명 등의 징계를 심의

제 9 조 (운영위원회)

① 운영위원회는 회장과 회장이 지명하는 부회장, 총무·연구·편집·섭외이사 등 20명 내외로 구성하고, 실무를 담당할 간사를 둔다.

② 운영위원회는 평의원회에서 심의·의결한 사항을 집행하며, 학회의 제반 운영업무를 담당한다.

③ 부회장은 회장을 도와 학회의 업무를 총괄 지원하며, 회장 유고시에는 회장의 권한을 대행한다.

④ 총무이사는 학회의 통상 업무를 담당, 집행하며 회장을 대신하여 재정·회계사무를 대표하여 처리한다.
⑤ 연구이사는 연구발표회 및 각종 학술대회의 기획을 전담한다.
⑥ 편집이사는 편집위원을 겸하며, 학보 및 기타 간행물의 출간을 전담한다.
⑦ 섭외이사는 학술조사를 위해 자료소장기관과의 섭외업무를 전담한다.

제 10 조 (편집위원회)　편집위원회는 학보 발간 및 기타 간행물의 출간에 관한 제반사항을 담당하며, 그 구성은 따로 본회의 운영예규에 정한다.

제 11 조 (기타 위원회)　기타 위원회의 구성과 활동은 회장이 결정하며, 그 내용을 평의원회에 보고한다.

제 12 조 (임원)
① 회장은 본회를 대표하고 총회와 각급회의를 주재하며, 임기는 2년으로 한다.
② 평의원은 제 8 조의 사항을 담임하며, 임기는 종신으로 한다.
③ 감사는 평의원회에 출석하고, 본회의 업무 및 재정을 감사하여 총회에 보고하며, 그 임기는 2년으로 한다.
④ 임원의 임기는 1월 1일부터 시작한다.
⑤ 임원이 유고로 업무를 수행할 수 없게 된 때에는 평의원회에서 보궐 임원을 선출하고 다음 총회에서 인준을 받으며, 그 임기는 전임자의 잔여임기가 1년 미만인 경우는 잔여임기에 규정임기 2년을 더한 기간으로 하고, 잔여임기가 1년 이상인 경우는 잔여기간으로 한다.

제 13 조 (의결)
① 총회에서의 인준과 의결은 출석 회원의 과반수로 한다.
② 평의원회는 평의원 4분의 1 이상의 출석으로 성립하며, 의결은 출석한 평의원 과반수의 찬성으로 한다.

제 3 장 출판물의 발간

제 14 조 (출판물)
① 본회는 매년 6월 30일과 12월 31일에 학보를 발간하고, 그 명칭은 "목간과 문자"(한문 "木簡과 文字", 영문 "Wooden documents and Inscriptions Studies")로 한다.
② 본회는 학보 이외에 본회의 목적에 부합하는 출판물을 발간할 수 있다.
③ 본회가 발간하는 학보를 포함한 모든 출판물의 저작권은 본 학회에 속한다.

제 15 조 (학보 게재 논문 등의 선정과 심사)

① 학보에는 회원의 논문 및 본회의 목적에 부합하는 주제의 글을 게재함을 원칙으로 한다.

② 논문 등 학보 게재물은 편집위원회에서 선정한다.

③ 논문 등 학보 게재물의 선정 기준과 절차는 따로 본회의 운영예규에 정한다.

제 4 장 재정

제 16 조 (재원)　본회의 재원은 회비 및 기타 수입으로 한다.

제 17 조 (회계연도)　본회의 회계연도 기준일은 1월 1일로 한다.

제 5 장 기타

제 18 조 (운영예규)　본 회칙에 명시하지 않은 운영에 필요한 사항은 따로 운영예규에 정한다.

제 19 조 (기타사항)　본 회칙에 규정되지 않은 사항은 일반관례에 따른다.

부칙

1. 본 회칙은 2007년 1월 9일부터 시행한다.
2. 본 회칙은 2009년 1월 9일부터 시행한다.
3. 본 회칙은 2012년 1월 18일부터 시행한다.
4. 본 회칙은 2015년 10월 31일부터 시행한다.
5. 본 회칙은 2021년 11월 23일부터 시행한다.

편집위원회에 관한 규정

제 1 장 총칙

제 1 조 (명칭) 본 규정은 '편집위원회에 관한 규정'이라 한다.

제 2 조 (목적) 본 규정은 한국목간학회 편집위원회의 조직 및 편집 활동 전반에 관한 세부 사항을 규정하는 것을 목적으로 한다.

제 2 장 조직 및 권한

제 3 조 (구성) 편집위원회는 회칙에 따라 구성한다.

제 4 조 (편집위원의 임명) 편집위원은 세부 전공 분야 및 연구 업적을 감안하여 평의원회에서 추천하며, 회장이 임명한다.

제 5 조 (편집위원장의 선출) 편집위원장은 편집위원 전원의 무기명 비밀투표 방식으로 편집위원 중에서 선출한다.

제 6 조 (편집위원장의 권한) 편집위원장은 편집회의의 의장이 되며, 학회지의 편집 및 출판 활동 전반에 대하여 권한을 갖는다.

제 7 조 (편집위원의 자격) 편집위원은 다음과 같은 조건을 갖춘자로 한다.

1. 박사학위를 소지한 자.
2. 대학의 전임교수로서 5년 이상의 경력을 갖추었거나, 이와 동등한 연구 경력을 갖춘자.
3. 역사학·고고학·보존과학·국어학 또는 이와 관련된 분야에서 연구 업적이 뛰어나고 학계의 명망과 인격을 두루 갖춘자.

4. 다른 학회의 임원이나 편집위원으로 과다하게 중복되지 않은 자.

제 8 조 (편집위원의 임기) 편집위원의 임기는 2년으로 하되, 연임할 수 있다.

제 9 조 (편집자문위원) 학회지 및 기타 간행물의 편집 및 출판 활동과 관련하여 필요시 국내외의 편집자문위원을 둘 수 있다.

제 10 조 (편집간사) 학회지를 비롯한 제반 출판 활동 업무를 원활히 하기 위하여 편집간사 약간 명을 둘 수 있다.

제 3 장 임무와 활동

제 11 조 (편집위원회의 임무와 활동) 편집위원회의 임무와 활동 내용은 다음과 같다.

1. 학회지의 간행과 관련된 제반 업무.
2. 학술 단행본의 발행과 관련된 제반 업무.
3. 기타 편집 및 발행과 관련된 제반 활동.

제 12 조 (편집간사의 임무) 편집간사는 편집위원회의 업무와 활동을 보조하며, 편집과 관련된 회계의 실무를 담당한다.

제 13 조 (학회지의 발간일) 학회지는 1년에 2회 발행하며, 그 발행일자는 6월 30일과 12월 31일로 한다.

제 4 장 편집회의

제 14 조 (편집회의의 소집) 편집회의는 편집위원장이 수시로 소집하되, 필요한 경우에는 3인 이상의 편집위원이 발의하여 회장의 동의를 얻어 편집회의를 소집할 수 있다. 또한 심사위원의 추천 및 선정 등에 필요한 경우에는 전자우편을 통한 의견 수렴으로 편집회의를 대신할 수 있다.

제 15 조 (편집회의의 성립) 편집회의는 편집위원장을 포함한 편집위원 과반수의 출석으로 성립된다.

제 16 조 (편집회의의 의결) 편집회의의 제반 안건은 출석 위원 과반수의 찬성으로 의결하되, 찬반 동수인 경우에는 편집위원장이 결정한다.

제 17 조 (편집회의의 의장) 편집위원장은 편집회의의 의장이 된다. 편집위원장이 참석하지 아니한 경우에는 편집위원 중의 연장자가 의장이 된다.

제 18 조 (편집회의의 활동) 편집회의는 학회지의 발행, 논문의 심사 및 편집, 기타 제반 출판과 관련된 사항에 대하여 논의하고 결정한다.

부칙

제1조 이 규정은 운영위원회의 의결을 거쳐 2007년 11월 24일부터 시행한다.

제2조 이 규정은 운영위원회의 의결을 거쳐 2009년 1월 9일부터 시행한다.

제3조 이 규정은 운영위원회의 의결을 거쳐 2012년 1월 18일부터 시행한다.

학회지 논문의 투고와 심사에 관한 규정

제 1 장 총칙

제 1 조 (명칭) 본 규정은 '학회지 논문의 투고와 심사에 관한 규정'이라 한다.

제 2 조 (목적) 본 규정은 한국목간학회의 학회지인 『목간과 문자』에 수록할 논문의 투고와 심사에 관한 절차를 정하고 관련 업무를 명시함에 목적을 둔다.

제 2 장 원고의 투고

제 3 조 (투고 자격) 논문의 투고 자격은 회칙에 따르되, 당해 연도 회비를 납부한 자에 한한다.

제 4 조 (투고의 조건) 본 학회에서 발표한 논문에 한하여 투고하는 것을 원칙으로 한다.

제 5 조 (원고의 분량) 원고의 분량은 학회지에 인쇄된 것을 기준으로 각종의 자료를 포함하여 20면 내외로 하되, 자료의 영인을 붙이는 경우에는 면수 계산에서 제외한다.

제 6 조 (원고의 작성 방식) 원고의 작성 방식과 요령 등에 관하여는 별도의 내규를 정하여 시행한다.

제 7 조(원고의 언어) 원고는 한국어로 작성함을 원칙으로 하되, 외국어로 작성된 원고의 게재 여부는 편집회의에서 정한다.

제 8 조 (제목과 필자명) 논문 제목과 필자명은 영문으로 附記하여야 한다.

제 9 조 (국문초록과 핵심어) 논문을 투고할 때에는 국문과 외국어로 된 초록과 핵심어를 덧붙여야 한다. 요약문과 핵심어의 작성 요령은 다음과 같다.

1. 국문초록은 논문의 내용과 논지를 잘 간추려 작성하되, 외국어 요약문은 영어, 중국어, 일어 중의 하나로 작성한다.
2. 국문초록의 분량은 200자 원고지 5매 내외로 한다.
3. 핵심어는 논문의 주제 및 내용을 대표할 만한 단어를 뽑아서 요약문 뒤에 행을 바꾸어 제시한다.

제 10 조 (논문의 주제 및 내용 조건) 논문의 주제 및 내용은 다음에 부합하여야 한다.

1. 국내외의 출토 문자 자료에 대한 연구 논문
2. 국내외의 출토 문자 자료에 대한 소개 또는 보고 논문
3. 국내외의 출토 문자 자료에 대한 역주 또는 서평 논문

제 11 조 (논문의 제출처) 심사용 논문은 온라인투고시스템을 이용한다.

제 3 장 원고의 심사

제 1 절 : 심사자

제 12 조 (심사자의 자격) 심사자는 논문의 주제 및 내용과 관련된 분야에서 박사학위를 소지한 자를 원칙으로 하되, 본 학회의 회원 가입 여부에 구애받지 아니한다.

제 13 조 (심사자의 수) 심사자는 논문 한 편당 2인 이상 5인 이내로 한다.

제 14 조 (심사 의뢰) 편집위원장은 편집회의에서 추천·의결한 바에 따라 심사자를 선정하여 심사를 의뢰하도록 한다. 편집회의에서의 심사자 추천은 2배수로 하고, 편집회의의 의결을 거쳐 선정한다.

제 15 조 (심사자에 대한 이의) 편집위원장은 심사자 위촉 사항에 대하여 대외비로 회장에게 보고하며, 회장은 편집위원장에게 이의를 제기할 수 있다. 심사자 위촉에 대한 이의에 대하여는 편집회의를 거쳐 편집위원장이 심사자를 변경할 수 있다. 다만, 편집회의 결과 원래의 위촉자가 재선정되었을 경우 편집위원장은 회장에게 그 사실을 구두로 통지하며, 통지된 사항에 대하여 회장은 이의를 제기할 수 없다.

제 2 절 : 익명성과 비밀 유지

제 16 조 (익명성과 비밀 유지 조건) 심사용 원고는 반드시 익명으로 하며, 심사에 관한 제반 사항은 편집위원장 책임하에 반드시 대외비로 하여야 한다.

제 17 조 (익명성과 비밀 유지 조건의 위배에 대한 조치)　위 제16조의 조건을 위배함으로 인해 심사자에게 중대한 피해를 입혔을 경우에는 편집위원 3인 이상의 발의로써 편집위원장의 동의 없이도 편집회의를 소집할 수 있으며, 다음 각 호에 따라 위배한 자에 따라 사안별로 조치한다. 또한 해당 심사자에게는 편집위원장 명의로 지체없이 사과문을 심사자에게 등기 우송하여야 한다. 편집위원장 명의를 사용하지 못할 경우에는 편집위원 전원이 연명하여 사과문을 등기 우송하여야 한다. 익명성과 비밀 유지 조건에 대한 위배 사실이 학회의 명예를 손상한 경우에는 편집위원 3인의 발의만으로써도 해당 편집위원장 및 편집위원에 대한 징계를 회장에게 요청할 수 있으며, 이 경우 그 처리 결과를 학회지에 공지하여야 한다.

1. 편집위원장이 위배한 경우에는 편집위원장을 교체한다.
2. 편집위원이 위배한 경우에는 편집위원직을 박탈한다.
3. 임원을 겸한 편집위원의 경우에는 회장에게 교체하도록 요청한다.
4. 편집간사 또는 편집보조가 위배한 경우에는 편집위원장이 당사자를 해임한다.

제 18 조 (편집위원의 논문에 대한 심사)　편집위원이 투고한 논문을 심사할 때에는 해당 편집위원을 궐석시킨 후에 심사자를 선정하여야 하며, 회장에게도 심사자의 신원을 밝히지 않는 것을 원칙으로 한다.

제 3 절 : 심사 절차

제 19 조 (논문심사서의 구성 요건)　논문심사서에는 '심사 소견', 그리고 '수정 및 지적사항'을 적는 난이 포함되어야 한다.

제 20 조 (심사 소견과 영역별 평가)　심사자는 심사 논문에 대하여 영역별 평가를 감안하여 종합판정을 한다. 심사 소견에는 영역별 평가와 종합판정에 대한 근거 및 의견을 총괄적으로 기술함을 원칙으로 한다.

제 21 조 (수정 및 지적사항)　'수정 및 지적사항'란에는 심사용 논문의 면수 및 수정 내용 등을 구체적으로 지시하여야 한다.

제 22 조 (심사 결과의 전달)　편집간사는 편집위원장의 지시를 받아 투고자에게 심사자의 논문심사서와 심사용 논문을 전자우편 또는 일반우편으로 전달하되, 심사자의 신원이 드러나지 않도록 각별히 유의하여야 한다. 논문 심사서 중 심사자의 인적 사항은 편집회의에서도 공개하지 않는다.

제 23 조 (수정된 원고의 접수)　투고자는 논문심사서를 수령한 후 소정 기일 내에 원고를 수정하여 편집위원장에게 송부하여야 한다. 기한을 넘겨 접수된 수정 원고는 학회지의 다음 호에 접수된 투고 논문과

동일한 심사 절차를 밟되, 논문심사료는 부과하지 않는다.

제 4 절 : 심사의 기준과 게재 여부 결정

제 24 조 (심사 결과의 종류)　심사 결과는 '종합판정'과 '영역별 평가'로 나누어 시행한다.

제 25 조 (종합판정과 등급)　종합판정은 게재(A), 수정후 게재(B), 수정후 재심사(C), 게재 불가(D) 중의 하나로 한다.

제 26 조 (영역별 평가)　영역별 평가 기준은 다음과 같다.

1. 학계에의 기여도
2. 연구 내용 및 방법론의 참신성
3. 논지 전개의 타당성
4. 논문 구성의 완결성
5. 문장 표현의 정확성

제 27 조 (게재 여부의 결정 기준)　심사용 논문의 학회지 게재 여부는 심사자의 종합판정에 의거하여 이들을 합산하여 시행한다. 게재 여부의 결정은 최종 수정된 원고를 대상으로 한다.

제 28 조 (게재 여부 결정의 조건)　심사위원의 심사 결과를 종합하여 다음과 같이 판정한다.

1. A·A·B, A·A·B : 게재
2. A·A·C, A·A·D, A·B·B, A·B·C, B·B·B : 수정후 게재
3. A·B·D, B·B·C : 편집위원회에서 판정
4. A·C·C, A·C·D, B·B·D, B·C·C, B·C·D, C·C·C : 수정후 재심사
5. A·D·D, B·D·D, C·C·D, C·D·D, D·D·D : 게재 불가

제 29조 〈삭제 2023.11.17.〉

제 30 조 (논문 게재 여부의 통보)　편집위원장은 논문 게재 여부에 대한 최종 확정 결과를 투고자에게 통보하여야 한다.

제 5 절 : 이의 신청

제 31 조 (이의 신청)　투고자는 심사와 논문 게재 여부에 대하여 이의를 신청할 수 있다. 이 때에는 200자 원고지 5매 내외의 이의신청서를 작성하여 심사 결과 통보일 15일 이내에 편집위원장에게 송부하여야 하며, 편집위원장은 이의 신청 접수일로부터 15일 이내에 이에 대한 처리 절차를 완료하여야 한다.

제 32 조 (이의 신청의 처리)　이의 신청을 한 투고자의 논문에 대해서는 편집회의에서 토의를 거쳐 이의 신청의 수락 여부를 의결한다. 수락한 이의 신청에 대한 조치 방법은 편집회의에서 결정한다.

제 4 장 게재 논문의 사후 심사 및 조치

제 1 절 : 게재 논문의 사후 심사

제 33 조 (사후 심사)　학회지에 게재된 논문에 대하여는 사후 심사를 할 수 있다.

제 34 조 (사후 심사 요건)　사후 심사는 편집위원회의 자체 판단 또는 접수된 사후심사요청서의 검토 결과, 대상 논문이 그 논문이 수록된 본 학회지 발행일자 이전의 간행물 또는 타인의 저작권에 귀속시킬 만한 연구 내용을 현저한 정도로 표절 또는 중복 게재한 것으로 의심되는 경우에 한한다.

제 35 조 (사후심사요청서의 접수)　게재 논문의 표절 또는 중복 게재와 관련하여 사후 심사를 요청하는 사후심사요청서를 편집위원장 또는 편집위원회에 접수할 수 있다. 이 경우 사후심사요청서는 밀봉하고 겉봉에 '사후심사요청'임을 명기하되, 발신자의 신원을 겉봉에 노출시키지 않음을 원칙으로 한다.

제 36 조 (사후심사요청서의 개봉)　사후심사요청서는 편집위원장 또는 편집위원장이 위촉한 편집위원이 개봉한다.

제 37 조 (사후심사요청서의 요건)　사후심사요청서는 표절 또는 중복 게재로 의심되는 내용을 구체적으로 밝혀야 한다.

제 2 절 : 사후 심사의 절차와 방법

제 38 조 (사후 심사를 위한 편집위원회 소집)　게재 논문의 표절 또는 중복 게재에 관한 사실 여부를 심의하고 사후 심사자의 선정을 비롯한 제반 사항을 의결하기 위해 편집위원장은 편집위원회를 소집할 수 있다.

제 39 조 (질의서의 우송) 편집위원회의 심의 결과 표절이나 중복 게재의 개연성이 있다고 판단된 논문에 대해서는 그 진위 여부에 대해 편집위원장 명의로 해당 논문의 필자에게 질의서를 우송한다.

제 40 조 (답변서의 제출) 위 제39조의 질의서에 대해 해당 논문 필자는 질의서 수령 후 30일 이내 편집위원장 또는 편집위원회에 답변서를 제출하여야 한다. 이 기한 내에 답변서가 없을 경우엔 질의서의 내용을 인정한 것으로 판단한다.

제 3 절 : 사후 심사 결과의 조치

제 41 조 (사후 심사 확정을 위한 편집위원회 소집) 편집위원장은 답변서를 접수한 날 또는 마감 기한으로부터 15일 이내에 사후 심사 결과를 확정하기 위한 편집위원회를 소집한다.

제 42 조 (심사 결과의 통보) 편집위원장은 편집위원회에서 확정한 사후 심사 결과를 7일 이내에 사후 심사를 요청한 이 및 관련 당사자에게 통보하여야 한다.

제 43 조 (표절 및 중복 게재에 대한 조치) 편집위원회에서 표절 또는 중복 게재로 확정된 경우에는 회장에게 지체 없이 보고하고, 회장은 운영위원회를 소집하여 다음 각 호와 같은 조치를 집행할 수 있다.

1. 차호 학회지에 그 사실 관계 및 조치 사항들을 기록한다.
2. 학회지 전자판에서 해당 논문을 삭제하고, 학회논문임을 취소한다.
3. 해당 논문 필자에 대하여 제명 조치하고, 향후 5년간 재입회할 수 없도록 한다.
4. 관련 사실을 한국연구재단에 보고한다.

제 4 절 : 제보자의 보호

제 44 조 (제보자의 보호) 표절 및 중복 게재에 관한 이의 및 논의를 제기하거나 사후 심사를 요청한 사람에 대해서는 신원을 절대적으로 밝히지 않고 익명성을 보장하여야 한다.

제 45 조 (제보자 보호 규정의 위배에 대한 조치) 위 제44조의 규정을 위배한 이에 대한 조치는 위 제17조에 준하여 시행한다.

부칙

제1조(시행일자) 본 규정은 2007년 11월 24일부터 시행한다.

제2조(시행일자) 본 규정은 2009년 1월 9일부터 시행한다.

제3조(시행일자) 본 규정은 2015년 10월 31일부터 시행한다.
제4조(시행일자) 본 규정은 2018년 1월 12일부터 시행한다.
제5조(시행일자) 본 규정은 2023년 11월 17일부터 시행한다.

학회지 논문의 투고와 원고 작성 요령에 관한 내규

제 1 조 (목적) 이 내규는 본 한국목간학회의 회칙 및 관련 규정에 따라 학회지에 게재하는 논문의 투고와 원고 작성 요령에 대하여 명시하는 것을 목적으로 한다.

제 2 조 (논문의 종류) 학회지에 게재되는 논문은 심사 논문과 기획 논문으로 나뉜다. 심사 논문은 본 학회의 학회지 논문의 투고와 심사에 관한 규정에 따른 심사 절차를 거쳐 게재된 논문을 가리키며, 기획 논문은 편집위원회에서 기획하여 특정의 연구자에게 집필을 위촉한 논문을 가리킨다.

제 3 조 (기획 논문의 집필자) 기획 논문의 집필자는 본 학회의 회원 여부에 구애받지 아니한다.

제 4 조 (기획 논문의 심사) 기획 논문에 대하여도 심사 논문과 동일한 절차의 심사를 시행하는 것을 원칙으로 하되, 편집위원회의 의결을 거쳐 심사를 면제할 수 있다.

제 5 조 (투고 기한) 논문의 투고 기한은 매년 4월 말과 10월 말로 한다.

제 6 조 (수록호) 4월 말까지 투고된 논문은 심사 과정을 거쳐 같은 해의 6월 30일에 발행하는 학회지에 수록하며, 10월 말까지 투고된 논문은 같은 해의 12월 31일에 간행하는 학회지에 수록하는 것을 원칙으로 한다.

제 7 조 (수록 예정일자의 변경 통보) 위 제6조의 예정 기일을 넘겨 논문의 심사 및 게재가 이루어질 경우 편집위원장은 투고자에게 그 사실을 통보해 주어야 한다.

제 8 조 (게재료) 논문 게재 확정시에 내국인의 경우 일반 논문 10만원, 연구비 수혜 논문 30만원의 게재료를 납부하여야 한다.

제 9 조 (초과 게재료) 학 회지에 게재하는 논문의 분량이 인쇄본을 기준으로 20면을 넘을 경우에는 1

면 당 2만원의 초과 게재료를 부과할 수 있다. 단, 한국목간학회 발표회·학술회의를 거친 논문의 경우 면제할 수 있다.

제 10 조 (원고료) 학회지에 게재되는 논문에 대하여는 소정의 원고료를 필자에게 지불할 수 있다. 원고료에 관한 사항은 운영위원회에서 결정한다.

제 11 조 (익명성 유지 조건) 심사용 논문에서는 졸고 및 졸저 등 투고자의 신원을 드러내는 표현을 쓸 수 없다.

제 12 조 (컴퓨터 작성) 논문의 원고는 컴퓨터로 작성함을 원칙으로 하며, 문장편집기 프로그램은 「한글」을 사용할 것을 권장한다.

제 13 조 (제출물) 원고 제출시에는 온라인투고시스템을 이용하며, 연구윤리규정과 저작권 이양동의서에 동의하여야 한다.

제 14 조 (투고자의 성명 삭제) 편집간사는 심사자에게 심사용 논문을 송부할 때 반드시 투고자의 성명과 기타 투고자의 신원을 알 수 있는 표현 등을 삭제하여야 한다.

제 15 조 (출토 문자 자료의 표기 범례 등 기타) 출토 문자 자료의 표기 범례를 비롯하여 위에서 정하지 않은 학회지 논문의 투고와 원고 작성 요령 및 용어 사용 등에 관한 사항들은 일반적인 관행에 따르거나 편집위원회에서 결정한다.

부칙

제1조(시행일자) 이 내규는 2007년 11월 24일부터 시행한다.
제2조(시행일자) 이 내규는 2009년 1월 9일부터 시행한다.
제3조(시행일자) 이 내규는 2012년 1월 18일부터 시행한다.
제4조(시행일자) 이 내규는 2015년 10월 31일부터 시행한다.
제5조(시행일자) 이 내규는 2018년 1월 12일부터 시행한다.
제6조(시행일자) 이 내규는 2023년 11월 17일부터 시행한다.

韓國木簡學會 研究倫理 規定

제 1 장 총칙

제 1 조 (명칭) 이 규정은 '한국목간학회 연구윤리 규정'이라 한다.

제 2 조 (목적) 이 규정은 한국목간학회 회칙 및 편집위원회 규정에 따른 연구윤리 등에 관한 세부사항을 규정하는 것을 목적으로 한다.

제 2 장 저자가 지켜야 할 연구윤리

제 3 조 (표절 금지) 저자는 자신이 행하지 않은 연구나 주장의 일부분을 자신의 연구 결과이거나 주장인 것처럼 논문이나 저술에 제시하지 않는다.

제 4 조 (업적 인정)

1. 저자는 자신이 실제로 행하거나 공헌한 연구에 대해서만 저자로서의 책임을 지며, 또한 업적으로 인정받는다.
2. 논문이나 기타 출판 업적의 저자나 역자가 여러 명일 때 그 순서는 상대적 지위에 관계없이 연구에 기여한 정도에 따라 정확하게 반영하여야 한다. 단순히 어떤 직책에 있다고 해서 저자가 되거나 제1저자로서의 업적을 인정받는 것은 정당화될 수 없다. 반면, 연구나 저술(번역)에 기여했음에도 공동저자(역자)나 공동연구자로 기록되지 않는 것 또한 정당화될 수 없다. 연구나 저술(번역)에 대한 작은 기여는 각주, 서문, 사의 등에서 적절하게 고마움을 표시한다.

제 5 조 (중복 게재 금지) 저자는 이전에 출판된 자신의 연구물(게재 예정이거나 심사 중인 연구물 포함)을 새로운 연구물인 것처럼 투고하지 말아야 한다.

제 6 조 (인용 및 참고 표시)

1. 공개된 학술 자료를 인용할 경우에는 정확하게 기술하도록 노력해야 하고, 상식에 속하는 자료가

아닌 한 반드시 그 출처를 명확히 밝혀야 한다. 논문이나 연구계획서의 평가 시 또는 개인적인 접촉을 통해서 얻은 자료의 경우에는 그 정보를 제공한 연구자의 동의를 받은 후에만 인용할 수 있다.

2. 다른 사람의 글을 인용하거나 아이디어를 차용(참고)할 경우에는 반드시 註[각주(후주)]를 통해 인용 여부 및 참고 여부를 밝혀야 하며, 이러한 표기를 통해 어떤 부분이 선행연구의 결과이고 어떤 부분이 본인의 독창적인 생각·주장·해석인지를 독자가 알 수 있도록 해야 한다.

제 7 조 (논문의 수정) 저자는 논문의 평가 과정에서 제시된 편집위원과 심사위원의 의견을 가능한 한 수용하여 논문에 반영되도록 노력하여야 하고, 이들의 의견에 동의하지 않을 경우에는 그 근거와 이유를 상세하게 적어서 편집위원(회)에게 알려야 한다.

제 3 장 편집위원이 지켜야 할 연구윤리

제 8 조 (책임 범위) 편집위원은 투고된 논문의 게재 여부를 결정하는 모든 책임을 진다.

제 9 조 (논문에 대한 태도) 편집위원은 학술지 게재를 위해 투고된 논문을 저자의 성별, 나이, 소속 기관은 물론이고 어떤 선입견이나 사적인 친분과도 무관하게 오로지 논문의 질적 수준과 투고 규정에 근거하여 공평하게 취급하여야 한다.

제 10 조 (심사 의뢰) 편집위원은 투고된 논문의 평가를 해당 분야의 전문적 지식과 공정한 판단 능력을 지닌 심사위원에게 의뢰해야 한다. 심사 의뢰 시에는 저자와 지나치게 친분이 있거나 지나치게 적대적인 심사위원을 피함으로써 가능한 한 객관적인 평가가 이루어질 수 있도록 노력한다. 단, 같은 논문에 대한 평가가 심사위원 간에 현저하게 차이가 날 경우에는 해당 분야 제3의 전문가에게 자문을 받을 수 있다.

제 11 조 (비밀 유지) 편집위원은 투고된 논문의 게재가 결정될 때까지는 심사자 이외의 사람에게 저자에 대한 사항이나 논문의 내용을 공개하면 안 된다.

제 4 장 심사위원이 지켜야 할 연구윤리

제 12조 (성실 심사) 심사위원은 학술지의 편집위원(회)이 의뢰하는 논문을 심사규정이 정한 기간 내에 성실하게 평가하고 평가 결과를 편집위원(회)에게 통보해 주어야 한다. 만약 자신이 논문의 내용을 평가하기에 적임자가 아니라고 판단될 경우에는 편집위원(회)에게 지체 없이 그 사실을 통보한다.

제 13 조 (공정 심사) 심사위원은 논문을 개인적인 학술적 신념이나 저자와의 사적인 친분 관계를 떠

나 객관적 기준에 의해 공정하게 평가하여야 한다. 충분한 근거를 명시하지 않은 채 논문을 탈락시키거나, 심사자 본인의 관점이나 해석과 상충된다는 이유로 논문을 탈락시켜서는 안 되며, 심사 대상 논문을 제대로 읽지 않은 채 평가해서도 안 된다.

제 14 조 (평가근거의 명시)　심사위원은 전문 지식인으로서의 저자의 인격과 독립성을 존중하여야 한다. 평가 의견서에는 논문에 대한 자신의 판단을 밝히되, 보완이 필요하다고 생각되는 부분에 대해서는 그 이유도 함께 상세하게 설명해야 한다.

제 15 조 (비밀 유지)　심사위원은 심사 대상 논문에 대한 비밀을 지켜야 한다. 논문 평가를 위해 특별히 조언을 구하는 경우가 아니라면 논문을 다른 사람에게 보여주거나 논문 내용을 놓고 다른 사람과 논의하는 것도 바람직하지 않다. 또한 논문이 게재된 학술지가 출판되기 전에 저자의 동의 없이 논문의 내용을 인용해서는 안 된다.

제 5 장　윤리규정 시행 지침

제 16 조 (윤리규정 서약)　한국목간학회의 신규 회원은 본 윤리규정을 준수하기로 서약해야 한다. 기존 회원은 윤리규정의 발효 시 윤리규정을 준수하기로 서약한 것으로 간주한다.

제 17 조 (윤리규정 위반 보고)　회원은 다른 회원이 윤리규정을 위반한 것을 인지할 경우 그 회원으로 하여금 윤리규정을 환기시킴으로써 문제를 바로잡도록 노력해야 한다. 그러나 문제가 바로잡히지 않거나 명백한 윤리규정 위반 사례가 드러날 경우에는 학회 윤리위원회에 보고할 수 있다. 윤리위원회는 윤리규정 위반 문제를 학회에 보고한 회원의 신원을 외부에 공개해서는 안 된다.

제 18 조 (윤리위원회 구성)　윤리위원회는 회원 5인 이상으로 구성되며, 위원은 평의원회의 추천을 받아 회장이 임명한다.

제 19 조 (윤리위원회의 권한)　윤리위원회는 윤리규정 위반으로 보고된 사안에 대하여 제보자, 피조사자, 증인, 참고인 및 증거자료 등을 통하여 폭넓게 조사를 실시한 후, 윤리규정 위반이 사실로 판정된 경우에는 회장에게 적절한 제재조치를 건의할 수 있다.

단, 사안이 학회지 게재 논문의 표절 또는 중복 게재와 관련된 경우에는 '학회지 논문의 투고와 심사에 관한 규정'에 따라 편집위원회에 조사를 의뢰하고 사후 조치를 취한다.

제 20 조 (윤리위원회의 조사 및 심의)　윤리규정 위반으로 보고된 회원은 윤리위원회에서 행하는 조

사에 협조해야 한다. 이 조사에 협조하지 않는 것은 그 자체로 윤리규정 위반이 된다.

제 21 조 (소명 기회의 보장) 윤리규정 위반으로 보고된 회원에게는 충분한 소명 기회를 주어야 한다.

제 22 조 (조사 대상자에 대한 비밀 보호) 윤리규정 위반에 대해 학회의 최종적인 징계 결정이 내려질 때까지 윤리위원은 해당 회원의 신원을 외부에 공개해서는 안 된다.

제 23 조 (징계의 절차 및 내용) 윤리위원회의 징계 건의가 있을 경우, 회장은 이사회를 소집하여 징계 여부 및 징계 내용을 최종적으로 결정한다. 윤리규정을 위반했다고 판정된 회원에 대해서는 경고, 회원자격정지 내지 박탈 등의 징계를 할 수 있으며, 이 조처를 다른 기관이나 개인에게 알릴 수 있다.

제 6 장 보칙

제 24 조 (규정의 개정)

1. 편집위원장 또는 편집위원 3인 이상이 규정의 개정을 發議할 수 있다.
2. 재적 편집위원 3분의 2 이상의 찬성으로 개정하며, 총회의 인준을 얻어야 효력이 발생한다.

제 25 조 (보칙) 이 규정에 정해지지 않은 사항은 학회의 관례에 따른다.

부칙

제1조(시행일자) 이 규정은 2007년 11월 24일부터 시행한다.

Wooden Documents and Inscriptions Studies No. 32. **June. 2024**

[Contents]

The Korean Society for the Study of Wooden Documents

회장
김병준(서울대학교)

부회장
권인한(성균관대학교), 정현숙(원광대학교), 윤선태(동국대학교)

총무이사
이병호(동국대학교)

편집이사
이재환(중앙대학교)

연구이사
김용찬(전북대학교), 정승혜(수원여자대학교), 최연식(동국대학교), 고광의(동북아역사재단), 이주현(동아대학교), 이주헌(국립문화재연구원)

섭외이사
방국화 (경북대학교), 정훈진(한국문화재재단)

정보이사
홍승우(경북대학교), 박성현(서울대학교)

감사
윤용구(경북대학교), 김재홍(국민대학교)

고문
주보돈(경북대학교), 이성시(日本 早稲田大學)

편집위원
권인한(성균관대학교), 이주현(동아대학교), 김창석(강원대학교), 서영교(중원대학교), 박진호(서울대학교), 고광의(동북아역사재단), 김대환(국립경주박물관), 윤용구(경북대학교), 이병호(동국대학교), 이수훈(부산대학교), 전덕재(단국대학교), 강은영(전남대학교)

해외 편집위원
瀨間正之(日本 上智大学), 三上喜孝(日本 國立歷史民俗博物館), 鄔文玲(中國 社會科學院), 賈麗英(中國 河北師範大學), 蔡萬進(中國 首都師範大學)

木簡과 文字 연구 31

엮은이 | 한국목간학회
펴낸이 | 최병식
펴낸날 | 2024년 7월 30일
펴낸곳 | 주류성출판사
서울시 서초구 강남대로 435 15층
전화 | 02-3481-1024 / 전송 | 02-3482-0656
www.juluesung.co.kr
e-mail | juluesung@daum.net

책　값 | 20,000원
ISBN　978-89-6246-540-2　94910
세트　978-89-6246-006-3　94910

* 이 책은 『木簡과 文字』 32호의 판매용 출판본입니다.